三联·哈佛燕京学术丛书
学术委员会

季羡林　李学勤　李慎之　苏国勋　厉以宁
（主任）

陈　来　刘世德　赵一凡　王　蒙
　　　　　　　　（常务）

邓小南　侯旭东　丁　耘　刘　宁　张志强

渠敬东　李　猛　魏　斌　谢　湜　张泰苏
（常务）　（常务）

宫志翀 著

人为天生

康有为三世说研究

"Humans are Born from *Tian*"
A Study of Kang Youwei's Three Ages Theory

生活·讀書·新知 三联书店

Copyright © 2024 by SDX Joint Publishing Company.
All Rights Reserved.

本作品版权由生活·读书·新知三联书店所有。
未经许可，不得翻印。

图书在版编目（CIP）数据

人为天生：康有为三世说研究 / 宫志翀著 .
北京：生活·读书·新知三联书店 , 2024. 6. -- （三联哈佛燕京学术系列 ）. -- ISBN 978-7-108-07873-5
Ⅰ . B258.5
中国国家版本馆 CIP 数据核字第 2024RG5735 号

责任编辑	钟　韵
装帧设计	宁成春　鲁明静
责任印制	卢　岳
出版发行	生活·讀書·新知 三联书店 （北京市东城区美术馆东街 22 号 100010）
网　　址	www.sdxjpc.com
经　　销	新华书店
制　　作	北京金舵手世纪图文设计有限公司
印　　刷	北京中科印刷有限公司
版　　次	2024 年 6 月北京第 1 版 2024 年 6 月北京第 1 次印刷
开　　本	880 毫米 ×1230 毫米　1/32　印张 17
字　　数	395 千字
印　　数	0,001－5,000 册
定　　价	88.00 元

（印装查询：01064002715；邮购查询：01084010542）

本丛书系人文与社会科学研究丛书，
面向海内外学界，
专诚征集中国中青年学人的
优秀学术专著（含海外留学生）。

·

本丛书意在推动中华人文科学与
社会科学的发展进步，
奖掖新进人才，鼓励刻苦治学，
倡导基础扎实而又适合国情的
学术创新精神，
以弘扬光大我民族知识传统，
迎接中华文明新的腾飞。

·

本丛书由哈佛大学哈佛－燕京学社
（Harvard-Yenching Institute）
和生活·读书·新知三联书店共同负担出版资金，
保障作者版权权益。

·

本丛书邀请国内资深教授和研究员
在北京组成丛书学术委员会，
并依照严格的专业标准
按年度评审遴选，
决出每辑书目，保证学术品质，
力求建立有益的学术规范与评奖制度。

献给先慈钱芳女士

继志述事,夙夜匪懈

目 录

导 论　阅读康有为　　　　　　　　　　　　　001

上部　三世说的性质——以"孔子改制"为中心

第1章　"改制教主"：孔子的新形象　　　　035
一　孔子形象的传统勾勒　　　　　　　　　036
二　天命退隐、圣王湮没——从"诸子改制"讲起　　044
三　文明：重构"改制"的主题　　　　　　051
四　教主：重构"王"的意义　　　　　　　061
小结　文明教主、经学革命与三世说　　　069

第2章　重塑六经的性质与地位
　　　　　以康有为《春秋》学为例　　　　073
引言　文明变局与经学的危机　　　　　　073
一　"《春秋》在义，不在事与文"　　　　075
二　"身行乎据乱，而心写乎太平"　　　　096
小结　三世说：经学作为政治哲学　　　　113

第3章　"文明进化"：历史哲学色彩的形成　　119
引　言　　　　　　　　　　　　　　　　119
一　"改制"、"进化"与经史关系的重构　　122
二　三世说的历史解释功能　　　　　　　134
小结　三世说的"退化"可能　　　　　　150

中部　三世说的内容——以"人为天生"为中心

导　论　"人为天生"：康有为大同思想的根基　　159
　引　言　　159
　一　"人为天生"说的形成　　161
　二　"人为天生"的性质转变　　169
　三　传统"人为天生"说提供了什么？　　176
　四　古今之变：天人关系与文明秩序　　180

第1章　平等与政治的消解
　　　　　以"君臣"为中心　　188
　一　平等：古今的连续与裂变　　188
　二　经学传统中的尊卑与平等　　191
　三　大同建构：普遍的平等与"君臣"的消解　　208
　小　结　　228

第2章　独立自由与共同生活的消解
　　　　　以"夫妇"为中心　　234
　一　独立自由：从康有为、严复的倡导与忧虑说起　　234
　二　经学传统中的共同生活与独立自由　　236
　三　大同建构：绝对的独立与"夫妇"的消解　　258
　小　结　　279

第3章　"天下为公"与家庭的消解
　　　　　以"父子"为中心　　283
　一　家与私：近代以来批判传统的一条主线　　283
　二　经学传统中的仁与孝、公与私　　291

三　大同建构：新的"天下为公"与"父子"的解纽　311
　小　结　337

第4章　文明进化与人性的成全　342
　一　性情与王教：从董仲舒的人性论出发　343
　二　孟、荀人性论的分判与整合　353
　三　从性恶到性善：文明进化对人性的成全　361
　小　结　368

下部　三世说的困难：目标、道路与尺度

第1章　脆弱的大同　375
　一　人本院的意义与任务　376
　二　胎教与人性　378
　三　生育：大同的头等困难　390
　小结　从"天生主义"之梦返回　401

第2章　道阻且长：通往大同之路　405
　一　《大同书》的"实践"意图　405
　二　游移的路线图　407
　三　大同离我们有多远？　429
　小结　褪去历史哲学的色彩　448

第3章　难以把握的进化尺度　452
　一　从"温故知新"说起　452
　二　三世进化的尺度困难　459
　三　民初"共和乱局"下三世说的调整　469
　小结　永恒的"升平世"——一种理解的可能　502

结语　从康有为重新认识经学及其现代处境	507
参考文献	513
出版后记	524

Table of Contents
"Humans are Born from *Tian*"
A Study of Kang Youwei's Three Ages Theory

Preface Interpreting Kang Youwei

Part 1: The Nature of the Three Ages Theory-Centered on "Confucius as a Reformer"

Chapter 1 A "Reformed Prophet": The New Image of Confucius

1. A Traditional Outline of the Image of Confucius

2. The Retreat of the Mandate of *Tian* and the Annihilation of the Sage King-Beginning with the "Reform of the Various Disciples"

3. Civilization: Reconstructing the Theme of "Reform"

4. Leaders: Reconstructing the Meaning of "King"

Conclusion: The Leader of Civilization, the Revolution in Confucian Classics and the Three Ages Theory

Chapter 2 Reshaping the Nature and the Status of the Six Classics

Introduction: Changes in Civilization and the Crisis of Confucian Classics

1. "*The Spring and Autumn Annals* are about Meaning, not Matters and Writing"

2. "The Body is in Chaos, while the Mind Writes about Peace;" Confucius' Ideals for the Future

Conclusion: The Three Ages Theory-Confucian Classics as Political Philosophy

Chapter 3　"The Evolution of Civilization": The Multi-faceted Emergence of a Philosophy of History Introduction

1. "Reforming", "Evolution" and the Reconstruction of the Relationship between the Classics and History

2. A Historical Explanatory Function of the Three Ages Theory

Conclusion: The Possibility of "Degeneration" in the Three Ages Theory

Part 2: The Content of the Three Ages Theory; a Focus on "Humans are Born from *Tian*"

Preamble: "Humans are Born from *Tian*": the Foundation of Kang Youwei's Theory of The Great Unity

Introduction

1. The Emergence of the "Humans are Born from Tian" Theory

2. The Transformation of the Nature of "Humans are Born from *Tian*"

3. What does "Humans are Born from *Tian*" Provide?

4. The Change of Ancient and Modern Times: From the Relationship between *Tian* and Human to the Civilized Order

Chapter 1　Equality and the Dissolution of Politics

1. Equality: Continuity and Fission in Ancient and Modern Times

2. Superiority and Equality in the Tradition of Confucian Classics

3. The Construction of The Great Unity: Universal Equality and the Dissolution of "the Monarch and the Ministers"

Conclusion

Chapter 2　Independence, Freedom and the Dissolution of Common Life

1. Independence and Freedom: Starting from the Advocacy and Concerns of Kang Youwei and Yan Fu

2. Common Life and Independence and Freedom in the Tradition of Confucian Classics

3. The Construction of The Great Unity: Absolute Independence and the Dissolution of "the Couple"

Conclusion

Chapter 3　"The World is for the Common Good" and the Dissolution of the Family

1. Family and Privacy: A Main Line of Critical Tradition in Modern Times

2. Benevolence and Filial Piety, Publicity and Privacy in the Tradition of Confucian Classics

3. The Construction of The Great Unity: The New Interpretation of "The World is for the Common Good" and "Father and Son"

Conclusion

Chapter 4   The Evolution of Civilization and the Perfection of Human Nature

1. Temperament and Wang Jiao: Starting from Dong Zhongshu's Theory of Human Nature

2. Differentiating and Integrating Mencius and Xunzi's Theories of Human Nature

3. From Evil Nature to Good Nature: the Perfection of Human Nature through the Evolution of Civilization Conclusion

Conclusion

Part 3: Difficulties in the Three Ages Theory: Goals, Paths and Scales

Chapter 1   The Fragile Great Unity

1. The Meaning and Mission of the People-oriented Institute

2. Prenatal Education and Human Nature

3. Fertility: The Great Unity's Primary Challenge

Conclusion: Returning from the Ideal of "Humans are Born from *Tian*"

Chapter 2   The Road is Long and Difficult: The Road to The Great Unity

1. A "Practical" Intention of *The Book of The Great Unity*

2. A Wandering Road Map

3. How Far are we from The Great Unity?

Conclusion: Fading from the Color of History and Philosophy

Chapter 3   The Elusive Scale of Evolution

1. Starting from "Reviewing the Past and Learning the New"

2. Difficulties in the Scale of Evolution in the Third Generation

3. Adjusting the Three Ages Theory under the Chaos of the Republic of China in the 1910s

Conclusion: The Eternal "Rising Peace"-the Potential for Understanding

Summary: Re-understanding Confucian Classics and their Status in the Modern Day, Based on Kang Youwei's Interpretation

References

导 论

阅读康有为

一种复杂性,一种难以把握其思想全貌的复杂性,是我们阅读康有为时最常浮现的感受。

这首先源于他自身的复杂性,可举出四个方面说明。第一,康氏思想的跨度极为广博。以著作的分类来看,他既有独创的思想表达,如《康子内外篇》《实理公法全书》《大同书》《诸天讲》等;也有传统形式的经学著作,如《毛诗礼征》《新学伪经考》《孔子改制考》《中庸注》《春秋笔削大义微言考》《孟子微》《礼运注》《论语注》等。此外,他又有极专门的制度讨论,如《民功篇》《教学通义》《官制议》《物质救国论》《理财救国论》《拟中华民国宪法草案》等。最后,他还有无数应时救弊的政论,从戊戌时期的奏疏,到壬寅以后的《南海先生最近政见书》《救亡论》《共和政体论》《中华救国论》《共和评议》等。

特别是,这四种类型的作品,它们的写作过程夹杂在一起,一些作品也就兼具了多种性质。例如《大同书》继孔子之志而"立法",既基于经学的思想背景,与他的经学著作联系紧密,也是朝向未来的制度建构,是为现实制度讨论的理想参照。相应地,各种著作的思想内在贯通,如批判《周官》对后世制度的影响,在《新学伪经考》《大同书》《官制议》中都有表现。面对康有为思想跨越的幅度和抵达的纵深,我们该如何理解他思想各部分的关系，把握每处表达的具体意图？

第二，康氏对同一个问题的态度、表述并不一贯。他对孟、荀人性论，及对佛教慈悲、墨家博爱等思想的评价，都体现了这一点。最典型的，还是他对大同的态度。大同，这一他系念最深的理想，康有为既向大众预告着它的美好，却又一直秘藏着大同的真实图景。这种态度连梁启超都不能理解："自发明一种新理想，自认为至善至美，然不愿其实现，且竭全力以抗之遏之；人类秉性之奇诡，度无以过是者。"❶ 当然，康氏不认为这是他的矛盾，反而表示真正的洞见正在其中。这些相左的说法，不应被简单归结为囫囵弥缝。那么，我们该如何把握其中的尺度，体会背后的洞见？

第三，康氏思想历程的变与不变。尽管康氏自称学问在三十岁前已规模大定❷，但我们留心观察，还是能发现很多前后调整。例如孔教论，早期的《康子内外篇》以孔教为阳教，佛、耶为阴教，得出"是二教者终始相秉，有无相生，东西上下，迭相为经"的循环论❸。至《中庸注》时，他又分判孔教为人道教，佛、耶为神道教，得出"太古草昧尚鬼，则神教为尊；近世文明重人，则人道为重。故人道之教，实从神道而更进焉"❹的进化论。再如有学者指出，康氏戊戌前主"三统"，之后重"三世"，辛丑后又提

---

❶ 梁启超：《清代学术概论》，上海：上海古籍出版社，1998年，82页。
❷ "有为常言：'吾学三十岁已成，此后不复有进，亦不必求进。'"梁启超：《清代学术概论》，89—90页。"至乙酉之年而学大定，不复有进矣。"康有为：《与沈刑部子培书》，载康有为撰，姜义华、张荣华编校：《康有为全集》（以下简称《全集》）第一集，北京：中国人民大学出版社，2007年，237页。康氏相关著作的出版物或多有错讹，本书在引用时会根据康氏的手稿，并综合其他版本的情况进行适当修改。
❸ 康有为：《康子内外篇·性学篇》，《全集》第一集，103页。
❹ 康有为：《孔教会序二》，《全集》第九集，346页。

出"三世三重"说,重新整合"三世""三统"说,理论更趋复杂精细。那么该如何把握康氏自称的不变和后续调整之间的关系?我们既须严肃对待他自述的意义,但仅将这些变化视为思想的分期,恐怕也不够。更可取的做法是,视之为思想本身的多重面向,或思想在思考与表述过程中的不同展开。因而康氏思想的规模与主干,又是我们先须把握的内容。

第四,康有为的政治主张随着时势转迁而变。例如,作为公理、民权观念最早的提倡者,康有为戊戌时期对自下而上的民权改革有较大的信心。❶ 然而,随着革命风潮兴起,他不再提及此事,反而更多地警示冒行改革的后果。此外,他还着手写作《物质救国论》《理财救国论》,意在表明塑造富强的现代国家是更有效的举措。❷ 再如有学者指出,康有为的孔教主张包含多重现实考量,他在戊戌前后主要关切民众的教化问题,至辛亥后则重视孔教对国家、国族建构的意义。❸ 我们该如何理解康氏作为政治人物和思想家、经学家的三重身份,又如何考量其政治方案与哲学思想的关系?

除却他自身的复杂性,外部评价的多样,也是理解康有为时须费心辨别的难题。康有为身处20世纪前后的激变时代,他身后至于今日则已有近百年,时代的变化不可谓不巨。例如戊戌时期,

---

❶ "仆昔在京师,曾合各直省举人与京师士夫开强学会、保国会争民权矣,盖不得于上,则欲争于下也。"康有为:《答南北美洲诸华商论中国只可行立宪不能行革命书》,《全集》第六集,314页。

❷ "昔吾著三书,曰《官制考》,曰《物质救国论》,曰《理财救国论》,以为能举三者,中国既富既强矣,然后开国会焉。故一切自由、自治、平等之说,未敢发也。"康有为:《中国颠危误在全法欧美而尽弃国粹说》,《全集》第十集,142页。

❸ 唐文明:《敷教在宽——康有为孔教思想申论》,北京:中国人民大学出版社,2012年,160—188页。

在追随者眼中，他是引发近代中国思想、政治地震的"先时之人物"❶；批评者眼里的他，轻则是缘饰经术以推行新法的躁进者❷，重则是"貌孔心夷"❸、"保中国不保大清"❹的叛逆；更在流言中变成了自诩"长于素王"的妄人❺。进入20世纪，他又因为批评共和、主张立孔教为国教等，成了逆时代而动的保守主义者。亲炙弟子劝他息影林泉，新文化青年奚落他"太旧"。及至今日，康有为仍背负着各种污名，或无来由的冷嘲热讽。

成为历史人物而进入学术的讨论后，康有为也是争议颇多的人物，身上被贴满了各种标签。思想定位上，他是资产阶级维新派领袖，其主持戊戌变法值得肯定，庚子后又被否定。他的三世说被归为庸俗进化论❻，《大同书》则存在是空想社会主义还是美化的资本主义社会的争论。❼进入21世纪以来，他或被视为重建儒家普遍主义的人物，其大同建构是对现代世界法则的反抗❽；或

---

❶ 梁启超：《南海康先生传》，《全集》第十二集，422页。
❷ "今托于素王改制之文，以便其推行新法之实。"朱一新：《朱侍御复康长孺第四书》，《全集》第一集，327页。
❸ "康有为隐以改复原教之路得自命，欲删定六经，而先作《伪经考》，欲搅乱朝政而又作《改制考》，其貌则孔也，其心则夷也。"叶德辉：《叶吏部与刘先端、黄郁文两生书》，载苏舆著，胡如虹编：《苏舆集》，长沙：湖南人民出版社，2008年，187页。按："自命"原属下，殊误，改属上。
❹ 参黄彰健：《论康有为"保中国不保大清"的政治活动》，载《戊戌变法史研究》，上海：上海书店出版社，2007年，1—67页。
❺ 这一传言的形成史，可参见马永康：《戊戌前康有为的名、号、字问题》，载《船山学刊》2013年第3期，159—162页。
❻ 胡绳：《从鸦片战争到五四运动（简本）》，北京：红旗出版社，1982年，376页。任继愈：《中国哲学史》第四册，北京：人民出版社，1979年，234页。
❼ 李泽厚：《中国近代思想史论》，北京：生活·读书·新知三联书店，2016年，127页。汤志钧：《论康有为〈大同书〉的思想实质》，载《康有为与戊戌变法》，北京：中华书局，1984年，141—146页。陈慧道：《论康有为设想的"大同"世界——兼与汤志钧同志商榷》，《华南师范大学学报》1982年第3期，89—97页。
❽ 汪晖：《现代中国思想的兴起》，北京：生活·读书·新知三联书店，2004年，773页。

因大同、三世诸说与儒学传统的差异,被怀疑不是儒家。❶ 具体的学术问题上,无论是与廖平关于"新学伪经"的公案,还是《大同书》《礼运注》的写作时间、目的与性质,至今未取得共识。并且,《戊戌奏稿》被证实有修改,《我史》被鉴明有夸大,更强化了他的自大形象,使他的自述都再难采信。

此外,除却具体问题的争议,康有为的研究整体上处于分散状态。一部分研究专注他的政治主张与行动,一部分则关心他的思想学术,但少有研究能兼顾二者的关系。进一步来说,有些研究侧重于他的思想,有些则侧重于他的经学背景,但康氏新思想与经学的联系仍不明晰。简言之,康有为至少有三个面向——政治人物、思想家和经学家,但这三种形象在目前的研究中处于分离状态。这当中还存在以何者为主的问题。例如,政治史研究往往以"两《考》"为变法宣传,这是以政治人物的康有为透视作为经学家的他。再如,《大同书》研究长期受资产阶级定位的约束,忽略了它与康氏经学著作的联系,不知其主要的思想资源是经学。这种现状固然是学术分科的结果,但更深层的原因有二。

一是康氏自身的宏阔与复杂,前述已做说明。

二是他站在古今中西之变的开端。由康有为参与推动的历史变迁,浩浩荡荡奔流至今。历史从未遗忘他,每每在重要的转折时刻便会提及和讨论他。这也反映出,康氏的问题意识和思想力量,使他仍是我们的"同时代人"。历史总有些奠基的时刻,当中蓄积了太多厚重的问题和磅礴的思想动能,此后的历史则不断从当中抽绎出一小部分,消化、生长乃至不时复归原点。康氏生前身后如此复杂的外部评价,无非是具体历史中形势与立场的反映。

---

❶ 吴飞:《论康有为对人伦的否定》,《中国哲学史》2019年第1期,101—109页。

他身上的那些标签之间的冲突,不是康氏自身的矛盾。康有为没有变,变的只是历史阶段展开的过程,变的只是后人在不同历史阶段下看待那些标签的心态和方式。不过,只要当时古今中西交冲关口的问题没有全部妥善解决,那一代人的思想动能没有发挥尽,历史就还会变动,我们就仍离不开他们。只是方式可能迂回,可能切近。

2010年以来,康有为研究有了新动向,展开的研究主题包括孔教思想❶,"保教立国"的整体方案❷及他辛亥后的政治思想❸、经学思想❹等。这些都是此前研究因框架所限不甚措意(其实是消化不下)的重大问题。并且,使这些研究形成相互呼应的一种共同力量的,是他们共同的问题意识与思考视野,具体可分疏为一系列总括性的命题:

(1)康有为的意义在于他把握了时代的根本问题。

(2)近代中国的根本问题是遭遇了文明的变局,即在西方现代文明的冲击下,中国须从"天下"式的文明转型为现代国家。

(3)回应文明变局的立场是,保持文明的连续性,使文化传统贡献于现代国家建构,一言以蔽之即"保教立国"。

(4)康有为用"教"标志一个文明体得以延续的精神文化传

---

❶ 干春松:《儒家的制度化重建——康有为与孔教会》,载《制度儒学》,上海:上海人民出版社,2006年,105—186页。唐文明:《敷教在宽——康有为孔教思想申论》,北京:中国人民大学出版社,2012年。

❷ 干春松:《保教立国:康有为的现代方略》,北京:生活·读书·新知三联书店,2015年。

❸ 曾亦:《共和与君主:康有为晚期政治思想研究》,上海:上海人民出版社,2010年。

❹ 陈壁生:《晚清的经学革命——以康有为〈春秋〉学为例》,《哲学动态》2017年第12期,34—40页。皮迷迷:《重建经学的普遍主义:康有为的经学革新》,北京大学博士论文,2017年。

统,他的孔教思想强调中国文明的精神源头是儒家文化。

(5)孔教的根柢在六经,康有为研究的深入必须从重视他的经学开始。

(6)康有为作为"先时人物"的意义仍在。他提出的诸多分支议题,此后不断复现;他的回应思路,为此后思想家继承。返回康有为以重新观审现代中国与现代儒学的历史,仍有必要。

不过,上述视野仍是相当紧凑的,有待于进一步的分疏和延展,以便于理解康有为本身和当代研究的新动向。特别是考虑到近代中国的文明变局发生在古与今、中与西的交冲之间,那么,以古今、中西为坐标来分疏时代变局的内涵,是合适的思路。进而,随着我们深入康有为本人洞悉时代变局的眼光,经史与天人两个核心问题就将显豁出来。因此,以下分别沿着中西、经史、天人、古今四个主题,切入康有为的思想世界。

中 西

应当说,中西问题是近代中国文明变局的开端。在被卷入由西方主导的现代世界之前,中国自成其为一个"天下",无所谓中西问题;而在此之后,中西问题的实质,是它带来了世界图景和文明格局的巨变。在康有为这代人身上,中西问题凝练地表现为中西知识的关系问题。这在以后的研究中又关系着他们思想的定位,很是关键。我们从此开始分析。

外部评价一贯认为康氏立足于西学。不过,康有为"之前"和"之后"的人,做出这一判断的原因其实不同。最初是张之洞学人群体提出的"貌孔心夷",这是出于维护儒家纲常的一种控诉。针对的事实是康氏于学术上言孔子为"素王"、为"改制教主",于现实中主张民权。但翼教派并不需要探求这些想法的来源,"貌孔心夷"只是一个口号。进入20世纪以后,康有为很快就和他曾经的反对者们一并被归入落后的人。这一阶段人们不须关注康氏思想的来源。直到革命叙述系统形成的时候,这一问题才又浮现出来。针对的主要事实是他的"君主立宪"主张是西方资本主义国家制度,还扩展到对三世说、《大同书》的性质判定。将他的思想来源追溯为西方资产阶级思想,其实是要在理论上将康有为归为"历史人物"。不过,这一定位对学术研究的影响相当深远。20世纪80年代以后的哲学史、近代史及专题研究,都致力于佐证这一判断,却往往语焉不详。思想史上的影响关系最难研究:一则,须证实康氏阅读过某书,且排除其他书籍、思想的影响;二则,须证实思想的结构性接受与转变过程,避免只撷取一两个观念作对比。目前还没有研究能够全面和充分地证实这一点。

与外部评价形成反差的,是康有为和亲近弟子做出的自我定位。具体包含两点:一是在承认康氏吸纳西学知识的基础上,强调其思想亦有深造自得而来之处;二是强调康氏学说继承和发挥了真正的儒家价值。对于第一点,康有为一方面在《我史》中坦承已在22岁至30岁期间广泛吸纳了西学知识❶;另一方面对于自己的思想成果,如三世说、大同学说等,则表示属自己所独创。例如,1904年游历到诞生了达尔文、赫胥黎、斯宾塞的英伦,康有为比较三世说与进化论称:"二生之说,在欧土为新发明,然鄙

---

❶ 康有为:《康南海自编年谱》,北京:中华书局,1992年,8—14页。

人二十余年未读一字西书,穷推物化,皆在天人自然之推排,而人力抗天自为之,已与暗合,与门人多发之。故于二生但觉合同而化,惟我后起,既非剿袭,亦不相师。惟二生之即物穷理发挥既透,亦无劳鄙人之多言也。东海西海,心同理同,只有契合昭融而已。"❶

对于康氏这类主张,梁启超从阅读史的角度提出了佐证。他说:"其时西学初输入中国,举国学者,莫或过问。先生避处乡邑,亦未获从事也。及道香港、上海,见西人植民政治之完整,属地如此,本国之更进可知。因思其所以致此者,必有道德学问以为之本原,乃悉购江南制造局及西教会所译出各书尽读之。彼时所译者,皆初级普通学,及工艺、兵法、医学之书,否则耶稣经典论疏耳,于政治、哲学毫无所及;而先生以其天禀学识,别有会悟,能举一以反三,因小以知大,自是于其学力中,别开一境界。"❷梁启超的判断有道理。西学传入近代中国可分为两个阶段,19世纪以自然科学知识为主,进入20世纪,经由日本的中转,政治、哲学知识才大量传入。梁启超是前一阶段的总结者,他写的《西学书目表》基本反映了康氏和他当时的阅读世界,其中自然科学知识占比最大,政治哲学知识很少,且多是浅显的介绍。梁启超又是后一阶段的推动者,他写下这段话的同时,正在日本广泛学习政治、哲学知识,并着手写霍布斯、斯宾诺莎、卢梭等人的"学案"体介绍。

近年,茅海建以详密的文献考察证实了康梁的上述说法。他的考证说明,严复翻译《天演论》之前,康有为的三世说就已经

---

❶ 康有为:《英国游记》,《全集》第八集,23页。
❷ 梁启超:《南海康先生传》,《全集》第十二集,424页。

成形,康有为此后始终拒斥以"竞争"为要义的社会进化。茅海建还证实了,戊戌以前康梁接受的西学知识,以自然科学为主,政治、经济、社会知识有限,他们论学议政的思想资源仍是儒家经典。不过,从康有为那时起,一直到当代的研究,其思想和儒家经典的关系一直充满争议。必须承认,康氏最重要的思想,有些是源于儒家传统的,如"孔子改制""人为天生""三世进化"等,但其原义已长期湮没,康氏的阐释也极特殊;有些则绝非二千余年的儒家传统所能想象,如大同学说。

所以,康氏思想来源的定位之难在于,若谓他立足于西学,则他的知识有限,表达的依据仍是儒家;若谓他立足于中学,他的思想又不同于传统。可见,康有为的思想不能以非中即西的标签来衡量。那么,这个问题是不是就没有继续探索的必要呢?也不是,它仍有重大意义,只须我们换一种提问的方法。我们更应当考察的是,对于处在变局时代的他们来说,中学和西学处在怎样的结构性关系之中。尤其对理解这个新的世界和文明而言。

其实,分析康有为的知识结构,就能把握这一点。他掌握的中学知识以传统的经史之学为主干,西学则首先是自然科学知识。还有一类知识应提及——历史知识,涵盖西方文明的古与今,这也是当时中国人渴求的新知。其实从康氏那时开始,中学与西学的力量就是无法对比的。自然科学拓开了世界的新视野,展示了世界的"真实"联系。历史知识展示了人类文明的"真实"进程。政治、经济、社会之学虽未传入,但它们就间接寄寓在其所影响的历史进程和文明史叙述之中。此外,我们也要记得,现代自然科学与现代哲学、政治、经济、法律之学是一体的,它们有着共同的神学与形而上学预设,它们的奠基人几乎是同一群人,它们共同塑造了现代世界的宇宙论、文明架构乃至历史感。

康有为有着十分敏锐的心灵,首先,他非常准确地体会到现代世界的一体性,他回忆自己1884年的思想开端的情形即是证明。❶进而,他深刻意识到,中学正面临着体系性的冲击。中学是"天下"文明时代的知识体系,它包含天覆地载、气化流行的宇宙论,以圣王时代为定准的历史观,以家、国、天下为关切的秩序理念,以三纲五常为主干的道德体系等。可是,随着中国文明事实上从"天下"变成嵌套在现代世界中的一个国家,中学也从普遍主义的知识体系,变成要经受西学挑战与检验的"地方性知识"。❷中学与西学的关系,是中西文明关系的缩影。

康有为作为"三千年未有之大变局"的提出者之一,他所指认的这个"大变局"就是一种文明的变局。我们明显看到,康有为接受了现代世界的很多框架,但他不只是接受。他对中学的坚持,是通过观念的对接、理论的重构乃至体系的重建来实现的,

---

❶ "至十二月,所悟日深。因显微镜之万数千倍者,视虱如轮,见蚁如象,而悟大小齐同之理。因电机光线一秒数十万里,而悟久速齐同之理。知至大之外,尚有大者,至小之内,尚包小者,剖一而无尽,吹万而不同,根元气之混仑,推太平之世。既知无来去,则专以现在为总持;既知无无,则专以生有为存ījį;既知气精神无生死,则专以现实为解脱;既知无精粗、无净秽,则专以悟觉为受用。既以畔援歆羨皆尽绝,则专以仁慈为施用。其道以元为体,以阴阳为用,理皆有阴阳,则气之有冷热,力之有拒吸,质之有凝流,形之有方圆,光之有白黑,声之有清浊,体之有雌雄,神之有魂魄,以此八统物理焉;以诸天界、诸星界、地界、身界、魂界、血轮界,统世界焉。以勇礼义智仁五运论世宙,以三统论诸圣,以三世推将来,而务以仁为主,故奉天合地,以合国合种合教一统地球。又推一统之后,人类语言文字饮食衣服宫室之变制,男女平等之法,人民通同公之法,务致诸生于极乐世界。及五百年后如何,千年后如何,世界如何,人魂人体迁变如何,月与诸星交通如何,诸星、诸天、气质、物类、人民、政教、礼乐、文章、宫室、饮食如何,诸天顺轨变度、出入生死如何?奥远窅冥,不可思议,想入非无,不得而穷也。合经子之奥言,探儒佛之微旨,参中西之新理,穷天人之赜变,搜合诸教,析折大地,剖析今故,穷察后来,自生物之源,人群之合,诸天之界,众星之世,生生色色之故,大小长短之度,有定无定之理,形魂现示之变,安身立命,六通四辟浩然自得。"康有为:《康南海自编年谱》,12—13页。

❷ 汪晖:《现代中国思想的兴起》,741页。

他也正是通过这样的坚持来面对和超越现代世界的。概括来说，康有为以中学撬动现代世界的支点，也就是他思想体系的枢纽，这一枢纽由两个问题交织而成，一是经史问题，一是天人问题。

经　史

　　文明变局必将危及文明的根基。经典是中国文明的根基，这是康有为那一代人的信念，廖平、章太炎、皮锡瑞、曹元弼、王国维等皆然。虽然他们认识的经典的要义和变局的形势各不同，但保全经典的普遍主义才能保全文明——这一根本意识是共同的。在康有为这里，普遍性陷落为特殊性的危机，就是用经史问题来处理的。在传统中，经是神圣的典范，是永恒的道理。史是有限的人类生活，它若能定准于经，则接近好的生活，反之则必然崩坏。历史能验证经典的道理，或类比地帮助理解经典的性质，但不能超越经典，或用以概括经典的性质。在"天下"文明的时代，经与史是源与流的关系，具有一种内部的普遍与特殊的关系。

　　然而，文明变局将中国文明的整体骤然降为新"大地"中的一个"地方"。并且现代世界的知识与价值体系也是全新的，中国的知识与价值体系的众多根基无法嵌入现代世界。最核心的是天命世界观与圣王历史观，前者为自然科学所逼迫退隐，后者为现代历史观所否弃。这二者是经典成立的前提，也是二千年文明的根本信念。它们变得"漂浮无根"，就意味着中国文明的经史架构面临重大的调整。当原本自有其经史脉络的文明，变成现代世界的一块"拼图"时，它就变成了验证现代世界之"经"的一段"历史"。康有为意识到了这一危机,他就是以接受现代科学世界观和线性历史观的方式意识到的。他在万木草堂教学时说的"尧舜,如今之滇、黔土司头人也"❶,即是一个简练但震撼的标志。

与其苛责康有为不应迅速接受,不如关注他接受后理论调整的同等迅速。从圣王时代到当时的中国都落入"历史"中时,如何从"历史"中拯救"经典"?如何使经典的价值信念仍能普遍解释和规范现代世界?这一根本关切触发了康有为的全部思考。这才使得他在1887年已意识到全部问题的严峻性后,于1888年"复事经说"❷,回到经典世界中撬动资源,做出回答。他的回答由"孔子改制"说出发。

康有为缘何选中了"孔子改制"说?因为"孔子改制"是儒家关于孔子与天命、圣王、六经之关系的第一次明确表述。孔子与天命、圣王的关系,决定了六经的性质。这是经学成立的第一问题。传统的"孔子改制"说认为,孔子是圣王传统的最后一位,也是最特殊的一位。孔子"有德无位"而为"素王",故必须删述制作六经,以应天命。以孔子删述制作六经为界限,经史判然划分。然而在传统中,孔子是在圣王时代的背景下得以定位;但在现代,孔子须与圣王决然区别。因为圣王已经不可避免地"历史化"了。康有为抓住"孔子改制"说时,极力强调孔子的"素王"身份。因为"素王"能够空悬于历史世界外,成为撑开六经之普

---

❶ 康有为:《万木草堂口说》,北京:中国人民大学出版社,2010年,17页(后文所引此书,若非特别标明版本,则均为中国人民大学出版社此版)。又"禹时有万国,其说确是,即土司也",同前书,4页。另参干春松:《康有为的三世说与〈大同书〉》,载干春松、陈壁生主编:《经学研究第四辑:曹元弼的生平与学术》,北京:中国人民大学出版社,2018年,254页。

❷ 康有为:《康南海自编年谱》,16页。

遍性的唯一支点。

那么,"孔子改制"和六经的价值为何?康有为予以一个总括——"文明"。这极大地拓展了"改制"的内涵,指向了文明价值的创造与指引,极富现代意味,从而带动了经学方方面面的重构。他的思想体系也在此过程中一步步建构起来。我们可概括为三个层次。

第一,于经典的性质上严分经史。这是因为,中国文明落入"历史"的危机,会溯源地反映在经典上。康有为指出,经学正面临着"史存则经亡"的严峻处境。为此他坚称,六经虽然有"史"的质料,但孔子"改制"的"大义微言"才使经成其为经,具有塑造文明生活的力量。今文经学最重视《春秋》,依托《春秋》论"孔子改制"。康有为专门写过《春秋笔削大义微言考》,贯彻他严分经史的原则。他甚至猜想,孔子应还有一本只写"大义微言"的《春秋》。可见,一本不须寄托于"其文则史"的《春秋》,才是他理想中的"真正"的《春秋》。❶康氏意欲强调,经典的生命力在其价值体系,进而他也力图以价值体系抟聚经典。也因此,他的思想表现出一种体系化的风格。

第二,于经典的价值内涵判分文明与野蛮。既然六经的意义指向"文明",孔子如何改制就须体现在经典的每一处,须细致描摹孔子如何为人类生活的方方面面"立法"。可是,康有为的"文明"观念无疑是现代的。以"文明"为主题的"改制"学说,如同一柄利刃,在经典中批窾导隙,重构了经典的价值系统。这是从两方面推进的,一是"改制"的扩展,一是价值的重构。

先看前一方面。传统"孔子改制"说的例证有限,仅含象征

---

❶ 康有为:《春秋笔削大义微言考》,《全集》第六集,9页。

性的正朔、服色之礼和抽象的文质三统之则。可以想见，这一学说本以圣王传统为背景，五帝三王之制虽异，圣王之道则又一以贯之者，"改制"其实是孔子接续圣王之道的标志。但圣王时代陷落为野蛮时代后，"孔子改制"实为"创制"。六经一切法度皆为孔子所创，处处皆应为"孔子改制"的迹象。进而，"改制"的意义就变成了：改野蛮社会之法，创立朝向未来的文明价值。显然，康有为接受了人类社会由野蛮向文明进化的现代信念。他保全孔子与六经的普遍性的方式，是将其置于野蛮到文明的转折点上。他的回答是，人类由野蛮向文明的进化，并不是自然积累的，而必须经过孔子的价值创造才有可能，必须受孔子之法的指引才能实现。

后一方面，经典的价值体系已延续二千余年，它与现代文明的诸多价值并不一致。对此，康氏或以现代价值重新解读，如谓"讥世卿"为政治平等、"亲迎"为男女平等、"井田"为均贫富之类，都是自《孔子改制考》就提出的例证。这些解读有的不乏新意，大多或片面或生硬，且都突破了传统经义。或有确实与现代价值冲突者，康氏则创造性发明了一种解释，这种新解释围绕着"据乱"观念的创造进行。他每每称"孔子生据乱世"，不得已"因其时势风俗之旧"，故六经多旧史旧礼。接着他就话锋一转，表示孔子真正的旨意当如何。显然，"据乱"成了野蛮时代的指称。孔子身上第一次被赋予一种"历史局限"。哪怕康有为承认了这种"历史局限"，他也仍在朝向未来的意义上捍卫孔子的价值。

这两种使用"改制"说的方式，作用一致，即将儒家的价值系统的每一处都以野蛮—文明的框架加以重新判分。康有为的态度，不是将儒家价值全归于野蛮历史，也不是全以西方价值兑换之,而是尽力发掘能够涵纳现代价值的部分,最大限度争取支点与空间。即使这格外艰难,他也矢志不移。判分的结果,总的来说是儒家的价值被一分为二地看待,有时是坏的与好的对立,有时是不够好的与最完美的对立。这就是形成小康与大同二分,或据乱、升平、太平三分的理论机制。而这具体表现在经典上,是经典被分为"身""心"两部分。孔子"身行乎据乱",故六经不得已多小康之法,"心写乎太平",故"必进化至大同,乃孚素志"。这相当于宣称,六经具足了文明价值,只是展现得不完整。孔子与儒家的普遍性要通过"大同"的全面彰显才完整成立。这便是康有为自任的使命。

至此,即使扼要描述康氏价值重构的过程,我们已能感受到他捍卫儒家普遍主义的雄心,与伴随而来的焦虑。康有为的思路本是让儒家仍能解释人类文明的古今变迁,仍能提出理想愿景以规范人类文明的走向,这样,儒家价值就融入了人类文明史。传统中国不再外在于现代世界,它是儒家价值的历史验证,就像欧美是儒家价值的现今验证。但是我们也发现,他由此使儒家第一次提出了历史进化哲学。或者说,儒家须以历史进化哲学的方式说话,才能证明其普遍主义。这就是康有为经学变革和思想建构时最根本的问题。即第三,重构经史关系,完成于一种历史进化论。

经史关系的哲学内涵,是文明内部的普遍与特殊关系、典范与变体关系。中国文明的长期稳定,依靠着也维持着经史关系的稳定。但现代世界的包围,使中国的经史问题,从内部的普遍与特殊关系,骤然变成了中国与全球("大地")的外部关系。康有为选择"孔子改制"说作为儒家传统植入现代世界的根基,值得同情的理解。因为传统"孔子改制"说是第一次明晰划分出经史关系的表述。但是，它植入了现代世界的历史框架，由一种新的"经史"关系支配。

西方的古今之变，始于上帝退隐和存在巨链的崩溃，中经个体崛起、自立法度，构造出各类"人为"的拯救者，完成于世俗历史的终末论。文明进步是现代人的信仰。它包含一种完善论，表示现代诸价值的逐步实现，能完善社会与人性。这造成了价值的历史化，也是普遍性的历史化。现代世界再也没有高于历史的经典和它所属的神圣世界；现代世界的"经"——无论我们称之为"价值"，还是"规律"——都产生于历史中，作用于历史中，完成于历史的终结。

所以，当康有为将"孔子改制"说嵌入野蛮到文明的转折点，这一框架本身的历史性还是"吞噬"了这一原点。孔子与六经的普遍性要在文明进程中证明。康氏认为，孔子以前是荒蛮历史，孔子改制立教作六经，奠定了文明的价值方向，开启了人类文明。康有为在此意义上化用《春秋》学的"进化"观念，相当于"进于孔子之化"。但是，现代的"进化"观念朝向未来世界，其必然有个过程。因此，孔子改制作六经也只是"进化"的第一步。直到孔子开创的价值理想全部实现之前，中间过程都必须不断"进化"。可见，康有为的"孔子改制"说注定会将经典和儒家价值系统，抽绎为一个"历史性"的价值序列。并且，这一价值序列对应着人类文明史的过去、现在与未来诸阶段。这就是三世进化说的产生机制，也是三世说被用来解释古今中西各文明类型与阶段的缘故。

当然，康有为的三世说不只由"孔子改制"说产生。"孔子改制"说和它表现的经史关系问题，只塑造了三世说的理论形式。但"三世说"还须诸多具体价值的充实，这便需要"人为天生"

学说的支撑了。

天　人

现代世界给当时中国带来的冲击，不只体现在世界观、历史观这些根本性的框架上，还体现在具体的价值体系中。康有为青年时游历香港——"始知西人治国有法度，不得以古旧之夷狄视之"❶——是他感受到价值体系震动的标志性事件。西方的富强与文明，打破了"天下"时代的夷夏格局，也动摇了中国对于文明生活的理解。文明的价值体系，维系着亿万生民的生活形态、日用伦常。当它受到挑战、失去效力乃至瓦解崩溃时，无疑就是一个文明陷入最深重的危机的时候。康有为早岁广泛涉猎西方知识，就是为了理解现代文明的成因，并重新构想文明的价值体系。

体系的重整要有一个总领的起点，康有为回到了对"人"的重新认识。在《实理公法全书》中，他就有初步的尝试，他提出"人各分天地原质以为人"，这是从现代科学的视野理解人。但这一思考方向没有开展下去，盖因科学无法赋予"人"价值内涵。用康氏后来的思想进展来反观之，也可说，因为科学没有探及真正的超越本原——"天"。1888 年康有为回到经典世界，发现了"人为天生"学说，奠定了他此后思考的基础。也就是说，康有为对"人"的理解，既包含从经学传统中获得的宝贵启示，也内化了他自己做出的一系列面向现代的重构。

康有为为什么抓住了"人为天生"学说？这还须从该学说的

---

❶ 康有为：《康南海自编年谱》，9—10 页。

性质说起。对"人"是什么的反思性理解,其实不能仅从观察我们自身得出。明晰意识到"人"是一独特的群类,需要参照物。这向人"之下"观察,是发现人与自然万物的区别;向人"之上"探寻,是发现人与超越本原的联系。在中国传统中,超越本原就是"天"。因此,天人关系定义了人之为人。"人为天生"学说就是天人关系的一次凝练表达。它发端于《春秋》学中的一则"三合而生"说,又散见于《孝经》《礼记·祭义》《礼运》《大戴礼记·礼三本》《荀子·礼论》等文献,继由董仲舒发挥为一套天人哲学,还为两汉师儒不断用来解经与议政。

以"天生"来定义的人,有怎样独特的形象?首先,这将"人"与自然万物、草木禽兽区分开来,"天地之性人为贵""天之所生,地之所养,无人为大""人者,天地之心"都是其表达。人与万物同为天地所覆育,而人是当中最灵秀与高贵的群体。只有意识到这一点,"人类"的意识才能萌生,人类才可第一次认识自身之为"人"的存在地位。进而,人贵于万物之处包括:人有可完善的德性,人类能够依此建立良好秩序,过一种文明的生活,乃至参赞天地之化育。若追寻人德性禀赋的根源,那必然来自超越之"天";若指明人德性禀赋的内容,便是仁、义、礼、智、信五常,五者又以仁为总摄。总之,"天生"之人的形象可概括为两个相互解释的命题。一则,人作为"人"本身而存在;一则,人是道德的存在。我们必须强调,"人"的明觉与对"天"的感知紧密关联着;"人"的形象挺立,须在"天"的注视之下。

天人关系如何为价值与秩序奠基?对此,我们不妨以一种结构性的方式来理解。天人关系不应被视作一则普通学说,它根本性地为我们的世界拓开了"天"与"人"两极。居于天人之间的有自然世界,有人类世界,古人分别以"天道"和"人道"指称之。自然世界和人类世界的秩序化，无不以"天"与"人"为准则。也可以说，既然天人关系的内涵可以"仁"概括之，仁的精神就应当融入文明秩序的方方面面。儒家于天覆地载、生生不息中见仁，于政治教化、人伦道理中见仁，更期许文明生活引导人成仁。以上是总体的概括。

至于具体的表现，战国两汉时期，以"天生"之义解经或议政的实践也很多样。归纳起来包括：因着对人之为人的珍视，保护人的生命、幸福与尊严，限制各种等级关系的悬隔之弊，使伦理关系始终以人性为指归；还因着对德性的珍视和对天地之公的仿效，重构政治的正当性、重构君民关系、主张贤能政治、彰显政治的公共精神等。应当说，战国至两汉是中国文明史上历经剧烈变动又最终奠定后世基本规模的阶段，这一阶段的经学传统，也奠定了儒家政治哲学的基本规模，回应了当时的文明变局。"人为天生"学说和它拓开的天人哲学与仁学，深刻参与到了战国两汉的儒家政治哲学中去。所以，康有为抓住"人为天生"不只抓住了一个观念，还以之为窗口，回到整个天人哲学、仁学与政治哲学的传统。面对文明的又一次变局，康有为回到文明传统最初也最具气魄与活力的阶段，是返本开新的尝试。这是他选中"人为天生"说的深层原因。

直接的原因则取决于他的时代变局。这可分世界和中国两方面来谈。首先，康有为的理论对手是现代价值。尽管他没有接触到其哲学源头，但还是从间接知识和历史趋势中体会到，现代价值正始于对"人"的重新认识。现代的"人"是自主的个体，各种秩序是以此为单位构造的。康氏和当时很多人都用"独"与"群"这对范畴理解之。那么，在"人为天生"说中，康有为发现了"人"本身的存在地位，它包含着人的生命、幸福和尊严的独立空间,这能呼应现代人的自主性追求,使独立、平等诸价值有了儒家之"人"的依据。在"人为天生"说中,他还发现了仿效"天"而来的政治公共性。现代政治的公共性追求,也便有了儒家之"天"的依据。

再者,康有为运用"人为天生"说重构价值与秩序时,又与西方的现代理论有根本的区别。这是因为,西方"个体"的诞生,以及随之诞生的"国家",都有其历史的背景与理论的渊源。那是一个从历史母体中脱嵌和新生的复杂过程。而康有为首先要面对的,是儒家传统的价值原则、秩序类型乃至历史积弊。所以他运用"人为天生"说所做的,主要还是批判儒家传统,从而构建新的文明理想。这就需要借助"孔子改制"说。

所以,从思想历程来看,1888—1890年前后深入经典世界,是康有为思想成形的最后一环。他从经学传统中获得了最重要的两个思想支点——"孔子改制"与"人为天生"说。二者的关系是,"孔子改制"分判出的文明价值,都可总摄于"人为天生"之义。康有为曾郑重宣称"人为天生"说"为孔子一切义所出"❶,这意味着,孔子于开端处创造的一切价值,都基于这一对"人"的全新理解。也意味着,"人为天生"式的存在若完整实现,就是人类最完美的文明形态。总之,"人为天生"奠定了文明进化的价值方向,《大同书》以"人为天生"的宗旨建构起来。

与此同时,"孔子改制"与"人为天生"的配合,全面重构了儒家的价值系统。传统价值或被归为人性与历史阶段的局限,或被视作建立初步秩序的过渡手段。总之,它们都有历史的意义,却没有朝向未来的规范意义。这种思想机制造就了《大同书》建

---

❶ 康有为:《春秋笔削大义微言考》,《全集》第六集,60页。

构的独特方式,也是三世进化的独特方式——"去界"以"进化"。康有为后来用"去九界"之说概括《大同书》的卷次结构,鲜明地体现了这一点。它包括"去级界""去形界""去家界""去国界""去种界""去产界""去乱界""去类界""去苦界"。

前六者是重构价值和秩序的部分,针对人类生活的各个领域。"去级界"针对等级制,尤其是政治等级,对应着儒家的"君臣"之伦。它由人与人之间的德性、才能的差异而形成。"去形界"针对婚姻制度,对应着儒家的"夫妇"一伦,它由男女的自然差异形成。"去家界"针对家庭制度,对应着儒家的"父子"一伦,它是父母生子的自然延续方式。"去国界"与"去种界"有紧密的关联,它们表面上针对国家与种族,实际由人自然散落的生存处境决定,是人与土地的依附关系问题。"去产界"表面上针对经济生产,实际针对所有制尤其是土地的所有制,这也是人与土地依附关系的核心环节。

康有为看到了,这些领域的秩序基于人的各种自然差异,并反过来固化了人的不平等。这就造成了社会的分化与斗争,限制了交流与共享,阻滞了文明进化的脚步。以"人为天生"为依据,更进一步说,以自主的"人"与公共的"天"这两极为依据,康有为主张消除各种差异性的秩序。事实上,这既消除了各种人类领域本身,也消除了人类的各种自然差异。它最终的结果,是康有为常说的"人人直隶于天"❶。

我们看到,《大同书》的研究有两个不同的侧重。重视中国传统的研究者,关注大同消解三纲的激进性;重视超越现代性者,

---

❶ 康有为:《大同书》,北京:中国人民大学出版社,2010年,157—158页(后文所引《大同书》,若未特别标明版本,则均为中国人民大学出版社版)。康有为:《礼运注》,《全集》第五集,555页。康有为:《论语注》,北京:中华书局,2012年,61页。

关注大同超越民族国家格局与私有制经济的前瞻性。但这两方面共同构成完整的康有为。可以想见,真正使康有为如此的,不只在于具体问题的批判性上,更在于他能激进贯彻"人为天生"这唯一的原则。这使得"天"与"人"之间一切以差异和等级的方式建立的秩序,都失去了正当性。这不只与中西古典的价值信念不同,也不同于西方的现代性价值。

西方现代性价值始于个体的平等,但用自由容纳了差异。中西的古典政治哲学都更坦诚地直面人的自然差异。儒家最初用"人为天生"说拓开"天"与"人"两极,以为价值体系的坐标时,也不会反对自然差异。质言之,差异是形成秩序的自然动力,是稳固秩序的自然依据。只是儒家认识到,仅有自然还不足以完成好的生活,它需要一系列本于"天"和"仁"的价值引导。更重要的是,如何使自然与天人两类价值取得平衡?战国两汉儒家政治哲学进行价值重构的方式,是将"天生"之义、将"仁"的精神,融入差等秩序中。

当然,康有为也深知自然差异根深蒂固,每一种"去界"的思考都须直面这一点。但康有为是用历史性的方式,处理自然与天人的关系。在价值层面,他认为,虽然自然差异是人性的一部分,但人性中还有源于"天生"的部分,"天生"的价值更完美、更应追求。可见,在人性结构中,康有为的视线只聚焦于"天生"的一面,遗落了人性的另一面。进而,这扩展至秩序类型或历史阶段,解释就更历史化了。他认为,自然差异是野蛮时代到文明初阶的处境,由此建立起的差等秩序只有历史性的意义,理想社会最终是"天生"的完美实现。

归根结底,康有为对文明与秩序的关系,有一种"辩证"的看法。一方面,人类固然是依据自然差异及差等秩序过上的文明生活；但另一方面，真正完美的文明是不需要秩序维系、每个人都德性完满的生活。这就是康氏之学的"打通后壁"❶处。他在批判各种"界"后，进入具体的大同建构时，所有建构其实都基于一个假言的前提：如果人人都德性完足、齐一。康有为常用《春秋繁露·俞序》篇中的"人人有士君子之行"一语表示之，❷这句话既是《春秋》学关于"太平世"的重要想象，也是"天生"之义的贯彻。当然，这个假言前提也是康有为始终秘藏《大同书》、反对躐等进化的原因之一。

当我们深入到康氏的辩证思路后，我们也就触碰到了天人关系在康氏处发生的古今之变。简言之，"人为天生"刻画出普遍人性后，进一步想象人性的普遍完满，这里并无逻辑的难度，只有是否敢于谈论之的魄力。传统的"人为天生"说，之所以不会做此突破，除了尊重自然的秩序、有稳健的现实感等原因外，根本原因是对超越本原——"天"的敬畏。人有天赋的德性，但人不足以全然知天、配天；人类社会有参赞化育之功，但未足以改造自然、对抗命运。人类始终需要去领会和参与存在的奥秘，对"天"保持敬畏。但至康有为时，"天"的超越性退隐了，它变成了"诸天"（无限宇宙）之一，它只保留了一种无限性与公共性的形象。正是"天"的无限性与公共性，投射到"人"身上，才使"人人直隶于天"的想象得以释放。

---

❶ 参朱一新：《朱侍御答康长孺第二书》，《全集》第一集，320页。
❷ 参康有为：《大同书》，313页。康有为：《春秋笔削大义微言考》，《全集》第六集，80页。康有为：《共和评议》，《全集》第十一集，45页。

古 今

经由经史与天人两个问题，我们与康有为思想的主干——三世说——终于会面了。三世说是近代中国第一个历史哲学。该如何理解它的性质？我们可以从四个角度说明。第一，三世说是现代的。在引导传统中国适应现代世界的意义上（包括世界观、历史观、价值体系、理想秩序等多方面），它作用巨大，影响深远。第二，三世说是中国的。它讲述的人类文明史，全都以孔子为中心展开；它所有的价值原则，都可溯源至孔子与六经。因为康氏坚信，中国之为中国，文明之为文明，都奠基于孔子。第三，三世说以中国的方式理解世界。三世说讲出了儒家也即中国版本的世界历史，它竭力用儒家价值体系一以贯之地解释古今中西文明。第四，三世说旨在引导现代中国的形成。三世说是普遍历史，它也是为中国现代转型所做的理论准备。康有为的全部改革方案，都本于他用三世说对现代中国做的历史定位。

这四个角度正是古今问题与中西问题分别交汇之处。或者应该说，正是用三世说，康有为将中国的古往今来与世界的古往今来重新交织为一体。第一小节所论"中西"问题，其实还不充分。那里只是展示了文明变局的开端，未涉及它该如何回答。至此，我们再将其与古今问题一并摆出，看康有为和现代中国的回答。

康有为的回答是：无问中西，只问古今。三世说的历史进化形式已经表明，康有为用古今的视野消化了中西之别。当然，对他通常的批评是，用古今兑换了中西，使中西之别变成古今之别，成为西化路线的开端。这种评判不只低估了康有为的普遍主义雄心和其深远的历史影响，也忽视了中国现代转型的独特道路。对此，我们应澄清三世说本身的逻辑和它的历史影响。一言以蔽之，即康有为如何参与推动了中国的古今之变。

康有为正是如此自许的。在他"孔子改制"的叙事中，其实还隐藏着自己的位置。孔子是文明价值的开创者，康有为则是孔子文明精神的继承人。这样的自我定位既可用以解释历史，又可用以畅想未来。就历史解释而言，康有为相信，孔教于汉武帝立学后成为国教，成为塑造中华文明二千余年的深沉力量。但历史中也有一系列因素，阻滞了中国的进化，积衰致弱。这包括刘歆伪经的遮蔽，历史本身的不可抗因素（如战争、异族征服、机运等），还有儒学传统的偏蔽（如荀子限于礼法，理学限于心性），失去了孔教四通六辟的规模。这是康有为分析中国二千年"总总皆小康之世"❶的原因。这套历史解释是孔教—文明论的复杂化，而提出复杂化解释的原因，则是康有为看到了中国衰弱的现实。

至于遥想未来，自然须拨去遮蔽孔教的诸多因素，更重要的是，阐发大同精神，建构大同世界的图景，以指引中国进化的方向。所以，依康有为的思路，中国文明在价值层面并无古今之变，文明更新的力量发端于文明的源头，古今的连续本于孔子之教的一贯。不过我们已然清楚，在"孔子改制"与"人为天生"说的配合下，康有为于文明源头嵌入了一套朝向现代的价值体系。是故，这一以"复古为新生"的思路是相当激进的，它事实上推动了中国文明形态的古今之变。

具体而言，康有为的激进性表现在进化之路的设计上。上节已述，康有为把握到，现代秩序的两极是自主的人和公共的政治。他用"人为天生"说来塑造二者。在他的大量论述中隐含着一个

---

❶ 康有为：《礼运注》，《全集》第五集，553页。

信念：只有将人从各类差等秩序的限囿中解放出来，使之投身于最无限的共同体，服务于文明本身，才能抟聚全人类的力量，推动文明进步。"去界以进化"的思路，意味着破除"天"与"人"之间所有中介环节。对于这当中的顺序，康有为在写作《大同书》时有明确的自觉，因为这等同于进化之路的节次。我们可将其归纳为"去级界""去形界""去家界""去国界""去种界""去产界"的理论顺序。

"去级界"针对等级制，而它最终攻克的堡垒是君主制与世袭制。将君主制与世袭制视作人类全体参与政治事务的阻碍，这是对政治的革命性理解。"去形界"消除了性别与婚姻制度，不再将性别视作人的本质，将婚姻视作女性——一半总量的人类——参与经济生产、政治事务的阻碍，这是对婚姻的革命性理解。"去家界"消除了家庭和以家庭为中心的文明形态。康有为最严厉的批判，是从文明之"公"的高度，批判只由家构成的文明秩序，这是经他重新解释的"公天下"与"家天下"。家庭作为人生活自然而然的重心，其所形成的文明不如人全身心隶属于公共性的文明，这是对家庭与家国关系的革命性理解。"去国界"与"去种界"紧密相关，因为种族由聚落、部族和国家所塑造。将自古以来人类自然散落形成的氏族部落、古今国家等，视作全球文明秩序的阻碍，这带来了对国家、国际与全球秩序的革命性理解。康有为强调过，"去家界"与"去国界"是最艰难的任务。"去产界"则是从经济领域继续推动人类联合，它消除了私有制，认为人对自然物的占有，阻碍了大规模的生产与消费，这是对经济的革命性理解。

我们看到，以"天"与"人"两极为鉴照，康有为在政治、婚姻、家庭、国家国际、经济诸领域，都开启革命性的理论重构。去诸界的顺序是在理论上逐步剥离人类生存的自然基础的过程,由此获得人的解放与文明形态的更新。去界之路最终深入到家庭与国家——两个人类生活的根本领域。应当说,家国问题是贯穿《大同书》始终的主题,也是中国政治哲学传统的独特议题。若在家国之外,再补全康有为的批判视野,则家之下有"人",国之上是"天下"与"天"。由此我们就能看到,中国文明的秩序结构——身、家、国、天下、天,仍影响着康有为的思维结构。也许,从康有为和他那一代人开始的古今之变,仍是我们文明传统内部的一种结构性变体?对此,我们不敢断定,因为历史还未真正完成。但中国现代转型已然走过的独特道路,始终提醒着我们。

康有为构思的这条进化之路,与20世纪历史的关系,不在于影响作用,而在于理论的前瞻性。因为《大同书》自1902年写成后就被秘藏,直到康氏身后1935年才面世。也即,人们无从得见康有为去界构想及其论证的全貌。然而,此后的历史进程若以阶段和重心划分,与之有惊人的呼应关系。辛亥革命在政治领域废除君主制、建立共和制;新文化运动的重心在家庭、社会领域;土地革命是从经济领域,尤其土地所有权这一基底,进一步深化政治、社会、家庭各领域的革命。伴随着这些进程的,还有自20世纪初就开始的反抗国际不平等秩序、反思现代国家体系、追求世界主义新秩序的声音。所以,也可将历史的进程视作"去级界"到"去形界""去家界"再到"去产界"的深入,其间始终伴随"去国界"的追求。

对照17世纪以来欧洲各国的形成,一方面中国的现代转型历程高度浓缩,于内忧外患之际历五十年左右建立了稳定、统一的现代国家。另一方面,中国的转型历程格外"超前",家庭、社会、经济、国际诸领域的革命,在当时的欧洲或刚刚萌芽,并不激烈,或各有侧重,不像中国这般"前赴后继"且运动尤烈。对于这一独特道路,不论当时的西化主张,还是后来的"冲击—回应"解释,都失效了。

已有大量研究关注现代中国的独特性,最具总括性的解释框架还是沟口雄三的。他敏锐地把握到了近代中国从观念到历史动向的种种独特之处,并将其总括为"大同式近代"❶。"大同"最适合作为这段历史的标志性概括,它是"现代中国的文明理想"❷,自康有为创造性地阐释后,各类观念、思潮与历史动向均寄托于是。我们至今仍生活在由小康、大同标志的历史方位之中。最值得深入探究的,还是《大同书》对20世纪历史动向的预见。它并未面世,历史却已经走出了相应的步伐。这更深刻体现出,康有为站在了古今之变的开端,站在了"大同式近代"的开端。

这一切都关乎观念。文明的形态奠基于那些根本性的观念。观念不会凭空新生,也不能简单移植。观念有传统的深厚土壤,有所属的语境和体系。即使遭遇西方现代文明和知识价值的冲击,新知识和新价值也是在传统的知识、价值体系中被接受、重构与运用的。康有为和他那一代人,如章太炎、廖平、曹元弼、皮锡瑞、王国维等,就是站在古今之变的关口,守护文明传统也重构文明价值的人。他们之所以有资格这样做,之所以能够代表中国文明传统发言,一是因为他们从经学这个源头入手,把握住了中国文明的知识与价值。二是他们也不约而同地将传统高度提炼为一种知识和价值的体系,使之有思想的力量消化和应对冲击。三是他们既把握了现代的特征,又不须准确、如实地把握。以康有为为例,无论是面对经史问题还是天人问题,他都是在中国的秩

---

❶ 沟口雄三:《作为方法的中国》,北京:生活・读书・新知三联书店,2011年,17页。
❷ 吴飞:《大同抑或人伦?——现代中国文明理想的探索》,《读书》2018年第2期,151—158页。

序结构和观念体系中把握和消化现代，从而创造出一个从中国文明传统中生长出的现代。他们在开端处的回答是理论性的原型，有待后续历史将其展开。四是因为他们抱有的一种文明信念。他们深知只有完成古今之变，才能延续中国文明，保持更长时段下的古今一贯。又或者说，对于一个悠久的文明来说，中西之别、古今之变都是暂时的，只要能实现古今一贯。

上部 三世说的性质

以『孔子改制』为中心

本部讨论康有为三世说的性质，说明其文明进化的形态如何一步步构成。讨论在一个基本认识下展开：三世说是康有为所理解的孔子法，三世说也就是康有为的经学体系。所以，三世说的性质取决于对他而言孔子法、经学的性质是什么。"孔子改制为教主"这一学说体现了他对此的认识。它突破了传统上对经学的诸多基本理解，重塑了这门学问的形态、意义与限度等方方面面，最终构成了三世进化的独特形态。

第一章有总摄的意义。康有为认识到，近代中国的文明变局是世界观的崩解，天命退场、圣王湮没，这造成了经学的危机。为此，他首先激烈推进了"孔子改制"说，将六经归于孔子所作，以区分经与史。进而，在孔子形象的具体内涵上，他突破了传统对"改制""素王"的理解。他认为，"孔子改制"的意义是创造文明生活的价值体系，六经的主题是"文明"。孔子的教化（"孔教"）深远地塑造了中国二千年的文明史，故孔子为"教主"。

第二、三章是进一步的分疏与深化，展现"孔子改制"说的作用。第二章以康有为的《春秋》学为例，看六经的意义与经学的任务发生了何种转变。首先，康有为剥落史事、文辞，凸显"义"的维度，使经典呈现为一套义理系统和价值体系。进而，"孔子改制"说将六经的主题定为"文明"，他将其贯彻到经典的每一具体法度上，也就分判出一组组存在张力的价值，由此将之丰满为据乱法、升平法、太平法或小康法、大同法等各种文明价值的"理想类型"，从而构成了一种政治哲学的分析框架。

第三章以经史关系为视野，看三世说如何蒙上历史哲学的色彩。经典世界与历史世界的分际，是经学的重要命题，它突出表现在"素王"论中。但康有为将"素王"变为"教主"，是经史关系改变的显著征象。首先，将"孔子改制"与六经作为文明的起源，也就是将二者放在文明史的"过程"意义上去理解。三世说就是"改制"开端处精神的不断贯彻，一步步构成了一种历史化的理论。进而，康有为利用三世说解释古今中西的不同文明，一方面捍卫传统中国的文明地位，另一方面理解世界各文明的成因，最终旨在勾勒未来中国的文明道路。这些都巩固了三世说作为历史哲学的印象。

第 1 章

"改制教主"：孔子的新形象

康有为一生都坚持自身思想的独创性。❶鉴于他在近代史上的重大影响，这恐怕不能简单归结为个性的自负，而需要我们严肃考虑他的自我定位。例如，他从很早就标榜称："吾所发明，孔子改制。"❷对此，我们不免要问："孔子改制"本是经学中今古文之争的核心议题，其自汉末沉寂千余年，于清中后期被重新抉出，康氏同时的廖平、皮锡瑞也盛言"孔子改制"，康有为对此的思考何以成为他自得的"发明"？进而，这一"发明"又如何使他发展出一套不同于廖平、皮锡瑞乃至今文先师的思想体系——三世说？这当中关涉的问题盘根错节，唯有从重构孔子形象的视角入手，一点点地批隙导窾，缓缓道来。

---

❶ "有为常言：'吾学三十岁已成，此后不复有进，亦不必求进。'"梁启超：《清代学术概论》，89—90 页。"至乙酉之年而学大定，不复有进矣。"康有为：《与沈刑部子培书》，《全集》第一集，237 页。"中国之人，创言民权者仆也，创言公理者仆也，创言大同者仆也，创言平等者仆也；然皆仆讲学著书之时，预立至仁之理，以待后世之行耳。"康有为：《答南北美洲诸华商论中国只可行立宪不能行革命书》，《全集》第六集，321 页。"吾三十年前著《大同书》，先发民主共和之义，为中国人最先。""今之极新极异之说，吾廿年前皆已穷思之。"康有为：《共和平议》，《全集》第十一集，50、65 页。

❷ 康有为：《祭朱蓉生侍御文》，《全集》第二集，9 页。

一　孔子形象的传统勾勒

作为儒学的开创者，孔子的形象是历来儒者须回答的首要问题。孔子的生平与行迹，他一生最重要的贡献为何，他对后世的影响是什么，这些问题根本性地决定了儒学的宗旨与面貌。我们看到，从今古文经学到宋学，对上述问题的回答都有所不同。甚至可说，历史上儒学的旨趣与形态的几次转变，每每以孔子形象的重新刻画为先导。至康有为处，《新学伪经考》《孔子改制考》两部著作也正是针对上述问题而发，并随即引起了巨大的思想震动。只有以传统的孔子形象为参照，才能显示出康氏学说的突破之处，何以蕴藏着火山飓风般的力量。

传统刻画孔子形象围绕三个要素展开，第一是天命—圣王的历史背景，第二是孔子有德无位的命运处境，第三是孔子删述六经的事业。三者的关系此处只能做一简要的说明。

首先，在孔子以前五帝三王的历史中，王天下者皆有圣德、受天命，由此形成了"大德必得其位""大德者必受命"的文明信仰。然至孔子，有圣人之德而无王者之位。这一德与位最重大的分离，不只关系到如何理解孔子一生的栖栖遑遑，更深远关系着孔子该如何接续圣王传统。因此，这是一个文明史事件。如何把握孔子有圣德与无王位之间的紧张，就是如何理解在孔子处发生的文明传统的这一次重大转折。

进而，在圣王传统中，王者受命必制作，改旧制、立新法也确证了新王的天命合法性。但孔子有德无位，最终只能以删述六经的事业来完成自己的使命。这就关系到六经的性质与意义，即六经是不是孔子的法度？或者说，六经如何体现孔子的圣人（王）地位？

总而言之，天命—圣王的历史背景，孔子有德无位的命运处境，六经作为孔子的"制作"事业，三者一脉相连。这就构成了历来刻画孔子形象的基本框架，同时也是经学这门学问的核心问题。今古文经学与宋学皆在此框架内作答。我们分别简述。

最先提出和被广泛接受的是孔子作为"素王"的形象。后世仅将"素王"论归结为今文经学乃至《春秋》公羊学一家的立场，其实并不准确。因为很多不能归诸今文经学阵营的《淮南子》、王充、贾逵，乃至魏文帝诏令都接受了该观念。❶所以不如说，"素王"论是战国两汉时期经学传统的通识。

"素王"是圣王传统的"变体"，孔子与先代圣王的关系，由一个意味深长的事件作为征兆——西狩获麟。一方面，麟是孔子为受命圣人的瑞应，如董仲舒谓："有非力之所能致而自至者，西狩获麟，受命之符是也。"❷并且，在汉代的通常理解中，孔子和时贤如"仪封人"都明确体知到了天命所在。❸按照圣王传统的惯例，受命就必须"制作"，故有"圣人不空生"的说法，如《春秋纬》："圣人不空生，必有所制，以显天心。丘为木铎，制天下

---

❶ 刘文典：《淮南鸿烈集解》，北京：中华书局，1989年，312—313页。黄晖：《论衡校释》，北京：中华书局，1990年，609、1122页。杜预注，孔颖达疏：《春秋左传正义》，北京：北京大学出版社，1999年，25页。陈寿：《三国志》，北京：中华书局，1982年，77页。

❷ 苏舆：《春秋繁露义证》，北京：中华书局，2007年，157页。又何休云："麟于周为异，《春秋》记以为瑞。"何休解诂，徐彦疏：《春秋公羊传注疏》，上海：上海古籍出版社，2014年，1198页。

❸ 《白虎通·圣人》："圣人未殁时，宁知其圣乎？曰：知之。《论语》曰：'太宰问子贡曰："夫子圣者欤？"孔子曰："太宰知我乎。"'圣人亦自知圣乎？曰：知之。孔子曰：'文王既没，文不在兹乎？'"陈立：《白虎通疏证》，北京：中华书局，1994年，335页。此外，《论语》"天将以夫子为木铎"句郑注："木铎，施政教时所振。言天将命夫子使制作法度，以号令于天下。"王素编著：《唐写本论语郑氏注及其研究》，北京：文物出版社，1991年，22—23页，另参32页校记。"天生德于予"句郑注："谓授我以圣性，欲使我制作法度。"同前书，78页。

法。"❶ 戴宏《解疑论》:"圣人不空生,受命而制作,所以生斯民觉后生也。"❷ 的确,历代圣王皆有利用厚生之功,孔子又该如何制作以应天命,成就其圣功?

然而另一方面,麟来非时、被获致死,隐喻着孔子终不得王位的历史吊诡。面对受天命必须制作,与无王位不得制作的两难,"素王"论认为,获麟后九月书成的《春秋》寄托了孔子的礼乐政教。也即《春秋》是一个"空言"中的世界——它悬隔在现实世界之外,孔子在其中把褒贬的笔法当作王者之权柄,制作一代礼乐法度,来履行他的圣王使命。

所以,"素王"的"素"是"空(无)"的含义,具备一表一里两个层面。其首先指孔子在现实世界有德无位的处境。这是对孔子的辜负,也是圣王传统的落空。进而,这又延伸为,在《春秋》"空言"世界中,孔子成就于"王者"的身伤,也即"王鲁"说的提出。其实,圣王历史的叙述传递着一种文明史信念:人类生活只能在圣王礼乐教化下进于文明,天命转移、新王制作则标志着文明生活的重新起航。所以,"素王"论的根本意图,就是表明孔子成为文明史的一座崭新灯塔,以《春秋》为中心的六经是后世恒须奉守的"王者礼乐"。这是今文经学立场的简要概括。

其实在逻辑上,"今文经学"的概念与"古文经学"一同出现。在一批学者为那些"出土文献"争取学术地位之前,汉人不会自称十四博士之学为今文经学,就像我们不会始终标榜使用的是简化字。将历先师口传后书于竹帛的经典标识为今文,是为了凸显古文的可信度,刘歆谓博士"信口说而背传记,是末师而非

---

❶ 赵在翰辑:《七纬》,北京:中华书局,2012年,371页。
❷ 何休解诂,徐彦疏:《春秋公羊传注疏》,3页。

往古",意图昭然。不过,博士之学作为一个整体不只是形式上的,更有上述共同的经学立场。为此,刘歆作为古文经学的奠基者,自始就抓住了孔子的身位问题,向今文经学挑战。他紧紧抓住孔子无位这一点,重新解读了上述议题。

的确,无位是儒家永远无从解释的软肋。在"素王"论中,无王位不妨碍孔子的受命和制作,但确实使孔子法的性质不同于先代圣王之法。然而,古文经学则一反"素王"论的思路,借着孔子同样曾说过"述而不作""非天子不议礼、不制度、不考文"等语,坚称孔子无王位,故无权制作礼乐,也暗示着孔子未如古圣王一样受命。由此,六经的性质发生了根本改变。刘歆谓:

> 昔唐虞既衰,而三代迭兴,圣帝明王,累起相袭,其道甚著。周室既微而礼乐不正,道之难全也如此。是故孔子忧道之不行,历国应聘。自卫反鲁,然后乐正,《雅》《颂》乃得其所;修《易》,序《书》,制作《春秋》,以纪帝王之道。❶

不同于今文经学的"圣王革命"模式,刘歆描述的圣王传统是道的"累起相袭"。在先王道术衰废的背景下讲述六经的产生,六经就不是孔子寄托的礼乐法度,而是帝王之道的保存和记录,所谓"以纪帝王之道"。与之相应的是六经次序的重构,不同于今文经学删《诗》《书》、定《礼》《乐》、赞《易》、作《春秋》的顺序(在这一顺序中,孔子的"制作"意义愈发凸显),刘歆《六艺略》中《易》《书》《诗》《礼》《乐》《春秋》的顺序,是沿着先王政道的历史层累排序。在前一组排序中,孔子真正"制作"的

---

❶ 班固:《汉书·楚元王传》,北京:中华书局,1962 年,1968 页。

《春秋》分量最重,但后一组排序中,《春秋》只是一部孔子记录的"当代衰乱史"。孔子的形象一变为先代礼乐文明的守护者。

杜预的左氏学激进贯彻了刘歆的思路。杜预认为,《春秋》本是有"周公之垂法,史官之旧章"❶的鲁史,后因周衰官渎、载记违乱,故孔子"考其真伪,而志其典礼,上以遵周公之遗制,下以明将来之法。其教之所存,文之所害,则刊而正之,以示劝戒。其余则皆即用旧史,史有文质,辞有详略,不必改也"。❷简言之,《春秋》褒贬依据的是周公制定的经国常制,孔子修《春秋》是在恢复和继承周公法。

这也反推到对获麟绝笔的重新解释。杜预称:"麟者,仁兽,圣王之嘉瑞也。时无明王,出而遇获。仲尼伤周道之不兴,感嘉瑞之无应,故因《鲁春秋》而修中兴之教,绝笔于获麟之一句,所感而作,固所以为终也。"❸麟出遇获不再预示着孔子受命却不王的命运,而是时无明王、文武道衰的征象。在古文经学家眼中,孔子修《春秋》以维文武之道于不坠,和他"历国应聘"的事迹一起,构成了"吾从周"的竭忠尽诚形象,成为"人伦之至"意义上的圣人。而六经保存古代文明的制度、历史与道理,是孔子的历史贡献,又在守先待后的意义上成为圣人。

今文经学反复揣摩的有德与无位之间的玄机,古文经学其实并不理会,但它们的文明史叙述,就必然更突出在孔子处发生的断裂:就世运言是道行与道不行的两个阶段,就圣人言则是制作之圣王和述而不作的孔子,圣德亦有所不同。其隐含的困难不只历史何以堕落的谜题,更在于孔子能否接续圣人的谱系。后世从

---

❶ 杜预注,孔颖达疏:《春秋左传正义》,14页。
❷ 杜预注,孔颖达疏:《春秋左传正义》,11—12页。
❸ 杜预注,孔颖达疏:《春秋左传正义》,1673—1674页。

唐代尊周公为先圣、降孔子为先师,到章学诚"六经皆史"理论,都是从周公德位合一而孔子无位的对比出发的。这一隐患直到宋学才得到了一定的克服。

宋学是在古文经学的背景中展开的,继承了对于六经作、述问题的看法,如朱子谓:"孔子删《诗》《书》,定《礼》《乐》,赞《周易》,修《春秋》,皆传先王之旧,而未尝有所作也,故其自言如此。"❶ 不过,作、述之别并不影响孔子的圣人形象,因为宋学重新定义了圣人,这又端系于道统论的构建。程子即言"语圣则不异,事功则有异"❷,又"圣人无优劣。尧舜之让,禹之功,汤武之征伐,伯夷之清,柳下惠之和,伊尹之任,周公在上而道行,孔子在下而道不行,其道一也"。❸ 由于意识到禅让与征伐、制作或删述等事功往往受遭际的左右,程子认为,圣之为圣应该有更超越的标准。

在《中庸章句序》中,朱子指出,使圣之为圣的"道"就是德性的圆成。其谓:

> 盖自上古圣神继天立极,而道统之传有自来矣。其见于经,则"允执厥中"者,尧之所以授舜也;"人心惟危,道心惟微,惟精惟一,允执厥中"者,舜之所以授禹也。……自是以来,圣圣相承:若成汤、文、武之为君,皋陶、伊、傅、周、召之为臣,既皆以此而接夫道统之传,若吾夫子,则虽不得其位,而所以继往圣、开来学,其功反有贤于尧舜者。❹

---

❶ 朱熹:《四书章句集注》,北京:中华书局,1983 年,93 页。
❷ 朱熹:《四书章句集注》,234 页。
❸ 程颢、程颐:《二程集》,北京:中华书局,2004 年,324 页。
❹ 朱熹:《四书章句集注》,14—15 页。

从漫长的文明历史与繁复的六经中,提炼出一个以内在德性为本的道统,不只使孔子,也让皋陶、伊尹、傅说、召公等都跻身于圣人谱系。后面这些人本不在今古文经学的圣人范围内,因圣人是与受天命、得王位、制作法度直接挂钩。

在宋学的道统视野下,孔子的有德无位有了新解读。一方面,孔子"天生德于予""文王既没,文不在兹乎"的自信,是一种"天既赋我以如是之德"❶的道德自信。也即,孔子是在禀受"天理"的意义上"受天命"。另一方面,当王位与事功等因素从圣人形象中剥离出去后,宋儒也不再为孔子无王位而感到遗憾了。非唯如此,对他们而言,孔子无王位更像是某种契机,成就其"贤于尧舜"的历史贡献。程子就称:

> 语圣则不异,事功则有异。夫子贤于尧舜,语事功也。盖尧舜治天下,夫子又推其道以垂教万世。尧舜之道,非得孔子,则后世亦何所据哉。❷

朱子注"述而不作"云:

> 然当是时,作者略备,夫子盖集群圣之大成而折衷之。其事虽述,而功则倍于作矣,此又不可不知也。❸

理学沿袭了古文经学的文明史框架,三代以上圣人得位而道行,三代以下道(天理)无一日得行于天下。孔子处在历史转折

---

❶ 朱熹:《四书章句集注》,98页。
❷ 朱熹:《四书章句集注》,234页。
❸ 朱熹:《四书章句集注》,93页。

的节点，恰因无位而退修六经，才将帝王之道承续、汇总下来，具有了垂教万世的意义。这样说来，无位反而是道得以显豁的机缘。由此，对"天将以夫子为木铎"的比喻，宋学提出了一种前所未有的解读："木铎所以徇于道路，言天使夫子失位，周流四方以行其教，如木铎之徇于道路也。"❶无位变成了天命的特意安排。

不难发现，理学家对孔子的"有德无位"有种坦然接受的心态，他们认为，六经是孔子传道之功。这其实是一种历史评价，它基于儒家教化流行千余年的事实。这与今文经学所说——孔子无位故六经空言垂教——表面相似，但今文经学笼罩的浓重伤感，表明二者有实质的不同。今文经学基于天命—圣王—制作一体的观念，给出的不仅是对孔子本人，也是对文明命运的价值判断。而宋学之"道"无关于王位、礼乐和事功，故对孔子无位的结果只是一种历史层面的评价。因此，宋学的孔子形象实际上分为两个层面，就圣性言，孔子是德性圆成的圣人，就历史贡献言，孔子是传道的老师。

以上我们简要介绍了传统孔子形象的三个主要版本，在此之外魏晋玄学、清代汉学对孔子形象也有所调整，但仍笼罩在上述孔子形象的三个范式之下。我们看到，尽管三种孔子形象是有不同的，但它们仍同处于圣王传统、孔子有德无位、六经的性质所搭起的问题领域内，其中天命论、圣王历史的信仰是共同的背景。然而，康有为给孔子塑造的全新形象，之所以与三者均不同，在整体上突破了经学传统的认识，是因为近代变局彻底打破了古典的世界观和问题领域。

---

❶ 朱熹：《四书章句集注》，68页。

二　天命退隐、圣王湮没——从"诸子改制"讲起

研究者大多认识到了"南海思想之精神在改制"❶。通常，人们在公羊学传统和清代常州学派以降的学术史渊源中，把握康有为的这些思想。不过，如翻看《孔子改制考》这一康氏"孔子改制"理论的核心文本，会发现其中提出了公羊学乃至整个经学传统都没有的新说法——诸子改制，并且此说占据了相当分量的篇幅。我们在此直观地将该书的卷次分列如下：

各卷题目	文献与话题在传统所属的类别	
卷一　上古茫昧无稽考	子学	康有为自身"教"的视野
卷二　周末诸子并起创教考		
卷三　诸子创教改制考		
卷四　诸子改制托古考		
卷五　诸子争教互攻考		
卷六　墨老弟子后学考		
卷七　儒教为孔子所创考	经学	
卷八　孔子为制法之王考		
卷九　孔子创儒教改制考		
卷十　六经皆孔子改制所作考		
卷十一　孔子改制托古考		
卷十二　孔子改制法尧舜文王考		
卷十三　孔子改制弟子时人据旧制问难考		
卷十四　诸子攻儒考	子学	
卷十五　墨老攻儒尤盛考		
卷十六　儒墨争教交攻考		
卷十七　儒攻诸子考		
卷十八　儒墨最盛并称考		
卷十九　鲁国全从儒教考		
卷二十　儒教遍传天下战国秦汉时尤盛考		
卷二十一　汉武帝后儒教一统考		

---

❶ 曾亦、郭晓东：《春秋公羊学史》，上海：华东师范大学出版社，2017年，1319页。

大体说来，卷七至卷十三是传统经学的范畴，也是清代今文经学复兴过程中不断翻出的内容。但前后包裹着它们的，是传统上属于子学的问题意识和文献材料。在康有为这里，孔子改制是被置于诸子改制的视野中说的。这种谋篇布局的策略，有以"诸子改制"为"孔子改制"铺垫的意味。

该书外也有许多说法能够证明这一点。在1894年的《桂学答问》中，康有为即言："诸子皆改制，正可明孔子之改制也。"❶回到该书，卷三《诸子创教改制考》开篇下了一段按语：

> 孔子改制之说，自今学废没，古学盛行后，迷惑人心，人多疑之。吾今不与言孔子，请考诸子。诸子何一不改制哉？……诸子之改制明，况大圣制作之孔子，坐睹乱世，忍不损益，拨而反之正乎？❷

康有为意谓，解开"孔子改制"的今古文迷局，需要引入一个新的"诸子改制"的视野作为参照。在中间沿着经学传统讨论"孔子改制"时，康氏经常冒出"然改制托古，当时诸子皆然"❸，"凡大地教主，无不改制立法也，诸子已然矣"❹的对照。而且在该书的后三分之一，他更采取了一种特殊的论证，从诸子与儒家的争辩攻驳，反证孔子改制，如谓"藉异端之口，以证六经为孔子之作""异教非儒，专攻孔子，知儒为孔子所特创"等❺。总而

---

❶ 康有为：《桂学答问》，《全集》第二集，21页。
❷ 康有为：《孔子改制考》，北京：中国人民大学出版社，2010年，34—35页。
❸ 康有为：《孔子改制考》，146页。
❹ 康有为：《孔子改制考》，191页。
❺ 康有为：《孔子改制考》，157页。再如："然从仇家之辞，更可证改制之实。若三年丧、亲迎、好乐、立命果是三王之制，墨子称述三代者，岂能非之？"同前书，208页。

言之,《孔子改制考》通篇传递着一个基本认识:孔子和诸子一样都改制,孔子是诸子之一。

当时学者已准确洞察到,这是对传统学术格局的突破。梁启超即言:"虽极力推挹孔子,然既谓孔子之创学派与诸子之创学派,同一动机,同一目的,同一手段,则已夷孔子于诸子之列。"❶ 简言之,康有为降经学于子学,二者同摄于他提出的"教"的视野。

我们可再提供两种观察,进一步验证这一结论。一则,上节已言,孔子是否改制关系着六经述作、圣德王位与天命所在等一系列重大问题。远自汉代今古文之争,近至清代今文经学的复兴,对此的讨论都限定在经学的范畴内,无须借助子学问题与文献的佐证。二则,康有为列举的原壤临丧而歌,棘子成尚质去文,少正卯讲学,至于"其他悬为虚论,待之后王,则有若黄梨州之《明夷待访录》、顾亭林之《日知录》"❷ 都是改制的表现。按此标准,私家著述、议政时评甚至不遵礼法的言行,都是改制立教。可见,诸子改制论的结果是:改制变得极为容易,不再唯圣王所行,缺少了天命的神圣性和宏大的历史感。

事实上,正是天命的神圣性和圣王传统的历史感,造就了传统学术格局中经学与子学的分野。通常认为,诸子是王官散落后私学议政之"家人言",而这本就是以六经为王官学所得出的认

---

❶ 梁启超:《清代学术概论》,80 页。
❷ 康有为:《孔子改制考》,34—35 页。梁启超云:"黄梨洲有《明夷待访录》,黄氏之改制也;王船山有《黄书》有《噩梦》,王氏之改制也;冯林一有《校邠庐抗议》,冯氏之改制也。凡士大夫之读书有心得者,每觉当时之制度有未善处,而思有以变通之,此最寻常事,孔子之作《春秋》,亦犹是耳。"见梁启超:《读〈春秋〉界说》,载《饮冰室文集之三》(《饮冰室合集》),北京:中华书局,2015 年,14 页。另参李泽厚:《中国近代思想史论》,175 页。

识。六经无论为述、作何种性质，经之为经都闪耀着天命的光辉，流淌着圣王的气脉，从而超越于诸子之上。"诸子出于王官"论与其说揭示了诸子学产生的原因，毋宁说隐喻了诸子与六经（王官）之间一隅与整体的价值结构。

然而，近代中国的变局是世界观的天翻地覆，造成的是天命的退隐与圣王传统的湮没。例如，就时空尺度言，古典语境中的天命代表着文明的神圣性，圣王代表着政教秩序和礼乐生活。二者皆以"天下"为尺度和视野，因而具备价值的普遍主义。近代中国则被抛入万国丛林与大地诸教之中，其时空范畴就从无垠的"天下"，收进有限的国土范围中。在万国竞逐的局势中，天命显得苍白无力。

若就世运言，中国从敬畏不可知的伟大与神圣的时代，进入了理性祛魅的现代世界。最直接的表现是：圣王历史被编织进全球文明史中，经现代视角的洗刷，褪去了光彩。根据学生录存的笔记，在万木草堂时期，康有为已讲授大量今日看来粗疏，当时却极具冲击力的世界文明知识。❶ 其中他反复提到"洪水"这一中国与全球史"同步"的重要标志，如谓："以历国史记考之，人皆生于洪水之后"，"各国皆言洪水，洪水后方有今日世界"❷。及至《孔子改制考》的开篇，他径称："大地人道皆蕴敷于洪水后。"❸

在最初构建全球史的过程中，洪水的传说成为将各文明纳入世界历史图式的重要契机。但问题在于，中国的洪水恰发生在尧、

---

❶ 据其自述，康氏在1887年"兼涉西学，以经与诸子，推明太古洪水折木之事，中国始于夏禹之理，诸侯犹今土司，帝霸乘权皆有天下，三代旧事旧制犹未文明之故"。康有为：《康南海自编年谱》，14页。这是他接受现代文明史叙事的标志，也是"改制立教"说、三世说的萌芽。

❷ 康有为：《万木草堂口说》，3—19页。

❸ 康有为：《孔子改制考》，4页。

舜、禹三圣递嬗的光辉时段；而现代版本的文明史叙述，洪水退去，文明进程才开启。所以，当中国从一个自身即是文明史的"天下"，被吸纳为一块世界史的"拼图"时，尧、舜、禹就"如今之滇、黔土司头人也"❶，从文明极盛之世的立法者下降为文明初阶的族群领袖。圣王历史的黯淡与天命的退隐是同构的。

这些巨变共同造成了经学的危机。因为，六经无论述作，都主要呈现的是五帝三王的礼乐政教。或者说，六经之为"常"与"法"的意义，以肯定五帝三王是理想文明为前提。但现代世界的冲击，将天命观和圣王传统从价值典范逼退至历史中，也就使六经的价值悬为疑难。康有为深知，经学作为塑造华夏文明数千年的价值体系，如还定为五帝三王之法、需要天命的加冕，其在现代世界的普遍意义就是可疑的，也将给文明本身背上沉重的历史包袱。

是故，康有为是带着比传统今文经学家更深峻的文明危机感与抱负，回到了六经述作与"孔子改制"的问题。对他而言，"孔子改制"不只是今古文之争的经学史问题，更攸关经学乃至儒家文明的命脉。他破局的方法，就是从历史之中拯救文明——将六经的文明意义从历史的阴影下重新表彰出来。进而，重建文明的普遍主义维度，一个支点又比一段历史谱系更有思想力量。这个支点就是孔子。所以，他甚至突破了传统今文经学以《春秋》为孔子所作的立场，集六经于孔子一人的"改制"。《新学伪经考》和《孔子改制考》的许多激进做法都服务于此。

---

❶ 康有为：《万木草堂口说》，17页。又"禹时有万国，其说确是，即土司也"，同前书，4页。另参干春松：《康有为的三世说与〈大同书〉》，载干春松、陈壁生主编：《经学研究第四辑：曹元弼的生平与学术》，254页。

二书学术内容与当时反响，前贤做过许多研究，此不复赘。❶我们只着重指出，康有为的思路和视角如何超出了传统今古文之争的范畴。首先，因古文经学归六经为圣王制作，淡化了孔子与六经的关系乃至文明贡献，故康有为写作《新学伪经考》不仅是对今文经学立场的重申，"伪经"这一前所未有的激进假定，是为了更彻底地将六经与圣王历史剥离。再者，即便承认六经是孔子的制作，平实地说，也是通过集先王法之大成的方式，来寄托孔子的礼乐理想。如颜渊问为邦，孔子答以"行夏之时，乘殷之辂，服周之冕，乐则韶舞"所象征的。经学史上对"托"的讨论，仅表现在《春秋》公羊学的一些书法辞例上。其表示孔子在褒贬间寄寓了独特的价值和制度，但不否认先代礼乐文明的美盛。但在《孔子改制考》中，康有为再一次假途于子学，形成了新的"托古"说，进一步将六经与圣王历史离析开，使六经的价值内涵全归于孔子。

因着人性中怀旧荣古的倾向，战国诸子多尊托帝王史事以自坚其说。尽管自始就有"尧、舜不复生，将谁使定儒墨之诚乎"❷的质问，但历史上大部分时期，诸子的歧说都不会动摇圣王历史真实存在的信念，因为经学本身承载着这部分的记忆。而康有为

---

❶ 李耀仙：《廖季平的〈古学考〉和康有为的〈新学伪经考〉》，《社会科学研究》1983年第5期，13—26页。吴仰湘：《朱一新、康有为辩论〈新学伪经考〉若干史实考——基于被人遗忘的康氏两札所作的研究》，《文史哲》2010年第1期，59—72页。刘巍：《重访廖平、康有为学术交涉公案——关于"新学伪经"说之偷意与升级版"孔子改制"论之截获的新探》，《齐鲁学刊》2019年第4期，34—64页。於梅舫：《〈新学伪经考〉的论说逻辑与多歧反响》，《社会科学战线》2019年第5期，139—148页。吴仰湘：《重论廖平、康有为"学术公案"》，《中国社会科学》2020年第4期，181—203页。皮迷迷：《以"今古之辨"解"汉宋之争"：一个考察〈新学伪经考〉的视角》，《人文杂志》2020年第5期，86—94页。

❷ 王先慎：《韩非子集解》，北京：中华书局，1998年，457页。

利用了诸子寓言的纷歧互异，采取了如有共同的历史事实，就不应有多种解释的极端怀疑论，消解了上古美好世代的信念。❶且他认为，改制是托古的目的，托古是改制的方式❷，故"诸子托古"说同样是为"孔子托古"铺垫。当"托古"这一历史的分解剂注入"孔子改制"、六经述作的问题，就会得出"上古茫昧无稽"、尧舜文武之美治皆孔子改制所托的惊人结论。这实现了六经与圣王传统的彻底分离：将圣王放进草莽獉狉的历史中，顺应了现代世界的文明史眼光；将六经的价值全归于孔子一人，为文明的重新起航照亮方向。

因此，康有为重新勾勒了中国的文明史图景：

> 以天下分三等：一等为混沌洪蒙之天下；一等为兵戈而礼乐初开之天下；一等为孔子至今，文明大开之天下。即《春秋》三世之义也。❸

也就是说，洪水退去是人类世界的开始，三代之际是前文明的，或者说蕴生文明的灰暗历史，至春秋战国，孔子以六经托古改制，才真正开启了文明史。值得注意的是，康有为称此"即《春秋》三世之义"，这显然既不是《春秋》本身的三世书法，也未推进到我们熟知的康氏的三世说，毋宁说这是运用《春秋》三

---

❶ "故韩非遍引群说，疑以传疑，谓皆无参验，明据先王，必定尧舜，非愚则诬。此当时实情，正可借诸子之吩咴，以考太古之情状矣"，康有为：《孔子改制考》，6—7页。又"诸子得以纷纷假托，或为神农之言，或多称黄帝，或法夏，或法周，或称三代，皆由于书缺籍去，混混茫茫，然后诸子可以随意假托"，同前书，8页。

❷ "荣古而虐今，贱近而贵远，人之情哉……当时诸子纷纷创教，竞标宗旨，非托之古，无以说人。"康有为：《孔子改制考》，48—49页。

❸ 康有为：《万木草堂口说》，北京：中华书局，1988年，99页。

世的"进化"原理，勾勒后世中国文明史的"进化"。这一做法为我们折射出了康有为思想的根本初衷：确立孔子与六经在文明史上的开端地位。那么，孔子在制作六经时究竟寄托了什么？这就要进入康有为对"改制"问题的全新解释。

三 文明：重构"改制"的主题

在取消经、子之别后，"孔子改制"与"诸子改制"一并被收摄进了一个新的视野——"教"，孔子与诸子乃至苏格拉底、耶稣、佛陀、穆罕默德等人皆为"改制立教"的"教主"。❶ 厘清"改制教主"的内涵，对于把握孔子的文明史地位极为重要。

对此，我们不妨以传统的"素王"形象为参照。因为，今文经学传统中，"改制"是证明孔子"素王"身份的关键证据，但康有为的"改制"解释却塑造出"教主"的形象。显然，"改制"的内涵发生了关键的变化。

历来论"孔子改制"只为说明《春秋》的性质，大体分为两种角度。一是应天改制。按照天命转移、圣王代起的规律，新圣受命，若一因前代礼乐，则无异于继体守文之君，故为了"顺天志而明自显"❷，必须改制；改制以正朔为首，有敬始重本的意义。正朔确定下来，衣服、徽号等随之而变，统于正朔之下。天道三正相承，终而复始，是为三统，王者改制就依三而复的规律，黜先代之统而立新统。❸ 具体到《春秋》的位置，殷为白统，周为赤

---

❶ 康有为：《孔子改制考》，11页。
❷ 苏舆：《春秋繁露义证》，18页。
❸ 三统说的梳理，参曾亦、黄铭：《董仲舒与汉代公羊学》，上海：上海人民（转下页）

统，孔子改制"《春秋》作新王之事，变周之制，当正黑统"❶。

二是救弊改制。一代之法积久成弊、前王德衰，新王继起就必须救弊起衰。对此，《春秋》学主要用文质再复、三教循环的说法为例阐明之。文质指由尊尊、亲亲两种核心原则展开的一系列相异的礼乐制度，如爵制、立嗣、夫妇关系等。理论上说，美好政制是在文质间取得微妙平衡，但现实难免歧轻歧重，如前代之法质胜于文而有弊，则新王改制就矫之以文胜质。至于三教，则是在忠、敬、文三种政教原则间的循环，此不暇赘。具体到孔子的改制，则"《春秋》改周之文，从殷之质"❷，"损周之文致，用夏之忠"❸。

我们看到，古典的"改制"学说深植于天命论和圣王传统的背景当中。孔子作《春秋》所必需的"改制"，是依天命的规律，改前王（周代）之制，在圣王传统中添上孔子与《春秋》的位置。然而，上节的讨论已表明，孔子改制与圣王礼乐的承接关系，在中国自身就是一个独立的"天下"、自身历史就是世界唯一的文明史的时代，是有意义的。但在现代世界来临，天命退隐、圣王湮没之后，反而会成为经学价值的桎梏。例如，在古典语境中言《春秋》以质救文，周代是神圣历史，于历史中体现着恒常的价值典范，故《春秋》改制也具备同等的地位；如今周只是文明史早

（接上页）出版社，2017年，130—150、179—226页。高瑞杰：《汉代三统论之演进——从董仲舒到何休》，《哲学分析》2021年第12期，92—103页。部喆：《从董仲舒"三统说"到刘歆"三统术"——论西汉"三统"理论的转折》，《现代哲学》2023年第3期，133—140页。

❶ 苏舆：《春秋繁露义证》，199页。
❷ 何休解诂，徐彦疏：《春秋公羊传注疏》，174页。
❸ 班固：《汉书·董仲舒传》，2519页。按：三教循环是董仲舒在对策时提出的，他先表明是孔子开示出三教循环之法，后劝谏武帝汉继周弊、应行"忠"教。考虑到汉代公羊家"《春秋》为汉制法"的立场，他很可能是在说《春秋》改制。

期的王朝，再言改文从质，只能表示孔子对周代政治的修正，《春秋》的地位就必然下降了。

值此，康有为再度用"托古"手法剥离了文质、三统的规律与圣王历史的关系，将其归于孔子一人的"改制"。例如他说：

> 《春秋》作新王改制，托于夏、商、周以为三统。❶

这是说，经典中记载的三代，之所以有统纪严整、盛大美富的制度，均非史事旧文，而是孔子编排出的三种秩序形态。之前，只有在历史中的三统迭代，才称得上"改制"；但康有为这里，孔子和《春秋》不再是三统循环脉络上的一环，而是作为创立三统理论的开端，将光芒投射向未来。康氏所言"改制"，毋宁说是"创制"。❷

而且，康有为开始在相当笼统的意义上使用"三统"。一方面，他不会细分应天改制之三统与救弊之三教，如注《中庸》"王天下有三重之道"，兼引三统、三教❸。另一方面他还称，儒家内部的礼制分歧，实是弟子各得一偏，不识皆是孔子制作有三统之别耳。他说：

> 后世礼家聚讼，固有伪古之纷乱，而今学中亦多异同。如子服景伯、子游争立子、立孙、立弟，《公羊》《穀梁》争妾母

---

❶ 康有为:《中庸注》，北京：中华书局，1987年，223页。
❷ 康有为对"三统"的改造及其与"素王"（"教主"）问题的关系，皮迷迷有详细的梳理，参皮迷迷:《重建经学的普遍主义：康有为的经学革新》，北京大学博士论文，2017年，78—99页。
❸ 康有为:《中庸注》，223—224页。

以子贵、不以子贵,《檀弓》争葬之别合,曾子、子夏争殡之东西。孟子、《公羊》爵之三等五等,禄之三品二品,皆今学而不同。后师笃守,必致互攻,岂知皆为孔子之三统,门人各得其一说,故生互歧。故通三统之义,而经无异义矣。❶

甚至《春秋繁露·三代改制质文》篇中繁密的再、三、四、五、九复的礼制系统,他都通称作"三统"。❷ 表面上看,我们应该批评康有为囫囵混乱、破碎经义,不过如换以善意的理解,也许可说,三统说已经不限于三数的束缚,而成为一个广阔的制度空间,一个展示孔子治法兼收并蓄的符号。他想要借此表达的是,孔子法囊括了冠婚丧祭、章服宫室等人类生活的方方面面,并且还考虑到法久积弊,预设了补偏变通的方案。或者说,这是试图以三统说为纲,编织起博大繁盛的制度系统,把沉寂千余年的经学知识变成仍有力量面对世界的价值与制度。

再就文质言,他同样强调孔子兼包文质。进而,他还借此将孔子称号问题容纳进来。康有为固然知道,传统的"素王"是"空王"的含义,但借着"质"还可以训为"素"(素朴),他又称"素王"称号是用来显示孔子法中有一部分会表现出质素色彩——如《春秋》"改文从质"之类。他之所以做此曲解,是为了

---

❶ 康有为:《春秋董氏学》,北京:中华书局,1990 年,120 页。又:"盖孔子之道甚大,制作甚繁,故子贡譬为宫墙美富,得门或寡。《公羊》《穀梁》争妾母以子贵、不以子贵,子服景伯争立子、立孙,曾子、子夏争殡之东西,是皆尊所闻,而不知三统故也。若兼通三统,则时其宜,而无争矣。"康有为:《中庸注》,224 页。

❷ 以夫妇是否合葬为例,按照四复之商、夏、质、文的顺序分别为:丧礼别葬、丧礼合葬、丧礼别葬、丧礼合葬。而康有为说:"此丧礼之三统,与《檀弓》同。"康有为:《春秋董氏学》,80 页。又:"《繁露·三代改制》曰'故王者有不易者,有再而复者,有三而复者,有四而复者,有五而复者,有九而复者。此通天地、阴阳、四时、日月、星辰、山川、人伦',皆有三重之制也。"康有为:《中庸注》,222 页。

将"文"的原则与"文王"的称号也纳入孔子的法统。

这当中还有一《春秋》学的渊源。《公羊传》释"元年春王正月"的"王"字"谓文王也",指孔子制法效仿文王。晋人王愆期则进一步挑明了"文王指孔子耳,非周昌也"❶,康有为极为赞同此说,因其更能显明孔子继任"文王"的地位。他说:

> 《论语》:"文王既没,文不在兹。"孔子已自任之。王愆期谓,文王者,孔子也,最得其本。人只知孔子为素王,不知孔子为文王也。或文或质,孔子兼之。❷

> 盖孔子改制,文质三统。素者,质也。质家则称之素王,文家则称为文王。《春秋》改周之文,从殷之质,故《春秋纬》多言素王。而《公羊》首言文王者,则又见文质可以周而复之义也。❸

不只文王、素王,康有为还将先王、后王、新王、圣王统统加诸孔子。从传统的角度看,这显然是康有为的借题发挥。但体会他的意图,一方面,和三统说一样,他想将《春秋》从"改文从质"的历史位置中超拔出来,强调孔子法之兼包文质、周备无遗。另一方面,借文质关系明确孔子的"文王"形象,又是为了将"文明"的概念容纳进来而先打开的空间。这又与康有为更加

---

❶ 参陈立:《公羊义疏》,北京:中华书局,2017年,23页。
❷ 康有为:《春秋董氏学》,112页。
❸ 康有为:《孔子改制考》,197页。又:"孔子质统为素王,文统则为文王。……人只知孔子为素王,不知孔子为文王也。或文或质,孔子兼之。"康有为:《孔子改制考》,179页。

措意的另一类改制内容息息相关。

《孔子改制考》卷九是该书的枢纽部分,其中康有为详细罗列了孔子都进行了哪些改制。在开篇处他说:

> 凡大地教主,无不改制立法也。诸子已然矣。中国义理、制度,皆立于孔子,弟子受其道而传其教,以行之天下,移易其旧俗。若冠服、三年丧、亲迎、井田、学校、选举,尤其大而著者。❶

该篇的前半部分,康有为只是大段抄录了以《春秋繁露·三代改制质文》为代表的传统论孔子改制的文献;进入后半部分对三年丧、亲迎、井田等礼制的讨论,康氏频下按语,其用心之详略前后显然不同。相比文质三统的抽象原则或细末仪节,康有为实际上更关心这些孔子改制的"实例"与"大纲"。值得注意的是,传统讨论孔子改制并不将这些礼制作为论据。所以说,该卷前半部分还在经学传统范围内,下半部分就是他的突破之处。

这一突破还是由"托古"学说与背后文明史观的倒转所发动的。除了"讥世卿"也许带有些改制的意味,亲迎、三年丧、井田等制度,在经典记载和后世经说中,都有着源远流长的历史。以三年丧为例,从《尚书》载"高宗谅暗,三年不言"到孔子答子张云"何必高宗,古之人皆然",从《三年问》称"是百王之所同,古今之所壹"到唐贾公彦《仪礼疏》推定始自唐虞,三年丧未有为"孔子改制"说者。

---

❶ 康有为:《孔子改制考》,191 页。

康有为却从宰我的疑问和墨家的攻驳,内外两方面一齐解构了这种历史感。他说:

> 宰我为孔门高弟,盛德大贤。后世不肖之人犹能勉而行三年之丧,岂有宰我反欲短丧者?证以滕国父兄百官之不欲,滕、鲁先君莫之行,可知大周通礼本无此制。孔子厚于父子,故特加隆为三年。《礼记·三年问》云"至亲以期断",《孟子·公孙丑》曰"为期之丧,犹愈于已",与宰我称"可已矣",可见古制父母期年。❶

> 墨子尚质贵用,故力攻孔子之礼乐,厚葬久丧最甚。……此谓"以三年攻三月❷,犹果谓撅者不恭",以同非先王之制,并是创造。若是三代旧教,大周定礼,墨子岂敢肆口诋呵?且又举与自己所制之三月丧同比哉?❸

二者的思路是一致的:有共同明确的历史背景就不会出现质疑与异见。这一说法看似很有道理,也极富感染力地诱发了疑古风潮。但康有为指出的这类现象,其实有更平实的理解方式。通常认为,宰我的质疑和墨子的异见都是春秋战国时期礼崩乐坏的结果,是文明秩序的共识动摇乃至破碎的表现。孔子的贡献,则是以在六经中记录三年丧的方式,重新肯定了这一价值。在此意义上,此后的中国文明能奉三年为正,重新达成价值共识,首先应归功于孔子制作六经。事实上,康有为亦欲突出孔子对后世文

---

❶ 康有为:《孔子改制考》,208 页。另参 225、227、275 页。
❷ 原文为"日",当为"月"之误。
❸ 康有为:《孔子改制考》,203 页。

明无可替代的意义,虽然康有为消解经典历史维度的方法并不可取,但刺激他思考的问题仍摆在我们面前。

三年丧是《孔子改制考》最常用的案例,其余如讥世卿、井田、学校、亲迎等制度概同之。总之,经过"托古"学说的转换,康有为赋予了"孔子改制"问题以新的图景。他认为,孔子以前的漫长历史中,文明价值是晦暗不明的,直到孔子才以三年丧、讥世卿、亲迎等制度,确立了父子亲恩、选贤与能、夫妇齐体等文明价值。就价值言,孔子是从无到有的创造。若就制度言,康有为说孔子是改"旧俗"之制,例如称"古俗淫佚,如卫灵、卫宣子等,皆孔子未改制故也,故必知旧俗者,方知孔子之功"❶,"孔制皆由旧俗逐渐改变而润色之"❷。这里所谓的"旧俗",指的已不是五帝三王递嬗而来的礼乐,而是蒙昧野蛮的前文明生活。康氏甚至还称:"凡《公羊》所讥者,皆旧俗也。"❸ 这就将《春秋》的每一条褒贬都视作孔子面对野蛮时代的改制立法,进一步扩展了"孔子改制"问题的空间与内涵。此后,康有为正是在《春秋笔削大义微言考》中逐句的落实这一信念。在该书序言中,康有为想要表明,孔子对人类生活的规划是全方位的。❹

可见,康有为的"孔子改制"理论内含着一种文明史的叙述。在此意义上,"改制"其实是创造一套有关文明秩序的价值。换言之,如果用一个观念总摄孔子法(六经)的意义,那就是"文明"。所以,回到前面质统称"素王"、文统称"文王"的借题发挥,康有为特意将"文明改制"的主旨填入"文王"称号中。他

---

❶ 康有为:《万木草堂口说》,19页。
❷ 康有为:《万木草堂口说》,24页。
❸ 康有为:《万木草堂口说》,4页。
❹ 参康有为:《春秋笔削大义微言考》,《全集》第六集,3页。

注解"文王既没，文不在兹乎"说：

> **文者，文明之道统也。**《春秋》继周文王，有文明之道，文王隐没五百年，文明之道统大集于孔子。后死者，孔子对文王自谓也。言天若绝文明之统，则孔子自谓不得为文明之教主；天若未绝文明之统，则我为文明之教主，匡人必不能违天相害。
>
> 《春秋》之始"元年春王正月"，《公羊传》曰："王者孰谓？谓文王也。"何休述口说曰："文王者，法其生不法其死，与后王共之，人道之始也。"王愆期曰："文王，孔子也。"**盖至孔子而肇制文明之法，垂之后世，乃为人道之始，为文明之王。盖孔子未生以前，乱世野蛮，不足为人道也。盖人道进化以文明为率，而孔子之道尤尚文明。……盖孔子上受天命，为文明之教主，文明之法王，自命如此，并不谦逊矣。**❶

传统的今文经学家说认为，孔子作《春秋》以继周，唯因无位，故托法周始受命的文王，以见斯文在兹之意。这一"文"指一代之天命与礼乐，虽然也可说有"文明"的意味，但古注多以"道"解之。❷ 体味古注与康注背后的差异，"文明"是全球史背景下的概念，而"道"属于天下格局。更明显的差异是文明史的叙事。传统以孔子为圣王谱系的接续者，而康氏认为孔子是文明的开端。当他说孔子以前是野蛮乱世，孔子改制立法后人类生活才

---

❶ 康有为：《论语注》，2012年，127页。段落和粗体为笔者所加。
❷ 郑注："文王虽已死，其所以为文者，其道不在我身乎？天若将丧此文王之道，我本不当得与知之也。"王素编著：《唐写本论语郑氏注及其研究》，105页。朱注："道之显者谓之文，盖礼乐制度之谓。"朱熹：《四书章句集注》，110页。

进入文明时,就已经和"文王既没,文不在兹乎"所表达的"接续"意味截然相反了。

将"孔子改制"的主题上升至"文明"的高度,那什么是文明、哪些价值是文明生活所需等问题便接踵而来。本书中部会择要详论,这里只举一例以折射康有为的文明取向。我们知道,节俭成为中国文明传统的美德,离不开孔子的提倡。在"礼,与其奢也,宁俭""奢则不孙,俭则固,与其不孙也,宁固"等语中,孔子都肯定了质素俭朴是比奢华更好的生活方式。但康氏注此数句时,每每大发议论,反而强调孔子尚文。兹举一例:

> 孔子尚文,制礼从文。……若尚俭,则财泉滞而不流,器用窳而不精,智慧窒而不开,人生苦而不乐,官府坏而不饰,民气偷而不振,国家痿而不强。孔子尚文,非尚俭也,尚俭,则为墨学矣。后儒不善读此章,误以孔子恶奢为恶文,于是文美之物皆恶之。历史所美,皆贵俭德,中国文物遂等野蛮,则误解经义之祸也。……孔子为圣之时,若当平世,必言与其俭也宁奢。❶

有感于中国物质文明的敝陋,康有为颇生硬地扭转了孔子改制的方向。把物质文明纳入"文"的主题下,透露出文明改制的方向多少是以现代文明为参照的。如此看来,朱一新当初"制则

---

❶ 康有为:《论语注》,105—106页。又:"盖夫子以周末人伪,以文灭质,有为言之。若时之有变,则观其会通,以行其典礼。文明既进,则乱世之奢,文明以为极俭。世愈文明,则尚奢愈甚。若于三代珠盘玉敦之时,而必反之污尊抔饮生番野蛮之俗,以致人道之退化,非止事不可行,亦大失孔子意矣。天未丧斯,文不在兹,《公羊》称孔子为文王,盖孔子为文明进化之王,非尚质退化者也。……今中国之文明不进、大损,所关岂细故哉?"同前书,33页。

改矣,将毋义理亦与之俱改乎"❶的质问,不无道理。

四 教主:重构"王"的意义

当孔子成为创造文明价值的立法者时,康有为又会如何理解"素王"的意义?首先,孔子有德无位与后世帝王有位无德的反差,在历史进程中消磨了人们对孔子为"素王"、王者德位合一的信念。为此,康有为重启了王霸之辨、德力之辨。他说:

> 孔子为教主,称"素王"。……盖天下归往谓之王,今天下所归往者莫如孔子。……既天下归往孔子,安得不为王乎?此道德之王,王有万世。若当世人主,以力服人,只可称为霸,如秦始皇、汉高祖、明太祖、亚力山大、成吉斯、拿破仑皆然,不得称为王也。后世人不知道,误以人主为王,则不知力服德服之分,王霸之别,反疑教主之称王,此则大惑者。❷

> 太古尚力,故适称羿奡有力者终死,禹稷有德者终王,不于其身,必于其子孙。适以孔子盛德无位,借以重孔子者……孔子卒为教主,天下归之,真有天下,果如适言。盖德与力,自古分疆,而有力者终不如有德。嬴政、亚力山大、成吉斯、拿破仑之声灵,必不如孔子及佛与耶苏也,此为万古德力之判

---
❶ 朱一新:《朱侍御复康长孺第四书》,载康有为撰,姜义华、张荣华编校:《康有为全集》第一集,328页。
❷ 康有为:《孟子微》,北京:中华书局,1987年,9—10页。

案也。❶

这些讨论的内核是德、位之辨。将后世君主与"王"的神圣称号区分开,让历史证明霸势、权谋的必朽,都正本清源地重彰了儒家以德为中心的政治哲学;并且透露出孔子是后世文明史唯一的"王"者,与上论"王者,人道之始"相通。这些都是康有为对古典"素王"说的继承。

不过,我们注意到,康有为证明孔子为"王"的方式,是对儒家"王者,往也"之说进行全新解释:

> 夫王者之正名出于孔氏。何谓之王?一画贯三才谓之"王",天下归往谓之"王"。天下不归往,民皆散而去之,谓之"匹夫"。以势力把持其民谓之"霸",残贼民者谓之"民贼"。夫王不王,专视民之聚散向背名之,非谓其黄屋左纛,威权无上也。……既天下义理制度,皆从孔子,天下执经、释菜、俎豆,莘莘皆不归往嬴政、杨广,而归往大成之殿、阙里之堂,共尊孔子。孔子有归往之实,即有王之实,有王之实而有王之名,乃其固然。❷

传统意义上天下归往的"王"是一政治主体,是政教秩序的主导者。例如,文王生前行仁政德教,故天下慕然向附,三分天下有其二,成王者之实。但康有为所说,天下对孔子的归附是在历史中的,表现为日后的中国文明咸奉孔子的礼乐法度。如果说

---

❶ 康有为:《论语注》,208 页。
❷ 康有为:《孔子改制考》,172—173 页。

文王之王是以断虞芮之讼为标志，康有为诠释的孔子之"王"，则是在六经之学影响了二千年文明史之后得到的验证。这种对照表明，康氏给出的是一种文明史评价。反观他列举的苏格拉底、耶稣等其他文明的"教主"，可知这个称号都是一种文明史的评价。

那么，教主与素王有何根本不同？关键看"王"的政治属性对二者意味着什么。回顾传统"素王"理论，其中围绕孔子"不王"的问题，形成了复杂微妙的态度。首先是遗憾、伤感的情结。早期儒家追述孔子行迹时，会特意关注孔子错过获得封邑土地的事件。从孟子言孔子"得百里之地而君之，皆能以朝诸侯而有天下"❶，至《孔子世家》记录令尹子西阻止楚王给孔子封邑，其谓："夫文王在丰，武王在镐，百里之君卒王天下。今孔丘得据土壤，贤弟子为佐，非楚之福也。"❷ 汤以七十里，文王以百里，有土是圣人成王、天下来归的必备条件。这些叙述试图暗示：孔子如有封邑，将天下归往而称王。这种固然是将遗憾投向历史的幻想，但也透露出，"素王"说包含着对孔子成"王"的期待。

进而，这种期待转化成认为，孔子以另一种方式在《春秋》中成就了"王"的身位，它表现为《春秋》"王鲁"之说。《春秋》在构想一王初起、拨乱反正之法时，先须为这个"空言的世界"定下"王"者的所在，作为施政行教的中心。而因孔子实不得位，即便《春秋》中也须将王位寄托于某处，故《春秋》托王于鲁，托隐公为始受命王。由此才有了邾娄褒称字、滕薛进称侯，以象征归附受命王者；也才有了从内其国而外诸夏，到内诸夏而外夷狄，再到远近小大若一的书法变化，以象征王教流播、渐进太平

---

❶ 朱熹：《四书章句集注》，234 页。
❷ 司马迁：《史记·孔子世家》，北京：中华书局，1959 年，1932 页。

的图景,等等。所以,褒与贬、内或外的王者权柄是寄托在鲁国之上的,而其真正的行使者无疑是写作《春秋》的孔子。换言之,"王鲁"说是在《春秋》——我们必须再次强调它是"空言的世界"——中将孔子"王"的身份落实、成就了下来。

然而,教主与王的区别恰恰在于:教主是不必须有位以行其教的。对此特质,康有为有明确的自觉,并由之扭转了传统"素王"说的诸多因素。

首先就"王鲁"说言,典型例证是隐七年"滕侯卒"、十一年"滕侯、薛侯来朝"。按《春秋》书法,滕、薛皆小国当书"子",且于所传闻世内其国而外诸夏,小国诸侯之卒不书。何休在这两处分别解释称"称侯者,《春秋》托隐公以为始受命王,滕、薛先朝隐公,故褒之"❶,"所以称侯而卒者,《春秋》王鲁,托隐公以为始受命王,滕子先朝隐公,《春秋》褒之,以礼嗣子得以其禄祭,故称侯见其义"❷。在《春秋》的世界里,滕子先归往王者而得奖进;因为鲁是孔子之"王"位的符号,这也就象征着对孔子"王"者身位的归附,褒奖之权在孔子。"素王"是在《春秋》的"世界"中行使政治权力。

康有为却说:

> 托此条发之,去其子而进以侯,以见新王之有封爵权也。凡《春秋》之义,多所况是,皆托以明义,切勿泥之。滕亦非滕,侯亦非侯,但明微国之进为大国耳。**不然,则孔子一布衣,安有擅封爵降爵之理?而公羊先师皆大儒通才,亦不至信**

---

❶ 何休解诂,徐彦疏:《春秋公羊传注疏》,108页。
❷ 何休解诂,徐彦疏:《春秋公羊传注疏》,94页。

此不通之怪说也。❶

　　董子谓:《春秋》之文多所况是。孔子谓:见之虚言,不若行事之博深切明。孔子但明先朝于新圣王者当进封之义。滕、薛特是托号。**不然,孔子安有封侯降子之理。**❷

新王有封爵之权,先朝者得进封,这些道理当然是孔子所寄寓的,但公羊先师毫不怀疑,孔子就是这位新王。而在康氏的叙述中二者却是分离的。他强调《春秋》多托辞况义,表示孔子仅仅是创立了这些道理,滕、薛,甚至这个"新王",都是孔子演示道理的"布偶",他本人不在这幕戏剧中。康有为判断的理据是"孔子一布衣,安有擅封爵降爵之理"。实际上,正是考虑到"素王无爵之赏,斧钺之诛"❸,公羊家才在《春秋》中发明"王鲁"一义,以成就孔子的封侯降子之权。康有为却从现实中的不得位出发,抽空了孔子在《春秋》中的王者地位。

　　深究其因,"布衣"一词是值得注意的线索。《孔子改制考》中同样出现了"布衣改制"的表达,揣摩康氏的思路和语调,"布衣"已不带伤感的情绪,而在根本上成为孔子形象的一种规定。❹墨子、苏格拉底、耶稣、穆罕默德等教主不都是布衣吗?此外,康有为屡次表示,孔子并不在乎君位。

---

❶ 康有为:《春秋笔削大义微言考》,《全集》第六集,27页。
❷ 康有为:《春秋笔削大义微言考》,《全集》第六集,31页。
❸ 赵在翰辑:《七纬》,723页。
❹ "布衣改制,事大骇人,故不如与之先王,既不惊人,自可避祸。"康有为:《孔子改制考》,242页。"孔子以布衣而改乱制,加王心,达王事,不得不托诸行事以明其义。"同前书,243页。"孔子以布衣改周之制,本天伦,因人情,顺时变,裁自圣心。"同前书,274页。参李泽厚:《中国近代思想史论》,175页。

孔子《春秋》所以托始隐公者，**以其不自为君也，盖孔子亦不自为君者也**，故托于隐公。❶

孔子改制，有德无位，但以拨乱故，不得已定一王之法以治天下万世，**而实无位可即，故削以见意**。又孟子言孔子曰："得百里之地而君之，能以朝诸侯有天下。"故楚子西疑其门皆将相之才，而沮书社之封。不知孔子之识，固将为元以统诸天，天犹为一细物而统之，何况于天中而有地小之小者？又于地中而割据为一国又小之极小者？……况孔子之含元吐精者乎？特以斯人是与，拨乱救弊之道既不行，不得已而托之空文以治后世，故谓之素王，犹佛所谓法王也。行一不义、杀一不辜而得天下不为也，岂有舍元天之高远，而窃人王之空名者乎？❷

第一条材料涉及的《春秋》托始隐公，固然有崇让德的意味，但主要原因还是如何休所谓"周道始坏绝于惠、隐之际""取法十二公，天数备足，著治法式"等❸，无关乎孔子是否欲得君位。《春秋》隐元年不书"公即位"，是成全隐公让位的德行，根本目的又是守住君位继承之常法，这些也都和孔子的无位可即无涉。为表示孔子在主观与客观上与王位的疏离，康氏的这两处解释都明显越出了公羊家法。

第二段将孟子所言和沮封事件带入讨论，则表明康有为认为，时人抑或后世"素王"说对孔子成"王"的期待，也包括《春秋》

---

❶ 康有为：《春秋笔削大义微言考》，《全集》第六集，32页。
❷ 康有为：《春秋笔削大义微言考》，《全集》第六集，12页。
❸ 何休解诂，徐彦疏：《春秋公羊传注疏》，38页。

"王鲁"的托拟,都看小了孔子。对文明价值的创造者——教主而言,元气、天地、四时、国、王都是孔子在空白画布上勾勒出的文明图景,那孔子又如何会汲汲于扮演自己笔下的一个文明角色?究其根本,圣王在现代世界面前的褪色,使"王"位不再是文明生活所仰赖的前提,只代表现实的权势地位,不再有文明使命的色彩。这是"素王"说中的伤感情结消失的重要原因。

不但没有伤感情结,在康有为看来,无位的遭际反而是孔子成就其文明贡献的契机,他说:

> 人之成就,固有以退为进者,若令孔子生为季、孟、定、哀,终身当国,不过使鲁强盛,或朝诸侯有天下,如尧、舜而已,安能为百世教主乎?❶

这一说法和宋明理学的理解颇类似,皆是基于儒教流行数千年的事实做出的历史评价。康有为设想,孔子假如获得了政治地位,也只是中国早期文明的领袖人物而已,他也许将忙于事功而无暇立教,即便立教制法,也将是一套基于有限的中国疆域和文明阶段的价值法度。简言之,进入历史中的孔子必将丧失普遍性。

事实上,回顾传统儒学对孔子形象的勾勒,透露出一个共同的信念:孔子有德无位而述作六经的事件,是中国文明史上的一个关键转折。此后所有对人类历史、道义的理解都必须回应这一文明史事件。今古文经学和宋学给出了适合各自历史条件的回答版本,而康有为面对现代世界的来临,做出了全新解释和激烈

---

❶ 康有为:《论语注》,127—128 页。又:"乃上古昔,尚勇竞力,乱萌惨黩。天闵振救,不救一世而救百世,乃生神明圣王,不为人主,而为制法主。"康有为:《孔子改制考》,172 页。

推进。在接续今文经学家"素王"说基本立场的同时,他又看到"王"背后的圣王信仰在现代文明史叙述中的必然退场,故他彻底刬除了"王"的政治实体意义,转从孔子与六经对历史的深远影响出发,将孔子塑造为文明史的源头——文明教主。

并且,康有为的普遍主义雄心,不只在时间维度上面向现代、面向未来重申孔子的价值,在空间维度上也把视野从中国扩展至全球,表明"孔教"对全球("大地")的价值。我们将以一个有趣的例子为本节作结。子曰:"道不行,乘桴浮于海。从我者,其由与?"子路闻之喜。子曰:"由也好勇过我。无所取材。"历代注家认为,浮海是夫子摆出的一种姿态,用以哀叹道不行于世,感慨自己不得任用,并不真欲遗世独立。可是子路质朴直率,没有领会夫子的意思,欣然欲行,故孔子再以"无所取材"暗喻之。❶康有为却说:

> 孔子抱拨乱反正之道,太平大同之理,三世三重之法,横览中国皆不能行,私居忧叹,欲出海外。是时,大瀛海之说已通,大九洲之地已著,孔子答曾子,发明地圆。故心思海外大地,必有人种至善,可行大同太平之理者,欲择勇者同开教异域。……而是时海道未大通,无船筏可出海,欲泛无舟,空深叹慕,此则圣人所无如何,故卒不果行。使当时孔子西浮印度、波斯以至罗马,东渡日本以开美洲,则大教四流,大同太平之道,当有一地早行之也。传教救人,宜出海外,后学当以孔子、子路为法,无惮艰远矣。❷

---

❶ 参皇侃:《论语义疏》,北京:中华书局,2013年,103页。朱熹:《四书章句集注》,77页。
❷ 康有为:《论语注》,58页。

在康氏这里,"无所取材"从孔子其实并不会去的讽喻,变成了没去成的遗憾,意义的翻转反映的是世界图景的变换。天下格局中,四海与九夷是文明的荒蛮地带,而作为担负着文明使命的"王"者,孔子也理应居守在天下的中心——中国,这片圣王历史发生过的土地。但全球视野下,中国不再处于文明的中心位置,海外的意义也就随之变化,成为"有人种至善,可行大同太平之理"的新的可能,一片空白的文明土壤。而且,教主不像"王"一样背负着具体的文明历史和文明使命,至少在理论上,他的教化可在任何土地上施行。理解了这一点,也就能理解他所谓欧美已至升平、太平的说法和传教南美的设想。

小结　文明教主、经学革命与三世说

理解康有为三世说的性质与内涵,必须将之置于整个经学传统的背景下。本书之所以先考察他对孔子形象的重新刻画,是因为孔子形象是经学的核心命题。我们看到,今古文经学与宋学各异的学术旨趣、形态,都首先围绕着孔子形象展开;及至康有为处,这一命题也始终在他思想中占奠基地位,正如无论如何追溯他思想的开端,《孔子改制考》都无疑是他思想真正形成的标志,是他后续作品的思想起点。

那么,当康有为经过一系列关键性的扭转,塑造出一个作为"文明教主"的孔子时,经学的旨趣与形态也发生了革命性的转变。这一宏阔重大的问题自然不是一节的体量所能容纳的,但还是有必要趁着孔子形象讨论的热度,勾勒大体的线条,详细分析还将在下两章与中部进行。所以,本节是本章的结尾,又是下两章的引论。

将"文明"标志为"改制"的主题,是康氏突破传统之处。由此,"教主"是文明价值的创造者,"改制"是野蛮至文明的转折点。可以想见,"改制教主"学说首先开辟了一个巨大的思想空间,用以重新讨论什么是文明的生活,重构文明的价值标准。中部的讨论将展现,人类生活的一对对基本张力,如尊卑与平等、共同生活与独立、亲亲与仁爱、善意或恶行,在"文明改制"的论域下构成的争执交锋。何种价值对文明生活是必需的,何种是不可接受的?何种价值是更美好的,何种又更切要紧迫?以上问题,康有为都有深微的思考与权衡。

并且,经典世界仍是他考察这些价值关系时的坐标。我们看到,康有为仍坚守着传统"改制"学说的根本立场——六经是孔子"制礼作乐"的成果。对他而言,在"何为文明生活"的思想空间里,六经占据着最重的分量,始终是文明生活的基础。这直接表现为,经学传统中的许多观念,为康氏的文明思考提供了启示与支撑。例如,经典中据乱世、升平世、太平世,小康、大同等一系列价值的阶梯,为他提供了充满张力的思想框架。再如"人为天生"的存在维度,成为他构建大同世界的思想支点。

反过来说,康有为视"文明"为六经的主要意义,也将转变经典的性质与经学的形态。在他看来,造就经之为经地位的,是其中寄寓的义理法度(价值原则),而非史事、文辞、礼制等历史的载体。因为只有义理法度能超越历史,具有"范围万世"的力量。这一重义不重事的立场,再结合康有为对不同价值原则的剖析、权衡与拓展,就从经典中构造出了一套以文明价值为主题的政治哲学分析框架。他将这套理论框架——借《春秋》的书法,也是孔子的"治法"——命名为三世说,在此意义上,三世说就是康有为自己的经学体系。

此外还应考虑到,文明价值的重新构造有着紧迫的现实需要。面对当时中国的气运衰颓和西方富庶强大的反差,中国需要一套理解西方文明成因、衡定中国在世界的文明位置、提供改革方案的综合理论。最重要的是,这一理论须从中国自身文明传统中生长出来,和传统保持联系而非断裂。那么,这一思想任务的宏大与严峻程度,也只有回到中国文明传统的根基——经学中,以获得解决的力量。概括言之,即如何从经学出发回应近代中国的复杂现实?这不只是康有为一个人的,而是晚清一代经师都自任的使命。

其实,康有为的全部回答,都已经蕴藏在"教主"观念当中。作为一个文明史的判断,它体现出康有为心中经学与历史、现实乃至未来的关系。传统儒家相信,六经是后世政教的永恒典范,也在宽泛意义上认为六经深刻影响了二千余年的文明史。康有为则将此信念推进为,只有经历了孔子法的教化,历史才出离野蛮进入文明。这就忽略了思想价值的世界与现实的历史世界之间的距离,凝练出了一种义理法度引领历史发展的模式。康有为既相信历史只要践行孔子之法就能日进于文明,也相信孔子的三世进化之法定能在历史中逐步实现。

而且在他看来,正是二千余年的文明史验证了孔子法的真实效验。这为我们传递出一种历史中的信心:沿着孔子更美好的法度,就能实现更高的文明。这是促使康有为建构大同的重要动力。还有另一方面的动力,则是解释现代世界的文明图景。非洲印度尚处据乱,欧美已进入升平等判断,乍看牵强附会,其根本用心是使世界各地的文明形态,都在孔子法的理论框架中得到理解和把握。所以,三世说尤其是大同建构,这套康有为从经学传统中生发出的思想方案,既带有文明传统自我提升革新的用意,也担任着解释现代世界的任务。但都因其与历史的关系过于直接紧密,而具备了历史哲学的色彩。

总之,近代中国遭遇了现实境况与价值理想两端共同的文明危机,这些最终都集中到了塑造中国文明史的源头——经学的危机。从孔子形象的重塑出发,康有为将经学整体上重构为三世说,使经学重焕面对世界的力量。所以,"改制立教"是三世说的理论前提❶,决定了三世说的性质与形式。

---

❶ 茅海建作为康有为研究的史料专家,穷尽性考察了三世说成熟阶段的《礼运注》《孟子微》《中庸注》《春秋笔削大义微言考》《论语注》中对"进化"一词的使用,认为"'大同三世说'源自'孔子改制说'……并不是西方进化论所启迪、所催生的"。茅海建:《戊戌时期康有为、梁启超的思想》,北京:生活·读书·新知三联书店,2021年,300页。

第 2 章

重塑六经的性质与地位

以康有为《春秋》学为例

引言　文明变局与经学的危机

自羲农以至尧舜，历夏殷讫于姬周，在圣哲的率领下，中国文明逐渐生长繁盛起来。至孔子出，以删述六经的方式，总结了先民的文明经验，寄托了更美好的文明价值。有鉴于六经的伟大贡献，儒家相信孔子也可跻身于这个文明的圣人殿堂。自汉立五经博士以来，经学成为华夏民族认识世界、塑造文明生活的根本依据。

纵观历史，经学影响现实的方式，与时人对六经是什么、六经呈现了什么的理解密切相关。直观地看，六经中既有义理价值，也有史事文字，还有礼乐制度，是诸方面的综合体。六经性质在历史上的不同定位，很大程度在于，三种面貌何者凸显为主体。如做粗略的判断，今文经学偏重价值法度，古文经学偏重历史中的帝王之道，这在郑玄处表现为礼制，在杜预处表现为史笔史法，宋学偏重性命道德之理，清代汉学则偏重文字、文献。不过，各阶段侧重六经的某种面貌，不会否定其他特质的存在。所以总的来说，六经以丰富微妙的多重面向，在经学史和文明史上运转无穷。并且不论如何变化，人们都相信六经是最完整的、最好的秩序典范。

至近代中国，文明的变局最终逼困经学陷入危机。首先在性质上，如上章曾述，六经无论述作，都主要呈现为五帝三王的礼乐政教。也就是说，六经以肯定并提炼先代文明经验的方式立法，这在中国自身是文明史的天下时代行之有效，但遭遇现代世界后，天命退隐、圣王光辉褪去，六经就有降为古史的危险。

实际上，晚清许多接受今文经学资源的学者，如廖平、皮锡瑞、张尔田等，都意识到了这重危机，从而重提孔子身位与六经述作问题，以确立六经超越历史之上的法度意义。前章我们也看到了康有为的处理。但深入到经典文本当中，面对每一则具体的史事文辞、古礼古制时，如何贯彻这一"法"的性质，以完全区分价值与历史，则是多数学者不暇深入的。康有为从《春秋》学入手，相当决绝地完成了这一工作。

再者是价值地位的危机。圣王历史的陷落归根结底是文明价值的变化。经学还必须在西方富强与中国衰颓的反差面前回答：经学能否提供最好的文明生活？并给现实一个明确的解释。或者换一种思路说，如果二千余年的中国文明史是经学塑造的，那么历史是否已然穷尽了六经蕴藏的所有价值法度？六经中可还有未经发掘的内容，能引领中国重焕生机，比肩甚至超越西方的文明景象？

这种抱负在今日也许很难理解，但对浸润于经学传统、深信六经是万世法的经师来说，让面前的现代世界能在经学的知识与价值的系统中得以把握，让文明困境在经学的指导下剥极来复，有着根本的文明意义。这是保持文明连续性的唯一方法。晚清接受古文经学资源的学者，固守着漫长的文明历史和历史中的"道"，往往回避了现实的文明落差及其价值原因。重新发掘今文经学资源的学者，他们的方案又突破了整个经学传统，如廖平的小统、大统之说和康有为的三世说。那么，在康有为的三世说中，六经的地位也有了微妙又深刻的变化。

总而言之，三世说作为康有为的新经学，其成立取决于他对经学的性质、内容与地位的独特理解。这里，我们将以他的《春秋》学为主要对象来进行考察。

一 "《春秋》在义，不在事与文"

1. 证明每一次"笔削"

本节先讨论"经学是什么"的层面。前章已表明，康有为通过"新学伪经""托古改制"学说的转换，将六经归为孔子一人之法；他又将"改制"的主题定位到文明，以孔子法为一套塑造文明生活的价值体系。那么，这一性质如何反映在具体的经典文本中？传统上言孔子法离不开《春秋》，康有为也正是从《春秋》入手实践的。

今古文经学对《春秋》性质的争论，拉开了一个"义"与"史"的裂隙。今文经学重视孔子空言垂法之义，认为是超越于史文之上、未实现于历史中的法度使《春秋》成为经；古文经学重视史笔史法，认为《春秋》是继承并运用了曾实现于历史中的法度而成为的经。不过须注意的是，今文经学重"义"，仍相信需托行事才能深切著明；古文经学重"史"，但非无意义的历史现象，而是在历史中展开的"道"。因《春秋》本就表现为史事、礼制与价值法度之间的微妙综合，故两方尽管构成争执，实难分孰胜，但也分别对文明史产生了深远影响。

清代今文经学的复兴重现了这种张力，但随着文明变局的深入，又发生了重大变化。在现代世界面前，中国的文明身份备受质疑，最深刻的冲击在于：范围二千年礼乐政教的六经，面临下降为纯粹历史经验的危险。比如，在圣王历史的背景下言《春秋》为"史"，依旧闪现着"法"的光辉；但当圣王历史褪色为早期民族史、王朝史，背后的文明价值瓦解了，再言《春秋》为"史"就只剩下纯粹的历史记录。所以，文明变局使今古文之间"史"与"义"的裂隙，绷紧为纯粹的历史与价值间的抉择。康有为深刻意识到，此时是"史存则经亡"的严峻局面。❶ 然而，《春秋》毕竟是以史事、史文为寄托的，在这种天然近于历史的面貌下，如何彰明其价值属性，是个难题。康有为写作了《春秋笔削大义微言考》来做回答。

根据康氏自述，这本书是紧接着两《考》开始写作的。他说："既著《伪经考》而别其真赝，又著《改制考》而发明圣作。因推《公》、《穀》、董、何之口说，而知微言大义之所存，又考不修《春秋》之原文，而知笔削改本之所托。……撰始于广州之草堂，纂注于桂林之风洞。"❷ 这折射出了他思想深入的过程。通过两《考》确立孔子与六经的文明价值意义，随后深入《春秋》文本贯彻这一精神。而如书名所示，明《春秋》有"笔削"是该书的第一个主旨。这的确是关乎《春秋》性质的大问题。

讨论孔子之《春秋》的性质，总离不开其与《鲁春秋》代

---

❶ 康有为：《春秋笔削大义微言考》，《全集》第六集，5页。《春秋董氏学》开篇即言"吾有《春秋改制在义不在事与文考》"，这正是《春秋笔削大义微言考》的凡例。参康有为：《春秋董氏学》，1页。

❷ 康有为：《春秋笔削大义微言考》，《全集》第六集，4页。

表的各国史记❶的关系。例如，孟子谓："晋之《乘》，楚之《梼杌》，鲁之《春秋》，一也。其事则齐桓、晋文，其文则史。孔子曰：其义则丘窃取之矣。"❷再如司马迁说"因史记作《春秋》"❸，"故西观周室，论史记旧闻，兴于鲁而次《春秋》"❹。问题的实质就是《春秋》之义与春秋史的关系问题。对此，今文经学重视《孔子世家》的说法："至于为《春秋》，笔则笔，削则削，子夏之徒不能赞一辞。"❺这表示，《春秋》是非圣人所不能为的立法，是以笔削史事、文辞的方式寄托礼乐之义。这就是"笔削"一词的来源，意在将孔子之《春秋》与鲁史等单纯的历史记载拉远。相反，古文经学者的典型如杜预，借助《左传》建构起"周公五十凡例"，意谓史策记录本身就有史笔史法，以化解今文经学"笔削"之说，将孔子之《春秋》与史策旧文拉近，乃至合一。

如站在客观的角度审视今古之争，孔子是否"笔削"很大程度是信念、立场的选择。尽管个别地方有分析证明的空间，但不足以形成完整的证据链条，仍不免为立场所左右。这里关键的原因在于，我们面前只有一本孔子的《春秋》，作为参照系的史记反而缺席着。所以，笔削与否是很难被客观证明的。这典型表现在继今古之争后，宋学对此问题的搁置。朱子说："某尝谓《春秋》难看，平生所以不敢说著。如何知得上面那个是鲁史旧文，那个是夫子改底字？若不改时，便只依鲁史，如何更作《春秋》做

---

❶ 更复杂的说法是"百二十国宝书"，如闵因《叙》云："昔孔子受端门之命，制《春秋》之义，使子夏等十四人求周史记，得百二十国宝书，九月经立。"这一问题至徐彦《疏》中仍有探讨。何休解诂，徐彦疏：《春秋公羊传注疏》，1—2页。
❷ 朱熹：《四书章句集注》，295页。
❸ 司马迁：《史记·孔子世家》，1943页。
❹ 司马迁：《史记·十二诸侯年表序》，509页。
❺ 司马迁：《史记·孔子世家》，1944页。

甚？……想亦不能不是作，不知是如何。"❶ 欲求圣人心意，须知《春秋》如何笔削，但无鲁史旧文为凭，又见不得笔削处，这是朱子不注《春秋》的主要原因。❷

当然，证明是现代的方法和需要，传统经学并没有对证明的需求。特别是在今文经学奠定了六经永恒的价值地位后，古文经学继起强调历史中的"道"，或者说让"道"展开为文明史，使历史和价值紧密结合，即使弱化《春秋》的"笔削"色彩，其仍然是体现"经国之常制"的一套历史。但在康有为的时代，面临六经降为史迹的危险，普遍地证明《春秋》的价值属性，就尤为必要和紧迫。但康氏也充分意识到"鲁史之原文既不可考，则孔子之笔削亦无从定其孰真"❸ 的掣肘。那么，该如何发千载之秘，找到鲁史原本呢？他从《公羊传》留下的一扇小窗窥见了一本"不修《春秋》"。

传记中有几处透露出诸侯史记与孔子《春秋》的差异❹，但只有庄公七年"星霣如雨"的《公羊传》最明晰无疑地展示了"笔削"的过程。❺ 其载：

---

❶ 黎靖德编：《朱子语类》，北京：中华书局，1986年，855页。
❷ 陈壁生：《朱熹的〈四书〉与"五经"》，《中山大学学报》2014年第2期，114页。
❸ 康有为：《春秋笔削大义微言考》，《全集》第六集，8页。
❹ 参皮锡瑞：《经学通论·春秋》"论孔子作《春秋》，增损改易之迹可寻，非徒因仍旧史"，北京：中华书局，1954年，67—68页。
❺ 四库馆臣云："考笔削之迹，自古无征。《公羊传》曰：'不修《春秋》曰："霣星不及地尺而复。"君子修之曰："星霣如雨。"'原本改本并存者此一条耳。《左传》宁殖曰：'载在诸侯之策曰："孙林父宁殖出其君。"'经文则曰：'卫侯衎出奔齐。'其为圣人所改与否，已不可定。至《左传》称'仲尼谓："以臣召君，不可以训，书曰：'天王狩于河阳。'"'则但有改本，不知原本为何语矣。"永瑢等撰：《四库全书总目提要》，北京：中华书局，1965年，239页。

> 如雨者何？如雨者，非雨也。非雨则曷为谓之如雨？不修《春秋》曰："雨星，不及地尺而复。"君子修之曰："星霣如雨。"❶

以不修《春秋》之旧文对照，《春秋》确经笔削而非全录旧史得到了坚实的佐证。并且，将"雨星"改笔为"星霣如雨"，削"不及地尺而复"，体现了《春秋》正名的意蕴。❷ 不过也须注意，这则记述的背景是模糊的。不修《春秋》的来源是什么？是公羊先师偶获传闻以宝贵之，还是书于竹帛时仍亲见旧文？先师是否见到了更多的案例，又何以只留下一条线索？皆不得而知。因此，尽管这则材料值得重视，但其意义有限，故清人出于稳妥，多只用之来表明"笔削"的总体性质。

然而，为了推论出更多内容，康有为将虚化的背景坐实。他说：

> 不修《春秋》之鲁史原文尚存。公羊先师犹得亲见其本，持与孔子笔削之《春秋》写本两两对校，而知"星陨如雨"四

---

❶ 何休解诂，徐彦疏：《春秋公羊传注疏》，234 页。
❷ 《春秋繁露·玉英》云："《春秋》理百物，辨品类，别嫌微，修本末者也。是故星坠谓之陨，蠡坠谓之雨，其所发之处不同，或降于天，或发于地，其辞不可同也。"苏舆：《春秋繁露义证》，76 页。《论衡·艺增》："《春秋》庄公七年'夏四月辛卯，夜中，恒星不见，星霣如雨'。《公羊传》曰：'如雨者何？非雨也。非雨则曷为谓之如雨？不修《春秋》曰：雨星，不及地尺而复。君子修之，"星霣如雨"。'不修《春秋》者，未修《春秋》时鲁史记，曰'雨星，不及地尺如复'。君子者，谓孔子也。孔子修之，'星霣如雨'。如雨者，如雨状也。山气为云，上不及天，下而为雨。星陨不及地，上复在天，故曰如雨。孔子正言也。夫星霣或时至地，或时不能，尺丈之数难审。史记言尺，亦似太甚矣。夫地有楼台山陵，安得言尺？孔子言如雨，得其实矣。孔子作《春秋》，故正言如雨。如孔子不作，'不及地尺'之文，遂传至今。"黄晖：《论衡校释》，北京：中华书局，1990 年，391—392 页。

字为孔子所修。古今群书,无人见鲁史之不修《春秋》原本者,惟《公羊》有此文。❶

他构想出两相对校的生动场景,也就拉开了"史"与"经"的距离。而且康有为抓住了一个关键的逻辑。他认识到,第一,公羊先师交代"笔削"的过程,是为了回答"如雨者何"的书法追问;第二,反过来看,《公羊传》通篇以"曷为""者何""孰谓"探问的每一处《春秋》书法,又何一不是"笔削"的结果?那么,以"星霣如雨"此例为范本,康有为将者两个逻辑,组成了一个解释学的循环,反推出了大胆的结论:

> 吾由此推悟,乃知《公羊》所言何以书、何以不书,有名无名,或详或略,有日月无日月,皆校鲁史不修《春秋》而知之。"盛"之鲁史原文为"成","齐仲孙"之鲁史原文为"庆父","仲遂"之鲁史原文为"公孙遂","莒人灭郐"之鲁史原文为"立外孙"而非"灭","元年正月"之鲁史原文为"一年一月","天王"之鲁史原文无"天","虞师晋师灭夏阳"之鲁史原文为"晋师假道于虞",皆校鲁史不修《春秋》原本而知之。惟其两本互校,故书不书了然备见。❷

这样一来,《公羊传》之文被复现为一个个生动形象的场景,仿佛弟子执鲁史与圣作两本《春秋》在逐字对校,每遇不同即以"者何""曷为""曷以"发问,师逐条答以孔子笔削之义。这意

---

❶ 康有为:《春秋笔削大义微言考》,《全集》第六集,8页。
❷ 康有为:《春秋笔削大义微言考》,《全集》第六集,8页。

味着，只要以《公羊传》和董、何之解说逆推，《春秋》每一条经文的"笔削"痕迹都能够灿然复明。所以，《春秋笔削大义微言考》设计了一独特的格式："正文分三条平列，以阐发孔子笔削大义。第一条为'不修《春秋》'，即鲁史原文；第二条为孔子笔削之稿；第三条为'已修《春秋》'，即今《春秋经》也。"❶

这一前所未有的说法，在逻辑上有深刻的地方。康有为紧紧抓住了"笔削"造就了"书法"、《公羊传》追问的也是"书法"（即笔削之义）这一核心关联，也顺带回答了《公羊传》问答体的成因。并且，历史记载的吉光片羽，如旧史钟彝不具书时、月、日，书"一月"而非"正月"❷，再如《坊记》即有"《鲁春秋》记晋丧曰'杀其君之子奚齐，及其君卓'"的传闻❸，也均能辅证"笔削"是普遍存在的。但将这些逻辑、证据综合起来，像康有为这样直观落实每一次"笔削"，在文献上仍很难站稳。且不追究这一鲁史原本是如何遗失的，我们假设遮住庄公七年这条"不修《春秋》"，仅按康氏的逻辑，也是无法单从《公羊传》的问答当中，复原出"雨星不及地尺而复"这一鲁史原本内容的。也就是说，我们恰恰能够用这个"笔削"最坚实的证据，反过来验证，康有为的构拟反推之法不能真正成立。其实，在《春秋笔削大义微言考》的实践中，构拟不出鲁史原文是常事。

不过换一种角度，也许能同情地理解这一做法的意义。仔细品味《公羊传》中的师弟问答，他们并不是对春秋时的这些史事一无所知，而是相当熟稔。显然，因《春秋》将"空言"托诸"行事"，故传经的先师在解说大义时，虽未必是亲持史策的事事

---

❶ 康有为：《春秋笔削大义微言考》，《全集》第六集，9页。
❷ 参陈立：《公羊义疏》，北京：中华书局，2017年，20页。
❸ 郑玄注，孔颖达疏：《礼记正义》，上海：上海古籍出版社，2008年，1973页。

质证，但也正是就着这些历史事实，来认识笔削之义。春秋史的知识背景是"行事"，"行事"不是《春秋》学的最终追求，孔子笔削所寄寓的"空言"才是。

由此再看康有为，他通过先师问答所反推出的，与其说是实际存在过的鲁史原本或百二十国宝书，毋宁说是逻辑上未经孔子笔削的二百四十二年的"行事"——那段真实的春秋史。它们是被孔子赋予价值判断的历史质料，却也是《春秋》天然有近于"史"的面貌的原因。

所以，当他宣称"故学《春秋》者，第一当知《春秋》有鲁史之不修《春秋》，有孔子笔削已修之《春秋》二本"❶时，不修《春秋》是无意义的纯粹历史，孔子的《春秋》尽管仍托诸行事，但它的真正性质由"笔削"所决定，故关键在"义"不在"史"。康有为如此煞费苦心，刻意具象构造"不修《春秋》"的全本，是为了更明确地将"史"的面貌与《春秋》拉远，以保全《春秋》"义"的性质。这种远较传统今文家决绝的态度和深入彻底的实践，是"史存则经亡"的危机促迫而致。如此，康氏尚不满足，他更进一步将《春秋》之义从笔削文字中升华出来，使"义"与"文"亦全不相涉。

2. "《春秋》义别为一本"

如开篇曾述，经学影响历史的方式与效果，反映着时人理解的六经之性质。历朝尊用《春秋》者莫盛于汉代，汉人通经致用的方式启发了康有为对《春秋》性质的理解。他说：

---

❶ 康有为：《春秋笔削大义微言考》，《全集》第六集，8页。

> 《公羊》曰：制《春秋》之义以俟后圣。汉人所引廷议折狱见于《汉书》，大书特书曰：《春秋》之义，大一统，大居正；《春秋》之义，王者无外；《春秋》之义，大夫无遂事；《春秋》之义，子以母贵、母以子贵；《春秋》之义，不以父命辞王父命，不以家事辞王事；指不胜屈。其尊《春秋》至矣，然皆引《传》而不引经文，其所谓《春秋》义似别为一书，而与今所尊之经文渺不相属者，此乃至奇宜究心之事。❶

按照通常的想象，汉人奉《春秋》为经，称引当一字不敢遗漏。但事实是，议政称据的是大义而非经文，且主要是《公羊传》所传。❷ 这类现象有复杂的成因。例如，议政场合不宜称引经文，提炼和申发经义是通经致用的必要技艺。还应考虑到，两汉十四博士之学"道一风同"，五经异义之争未烈，故能在经义上保持大体共识，可直接面对政治等。

然而，根本的原因在于，成就《春秋》"经"的性质与地位的，不是一万六千余字之文，而是其寄托传达的"义"；不是单纯的经文，而是经文表述的价值法度，使《春秋》有了范围万世的力量。如将此理解延伸到经传关系，则经与传是一体的，称《春秋》即是《公羊传》，因为经的意义是由师法传习下来的。在很大程度上，汉人无法想象离开"传"的"经"。如果为了凸显"义"的重要性，甚至可以在解释学的角度说："传"作为义的敞开，成就了"经"的性质。

事实上，康有为就走到了这一步。他说"其所谓《春秋》义

---

❶ 康有为：《春秋笔削大义微言考》，《全集》第六集，5页。
❷ 皮锡瑞：《经学通论·春秋》"论《春秋》为后世立法，惟公羊能发明斯义，惟汉人能实行斯义"，13—15页。

似别为一书,而与今所尊之经文渺不相属者",想要表明,由《公羊传》敞开的"义"的维度,而非"文"的体式,主导了汉人心目中作为"经"的《春秋》。之所以这般着意凸显,是因为他面对的是此后经学史上"义"与"文"、传与经更大的裂隙。自古文经学攻博士之学,五经异义之争开启,经与传、文本与解释(价值)就分离了。发展到"舍传求经"方法的出现,理解经典脱离了"传"的阶梯,造成了两个层面的后果:首先是无视早期儒学的思想传统——"传"、师法和家法都是这一传统的表现,每个人都以己意解经,人言言殊,大道更为支离。再者,为解决这种分歧局面,经文的互证成为最低限度的公约方法,经学再一变为纠葛于经文的学问,更忽视背后的义理价值。

回到康有为这里,他忧心的"史存则经亡"的危机,同样深入到《春秋》作为经文的层面上。尽管他通过"笔削"的普遍证明,将《春秋》和春秋史事隔离开,但康有为仍敏锐感觉到,《春秋》学仍有陷于细碎"史文"中的危险,因此必须进一步解放《春秋》"义"的灵魂。在他看来,《公羊传》留下了一处入手的秘密窗口。

《春秋》桓公九年"冬,曹伯使其世子射姑来朝",《公羊传》曰:

> 诸侯来曰朝,此世子也,其言朝何?《春秋》有讥父老子代从政者,则未知其在齐与?曹与?❶

按照《春秋》书法的惯例,诸侯国君来曰"朝",但这一次曹伯遣世子代己前来,而《春秋》同书"朝",其间有何微意?通常,

---

❶ 何休解诂,徐彦疏:《春秋公羊传注疏》,166页。

公羊先师是会有明确解答的，这里是全经唯一一处稍有犹疑之处。先师坦承，《春秋》有"讥父老子代从政"之义，但不清楚是应用于这里"曹伯使其世子射姑来朝"，还是针对襄公九年、十一年齐世子光会诸侯伐郑。通常认为，这一现象是口传辗转讹失，经师信则传信、疑则传疑的谨笃表现。康有为也认识到了这一点，他说："师师相传，口说易讹，展转有失，或忘迷所托，遂不知某义之确托于何经者。……先师口口相传，知《春秋》有讥父老子代从政之一大义，而附托何经，在鲁史襄九年之齐世子欤？抑在桓九年之曹世子欤？则未知其确，不敢妄定，故附记于此也。"❶

但他看到这背后更重要的，是这次"义"与"文"的脱钩，乃是重新审视《春秋》性质的契机。他说：

> 此文至奇。其《传》大书特书称为《春秋》者，不以今经文年月日、会盟征伐、一万六千四百四十六字之《春秋》为《春秋》，而别有所传、别有所见之《春秋》，本有"讥父老子代从政"七字，则今一万六千四百四十六字之《春秋》无此文也。且今一万六千四百四十六字经文皆记事，无发义者，体裁亦不类，则知《春秋》真有口传别本专发义者。《孟子》所谓"其义则丘窃取之"，《公羊》所谓"制《春秋》之义以俟后圣"，指此也。❷

后世皆以编四时著文与事为《春秋》，如今所谓《春秋》经文一万六千四百四十六字者是也。而《公羊》此传云"《春

---

❶ 康有为：《春秋笔削大义微言考》，《全集》第六集，44 页。
❷ 康有为：《春秋笔削大义微言考》，《全集》第六集，6 页。

秋》有讥父老子代从政者",明明曰有,则是似别有一部《春秋》,但明大义而不在事迹,迥非某年春某国某侯之云云矣。《孟子》曰"其事则齐桓、晋文,其文则史,其义则丘窃取之",以此证之,则文与事乃鲁《春秋》之旧,惟义乃为孔子改制之《春秋》,所以能拨乱反正者固在此不在彼矣。❶

一方面,"讥父老子代从政"之义不见于经,但《公羊传》谓"《春秋》有讥父老子代从政者"时,显然相信这里指的是孔子笔削的《春秋》,而不是鲁史旧文。另一方面,齐世子、曹世子之事与文具载于《春秋》经文,如果没有寄托其上的义理价值,那这则《春秋》就是无意义的史文。于康有为观之,这里"义"与"文"的离析,透露出什么决定了《春秋》的性质与地位。单纯一万六千余字层面上的《春秋》,有齐世子、曹世子之事与文,而《公羊传》称《春秋》有讥父老子代从政者",这不是文字层面上的"有",而是义理价值维度的"有",也即《春秋》有"讥父老子代从政"的道理。齐世子、曹世子之书见,是《春秋》"其事则齐桓、晋文,其文则史"的材料,而公羊家传习的"讥父老子代从政"之义,才是孔子画龙点睛的笔法。"义"的维度更根本地决定了《春秋》的性质。

不过,康有为在此基础之上进一步想象,"真正的《春秋》"原本是专讲大义的:

> 《春秋》为文数万,其旨数千,盖此数千之大义乃为孔子之《春秋》。如此条"讥父老子代从政",及隐公之"讥不亲

---

❶ 康有为:《春秋笔削大义微言考》,《全集》第六集,44页。

迎""疾始灭国""疾始以火攻"是也。孔子改制以此数千大义，不敢笔之于书，口授弟子。**当时传诵微言大义，但云讥不亲迎、疾始灭国、君子大居正，有如大孔律例，原不托鲁史而存。**❶

今古文经学与宋学都相信，《春秋》在褒贬史事、笔削史文背后，有一套礼乐价值在支撑着。但认为存在是一本只写"之义"的《春秋》（即便我们能看出其是逻辑上的存在），康有为仍是第一人。如果做一对比的话，传统的《春秋》形象是一部"判例汇编"，是在具体的案例中体现孔子法；康有为设想的"真正的《春秋》"，是将讥世卿、讥不亲迎、疾灭国、君子大居正等义理提炼出来的"大孔律例"，孔子法更明确地呈现为一套价值系统。

不过，如此凸显与独立"义"的维度，造成了对"文"的维度的贬低。康有为发明了"记号""密码"的比喻，来解释"文"的意义。他说：

孔子晚年，以为吾欲托之空言，不如托之行事之深切著明，故收拾各义，分附于鲁史文事之中，因恐无所托讥，乃笔削鲁史，改定其年、月、日、时、爵、号、氏、名诸文，或增或删、或改或削，以为记号。如算法之有天元，代数之有甲乙子丑，皆以一字代一式，使弟子后学得以省识其大义微言之所

---

❶ 康有为：《春秋笔削大义微言考》，《全集》第六集，44 页。又按《春秋》庄公"元年春，王正月"，《公羊传》："公何以不言即位？《春秋》君弑子不言即位。"康氏亦谓："《公羊传》云'《春秋》君弑，子不言即位'，则是《春秋》之义为孔子所窃取者。当时口说，盖若别为一书，如通义然，不涉人事，如桓九年所谓'《春秋》有讥父老子代从政者'同。学者当知此乃孔子之《春秋》，微言大义之所寄托，而非言文与事之鲁史《春秋》也。"同前书，55 页。

托。故此条有世子来朝，即为讥父老子代从政之义所托记。❶

如今撰电报密码者，撰成一一要言，密系于各码字中，任附何字码，皆可以互对而知之；惟密码偶有破损，则不知要言系在何字码矣。故他家或系于经文"仍叔之子来聘"条下，亦无不可。其要在明父老子不得代从政之大义耳，此孔子所窃取也。若曹世子来朝、齐世子光盟于戚、仍叔之子来聘，皆所谓"其事则齐桓、晋文，其文则史"也；断烂朝报，无关要旨，可勿理也。❷

代数和密码的特点是，其本身不产生意义，但又可以被赋予意义。这种比喻落实在"义"与"文"的关系，再加以夸张的表述，就突破了传统理解的限度。传统上，"义"与"文"相互需要，有对应关系，具体的事与文是某些义合适的阐发空间，而具体的义也有待寄托于适宜的事与文才可得深切著明。但在康氏的想象中，一则《春秋》一万六千余字之文，对"义"本身毫无贡献，其只是标记《春秋》之义所在的符号。

二则"义"与"文"的对应关系可被打散。在理论上，意义与符号的关系可以是灵活的，没有明确或隐约的接榫。如谓："此为孔子口说《春秋》大义，此先师所记者，其传在某经则无关大义，先师所不甚计也。"❸落实到解经上，虽不至全部脱钩，但有所松动是肯定的。例如，不只"讥父老子代从政"可系于"仍叔之子来聘"，"讥世卿"之义也可解此，而不限于"尹氏卒"。放在

---

❶ 康有为：《春秋笔削大义微言考》，《全集》第六集，44页。
❷ 康有为：《春秋笔削大义微言考》，《全集》第六集，6页。
❸ 康有为：《春秋笔削大义微言考》，《全集》第六集，59页。

《公羊传》中也许还不够明显，若在解决《公》《穀》异同的问题上则显得更典型，也即两种"义"与"文"搭配系统的相合与分歧。

一部《春秋》何以有公羊家、穀梁家两套口传系统，一直是经学史的谜题。并且就学理而言，即便它们有强烈的相似性并处于同一阵营，两种解释系统的存在，仍为经典的价值权威埋下了隐患。事实上，自穀梁争立学官，石渠、白虎之平议，至何休、郑玄、许慎的辩难，都给了左氏学可乘之机，且将经学的趣味引入分文析字、碎义逃难中。

康有为看到，《公》《穀》就同经同义、同经异义、异经同义等现象的争论，前提是相信"义"与"文"有固定的寄托关系。这兄弟阋墙之争，斤斤于细末的"文""义"关系，反而遮蔽了"义"的共同维度。他转而强调，此二家同受孔子一部《春秋》义"，只是面对笔削之文时"解码方式"不同。他说：

> 试舍一万六千四百四十六字之史文，徒摘《公》《穀》之口传大义，则无一不同，特附史文，时有同异耳。此犹同记要言而各编电报字码，字码虽异，而要言无殊也。一部《春秋》之义可以此通之。吾读《公羊》此条乃大解彻。何君墨守《公羊》，而攻《穀梁》为废疾；盖犹未明密码之故，泥守所传之电码以为真传，而不知《穀梁》所传之电码亦是真传也。……今学《春秋》者第一最要，当知孔子《春秋》义虽为一书，而分条系于史文中，各家条系时有异同，其系事文无关宏旨，惟传大义同一发明。若通此例，《春秋》义自大光明发见矣。❶

---

❶ 康有为：《春秋笔削大义微言考》，《全集》第六集，6页。

落实到解经中，例如隐公五年"九月，考仲子之宫"，《公羊》以仲子为桓公母，《穀梁》以为惠公母。这是史事传闻的差异。康氏称："此皆妾母也，于大义无关，其传闻虽异，不足辨。盖《春秋》以明义为主，但托之于事耳。……若得鱼忘筌，既知其义则事可略之矣。"❶ 又如桓公十一年"郑忽出奔卫"，所以称"郑忽"者，《公羊》以为缘君薨而降称名，非为罪贬；《穀梁》以为失国故名，有责郑世子忽之义。这是"文""义"关联的不同。他又称："盖两家先师所闻，有失国当名之义，有伯子男同等之义，不知所附而附于此。……即二家各有一真一误，或俱误，要此两者同为《春秋》之义。学者通之，得鱼忘筌，不须文与事，则不必计其为郑忽否矣。他经二《传》相牾者甚多，以此例推。"❷

　　这已经不是弥缝调和二传，而是激进贯彻了"《春秋》在义，不在事与文"，于根本上化解了问题。一则，他坚持《春秋》学应将目光重新回到"义"的共同维度，因为正是"义"的维度，使二家的口传系统成其为《春秋》学。二则，史事传闻与笔削文辞离不开"史"的色彩，为保全《春秋》"义"的价值与"经"的地位，康有为将二者摒为无意义的纯粹历史，这就意味着，"义"与"事"、"文"不构成对应关系。同经同义可证师说相应；同经异义、异经同义又解以各托其义、互引而备，于每条经文歧说都能化解。难怪康氏极自得的称"吾今发明《春秋》专在于斯，学者其尽心焉"❸，又"此为读《春秋》最要法"❹。

　　并且，化解了其间的分歧，《公》《穀》二家就可一同收摄进

---

❶ 康有为：《春秋笔削大义微言考》，《全集》第六集，24页。
❷ 康有为：《春秋笔削大义微言考》，《全集》第六集，47页。
❸ 康有为：《春秋笔削大义微言考》，《全集》第六集，47页。
❹ 康有为：《春秋笔削大义微言考》，《全集》第六集，64页。

这部"《春秋》义"中，丰富了孔子法的价值内容。康氏说："《春秋》之义在口说，口说传《公》《穀》，遍于汉世之学官，诵于弟子，被于天下。今《公羊》《穀梁》二传犹在，则孔子《春秋》之口授大义在《公》《穀》二传，至可信据矣。故学《春秋》者，当知《公》《穀》为口传孔子《春秋》义之书。"❶ 反过来验证了"《春秋》义"的"实存"。

3. "四本《春秋》"与"书不尽言"

在《春秋笔削大义微言考》的发凡，康有为先立下七篇"考"，核心就是上两节的论证。随后，他以"四本《春秋》"说展示他的方法论成果：

> 《春秋》有四本
> 一、鲁史原文不修之《春秋》。孟子所见"鲁之《春秋》"，公羊所见"不修《春秋》"是也。今佚，可于《公》《穀》"书""不书"推得之。
> 一、孔子笔削已修之《春秋》。世所传《春秋》一万六千四百四十六字是也。
> 以上二本皆文。
> 一、孔子口说之《春秋》义。《公》《穀》传之。
> 一、孔子口说之《春秋》微言。公羊家之董仲舒、何休传之。
> 以上二本皆无文，而口说传授者。❷

四者二本有文、二本无文，已透露出，与其说真有四本体性

---

❶ 康有为：《春秋笔削大义微言考》，《全集》第六集，5—6页。
❷ 康有为：《春秋笔削大义微言考》，《全集》第六集，9页。

不同的《春秋》，毋宁说是以具象化的方式，铺展开《春秋》的不同层次。此四者呈现为史事、文辞、大义、微言的逐步上升。鲁史原文与孔子已修之《春秋》的厘析，是通过"笔削"的普遍证明完成的，其首先将我们所见的《春秋》和春秋史区分开。笔削之文和《春秋》大义的厘析，是通过重构"义"与"文"的寄托关系，并化解了《公》《穀》之间的裂隙而完成的，其进一步将"义"的维度从《春秋》文本中凸显、解放出来。

传统经学能够接受，《春秋》是"其事则齐桓晋文，其文则史，其义则丘窃取之"的微妙综合体。康有为分出《春秋》的不同层次，虽在整体结构上保留了传统意味，但实体化的层层剥析，已构成对传统不小的突破。然而，如果说拉开前三本《春秋》的距离，分别体现了康氏《春秋笔削大义微言考》书名中"笔削"和"大义"两则主旨，那么再析出第四本微言之《春秋》，是该书的第三个目标，这或许是康氏更重视也突破更甚之处。

《春秋》学传统中，"微言"与"大义"相对。"大义"指由《公羊传》《穀梁传》传习的义理，此后师法家法所发明和总结的内容也可包括在内。而"微言"指显明的"大义"背后或之外的道理，但实际上，未有谁明确指出哪些是独立于"大义"的"微言"，也未有谁指出是否有不传存于世的"微言"。也许较平实的解释是，"微言"已存在于"大义"的字里行间，有待慧眼识读。不过，一直蒙着神秘面纱的"微言"，为《春秋》学的展开留下了闪转腾挪的空间，也提供了源源不断的动力。

而在康有为这里，存在着一本单独的《春秋》微言。或者说，《春秋》存在着有别于大义的一套微言，部分由董仲舒、何休透露了出来。这一突破传统的设想，已不只关涉"经学是什么"的性质问题，还涉及"经学有什么"的内容问题，二者内在相关。这里先集中讨论前者，也为后者略作铺垫。

微言之《春秋》的存在，是康有为提纯"义"的维度，打散"文""义"关系的延伸结果。传统中"文"与"义"的紧密关联，默认了《春秋》之义已在对经文的解说中阐明无遗。其无传无说处，盖亦无义。尽管也有"无闻焉尔"之阙，与上文未知孰是之疑，又只是无关大义的四五处，不会动摇经典在价值上的完整性。

但当康有为设想一部独立的《春秋》之义，借助《春秋》之文的"密码本"由二家解释出来，就会产生《春秋》之义是否得到完整揭示的疑问。并且，越珍视《春秋》的意义，这个疑问越紧迫。康有为即言："史迁称《春秋》文成数万，其指数千……今《公》《穀》二传所传大义，仅二百余条，则其指数千安在？"❶ 司马迁此语盖本为修辞，将其坐实背后，是康有为对"《春秋》，义之大者"❷ 地位的极度尊崇。

这时，《公》《穀》无传无说与阙疑者，反成了康有为利用的豁口。他说：

> 《春秋经》多无传无说，凡无传者一千零八条，无说者七百零五条，其遗落不闻者，盖已多矣。❸

> 《公羊》无传。以上各条多无说。《春秋》文成数万，其旨数千，无一字无大义者；今各条无说，则微言大义之脱漏多矣。先师藉口说以传，本易遗忘。今《公羊》《穀梁》二传，仅余大义二百余条，幸赖董、何二家得掇拾于十一。然欲以此

---

❶ 康有为：《春秋笔削大义微言考》，《全集》第六集，6 页。
❷ 苏舆：《春秋繁露义证》，12 页。
❸ 康有为：《春秋笔削大义微言考》，《全集》第六集，3 页。

尽孔子之制作，则仍吉光片羽而已。❶

在论"文""义"关系时，康有为经常使用"得鱼忘筌"的经典比喻。他更进一步用这类能指、所指关系，来比喻《春秋》乃至六经没有完整展现孔子之法。如谓：

《易》曰："书不尽言，言不尽意。"书者，六经也。言者，微言也。意者，圣意也。圣言有尽，而圣意则无穷也。❷

《易》曰"书不尽言，言不尽意"，天下之善读孔子书者，当知六经不足见孔子之全。❸

古典时代，六经本身是一套完整的、最好的法度。康有为显然在六经呈现出的之外，还期待更多更好的价值内容。如果说前三本《春秋》的层层剥析，一方面摆落了经典的历史面向，保全"经"作为文明价值源头的地位；另一方面则提纯出"义"或"法"的共同维度，使经学超越表面分歧，抟聚成一套价值体系。那么，微言之《春秋》的再度析出，在性质上是抬高"义"的绝对地位的必然结果，是对经学能提供的文明价值有更大的期待。

换个角度看，让《春秋》从"史""文""义"中逐级脱颖而出，或者说让经学重整为一套以文明价值为中心的体系，最终是为了让六经直面现代世界的文明挑战。康氏并无信心相信，如《公》《穀》二百余义这般——六经已呈现出的价值内容，能对这

---

❶ 康有为：《春秋笔削大义微言考》，《全集》第六集，49页。
❷ 康有为：《春秋笔削大义微言考》，《全集》第六集，17页。
❸ 康有为：《论语注》，63页。

一挑战有足够的回应力量。所以，他需要一片既属于经学传统，又可供他充分闪转腾挪的思想空间和理论资源，来为经学重新注入活力。这片空间和资源，他就统称为"微言"。

是故康有为相信，二传"凡其所持，皆据乱之义也"❶，而董仲舒、何休透露出微言的存在，其主要内容是"孔子改制"和三世说。❷ 而他设想，那本微言之《春秋》将是升平法、太平法的详细展开。如谓：

> 《易大传》曰："书不尽言，言不尽意。"书者，文之可见者也；言者，口说之可传者也。……若夫圣人之意不可见者，其在升平、太平之条理耶？❸

> 董何六纬所传之口说又为一部，益深矣。然言不尽意也，其三世之义含而待发者，尚赖推补之。升平义当为一部，太平义当为一部。❹

这意味着，孔子法的全体是三世说，其部分由六经呈现出来，其余皆隐而未发，只经董、何略露玄机。这种极具冲击力的说法是如何形成的？是否会改变六经的地位和经学的任务？这些都有待另辟一节娓娓道来。

---

❶ 康有为：《春秋笔削大义微言考》，《全集》第六集，7页。
❷ "董子醇儒，为公羊学，而所称《春秋》非常异义多出公羊外，与胡毋生之传于何休全合。……其传《春秋》改制当新王继周之义，乃见孔子为教主之证。尤要者，据乱、升平、太平三世之义，幸赖董何传之，口说之未绝，今得一线之仅明者此乎？"康有为：《春秋笔削大义微言考》，《全集》第六集，6—7页。
❸ 康有为：《春秋笔削大义微言考》，《全集》第六集，9页。
❹ 康有为：《春秋笔削大义微言考》，《全集》第六集，66页。

二 "身行乎据乱，而心写乎太平"

1. 据乱：孔子改制的"历史性"

对于孔子法与六经之间的微妙关系，康有为"还原"了它的成因。他以《春秋》学中"据乱"一词为枢纽，重构出一套回答。"据乱"出自何休《解诂序》，其谓：

> 传《春秋》者非一，本据乱而作，其中多非常异义可怪之论。❶

这是在解释，《春秋》公羊学多"非常异义可怪之论"的原因。两个理由，一是经义由口说辗转相传，易缺漏混淆；一是《春秋》据乱世史事而立褒贬，史事之是非曲直，本即隐微难辨。这一"据"字既可解为依据，也可引申为面对，表示《春秋》"拨乱世反诸正"❷、"见治起于衰乱之中"❸的意味。

事实上，在康有为提出"据乱世"之前，"据乱"这一用法极罕见，甚至不是单独的语汇。一方面，所传闻世一直没有对应着"升平""太平"的代号。"拨乱世"的说法，也主要指《春秋》拨乱反正的整体意义，不限于所传闻之一世，称"据乱世"更无之。另一方面，"据乱"的少数用例，都还是嵌于传统语意中，如皮锡瑞称"尝读《春秋》而有感焉，《春秋》据乱而作，乱莫甚于战

---

❶ 何休解诂，徐彦疏：《春秋公羊传注疏》，3页。
❷ 何休解诂，徐彦疏：《春秋公羊传注疏》，1199页。
❸ 何休解诂，徐彦疏：《春秋公羊传注疏》，38页。

争"❶,"盖《春秋》本据乱而作,孔子欲明驯致太平之义"❷云云。所以,苏舆讽刺"据乱世"是不辞,有一定的道理❸,但他也没有看到,康有为已然赋予了"据乱"新的含义。

康有为解释孔子与三世说、六经的关系,有固定的表述程式:

> 其三世所立:身行乎据乱,故条理较多,而心写乎太平,乃意思所注。❹

> 孔子生乱世,虽不得已为小康之法,而精神所注常在大同。❺

> 孔子生据乱世,而志则常在太平世,必进化至大同,乃孚素志,至不得已,亦为小康。❻

"孔子生据乱世"是六经中小康法详密、大同法隐略的原因。康有为这里,"据"的意思就是"生"。生活在乱世是孔子立法的"历史处境",这不可避免地局限了孔子法表达的程度和形式。能隐约感到,尽管传统与康氏都使用"据乱"一词来指称孔子作《春秋》的"历史背景",其意味又很不同。这一转变仍应回到"孔子改制"的意义转变来理解。

传统所称"据乱"或"拨乱",指二百四十二年乱臣贼子弑君

---

❶ 皮锡瑞:《经学通论·春秋》,91页。
❷ 皮锡瑞:《经学通论·春秋》,22—23页。
❸ 苏舆:《春秋繁露义证》,10页。
❹ 康有为:《春秋笔削大义微言考》,《全集》第六集,3页。按:《不忍》本作"神思"。
❺ 康有为:《论语注》,18页。
❻ 康有为:《礼运注》,239页。

亡国的史事，这往往被认为是背离文武周公之礼乐的结果。那么，作为"素王"的孔子要在《春秋》褒贬中重树礼乐价值，以维文武之道不坠。孔子处于春秋末年，重审和总结这段历史，不影响孔子法本身作为一套高于历史的价值。所以，《春秋》学有"世愈乱而文愈治"❶的说法，突出史事与治法是两个维度。归根结底，在传统《春秋》学中，孔子真正的"历史背景"是圣王传统，二百四十二年的史事只是孔子立义褒贬的寄托。

可在康氏这里，圣王传统消失了，孔子所处的历史背景是一片空无。所以，"孔子生据乱世"指向的，也不仅是二百四十二年的混乱现实，更是前文明的荒蛮时代。所以他还会说："孔子生非平世，躬遭据乱，人道积恶，自人兽并争之世，久种乱杀之机，无论何生，触处迸发，加逢乱世险波，诈谋百出，机械乱种既深。"❷

前章我们说过，康有为改造的"孔子改制"说比传统更激进体现出对孔子的信仰。那么，为什么又要强调"孔子改制"的"历史背景"？这是因为康有为观察到，六经作为孔子法的寄托，并不符合他通过"孔子改制"发现的文明精神。所以，"据乱世"之说的真正用意，是解释六经这种不够理想的缺憾——小康条理较多，大同反而隐略——何以形成。但是这种解释方案，给孔子法赋予了一种"历史性"。并且，康有为三世说形成时和后期调整时，"历史性"的内涵还有很大不同。

我们先看最初的意味。本来，按康有为"孔子改制"判然划分野蛮与文明的理念，制度应翻然一变。但实际上，太古旧制旧

---

❶ 何休解诂，徐彦疏：《春秋公羊传注疏》，40、1088页。皮锡瑞：《经学通论·春秋》，22—23页。

❷ 康有为：《论语注》，3页。

俗与孔子所改制的区别并不显著。例如，三代大人皆世及，《春秋》的改制，其实只有"讥世卿"，天子诸侯仍世袭。更不用说《春秋》载旧史旧礼而未改者多。康氏认为，这是改制未尽的表现，原因就在于历史的局限：

> 盖原世法之立，创于强者，强者无有不自便而凌弱者也。国法也，因军法而移焉，以其尊将令而威士卒之法行之于国，则有尊君卑臣而奴民者矣。家法矣，因族制而生焉，以其尊族长而统卑幼之法行之于家，则有尊男卑女而隶子弟者焉。虽有圣人，立法不能不因其时势风俗之旧而定之，曰君为臣纲、夫为妻纲。于是君日尊而日骄，臣民日卑而日苦。夫日尊而日肆，妇日卑而日苦。大势既成，压制既久，遂为道义焉。于是始为相扶植保护之善法矣，终为至抑压、至不平之苦趣。❶

因为"孔子生据乱世"，故"立法不能不因其时势风俗之旧而定之"。这就使得孔子法具有某种"历史性"，或者说孔子法的展开受到历史的局限。按照康有为的理解，"孔子改制"已于价值理想层面超越了野蛮时代，但六经中的制度义理，仍有大量三纲五常的尊卑关系。对此，他认为这些都是野蛮时代的历史遗存，孔子不能显革之，历史积势亦不会遽变，故六经中多沿用旧史旧礼者。

也可以说，这种解释是"孔子改制"说的一种深化，以解释六经之制与"孔子改制"的关系。它创造了一种独特的看待六经的方式，通俗地说就是"一分为二"。我们仍以夫妻关系为例：

---

❶ 康有为：《大同书》，6—7页。

> 盖太古蒙昧之世，有一妻数夫者，亦有一夫数妻者；而男子尤强，故一夫数妻之制行之最久。孔子一时不能削之，故为之定其制。天子娶十二女，诸侯九女，大夫三女，士一妻一妾，庶人匹夫匹妇。……盖一夫多妻之世，至国主尤为无限。孔子定此，已为减之又减，亦不得已之制，欲其易行者也。然男女同为天生之人类，本无高下，特以男强女弱，积久相凌。然孔子制昏礼，首曰"下达"，又曰"妻者齐也"，义本平等。❶

一方面，夫为妻纲、一夫数妻是野蛮历史的遗存，于价值上应否弃，但历史积势无法骤改，故六经仍以此为主，这是对历史的无奈妥协。另一方面，孔子通过"昏礼下达""夫妻齐体"等表现出的"男女同为天生之人类"的平等，才是文明的未来方向。

以上是"据乱"所表达的"历史性"的第一种含义，它基于"孔子改制"说最初的"野蛮—文明"框架。然而，进入20世纪，康有为目睹世乱，对三世说有重要的调整，这是下部的主题。其中的关键就是化解"孔子改制"说"野蛮—文明"的紧张内核，重新肯定据乱小康法的意义。由此，孔子法的"历史性"有了新的内涵。

庚子以后，康有为更清醒地意识到，尽管大同精神是文明的未来，但小康法不再是不得已的野蛮遗存，它本身就有文明秩序的价值，它代表了人性的自然和文明建立的必要。他后来在《礼运注》中正是这样理解"小康"的意义的。

> 今虽明父慈子孝之义，亦异于乱世野蛮不知父子者。……

---

❶ 康有为：《春秋笔削大义微言考》，《全集》第六集，78页。

天子、诸侯、大夫，世之大人也，不能让贤选能，始以武力得国家，后则私据之，或世传子孙，或兄终弟及，造作礼典，定为名义，以绝奸雄觊觎盗篡之端，以免岁月易朝争杀之祸，较之乱世，人为帝而家为王，争杀无已者，民生易保焉。……国土互峙，上下相疑，于是筑城凿池以备不虞，而保民保境，较之野蛮，不知设险自卫者，自为少智矣。……立礼以为防，修义以为限，纪而纲之，进人道于修明，较之乱世，无礼无义，自为文明矣。……国定君臣之义，俾天泽不得妄干，较之乱世，名分不明，篡争日见者，自为安息。家有父子、兄弟、夫妇之亲，俾人道得以相保，较之乱世，人伦不明，淫逆横作者，自为正义。制度者，律法也。因人情而制之，上下得所率由，自胜于野蛮无法度者。田里者，分田制禄也。临长百姓，而轻重布之，令君子野人皆得所养，自胜于乱世无口分世业者。❶

这相当于说，面对野蛮的混乱无序，孔子法首先确立起君臣、父子、夫妇之伦，与国土、田里、礼义之制度，即基本的文明秩序。事实上，儒家传统相信，正是这些礼义秩序使人成其为人、文明成其为文明。庚子后经历自我反思的康有为，其实回到了传统的信念，只是将其编织成了一种文明史叙述。

至于之所以在小康法之外，还需追寻大同理想，则出于成全与升华文明的考虑。康有为在《大同书》开篇就指出，一切人类文明形态，都不可能彻底消除苦难和弊病。出于人性自然的秩序，并不等同于最美好的秩序，它也必然存在自身无法克服的弊病和悲剧。而康有为相信，仁爱、尊重、平等、独立、公正、尚贤等

---

❶ 康有为:《礼运注》，241—242 页。

德性构成的大同法,能弥补其弊,将文明升华至更高阶段。在此意义上,孔子法的"历史性"是一种缓和版本,它其实体现了建立文明的一个次第过程。

综上所述,尽管康有为的三世说前后有所调整,孔子法的"历史性"内涵也随之变化,但孔子法作为一个过程而展开这个基本性质没有改变。这就是三世说"进化"形式的奥秘所在。而随着理论前期后期旨意与调性而变化的,是组成孔子法的最基本的两个部分——小康法与大同法——的关系。

在最初"孔子改制"说奠定野蛮—文明的对立框架下,据乱世在价值上应该被超越,但现实中又有着"历史"的身体,成为阻滞文明进化的力量。孔子改制,是在野蛮的历史遗迹中注入文明的灵魂,这就表现为小康法。而人类的真正未来,是以文明价值不断克服历史的"身体",最终实现脱胎换骨的大同文明。这就构成了复杂的小康大同关系。若就表象而言,小康法受野蛮时代的积势所限,大同法是文明的充分实现,二者截然相反,所谓"太平、乱世条法全异"[1]。但就孔子改制的精神而言,文明价值首先寄托在小康法中,大同又是改制精神的完全实现,大同是小康法文明精神的真正贯彻。

至于后期的理论调整,孔子法的"历史性",表现为文明从建立到完成的过程,展现出了文明价值的轻重缓急。康有为的解释相当于说:某些价值适合"据乱",也即文明生活开端的条件,故条理详尽,是为小康;而某些尚不适合,故隐略寄托,是为大同。这形成的小康大同关系则是:一方面,就价值比较而言,小康法

---

[1] 康有为:《春秋笔削大义微言考》,《全集》第六集,102 页。又"据乱与太平,则如东西极之相反",同前书,114 页。

的价值更切近人性自然和文明初启的需要,大同法的价值更美好可贵,可纾解小康的苦弊,成就文明的至善;但另一方面,是小康大同各有适用的历史条件,大同法不能直接建立一种文明,大同永远是小康基础上的大同。这也能回到经典中解释小康大同的详略区别。小康法是更自然、必要的,故条理详尽以奠基文明;大同法是更珍贵、美好的,故寄托为理想以升华文明。三世之法,在价值上是小康到大同的上升;在施用时宜上又是小康详而急,大同略而缓的。

综合这两种版本的描述能看到,"据乱"不是真实存在过的历史阶段,康有为只是借此说法,解释孔子法何以是一个从小康到大同的进化过程,而不是大同的直接降临。我们可以借用一个新的比喻来理解,假设孔子法是一束光,它没能直接投射到当下。它最初被一块棱镜遮住了,那棱镜就是"据乱世"代表的历史化局限。孔子法的光芒透过"据乱世"的棱镜,只投射出小康法的光谱,而分散了大同法的光彩。不过,这当中隐含着一种期待,等到棱镜翻转,文明时机成熟,大同法便将条理详尽地呈现出来。

回味康有为构造这种"历史局限"和"历史性"解释的初衷,仍在于回应近代中国的文明危机。在现代世界的映照下,中国成为一种不够文明的历史,也使六经不仅在性质上,亦在价值层面临坠入历史的危机。康有为从"孔子改制"出发,延伸出这一保全六经地位的特殊方案。三世说最初的现实指向,是表明那些已然塑造了文明史的价值已完成了它的使命,而进入了历史,孔子和六经还有更高的价值,能回应现代世界的挑战,为中国补弊起衰。

这样看来,"据乱"不是孔子的历史局限,因孔子还有大同之志;这只是承认孔子法的展开是在历史之中,不可避免受限于是。甚至说,恰恰通过承认中国衰落的现实,将其归诸文明乃至人性自身的"历史局限",反而能解放孔子与经学的文明意义和永恒价值。它的结果,也就是在六经中分判出野蛮与文明、文明的开端与升华等不同类型的法,从而整体构成一个讨论秩序原理的政治哲学框架。

2. 从三世说看六经:小康"身体"与大同"心思"

通过前述讨论我们隐约感到,在康有为这里,孔子法、三世说和六经是三个不同的概念。把握三者的关系对于理解康有为的思想,以及他和经学传统的关系,至为重要。

首先,康氏自己并没有使用"孔子法"的说法,为了表述上的简洁,我们使用它来概括"孔子改制"的结果。其次,在经学传统中,"孔子法"有与三代之法对比的意味。而康氏已无三代之法的观念,他对"孔子法"的推崇也较今文经学有过之无不及,这突出表现为三世说与六经的关系问题。

今文家相信,孔子法就是六经,六经提供了最完整的价值法度。但康氏这里,"孔子改制"说内置的价值框架,及其与历史现实的不协调,催生出上节围绕"据乱"展开的解释,其实就动摇了上述信念。孔子法的内容,康有为更愿意指称为包括小康、大同或据乱、升平、太平在内的总体,而六经并不能完全覆盖它们。故康氏甚至说"六经不足见孔子之全"❶。

但是,若反过来想,六经是孔子法的唯一载体,大同法的线索只能回到六经的字里行间寻找。事实上,尽管康有为有上述令

---

❶ 康有为:《论语注》,63页。

人咋舌的发言，但他从构造到调整三世说的工作，几乎都是在经典注释中完成的。并且，他也不会教导后生否弃经典，只是坚持从他自己的理论出发理解经典。所以，三世说仍与经典关联密切，它的意义在于提供了一种新的看待经典的视角与方法。它当然兼有利弊，只是我们要先看清它，才能下判断。这也就是说明，从三世说来看待六经，看到的是什么？为此，我们还是再次回到康有为的表述：

> 《春秋》三世之法，与《礼运》小康大同之义同，真孔子学之骨髓也。孔子当乱世之时，故为据乱小康之制多，于大同太平则曰："丘未之逮也，而有志焉。"可见孔子之志，实在大同太平，其据乱小康之制，不得已耳。❶

带着三世说的眼光进入六经，能将其识别为两部分，一是条理详尽的据乱小康之制，一是隐约寄托的太平大同之志。我们好奇的是，康有为如何在六经的每一则法度中辨识出二者？我们仍到《春秋》中看。

"讥世卿"是他最常用的改制案例。传统认为，相比三代世及，《春秋》"讥世卿"，改以"公卿大夫士皆选贤而用之"，展现出尊贤、平等的理念。而天子、诸侯仍行世袭，这是考虑到只有君位的稳定过渡才能稳定国体。所以，公卿大夫士阶层是处理政务的主要群体，需选贤与能、量功黜陟；天子诸侯与国同体，故需世袭，这二者都是儒家肯定的价值。不同的政治角色适配不同的政治理念，共同组成完整的政治秩序。

---

❶ 康有为：《春秋笔削大义微言考》，《全集》第六集，18页。

然而，康有为有截然不同的解读，这又与他思考的参照系不同有关。改制的历史背景，现在变成了全球视野下的早期文明史，三代世及被置于"古者土司酋长皆世袭"❶，"凡古国皆然，希腊罗马皆以世族为政"❷的背景中理解。有时候，康有为不厌其烦地引证印度、埃及、暹罗等古老又往往衰颓的文明，表示世袭制是早期文明的共性。我们说的"早期"，就是他所谓的"据乱"。世袭在现代眼光下，是不够文明的历史产物，不再是值得肯定的价值理念。

再者，就文明理想的一端，他注意到，儒家还有一个天下为公、选贤与能的大同，比《春秋》更理想。只是传统认为，孔子"丘未之逮也，而有志焉"的感叹，表明大同是回不去的黄金时代。❸这意味着，大同非后世可欲，不能和《春秋》相提并论。但康有为将"圣王时代"作为孔子的"托古"，这就使得，大同从被历史凝固的"另一个世界"，翻转为孔子面向未来的立法，可以和《春秋》比较。所以，康有为理解"丘未之逮也，而有志焉"就成了：大同是孔子改制的最终目标。在从"孔子改制"到大同理想的坐标轴上，《春秋》居于其间。

《春秋》的天子诸侯世袭、公卿大夫士选贤，原本是一个整体的制度，这样一来，被剖分成两种向度。"讥世卿"和大同理想打通，指示出文明的方向；天子诸侯世袭与乱世旧制的背景挂钩，是不够文明的历史遗存。展开表述的地方有很多，兹略举两处：

---

❶ 康有为：《春秋笔削大义微言考》，《全集》第六集，105页。
❷ 康有为：《春秋笔削大义微言考》，《全集》第六集，57页。
❸ 郑玄注"丘未［未］之逮也，而有志焉"云："志，谓识古文。"郑玄注，孔颖达疏：《礼记正义》，874—876页。

  盖据乱世先治大夫；升平世则治诸侯，诸侯不世；太平世则天下为公、选贤与能，天子亦不世也。夫君长为民之牧，义在得人，世袭为君，未必皆贤，一有不肖残暴之人，民受其害。此盖太古之乱政，但治有次第，乃不得已之法。要之，世者皆非圣人所许也。故《书》首称尧以丹朱嚚讼，不可为君，恶世袭也。❶

  天之公理，以贤治不肖，以智治愚。大同之世，天下为公，选贤与能，凡在民上者皆然，凡世爵皆非也。孔子生当据乱，故先发大夫不世，而内诸侯则待以世禄不世官之义；推之升平世，则诸侯不世，太平世则天子不世，皆当选贤为之。❷

  若就制度的外貌言，《春秋》之制从素王垂法的唯一法度，下降成不得已的小康法，其上还有升平、太平之法。但就孔子启示的文明价值而言，只有通过六经中"讥世卿"、《礼运》首章等处，才可寄托选贤与能的文明价值。事实上，之所以能够在六经记载之外，构造出升平法、太平法，正是从经典启示的精神出发，却又突破了经典的限度，从而推演而成。

  我们再看一个夫妇关系的例子。"妇人谓嫁曰归"是经典通义，其意在表明，女子只有踏入婚姻、组成家庭，她们独特的禀赋才会得到成全，所以婚姻家庭是她们真正的归宿和依赖。但康有为说：

---

❶ 康有为：《春秋笔削大义微言考》，《全集》第六集，105页。
❷ 康有为：《春秋笔削大义微言考》，《全集》第六集，57页。

孔子生当中古乱世，女弱当有男子为依，而夫妇之道又不明，故孔子重之，著义为"归"。今美国女子自立，尚以夫姓、以为归，尚如此。然此为据乱之法，若太平世则人人自立，两两相交，如国际然，则不得谓之"归"也。❶

他还是承认，男女强弱之别与共同生活的需要，形成了这种婚姻关系。那么，在这些人性自然和文明生活的必要之上，还要如何升华我们的文明呢？我们要提示一点，《礼运》中大同的夫妇关系都以"女有归"为理想，那么孔子从何寄托了人人自立的价值呢？康有为在亲迎礼中获得了启示。

与"讥世卿"不同，亲迎礼没有明确的参照表明它是孔子所改之制。我们看，《春秋》"讥始不亲迎"，表示亲迎之礼废弛已久，王者起必先正之。再如《礼记·哀公问》也谈及亲迎礼，孔子在"古之为政"的语境下，向鲁哀公讲解亲迎的必要。这些都暗示亲迎礼有着历史的传统。不过，康有为通过"托古"说和"凡公羊所讥者，皆旧俗也"的信念，取消了这种历史感，也就将亲迎礼变成了孔子的"创制"。如谓："古未尝有亲迎之礼，尊男卑女，从古已然。孔子始发君聘于臣，男先下女，创为亲迎之义。"❷ 康有为认为，亲迎体现了男女平等的精神：

《春秋》一王之法，先正夫妇，而婚礼下达，男先乎女。此孔子著男女平等之义，力反乱世之压抑也。❸

---

❶ 康有为：《春秋笔削大义微言考》，《全集》第六集，19页。
❷ 康有为：《孔子改制考》，206页。
❸ 康有为：《春秋笔削大义微言考》，《全集》第六集，19页。

然孔子制昏礼,首曰"下达",又曰"妻者齐也",义本平等。❶

传统的理解,亲迎是男子向女子表达敬意和珍重的礼仪。因为这位未来的妻子将与己成一体之亲,代己奉事父母、主宗庙祭祀事等家族大事。所以,亲迎礼所传达的敬重,体现着男性和女性在婚姻中的相互成全。但这又不是一种不分尊卑的平等关系,其实正是有了主辅尊卑之别才有所谓"下达"。并且,男子亲迎的过程同时就是女子来归的过程。

由此可见,康有为对"平等"的解读,与其说是传统的申发,毋宁说是他注入的一种新的文明价值。这背后又出于对人性的另一种理解角度——"人为天生",此留待中部详述。需要补充的是,带着"平等"眼光,康有为重新审视了《春秋》"讥夫人外会"❷、"讥夫人要君"❸、"妇人不与国政"❹、"女不亲许嫁"❺等几乎所有涉及女性的礼制规定,并皆视之为据乱法。

通过上述两个典型案例可知,康有为剖判经学法度的背后,其思考机制和思想动力,是对"孔子改制"的意义重构。对于"文明"上升为"孔子改制"的主题,过往研究概视之为康氏泛说,然而事实上,其真正产生的影响是能投射到每一则具体的法度上的。康有为或是在野蛮与文明的框架内,如"讥世卿"之例;或是在文明开端与升华的框架内,如夫妇关系之例,来理解

---

❶ 康有为:《春秋笔削大义微言考》,《全集》第六集,78页。
❷ 康有为:《春秋笔削大义微言考》,《全集》第六集,65页。
❸ 康有为:《春秋笔削大义微言考》,《全集》第六集,83页。
❹ 康有为:《春秋笔削大义微言考》,《全集》第六集,110页。
❺ 康有为:《春秋笔削大义微言考》,《全集》第六集,114页。

每则法度的文明意义。

所以,"孔子改制"是康有为思想的"利刃",在六经中批隙导窾,如土委地的是制度的身体,被归为据乱而致的小康法,从中解脱的是文明的精神,由之丰满为大同法。由此,我们重新回味康氏那则经典表述,"其三世所立,身行乎据乱,故条理较多,而心写乎太平,乃意思所注",这里孔子的身、心关系,其实是在解释六经的身、心关系。孔子身在据乱,故六经有旧史旧礼的身体;心思常注于太平,故六经改制的精神是高于身体的大同世界。在康有为这里,六经的性质与地位之所以如此微妙复杂,就是由据乱"身体"与大同"心思"之间的张力造成的。

上节末论"微言《春秋》"的存在,是我们讨论至此的缘由。实际上,所谓《公》《穀》先传之大义与董、何稍露之微言的区分,就是据乱"身体"和大同"心思"的翻版。康有为说:

> 今人闻升平、太平之义,犹尚惊怪,况在孔子之世?故必不能笔之于书,惟有传之于口。乃至公、穀先师写《传》,亦只能将其据乱大义写之。其升平、太平异义,实为非常可怪,不能写出也,亦只得口传弟子,故见于董、何极详,而《公》《穀》反若无之。夫以升平、太平之异义范围后世,非圣者不能作之,岂汉诸儒之笃谨能为之哉?盖董、何时孔道益光大,故又不妨将所传口说稍写出之也。……然则孔子及公、穀先师蕴此异义,万无写出成书之理;除口传外,更无别法矣。其相传为贬损当世大人有势者而不书见,犹非孔门本意所在也。❶

---

❶ 康有为:《春秋笔削大义微言考》,《全集》第六集,7页。

如前曾述，微言原指字里行间流露的深沉旨意。对于《春秋》有微言的原因，传统上往往联系《春秋》有贬损当世处来解释。如《公羊传》"定哀多微辞，主人习其读而问其传，则未知己之有罪焉尔"❶，《史记·十二诸侯年表》"七十子之徒口受其传指，为有所刺讥褒讳挹损之文辞，不可以书见也"❷。简言之，出于经师明哲保身的智慧，微言是藏匿在笔削和大义身后的。

康有为不同意传统的解释，因为他赋予了"微言"新的意义，一种更高的文明使命。在他这里，微言是有别于大义的一套道理，是据乱法之上的升平、太平法，也是更真实纯粹的孔子"心思"。并且，微言的显白以大义的流被为前提，就如大同必须以小康为基础。至于何时显白，又取决于经师对文明进程的把握，所谓"董、何时孔道益光大，故又不妨将所传口说稍写出之"，毋宁说是康有为自身使命感的投影。而通过上述案例，我们已清楚知道，孔子的"心思"必然是以微言的形式，存在于大义与礼制法度之外，因其多出于康子别出心裁的解读或补缀。

现在我们再回到《春秋笔削大义微言考》中，体会《春秋》的体性与地位。如前曾述，笔削、大义与微言是该书的三个主旨，由之厘析出"四本《春秋》"的结构，是康有为解经的基本体例和框架。是书先平列三条正文，首为"鲁史原本"之"不修《春秋》"，中间是在鲁史原本上以朱笔圈写，象征"笔削"的过程，末为今之《春秋》经。下录二传"书不书""日不日"之议论，凡此为"笔削"证明的环节。次录二传之义，遇歧异者即申记号密码之喻，是明"大义"的环节。接下来，康氏往往先引董、何之

---

❶ 何休解诂，徐彦疏：《春秋公羊传注疏》，262页。
❷ 司马迁：《史记·十二诸侯年表》，509页。

微言口说，再申以己之三世说。当然，未必每条都有董、何作为桥梁，也未必每句都有发挥升平、太平当如何的空间，但总体上是对一部"微言《春秋》"的探求。

"四本《春秋》"的厘析，可视作追索什么是"真正的《春秋》"的上升过程。更抽象地看，是探讨经以哪些性质和内涵能成就文明。"笔削"证明与记号密码说排除了"史"与"文"，确立"义"是《春秋》的根本性质，表明经以其价值属性成就文明生活。"微言"的环节通过重构孔子改制的意义，在价值内容中区分出"历史性"的据乱小康法（大义《春秋》）与更高的太平大同法（微言《春秋》），意指后者是"真正的《春秋》"，是最美好的文明价值与图景。这里的微妙张力在于，今所见之《春秋》是大义与微言、据乱小康与太平大同的综合，且前者占主体；而康有为同时笃信，"真正的《春秋》"是后者的展开，这成为《春秋》乃至六经地位的一种写照。

就价值地位来看，无论是整体上在"大义《春秋》"之外追寻"微言《春秋》"，还是具体到每条《春秋》经文之下，谓此为据乱法，升平、太平则如何，都让人感到：现存的《春秋》乃至六经，只是孔子的次好法度。相比于经学传统的信念，六经的地位似乎有所降格。不过，我们必须重申它的语境。在古今中西交冲的关口，这种论调包含着复杂的用意。所谓"次好"，既肯定了六经对过往文明史的贡献，又期待着六经仍能生发出应对文明挑战、补弊起衰的力量。

不过若换一种角度，就价值的载体看，无论太平大同法如何高邈于上，大同的身影只有且必须从六经中才能窥见。"真正的《春秋》"首先只存在于今所见之《春秋》中。在此意义上，六经仍是不容或缺的常道。由此，我们应当明确的是，康有为对大同文明的追寻，是期待六经开出更好的文明，而非对六经的文明革命。正如康有为将自己摆在阐扬孔子之志的位置上，《大同书》中仍标举孔子为大同之道的源头。这不能简单视作康氏的托辞，因这种定位包含着对六经与文明史之关系的深刻理解，乃至主动担当。

小结　三世说：经学作为政治哲学

　　本章主要分析，康有为如何重新定义了六经体性与意义、内容与地位，从而构造出一种新的理论形式——三世说。这一过程也必然会对经学的方法、任务与当下使命提出全新的要求。其与经学史上曾表现的种种面貌，都有极大的差别。概括来说，三世说使经学首先成了一种政治哲学。

　　首先，义理成为经学的核心关切。引言曾述，六经本身呈现为史事文字、礼制法度与大义微言的综合体，经学史上，不同层面的凸显不会否认其余层面的意义。但文明变局的出现，使经典中大量旧史旧礼的内容成为"经"之地位的累赘。面对"史存则经亡"的困局，康有为果决地保全义理价值这一层面，剥落史事文字和礼制法度。"《春秋》在义，不在事与文"的多重证明和比喻固略显过激，我们除体谅当时的情势严峻外，还应体会他本意里面的洞见。经学研究不应沉浸于史迹礼文，而应保持对义理价值的注目。在《春秋》中随便读到一条，例如"春，取济西田"时，不应只辨析其史事原委、舆地田制和书法条例，而平平带过"恶贪取""恶取同姓""大恶宜讳"等道理。这不只因为义理价值是经学发挥思想力量、使经成其为经的关键，而脱离价值内容太远的历史辨析,只能满足一种知识的趣味;更因为在现代世界的冲击下,史事礼制彻底进入历史,而文明与经学的危机唯有返回经的根本,重焕义理价值面对世界的力量,才能有一线生机。❶事实上,反观经学在现代学科的命运——未由哲学所充分接纳,而是被文学、史学和哲学史割裂,就应感叹康有为的卓识远见。

并且,提炼出"义"的抽象维度,能最大限度消弭六经自身的体性不同和经学史上的师说分歧,反而将六经凝聚为一个理论体系,拓展开新的思想空间。康有为不只有将《公》《穀》二传收摄进一部"《春秋》义"中这类解释的实践,还更强调,儒学史上展现的所有义理都是孔子法的一部分,如谓:"然言孔子之道……或割大圆,得锐角以自珍;或游沙漠,迷方向而失道。所号称巨子元儒,皆不出是矣。"❷康氏的志向是揭示孔子法的全貌,在某种程度上,他也做了重新发掘、整合与安顿儒学史的工作。三世说作为孔子的"全体",将儒学的不同面貌安顿在不同世中。康有为对六经之空间与能量的极大期许,让他反复暗示孔子法的宏阔深奥不可穷尽,从重视"性与天道不可得闻"❸、"不见宗庙之美、百官之富"❹,至对"书不尽言,言不尽意""声色之于以化民,末

---

❶ 在与朱一新的争论中,康有为即表示,经学"若诚如今日之破碎荒陋,则彼《新约》《旧约》之来,正恐无以拒之。诸贤虽激励风节,粉身碎骨,上争朝政之非,下拒异教之入,恐亦无济也"。康有为:《致朱蓉生书》,《全集》第一集,315 页。

❷ 康有为:《春秋笔削大义微言考》,《全集》第六集,3 页。

❸ "文章,德之见乎外者,六艺也,孔子日以教人。若夫性与天道,则孔子非其人不传。性者,人受天之神明,即知气灵魂也。天道者,鬼神死生,昼夜终始,变化之道。……子贡骤闻而赞叹形容之。今以庄子传其一二,尚精美如此,子贡亲闻大道,更得其全,其精神微妙,不知如何也。此与《中庸》'声色化民末也,上天之载无声无臭至矣'合参之,可想像孔子性与天道之微妙矣。"康有为:《论语注》,62 页。

❹ "今以粗迹所传,若《春秋》之太平,《礼运》之大同,《易》之群龙无首,朱子尚疑之,况其余乎?数千年推测六经,人人自以为是,而二千年未知太平大同之道,归魂游魂之说。愚今推知之矣,安知不又有出于愚所知之外者乎?口说不传尚(转下页)

也"❶的新解,再到"六经不足见孔子之全"的提出,这类信念不会动摇经的地位,反而为经义的运转开辟出崭新的空间,为经学的发展提供了活力。

再者,经学义理系统的主题是文明。康有为没有停留在宽泛笼统的意义上宣称六经代表着文明的精神(也许这样做,他的学说会更温和,在后世会受到更多赞誉),而是深入考察每一具体的法度内有怎样的文明价值。这种极强的思想穿透力,造成了他"打穿后壁"式的激进风格。况且,他判断什么是文明的参照,已从圣王历史转换成古往今来的世界文明史进程,这是近代中国必须直面的现实挑战。

带着文明的眼光打量每则法度,就会判分开野蛮与文明、文明的初阶与成全等价值框架。进一步,他将不同的价值充实为不同的理想类型,也就有了太古、小康法、大同法,或据乱世、升平世、太平世的文明阶梯。值得注意的是,这些"世"与"法"都以"主义化"的风格构建起来,是在对纯粹用某种价值组织起

(接上页)如此,口说若传更不知若何。《易》曰:'书不尽言,言不尽意。'书者,六经也,不足以尽口说;言者,口说也,不足以尽圣意。……自颜子具体外,圣门诸子亦不过得片麟只甲,何况后人?故二千年来,得见孔子之道者寡矣。以为孔子专言形体,而不知其言灵魂;以为孔子专言人世,而不知其多言天神。其他德行、政事、言语、文学之科,独人立国、天下合群之义,莫不详委该备。所谓'宗庙之美,百官之富',非子贡亲闻性与天道,何得尊叹之如此"。康有为:《论语注》,295—296页。

❶ "声,经说也。色,礼乐也。明德者,天命昭灵不昧之德也。孔子之意,以为以经说礼乐教人,教之于烝民既生之后,教之于大地混沌之时,末事也,圣人之不得已也。教者必当以明德化普天下人,皆明其明德,使普天下人皆光明。普天下世界人物,无有愚顽暗污之性,山川草木并放光明,光辉相照,不待于教,乃孔子意也。虽然,此太平之世,建德之国,不可骤得也。子思盖言六经垂教,三重立法,皆区区从权立法之末事,非孔子神明之意。尚有诸天元元,无尽无方,无色无香,无音无尘,不可思议,别有天造之世,不可思议,不可言说者,此神圣所游,而欲与群生同化于天天,此乃孔子之至道也。"康有为:《中庸注》,232页。

的文明生活将会怎样进行一种设想。正是这种理想类型的建构，使得康有为希冀的大同法、太平世极大地超出了儒家传统的想象。也正是这种理想类型的建构，使得大同法、太平世看起来像是一个社会阶段。但是，康氏"三世之理相反"❶、"人道如环"❷等说法已经提醒我们注意，大同与小康如同镜面对照一般，处处相反，那么我们应该能反思出，三世说其实是构想出的"平行世界"。而称六经与中国二千年皆为小康法，也是思想建构必要的修辞。这些在中部会再详细讨论。

综合上述方面，康有为给经学研究提出了一个新的任务。他说：

> 故得孔子一世之治体，皆可进退，推之于三世焉。❸

这是说，既然六经是孔子法唯一的凭据，其中每一则法度都是不同价值的结合，那么，经学的任务就是通过上述判析、拆解与再度构建、丰满的方法与过程，从六经中读出三世来。例如从讥世卿"推之升平世则诸侯不世，太平世则天子不世，皆当选贤为之"❹。这意味着，经学作为一门学问的意义，是以六经之法为契机，敞开文明生活的诸种可能。尤其是一对相反的价值，在进退、

---

❶ 康有为：《春秋笔削大义微言考》，《全集》第六集，7页。"太平与据乱相近而实远，据乱与升平相反而实近。"康有为：《中庸注》，228页。

❷ "盖人道如环，拨乱世矫枉过甚，当与乱俗相反；而升平、太平则渐转近于乱世。但外形近而精意教化实最相远，则以久道化成，人人有士行故也。"又："盖治道循环，太古狉獉，俗与太平近。惟据乱与太平则如东西极之相反，理势然也。……但治化既进，德心与欲心迥异，虽形同而实不同也。"康有为：《春秋笔削大义微言考》，《全集》第六集，170、114页。

❸ 康有为：《春秋笔削大义微言考》，《全集》第六集，57页。

❹ 康有为：《春秋笔削大义微言考》，《全集》第六集，57页。

权衡间，将塑造出何种生活方式、文明图景。

这也意味着，康有为对何为文明生活的逐层分析，与他搭建起的理解世界的文明框架，实质上都是从六经的土壤中生长出来的。一方面，康有为改造了经学的性质与形态，但另一方面，这种改造让经学的价值全面而深刻地构建起一套理论框架。总之，以最富思想张力的方式和结果，康有为展示了何谓六经的文明意义，何谓儒家的普遍主义。

当然，结合中国的现实处境，与在这套政治哲学框架中的位置，经学的任务更现实地说是——刻画大同图景，为中国的"贞下起元"指明方向。文明秩序的参照物可以是世界史，甚至主要是西方现代，但在康氏看来，成就文明的价值基础与机制，仍应主要从经学传统中去抽绎发挥。因认识到儒家传统中"天"作为终极的根源，为礼乐文明提供的丰富道德原则，他重新发掘出"人为天生"的维度。前述对讥世卿、亲迎等"孔子改制"的新解，无不从"人为天生"的思想基础出发。这样刻画出的大同，就是康有为给文明传统自我更新指出的方向。讨论这些也是本书中部的任务。

如果和历史上的各种经学形态相比较的话，康有为之说很大程度近似于两汉经学的整体视野和使命感，尽管在经义的理解与二者未必相同。在两汉那个文明传统历周秦之变而重新起航的时刻，经学让六经承担起理解世界与塑造文明的责任。议政称据经义而非文字史事，透露出一种对经学的意义在于义理的价值的信任。从《白虎通》对"诸侯世位，大夫不世，安法"或女子有无爵与谥的追问，到《五经异义》《驳五经异义》对大夫世位、世禄或天子是否亲迎的辨析，又折射出经学的任务是处理诸价值原则的关系，以塑造人类生活。在思想的意图与实质上，康有为都与之遥相呼应，因为他们都怀抱六经站在文明断裂与革新的关口。而康氏遭遇的挑战可能更深重，故他的思想学说又极大突破了传统，显得非常异义可怪。但试想，两汉阴阳五行、图谶秘纬、四始五际等学说，较七十子后学又何尝不是异义可怪？

不过，有一点存在根本不同，康有为的孔子法体现为一套法的上升阶梯，落实在历史中就是文明的展开过程。两汉今文经学固然相信经学是一套价值体系，但不存在从一种价值到另一种价值、一种法到另一种法的明确进阶。讥世卿的传统解读表明，世袭与选贤固然存在张力，但不是非黑即白，而是各占优势，适用于不同政治角色，并搭配起一套完整的政治制度。认清道理总有其适用的领域和空间，没有什么道理是一种"主义"，是古典的文明智慧。而如我们反复强调的，三世说的"进化"形式是"孔子（文明）改制"理论的结果。当康有为将"文明"的棱镜置于六经的光芒中，由低到高的价值光谱便会被折射出来。并且，主义化风格加剧了价值间的紧绷对立，现实变革的需求又迫切地催促着大同的出现。特别是康有为对孔子法之文明意义的珍视，使他再度推进到了孔子法与文明史紧密结合的地步。这些因素共同为三世说的政治哲学框架，涂上了历史哲学的色彩。

总之，三世说表现出极其清晰的历史进化的面貌，是它大大超出古典经学传统之处。并且，它最主要的困难和争议也都来源于此。为此，我们需要单辟一章，考察这种历史进化的面貌如何形成。

第 3 章

"文明进化"：历史哲学色彩的形成

引 言

通过上两章的研究，我们对康有为"孔子改制"学说的力量有了一定体会。康氏秉此"利刃"进入六经，将当中的义理价值悉数判分与重构，用类型化的方式，构造出一道治法的上升阶梯。对此我们概括为，三世说具备了一个政治哲学的内核框架。不过，三世说的用意不止于解释经典及建构理论。它与时代的脉动紧密呼应着，从而表现出一种历史哲学的面貌：勾勒人类文明进化的方向与道路，标示出中国及各国在这条道路上的位置。本章即探讨三世说形成历史哲学色彩的原因。

此前，对三世说最常见的看法是说其受到了西方进化论的影响，但多是空泛的推断，难以落实到严格的证明。❶ 近来，茅海建通过细密的考察，证实了："'大同三世说'源自'孔子改制说'。……'大同三世说'与源自西方的进化论，是外形有相似

---

❶ 参毛泽东:《毛泽东选集》第一卷，北京：人民出版社，1977 年，276 页。胡绳:《从鸦片战争到五四运动（简本）》，376 页。任继愈:《中国哲学史》第四册，北京：人民出版社，1979 年，234 页。董士伟:《康有为评传》，南昌：百花洲文艺出版社，1994 年，26—34 页。臧世俊:《康有为大同思想研究》，广州：广东高等教育出版社，1997 年，21—24 页。马洪林:《康有为评传》，南京：南京大学出版社，1998 年，160—188 页。

之处而学理并不相通的两种学说。"❶ 因此，我们就必须重新认识三世说的独创性，尤其要重视康有为的"自白"和梁启超的"见证"。

例如，康氏自叙"吾学三十岁已成，此后不复有进，亦不必求进"，落实在三世说的形成上来看，这就不是一句狂言。毕竟这成为他思想的主干后，不再有大的调整。❷ 再如，万木草堂时期，康有为对西方的政治思想、哲学理论还几乎一无所知，却在讲授三世说时强调："若等无诧为新理，西人治此学者，不知几何家几何年矣。……此必西人之所已言也。"❸ 及至1904年，他来到诞生了达尔文、赫胥黎、斯宾塞的英伦，在游览自然博物馆后，他相当坦荡地称："二生之说，在欧土为新发明，然鄙人二十余年未读一字西书，穷推物化，皆在天人自然之推排，而人力抗天自为之，已与暗合，与门人多发之。故于二生但觉合同而化，惟我后起，既非剿袭，亦不相师。惟二生之即物穷理发挥既透，亦无劳鄙人之多言也。东海西海，心同理同，只有契合昭融而已。"❹ 这些都透露出他对自己理论的极强自信。

梁启超的侧面见证也很有说服力，他以客观态度数次表示康氏思想是自出机杼。1901年的《南海康先生传》谓："先生未尝读诸氏之书，而其理想与之暗合者甚多。……所述者，则皆先生

---

❶ 茅海建：《戊戌时期康有为、梁启超的思想》，300页。按：现代西方的历史进化论有整饬的理论，也有由之扩散开的观念。康有为早年博览西书，确实接触并接纳了人类社会从野蛮到文明的观念。但从观念到形成学说理论，还有很多步骤。并且本章最末将通过历史是否会"退化"的讨论，揭示三世进化与现代西方的历史进化论的区别。

❷《自编年谱》于三十岁（光绪十三年）谓："以经与诸子，推明太古洪水折木之事，中国始于夏禹之理，诸侯犹今土司，帝霸乘权，皆有天下，三代旧事旧制，犹未文明之故，推孔子据乱、升平、太平之理，以论地球。"康有为：《康南海自编年谱》，14页。

❸ 梁启超：《与严幼陵先生书》，载《饮冰室文集之一》（《饮冰室合集》），106—111页。

❹ 康有为：《英国游记》，《全集》第八集，23页。

之言,而毫不敢以近日所涉猎西籍附会缘饰之,以失其真也。此等理想,在今日之欧美,或不足为奇,而吾独怪乎先生未读一西书,而冥心孤往,独辟新境,其规模如此其宏远,其理论如此其精密也。"❶ 1904年《论中国学术思想变迁之大势》谓:"南海则对于此种观念,施根本的疗治也。三世之义立,则以进化之理释经世之志,遍读群书而无所于阂,而导人以向后之希望,现在之义务。夫三世之义,自何邵公以来,久暗昏焉,南海之倡此,在达尔文主义未输入中国以前,不可谓非一大发明也。"❷ 事实上,梁启超才是第一批了解西方哲学、政治思想(包括社会进化论、社会主义等)的人,他同时又最熟悉康氏的三世说和大同构想,所以他区分两方的证词很值得参考。

所以说,构成三世说历史进化哲学面貌的原因,还须回到三世说自身的形成机制中探寻,特别是继续以经学传统为参照,展示康有为的突破与创构。对此,塑造了三世说形式属性的"孔子改制"说,仍是我们考察的中心。它的理论内核"野蛮—文明"之分,不只是价值判分的框架,也是一个文明开端处的缩影,决定了文明史的"进化"趋向。

古代的"孔子改制"说深嵌在圣王传统当中,后者照映下的经史关系,历二千余年都大体稳定。而康有为对"孔子改制"说的重构,其实塑造了一种新的经史关系。在此意义上,我们才能理解康有为"进化"观念的独特之处和深沉用心。此外,他运用这一理论解释古今中外的文明,也加强了它作为历史哲学的色彩。

---

❶ 梁启超:《南海康先生传》,载康有为撰,姜义华、张荣华编校:《康有为全集》第十二集,430—436页。
❷ 梁启超:《论中国学术思想变迁之大势》,梁启超著,汤志钧、汤仁泽编:《梁启超全集》第三集,北京:中国人民大学出版社,2018年,100—101页。

但我们又要说明,之所以说这是一种色彩,有多方面的考虑。其中一个理由是,三世说与现代历史哲学相比,并不具备它们共通的一些属性,廓清它们之间的区别及原因,对于澄清三世说的性质也很重要。

一 "改制"、"进化"与经史关系的重构

1. 传统的经史关系

本书着意康有为与经学传统的关系,在章节架构上也遵循经学本身的问题层次。例如,先谈孔子的身位,背后是孔子与圣王传统的关系问题,这是决定经学性质的大前提。至此论经史关系,则是由孔子身位、经学性质延伸出来的下一步问题。它的核心关切是,在奠定了经典的权威地位以后,经典世界与历史世界的关系如何。这关系着经典如何为后世立法,后世历史如何不断回向经典。

今古文经学与宋学提供了不同的答案,我们主要选取今文经学的回答为例。理由有二。一则康有为对今文经学的继承、突破最为明确,这样便于参照。二则事实上,我们应当将今文经学作为儒家最初提问孔子是谁、六经是什么、经史关系如何等问题,并做出完整回答一个思想阶段。也正是它们奠定了经学诸问题的根本框架,古文经学乃至宋学的答案虽大有不同,但没有突破根本的框架。要等到康氏之时,在现代世界的巨大冲击下,经史关系才有根本性的重构。

今文经学的回答始于"素王"说。"孔子改制"说是在《春秋》学中为体现孔子"素王"身份而做出的细化论证。至于经与

史的关系，也要从"素王"身份的复杂面向中引申出来。一方面，今文家明确宣称，孔子跻身于圣王传统当之无愧，《春秋》"当一王之法"❶。但另一方面，"素王"究竟不同于德位合一的圣王，五帝三王的礼乐直接塑造了一代的历史，"素王"之法只能垂诸空言。所以在"素王"观念中，蕴含着经史关系的两个层次。首先，就价值地位来说，经典高悬于后世历史之上，为万世法；其次，就经典作用于历史的限度来说，经与史的疏离的命运也就此奠定。后面这一层次，在《春秋》当中同样有所体现，那就是本来的三世说。

为理解传统《春秋》三世说的性质，我们作这样一个简要的勾勒。首先，基本的事实是，《春秋》通过"书法"寄寓孔子的道理。进而，若考虑《春秋》"当一王之法"的意义，孔子之治就凝练地体现在《春秋》二百四十二年中，那么《春秋》的书法就体现着孔子的"治法"。这样看，"三世异辞"是贯穿全经的总纲，是许多书法变化的基础，也就是孔子治《春秋》之法的总纲。正因此，我们才看到，所传闻世、所闻世、所见世的书法变化背后，是"见治起于衰乱之中，用心尚粗糙。故内其国而外诸夏，先详内而后治外"，"见治升平，内诸夏而外夷狄"，"著治大平，夷狄进至于爵，天下远近小大若一，用心尤深而详"的治法变化。❷事实上，三世书法与治法的变化，还有很多细微深密之处，此不赘。

由上述可见，传统的三世说是一种理想化的示范。由于孔子

---

❶ 司马迁：《史记·太史公自序》，3299 页。
❷ 何休解诂，徐彦疏：《春秋公羊传注疏》，38 页。《春秋繁露·俞序》言："故始言大恶杀君亡国，终言赦小过，是亦始于麤粗，终于精微，教化流行，德泽大洽，天下之人，人有士君子之行而少过矣，亦讥二名之意。"亦关乎三世治法的变化。苏舆：《春秋繁露义证》，163—164 页。

有德无位，治法不得从事于现世，故将《春秋》作为一空悬的"世界"，示现新王治世之法。三世说所展现的，既是王者拨乱世、反诸正，治法由粗及精、教化自内而外的条理；也是在王者教化下，人类世界出离衰乱崩坏，渐进于礼乐文明，最终实现人道治、王道备、太平功成的效验。在这种效验的意义上，存在一种古典的"进化"观念，也即"进于王者之化"的含义。既然它在《春秋》所示范的世界里，那一定就是进于孔子之化。

也许有人会问，古典的三世进化是否体现了一种过程？进而疑惑它代表着某种线性历史过程。回答这一点，关键是澄清它是什么的过程。它是治法展开的理想过程，但不具有时间尺度，也不会成为真实的历史过程。

一则，《春秋》不是构造了一个理想政治的理论著作。它一定要见诸行事，于二百四十二年中示范治法展开的理想过程，是为了后世取法有一个总体的方向和条理。而且，《春秋》无达辞、无通例，也存在出于特殊考量而不合于某一世辞例的条目。这对应到治法上，意味着具体事件上的时宜之举，并不与王道理想的总纲冲突。这也反映出治法的条理并不具有时间尺度。

二则，更重要的是，三世进化作为理想的示范，不会成为真实的历史过程。这在今文经学传统中体现为两个方面。一方面，《春秋》的"进化"理想恰与春秋史二百四十二年的愈发崩坏，形成明显的对照，所谓"世愈乱而《春秋》之文愈治"。❶ 这里，理想与历史的相左是《春秋》的有意设计，它隐喻着孔子有德无位，孔子法无从深入历史世界的命运。事实上，由孔子有德无位这一

---

❶ 皮锡瑞：《经学通论·春秋》，22—23 页。何休、徐彦对此皆极明了，皮锡瑞的概括最为凝练。另参何休解诂，徐彦疏：《春秋公羊传注疏》，40、1088 页。

事件标志着的圣王传统的终结,正是经学成立的前提。另一方面,五帝三王时代,一王之法塑造了一代之治,前王礼乐对新王之世有参照意义,无直接作用;只有在圣王传统终结之时,才须集成五帝三王之法,并立孔子一王之法,留为万世所效仿。经典世界与历史世界的疏离,是经学本身的命运与限度。

这种信念表现为经师对后世王朝的基本态度。当然,这些态度依然是通过经学问题的讨论表达出来。例如,三世说中形容王道的理想图景是"太平","致太平"在汉代成为重要的经学命题和政治文化议题,它与"制礼作乐"紧密相关。依汉儒通义,天下"太平"是王者制礼作乐,成一代大典的前提,周公故事是他们津津乐道的典范。❶ 这一命题在经学内部的意义,是反衬出"素王"孔子不得真正的"致太平"和制礼作乐。

现实的意义,则是克制汉代君主欲跻身圣王之列进而制礼作乐的僭越。西汉时武帝即有此抱负,董仲舒在对策中重申积德累世才能受命,直言汉世不能媲美五帝三王之治,最终引导其取法六艺之科、孔子之术。然至东汉,树立起"再受命"的信念,明帝在曹充的建言下有了"大汉当自制礼"❷ 的想法。之后章帝的意愿更加强烈,在曹充之子曹褒的应和下,数次下诏引谶纬、述祥瑞,命太常、三公领诸儒协助曹褒议定汉礼。然诸儒皆沮其议,

---

❶《乐记》云:"王者功成作乐,治定制礼。"郑玄注,孔颖达疏:《礼记正义》,1479页。《春秋繁露·楚庄王》:"天下未遍合和,王者不虚作乐。……应其治时,制礼作乐以成之。"苏舆:《春秋繁露义证》,20页。《白虎通·礼乐》:"功成作乐,治定制礼。……天下太平,乃更制作焉。《书》曰:'肇称殷礼,祀新邑。'此言太平去殷礼。"陈立:《白虎通疏证》,北京:中华书局,1994年,98—99页。昭二十五年《公羊传》何注:"天下大同,乃自作乐。"何休解诂,徐彦疏:《春秋公羊传注疏》,1007页。

❷ 范晔:《后汉书·曹褒传》,北京:中华书局,1965年,1201页。

如"太常巢堪以为一世大典,非褒所定,不可许"。❶帝遂命褒独自制作,成百五十篇,写以二尺四寸简,这是当时书写五经才能使用的规格。然而章帝转年突然去世,使这场闹剧搁浅,但和帝即位后,还有"太尉张酺、尚书张敏等奏褒擅制汉礼,破乱圣术,宜加刑诛"。❷

无论西汉还是东汉,都想借助制礼作乐比肩五帝三王,成为圣王传统的继承者。但经师之所以屡次沮其事,根本上是捍卫经典的永恒权威。因为在他们看来,当一个王朝可以自称受命,制作一代大典,就是革了圣王传统与经典世界的意义之命。他们始终以"未致太平"为由,不仅限制君主的僭越,也传递出经学对人类命运的深远洞察。

我们一开始就说,"素王"论是把握经史关系的枢纽。在孔子为"素王"而作《春秋》这一命题的背面,是"使孔子得王,《春秋》不作"❸。经学因孔子无王、圣王传统断绝而产生,反之若孔子得王,后世为孔子治下的一个时代,则用孔子真正制作的礼乐,六经便不必存在。也即是说,若三世进化之法真有"致太平"的一日,便也是孔子得"王"、经学完成使命的日子。然而,这一步在《大同书》的最末以另一种意义实现了。

2. 当"孔子改制"作为文明起源

现代历史哲学是现代政治哲学重新筹划人类文明史的结果。所以,现代世界中的进步信念,不只来自工业革命以来科技的飞跃发展,它更根本的源头,在于现代政治哲学的基底是一种全新

---

❶ 范晔:《后汉书·曹褒传》,1202页。
❷ 范晔:《后汉书·曹褒传》,1203页。
❸ 黄晖:《论衡校释》,1152页。

的模式，一种围绕"起源"的思考模式。这也可以在康有为身上得到验证。尽管作为最早渴求西方知识的人，康有为受到过强烈的震撼，对科技进步的乐观是伴随大同建构始终的声音，但是在他孕育思想体系的起点时刻，还完全没接触过西方的政治思想、哲学理论。三世进化的历史哲学色彩，同样因为它的起点——"孔子改制"学说——内含了一种"起源"的模式。

"孔子改制"这个古老学说，如何转变为具有现代的"起源"特征呢？容我们慢慢道来。我们一开始就强调，现代世界对中国的冲击，根本上是文明观念的冲击，进而延伸到文明史叙事的冲击。当天命退隐、圣王降为"酋长"，古代世界的历史感被颠覆了，经史关系也必然解体。康有为既直面了这些挑战，也默认了它们作为事实的无法更改。他想在现代文明史的背景下保全经典的永恒意义，保全经依旧范围万世的地位，故只能将六经委于孔子一身。康有为改造后具有如此大力量的"孔子改制"学说，显然不是一个历史的事实，却是一个必需的构想。这是现代世界洪流袭来时，唯一能庇护文明命脉的岛屿。然而，也正是如此宏大沉重的文明重任，让"孔子改制"学说构造出一种极具现代感的经史关系。它关心一个现代主题：文明如何"起源"与"进化"。

首章曾述，康有为的"孔子改制"实质是"创制"，它有力量重构经学问题的方方面面。在六经制作的意义上言，是六经皆为孔子所作，圣王形象皆托古。在经史关系即文明史叙事上言，孔子以前皆荒蛮历史，文明起源于"孔子改制"的立法时刻，此后中国进入了文明史。我们看康氏自己的说法：

> 盖至孔子而肇制文明之法，垂之后世，乃为人道之始，为文明之王。盖孔子未生以前，乱世野蛮，不足为人道也。盖人

道进化以文明为率,而孔子之道尤尚文明。……盖孔子上受天命,为文明之教主,文明之法王,自命如此,并不谦逊矣。❶

太古、中古皆当乱世,争杀无道,去禽兽不远。孔子改制拨乱之后,乃为人道,故以为人道之始也。……孔子以人世宜由草昧而日进于文明,故孔子日以进化为义,以文明为主。❷

康氏此处使用的"文明",已然是现代含义,而在他那里,"人道"与"文明"几乎是同义词。"人道"指人类生活,当然也就是文明生活。康有为极重视公羊学"五始"说中"人道之始"一语,但在康氏的语境下,其意义已大不同于传统。

公羊学本来是在圣王递嬗的历史中谈这一点的。它意味着,前王德衰、礼崩乐坏致人道近于禽兽,新王制作礼乐才能重新开启人道。《春秋》开篇言此,首先是陈述一个道理,它适用于每个圣王时代。进而,这当然要落实在"《春秋》世界"中的孔子身上。不过,我们反复强调了"《春秋》世界"与历史世界的隔绝。

但在康有为这里,当经典都是孔子的"托古",它实际上就不能构成一个独立的经典世界。或者说,伴随着圣王传统的湮没,用"托古"说将六经汇集于孔子一身,却同时导致了经典世界的大坍缩,不足以构成对后世历史世界的照临。相反,六经被压缩进"孔子改制"这样一个支点,又被嵌入了现代的文明史坐标之中,特别是作为一个转换的枢纽,作为文明史的开端而存在。这就是康氏意义上的"人道之始"。它没有公羊先师那些复杂、幽深

---

❶ 康有为:《论语注》,127 页。
❷ 康有为:《春秋笔削大义微言考》,《全集》第六集,11 页。

的考虑，它直截了当宣称孔子是唯一的起点。

第二章的分析指出，"孔子改制"的内核是政治哲学的，它是康氏判分文明价值的理论。但我们必须承认，这是它抽象的一面。在此同时，所有具体的价值被判分开来后，都被统合进一个更宽泛的框架，那就是野蛮与文明。问题在于，野蛮与文明不单纯是价值的判断，更是现代文明史的坐标。这是在现代文明史背景下，保全孔子的典范地位，不得不使用的方案，即置孔子于文明史的开端，"孔子改制"理论成为由野蛮到文明的转换枢纽。

所以，我们在《大同书》中会看到，康氏每开启某一领域的大同建构，都首先要进行文明史的回溯。在那个从野蛮到文明的转换时刻，展现孔子的价值判断。我们每每观看到的、康氏构想出的"孔子改制"场景，都不是真实的历史，但它是典型的历史，体现着另一种意义上的"真实"：孔子真实切中了人性与文明进化的方向。

然而，这个文明起点的"孔子改制"学说，携带着从野蛮到文明的框架，本身就是一个"过程"。它关心文明如何起源与生成，并在此意义上讨论"进化"。只是康氏以孔子和六经来回答这一问题。答案的不同，当然使三世说不同于现代历史哲学的诸版本。但问题已然决定了答案展开的形式：三世进化是一条文明史的"道路"。尽管它可以被划分为不同的阶段，但整个过程一以贯之的动力和方向，都是从"孔子改制"中给出的。所以，"进化"的含义是"进于文明之化"。它奠基于起源处那次由野蛮进于文明之化的创制立法，后续过程的展开也都依赖于源头动力的持续作用。如果三世说是投向未来的光束，它的光源是"孔子改制"，最终投影则是大同建构。

3. 新的经史关系

"孔子改制"学说背后藏着六经。将"孔子改制"置于文明史坐标的原点,也就是将六经置于野蛮到文明的转换中、置于文明进化的历程中看待。这样一来,六经不再是遥不可及的另一个世界,照临着历史世界的不完美。六经产生在文明史当中,六经作用于文明史当中,六经的使命在文明史的尽头完成。也就是说,当经典世界坍缩进了"孔子改制"这个原点和它所在的坐标系后,经与史不再是两个世界,而实现了另一种合一。一方面,六经以前是荒蛮历史,六经开启了文明史。六经仍有"开天辟地"的意义,它为历史指出进化的方向。但另一方面,经典的性质与意义都被置于一种历史过程中看待。

例如,我们上章讨论过的六经的体性问题,即呈现出一种特殊的"身心关系",体现着康有为的矛盾心态。一方面,区分小康身体与大同心思,是"孔子改制"进化力量的表现,六经中旧史旧礼是荒蛮时代的遗存,大同心思是文明进化的方向。就整体意义言,六经当然是人类文明最开端与最源初的进化力量,后续进化路程的展开都须持续贯彻开端处的精神。

但另一方面,康氏谓"据乱"是孔子与六经的历史局限,他忧心小康的身体会牵累六经的进化动力。因为就进化的阶段来看,即使六经作为人类文明史上第一次古今之间的"过渡",极具前瞻意义和精神力量,但它也仅仅是一次"过渡"而已。进化的路程是漫长的,只有全面实现开端处的筹划才能结束。所以,它必定要求不断地"过渡",不断摆脱古的负累,迈入新的阶段。这就是康氏为何说不以六经为足。

我们此前之所以说,在康有为这里三世说才是孔子法的全部,是因为三世说是"孔子改制"方向与动力的逐步实现的完整过程。三世说每一次的类型化构想,都是摆落小康身体、实现大同精神的一次"过渡"。理论上,这条进化之路是一次次古今之间的"过渡"相连而成的。在上一章,我们还用"法"的"阶梯"来形容三世说。但同样,阶梯毕竟是用来朝上攀登的,它们前后连接成一条道路,在此道路上,每一阶梯都是为了向上攀登而设,每一步前进都是对前一阶梯的舍弃。这就是阶梯的"历史性"。所以说,不只源头处的六经,由它蕴生出来的每一世都有"历史性"。

所以,当我们以经史关系为观照审视康有为时,我们首先重构了,或者说抽空了经典世界的厚重意义。一则,经不是圣王传统的集大成,它是孔子假托其义的"剧目"。二则,经不是史事、制度、文辞、义理等兼备的典籍,经之为经仅维系在"孔子改制"之义,也即"大同心思"上。三则,"孔子改制"作为文明起源,当然保全了六经作为文明起源的权威。但是,这个起源也是古今之间的第一次"过渡"的"过程"。它蕴含的进化动力,要求持续地告别开端,告别前一阶段,从而生成了三世进化之路。因此,康有为对经之为经的理解是从一个非常抽象的层面出发的,即经作为完整和完美的价值典范。但这个抽象层面又应放在文明起源、发展与完成的"历史性"视野下理解。

对于古今历史哲学的转变,一种通俗的解释模式是:古人的某些匮乏致使他们不能追寻理想秩序,只能将之置于遥远的回忆当中,故经史隔绝;今人则补足了这些方面,能够让历史不断追随价值理想的脚步,经史从而渐次合一。这于根本处忽略了现代进化历史哲学的成立,首先在于"经"及其价值体系已经是一被"历史化"的理论。所以,经史关系的古今之变,是史反过来吞噬经于自身之中的运动。经被"历史性"所抽绎,乃至最终抽空。

最终,一个被抽绎为"过程"的文明理论产生了,这一理论当中每一环节的价值权衡都只是"过渡",特别是考虑到它被嵌入整个现代文明史的视野下,也就格外容易对应到历史的过去、当下与未来诸阶段。事实上,这也是康有为的目的。让儒家经典中"生长"出来的理论,能够把握人类文明史的起源、发展与完成,这才真正展示了孔子范围万世的力量,挺立起儒家的普遍主义。三世说的历史哲学色彩,在自身当中已做好了理论的准备,还会在康氏对古今中西各文明形态的把握中,与历史真正照面,得到进一步的加固。这一内容我们待下节再详述。

此处我们还须提出,康氏如此大费周章造成一个严重后果,以进一步把握这种新的经史关系的性质。当康氏为"孔子改制"赋予一个文明开端的历史位置,事实上它的内容一定是有限的,凭理论的思维能力就能穷尽,那就是文明的最终目标要完成其开端处的全部愿景。可以说,讨论历史的终结是现代世界奠基在起源模式之上的必然结果,因为有终点就一定先有起点。三世说的整个过程,就是以"孔子改制"为开端,以大同世界为终结,它们一首一尾相互呼应。

然而,既然终点是开端的完成,这就意味着在大同世界的完成之时,孔子和六经也就卸下了文明的使命。这一传统儒家不敢设想的场景,康有为在《大同书》的结尾处,以非常平静的语气讲了出来:

> 大同太平,则孔子之志也,至于是时,孔子三世之说已尽行,惟《易》言阴阳消息,可传而不显矣。盖病已除矣,无所

用药，岸已登矣，筏亦当舍。❶

此前我们用"过渡"一语，也是有意呼应康氏这里乘筏登岸的比喻。大同世界最终不再需要孔子和经学了，这乍看令人咋舌。只有从三世说整体，也就是孔子教化引领文明进化的全程，才能理解康氏得出它的思路。

在首节我们发现，康有为对孔子作为"素王"的理解，建立在对"素王"之"王"字含义的改变上。传统认为"素王"之"王"代表了现实的政治权力，康有为理解的孔子之为"素王"，则是一种教化的身份。而后世中国文明史皆尊奉孔教，即是对这种身份的证明。故"素王"变身为"教主"。所以说，从人类文明史的角度看，是孔子法引领文明进化的全部过程；但从更强烈的儒家立场看，即从孔教流播的角度看，文明史就是历史"进于孔子之化"的过程。由此，公羊学传统的三世说，作为"进于王者之化"的理论示范，被对应到"进于孔子之化"，其中的部分内涵被吸收进康氏的三世说中，成为在文明史中可以实现的价值理想。这也是为何康氏会将小康—大同与据乱—升平—太平两种来源的学说，径直对接起来。因为在他看来，大同世界就是孔子的"致太平"。经学传统中，"素王"论设置的经史分野，使得经师不敢祈望"致太平"之一日。但在经之为经都被吸纳进历史的运动过程当中时，"致太平"的事业也可以被历史分解，一步步"过渡"，直到最后。在康氏看来，这是孔子也会欣慰的结局。

---

❶ 康有为：《大同书》，325 页。

二 三世说的历史解释功能

1. 刻画"孔教中国"

上节我们集中处理了理论自身的形成机制,这是三世说具备历史哲学色彩的一个方面。它的另一方面,是康氏运用三世说解释古今中西的不同文明,进一步巩固了三世说作为历史哲学的印象。因为,历史哲学毕竟是面向文明史的哲学,它必须在文明史的解释当中展现思想的效力。更何况,这就是康有为构造三世说的现实意图。在文明的沉重变局之下,如何捍卫传统中国的文明地位,如何勾勒未来中国的文明道路,如何理解世界各文明的成因,如何定位中国在世界中的位置。这些问题需要一种兼顾整全与细密的宏大学说来解答。康有为相信,唯有孔子与六经能承负如此重任,于是便从中演绎出三世进化之说。本节就关注他如何应用理论面对历史与现实,从中窥见三世说具备历史哲学面向的特殊之处。

我们从一个现象谈起。1892 年,康有为与学生纂写《孔子改制考》等书,这是他思想成熟的标志性时刻。当时他的长女康同薇也参与编书,康有为又特嘱"薇又将廿四史,编《各国风俗制度考》,以验人群进化之理焉"❶。与此呼应的是,梁启超在《南海康先生传》中介绍三世说时,提到:"盖中国自创意言进化学者,以此为嚆矢焉。先生于中国史学,用力最深,心得最多,故常以史学言进化之理。"❷

---

❶ 康有为:《康南海自编年谱》,21 页。
❷ 梁启超:《南海康先生传》,《全集》第十二集,430 页。

通过这两处我们能感受到,康有为所专力的史学,已不同于传统史学的考辨札记、阅世识人,它的范畴和视野超越了王朝断代史,是带着经学眼光的文明史学,有着展示文明史转进之原理的抱负。当然,文明进化之理是从六经中提炼出来的,史学还是起到了验证的作用。不过,这一意义非常重要,因为对历史哲学而言,过去又不仅仅是过去,它是现在之为现在的理由,也蕴含着未来的动向。验证了进化之理曾起到的效用,能获得一种历史中的信心,从而继续沿此方向前进。若是将此拓展为不同文明的横向比较,就更为复杂。所以,验证不只是解释历史,这背后是自我确认、预见未来与文明比较的关怀。

这一系列工作的起点,就是确证孔子的教化塑造了中华文明的二千年历史,即标识出一个"孔教中国"。我们前面说过,近代中国遭遇了文明身份的质难,康有为的回答是追溯中国之所以形成一个文明传统的本源——孔子与六经,来确证中国的文明地位。这就是他将"孔子改制"的主题定义为"文明"的现实意图,即以孔教之"文明"保中国。

我们之所以将《孔子改制考》作为他的奠基性作品,是因为其中不仅蕴含着三世说形成的理论起点,而且这套理论就是为了刻画"孔教中国"而提出的。在这本书中,因"改制"而成为"教主"的孔子,尽管在面向全球的意义上被称为"大地教主",但他首先生于中国,他是作为中国的"教主"而为"大地教主"的,中国是孔子之教最先流播的"诸夏"。并且首章我们强调,"教主"是一个须在历史中验证的概念。孔子、苏格拉底、耶稣等与杨、墨的区别,就在于前三者的教化真正在历史中收获了归附,并形成了一个悠久的文明传统。

理解这一思路,就能理解康氏《孔子改制考》全书的脉络结构。卷一至卷六是诸子改制创教的背景烘托,卷七至卷十三是孔子改制的解读,卷十四至卷二十一则是孔教在诸子争教的处境中如何胜出,流播天下、定于一统的过程。这本书的结局就是汉立五经博士,也即经学开始塑造中国这一标志性事件。所以,"孔教中国"的视野是根本性的,渗透在康氏言行的许多方面。此前所谓"两考"服务于变法需要的理解之所以是肤浅的,是因为康氏学说与现实的关系,要深入到文明的视野中去理解,而不是停留在王朝政治改革这样直白的层面。那么,以"孔教中国"为信念和立场,康氏的许多做法的要旨都在于保中国,而不是尊清廷。对此,孔子纪年、《孔子会典》及"立孔教为国教"三个方面最具典型意义,当然在当时也极富争议。

孔子纪年贯彻了孔子为"素王"、为"人道之始"的信念,将后世的文明传统视作孔子治下的"一代"。这超越了王朝的正朔,因为在今文经学的信念下,后世王朝所谓"受命"皆是虚妄。与之相呼应的是康有为常用"大孔会典""大孔通礼""大清律例"来比喻,以六经为孔子治中国之法。如:

《春秋》专为改制而作……幸有董子之说发明此义,俾**大孔会典**、**大孔通礼**、**大孔律例**,于二千年后犹得著其崖略。❶

通其旨义,则已通**大孔律例**,一切案情皆可断矣。……儒者办天下古今之案,其任最大。天下古今之案,奉孔子为律例。若不通孔子之律例,何以办案?若能通之,则诸子、廿四史、一切群书,皆案情也。……不通孔子律例,不审天下古今

---

❶ 康有为:《春秋董氏学》,110页。

大小一切案，岂得为儒生？日抱案而不知律，则无星之秤尺，无以为断案之地；若仅读律而不详览案情，亦无以尽天下之变也。……六经皆孔子之律例。❶

第二段材料中，六经是法则，历史是被审视的案例。据廖平说，康有为甲午前就欲将此构想付诸实践，编纂一部《孔子会典》，体例是"以经包史"。很可能这就是康氏命康同薇所做的"将廿四史，编《各国风俗制度考》，以验人群进化之理"的工作。有意思的是，廖平也计划编纂类似体例的《王制义证》，闻《孔子会典》几近于成而辍置，但可惜《孔子会典》今亦未得见。不过，这反映出二人基于今文经学背景，采纳了同一种经史关系的视野来看待中国文明史的形成。❷

"孔教形塑中国"的信念转化为具体的行动，就是"孔教立国教"。孔教问题已经积累了丰富的研究，此不暇详述。这里只指出前人未及深入的两个关键。第一，理解孔教不应囿于宗教议题，而应回到"孔子改制立教"的六经传统与文明事业中去理解。第二，康氏有一区分应予以重视，他认为在天下时代，以六经立于学官为标志，中国已然以孔教为"国教"，人人诵法孔子，故人人都已是孔教徒；但民族国家时代，背后是文明冲突（"教争"），为更好保全中国，必须进一步巩固孔教为国教的地位。前半句符合《孔子改制考》以来的思路，后半句显示出"立国教"之议须在保全中国文明的意义上理解。

---

❶ 康有为：《桂学答问》，《全集》第二集，19页。
❷ 此后，廖平也采取了一种"进化"的观念，即使内涵与康氏截然相反。参部喆：《"进化之理，文明之要，以礼为本"——廖平的"礼三本"文明进化论兼及对康有为"人为天生"说的商榷》，《孔子研究》2021年第4期，147—156页。

这也就是为何在民元之后，康氏会再度发动"立国教"的倡议。因为政体丕变，民心失矩，必须再度标明中国自身所从来，以稳定整个文明。故他有孔教为"国魂"说，表明中国文明传统一以贯之、生生不息的"灵魂"在孔教。❶我们必须强调，孔教塑造中国、孔教久为国教、孔教为国魂，这些总体判断并不是浮泛的立场宣示，《孔子改制考》之后各类著作都全面支撑着这些观点。故康有为说：

> 中国数千年来奉为国教者，孔子也。大哉孔子之道，配天地，本神明，育万物，四通六辟，其道无乎不在，故在中古，改制立法，而为教主，其所为经传，立于学官，国民诵之，以为率由，朝廷奉之，以为宪法，省刑罚，薄税敛，废封建，罢世及，国人免奴而可仕宦，贵贱同罪而法平等，集会言论出版皆自由……学校遍都邑，教化之妇孺，人识孝弟忠信之家风，家知礼义廉耻之化，故不立辩护士，法律虚设而不下逮，但道以德、齐以礼，而中国能晏然一统，致治二千年。❷

这当中每一句都能在康氏的经学著作乃至《大同书》中找到充分的阐述。进而，孔教塑造传统中国的上述原理与效验，若要

---

❶ "今中国人所自以为中国者，岂徒谓禹域之山川，羲、轩之遗胄哉，岂非以中国有数千年之文明教化，有无量数之圣哲精英，融之化之，孕之育之，可歌可泣，可乐可观，此乃中国之魂，而令人缠绵爱慕于中国哉。有此缠绵爱慕之心，而后与中国结不解之缘，而后与中国死生存亡焉。"康有为：《孔教会序一》，载康有为撰，汤志钧编：《康有为政论集》，北京：中华书局，1981年，733页。"夫所谓中国之国魂者何？曰孔子之教而已。"康有为：《中华学会报题辞》，载康有为撰，汤志钧编：《康有为政论集》，797页。

❷ 康有为：《孔教会序一》，载康有为撰，汤志钧编：《康有为政论集》，732页。

一个总的概括,那就是"小康"。这就是他常说的:"吾中国二千年来,凡汉、唐、宋、明,不别其治乱兴衰,总总皆小康之世也。"❶

一种表面的感受是,康氏每谈及此只有批判之义。这确实是他前期迫切追寻大同的心态,给人们留下的印象。庚子以前,小康中国被大同理想的强光所压制,这是一种在未来的压力下看当下的视角。但实际上,这一论说的成立,须基于一个历史的前提:二千年中国秩序安定,民生安乐,是孔教浸润下的结果。从文明史由古至今的视角看,小康是孔教使中国出离野蛮、进于文明的第一阶段。即使再强调大同的理想色彩,也必须以小康为前提,大同永远是小康基础上的大同。故至庚子后乃至民元后,康氏的阐释愈渐回到小康中国的正面意义上来,如上引文所示,这是他在自身理论轨道当中的调适与回返。

总之,"孔教中国"("小康中国")的定位对康有为的思想格外重要。从外部看,这是三世理论第一次与历史本身照面,只有确立这一支点,古今中西的比照才得以展开。从康氏自己的思路看,以三世理论中的一部分框定下传统中国,既完成了文明的自我确认,也获得了历史中的信心:既然小康法二千年卓然有效,则大同法更值得追求。因为前文已述,三世进化路线不过是"改制"动力的一以贯之。小康与大同表现为不同的秩序类型,但更抽象地看,它们则是贯彻"改制"精神的不充分阶段和充分阶段而已。故言小康之时,大同就在理论上的不远处等待。这就是历史哲学的奥秘,在历史的解释中验证理论的效力,从而于过去、现在之中见未来。那么,与其说这是"以史学言进化之理",毋宁说是"历史的进化解释"。

---

❶ 康有为:《礼运注》,《全集》第五集,553 页。

2. 历史的进化解释

关于这一特质，我们要到康氏最有心得的两个例子中体会。首先是"讥世卿"与选举制的关系。《礼运》谓"大人世及以为礼"，应当是三代历史的真实情况。康氏在早期文明的比较中发现，世袭政治普遍存在于这一阶段。此时，中国既不领先也不落后。但此后中国最早实行选官制度，并绵延二千年。他认为，这应归功于"孔子改制"的启示：

> 中国有一事过于大地者，其为寡阶级乎！……孔子首扫阶级之制，讥世卿，立大夫不世爵、士无世官之义。经秦、汉灭封建后，贵族扫尽，人人平等，皆为齐民。虽陈群立九品之制，晋后有华腴寒素之分，显官皆起自高门，寒族不得居大位。然至唐世以科举取士，人人皆可登高科而膺膴仕，有才则白屋之子可至公卿，非才则公卿之孙流为皂隶，自非乐丐奴虏之贱，无人不可以登庸，遂至于今全中国绝无阶级。以视印度、欧洲辨族分级之苦，其平等自由之乐，有若天堂之视地狱焉。此真孔子之大功哉！❶

这里，他将"进化"的因果源流一一指实。经典中"讥世卿"、选贤士、立学校的制度构想，和"天下无生而贵者""天下为公"的价值理想是因，后世建立学校体系、察举制、科举制是流。假如《孔子会典》传存于世，其"以经包史"的体例盖即如是。然而，如此简洁明晰的经史关系是否真实？

---

❶ 康有为：《大同书》，60—61 页。

如果做一种笼统的回溯，无论学校、选官制度的建立，还是察举向科举的演变，都由一种价值信念驱动着：政治生活应尊重德性才能，并保证贤能者的公平竞争。这种价值信念，在世袭的三代不可能出现。但自六经寄托诸义，后世儒生群体奉持经义，便推动了相关制度的建立、深入与变革。❶ 对此，我们可以承认，没有经典的引领，就没有后世的制度变革来使中国成为一个新的文明。

　　一方面，这是一种深远的影响，而康氏将其化约为"起源"式的直接因果，就很大程度忽略了历史世界本身的复杂。例如他前面也提到，魏晋六朝出现了世族政治的反复。对此，历史学研究看到的是，汉代强大的皇权和广大的普通士人阶层是察举制推行的重要条件，但魏晋世族集团的强大，再度垄断了选官任职的通道。❷ 可见，具体的历史场景中，反而是时势背景更直接决定了制度。

　　另一方面，更重要的是魏晋六朝的世族兴盛同样受经学的影响，例如《丧服》学的繁盛伴随着这一时期。这当中的关系极复杂，不暇详述，但它至少提示了，经典不止提供了一种价值方向。儒家的价值体系不是"贤能主义"的，经典中对亲缘、宗法乃至世袭的意义有深入的考察。事实上，康氏这种历史的进化解释之所以看起来流畅，是因为它本身用"孔子改制"说的野蛮—文明框架，将经典中的另一部分价值排除了出去。以明确但有限的视

---

❶ 以"天下无生而贵者"为例，《白虎通》称："王者太子亦称士何？举从下升，以为人无生得贵者，莫不由士起。"陈立：《白虎通疏证》，21 页。梁裴子野、唐沈既济建言选官制度改革，皆称引之。参杜佑：《通典》，北京：中华书局，1988 年，388 页。沈既济：《选举论》，载董诰等编：《全唐文》，北京：中华书局，1983 年，4868 页。

❷ 阎步克：《察举制度变迁史稿》，沈阳：辽宁大学出版社，1991 年，326 页。

野看待历史,也只会看到历史的有限肌理,而失去了真实的全部。康有为另一关于"大一统"与郡县制关系的心得,更加暴露出这种困难。

封建制和郡县制是两种秩序类型,关联着土地、人口、赋税、选官、中央地方关系等一系列制度。历来封建、郡县之争背后有种矛盾的心情。一方面,封建更易致分裂,周制崩坏之鉴在前,郡县更利于统一,后世皆行之有效。但另一方面,封建是经制,郡县是秦政。后世儒家论封建郡县必然处在经典与现实的紧张中,何以六经之制无用于后世,反而秦政的遗产最接近于实现"定于一"的理想?

但康有为却将郡县制作为"大一统"理想的实现方案接受了下来。他在《孔子改制考》中说:

> 《春秋》开端发大一统之义,孟、荀并传之。李斯预闻斯义,故请始皇罢侯为郡县,固《春秋》义也。有列侯则有相争,故封建诚非圣人意也。❶

又《大同书》:

> 始皇既平六国,议者将行封建,李斯持不可。始皇乃曰:天下共苦战斗不休,以有侯王。天下初定,又复立国,是树兵也;而求其宁息,岂不难哉!乃定罢封建而立郡县。此实因孔子大一统之义,得保民息兵之切当者也。自是以后,中国一统,虽累朝之末犹有争乱,中叶安宁率得数百年,人民得父子

---

❶ 康有为:《孔子改制考》,212—213 页。

夫妇白首相保者,比之战国首虏之祸,其相去岂不远哉!❶

第二段材料位于《大同书》卷五,即"去国界合大地"部分的开篇,它的背景是太古以来人类从自然散落到联合再到统一的进化过程。❷被纳入这一宏大进程的封建、郡县之变,意义已经大大窄化了。进而,它们也被纳入"孔子改制"的理论当中。所谓"封建诚非圣人之意也",和他常说孔子生于"据乱"的"不得已"一样,表明封建是早期社会的历史局限,不具备文明价值。统一、融合与安定才是文明的方向,他认为,这已在《春秋》开篇"大一统"之义中被开示出来了。它的制度落实便是郡县制。但是,这当中的困难实在太多。

先谈经义层面。首先,《春秋》"大一统"本指王者政教无所不包的普遍性。这是极抽象的政教原则,汉人引据经义也大体如是,远不同于一种中央集权下的政治统一思想。并且,今文经学理解的"大一统"政制仍是封建制。当然,它不是周制的遗存,而是全新的天下秩序,凝结在《王制》到《白虎通》一脉的制度文本中,背后有一套完整、深邃的秩序原理。然而,这些复杂知识都被康氏"改制进化"的视野屏蔽了。

再看历史层面。且不说"李斯预闻斯义"的想象着实无据,将郡县制也归为儒家的文明贡献,无疑违背了儒学传统的基本信念和历史的基本常识。无论如何,郡县制代表的秦政与三代的文

---

❶ 康有为:《大同书》,207 页。
❷ "盖上下二千年间,由万国渐次合并为一国,皆地势、天运、人事之不能不然也。埃及、希腊、叙里亚、巴比伦之先,其部落之蕃庶各立,次第并吞,亦复同之。盖亦至秦汉时,罗马乃混一全欧,其分合之大势,并一之年限,皆与中国同,此可为进化之定理矣。"康有为:《大同书》,204—205 页。

明传统、儒家的文明构想都在根本上是异质的。但它又不幸地成为帝制的骨架。经学影响现实政治的过程中，须不断地克服它的作用，而非助长它的渗透。经学的产生与秦制的形成，是经典世界与历史世界分途的根本表现。传统的封建、郡县讨论，仍在探讨经典世界与历史世界的复杂关系。但在康氏这里，经典的法度被抽绎为文明进化的道路，又欲使历史本身作这种道路的验证，将历史的"千溪百壑皆欲纳之孔氏"❶，郡县制就会作为最大的反例凸显出来。

进化史学与历史真实的相左，其实奠定自理论的开端处。我们说过，"孔子改制"作为文明的起源，这不是一个历史的事实，而是一个必需的构想。它被构造为一个"典型的历史"——这就是康氏每每将"孔子改制"的故事讲得极富戏剧性、颇具场景感的缘由——用以展现价值的典型性，为后世的历史定向。也可以说，历史哲学所追求的"真实"，下沉不到事实的层面，因此也对这些事实的龃龉不以为意。❷ 历史哲学追求一种朝向未来的"真实"。所以，我们讨论"讥世卿"与选贤制、"大一统"与郡县制这两个例子，选取的材料都出现在《大同书》中。它们的意义都是为接下来的大同建构做铺垫。在"讥世卿"的延长线上，是"推之升平世，则诸侯不世，太平世则天子不世，皆当选贤为之"❸，乃至"无帝、王、君、长，亦无统领，但有民举议员以为

---

❶ 李源澄语，引自蒙文通：《廖季平先生传》，载氏著：《经学抉原》，上海：上海人民出版社，2006年，200页。

❷ 例如在康氏眼里，"新学伪经"遮蔽和阻碍了孔教的进化力量，才致使中国长期停滞不前。对此，朱一新就批评称："足下以历代秕政，归狱古文，其言尤近于诬。当西汉时，古文未兴，何以有孝武之穷兵，元成之失道？此非事实，仆以为不足辨也。"朱一新：《朱侍御复康长孺第四书》，《全集》第一集，327页。

❸ 康有为：《春秋笔削大义微言考》，《全集》第六集，57页。

行政"的彻底无等级❶。在"大一统"的延长线上,是去国界以至全球一统的彻底无分界。这些愿景都突破了经典原本的限度,在中部和下部的首章,我们会再做详述。

3. 面向世界历史

三世说具有历史哲学色彩,还必备一个重要的面向,即解释世界不同文明的历史,将不同文明形态纳入三世进化的道路上来理解。康氏的考虑盖有两方面。一方面是体现孔子法范围无外的普遍主义;另一方面是当世界历史的各个位置都得到理论的安顿后,中国在世界当中的位置和进化的尺度也就有所定准。

康有为并不否认人类各个早期文明都是自发形成的,也不否认各文明各受其教主的指引,有独特的形态。但他的理论依然能够将多元汇入同一轨辙理解,主要基于两个信念。首先,只有孔子的道路代表着真正的文明,因为大同是各文明的共同归宿。在《大同书》开篇康有为指出,即使文明各启,但诸圣皆有历史局限,故各文明仍陷于苦弊中。❷ 只有孔子超越了历史,预示出文明的未来。他紧接着说:

> 神明圣王孔子早虑之忧之,故立三统三世之法,据乱之后,易以升平、太平,小康之后,进以大同;曰"穷则变",曰"观其会通以行其典礼",盖深虑守道者不知变而永从苦道也。

---

❶ 康有为:《大同书》,79页。
❷ "诸圣群哲乃怅然焦然,思有以拯救之、普渡之,各竭其心思、出其方术施济之,而横览胥溺之滔滔,终无能起沉痼也。略能小瘳,无有全愈者,或扶东而倒西,扶头而病足。岂医理之未精欤?抑医术之未至耶?蒙有憾焉。或者时有未至耶?"康有为:《大同书》,6页。

> 吾既生乱世，目击苦道，而思有以救之，昧昧我思，其惟行大同之道、行太平之道哉！遍观世法，舍大同之道而欲救生人之苦，致其大乐，殆无由也。大同之道，至平也，至公也，至仁也，治之至也。虽有善道，无以加此矣。❶

其次，孔子的普遍性体现为预立三世进化之轨辙。这一信念贯彻在《大同书》的每一卷。我们注意到，在各卷开头都有一长篇的"诉苦"部分，康氏会列举某种苦在不同文明的表现，这是在归纳各文明共同的秩序困境和进化需求。在此背景下，"孔子改制"说出场，揭示出文明的价值方向。康氏接下来所做的只是继承孔子的精神，完成未竟的理论事业，详尽勾勒大同图景。而这个大同世界，没有文明的形态差异。既然各领域的价值方向都由孔子启示，既然它们最终汇聚为完美同一的世界，则起点的殊异也就不足为意。

上述信念的成立，又与康氏另一信念紧密相连，即文明与孔子法的关系。我们看康氏用三世说解释世界历史的诸多案例，不免觉得太恣意荒诞。但值得玩味的是，康氏在当中从来不认为，自己有必要解释何以如此。也就是说，三世说从来没有解释因果机制的理论负担。例如，康氏经常举历法问题为例，如谓：

> 孔子并立三正，以待后王之变通，而以夏时便民，故取之，今犹行之。欧、美以冬至后十日改岁，则建子矣。俄及回历则建丑矣。今大地文明之国，仍无不从孔子之三正者。若印度，则与中国同行夏时矣。其余，秦以十月，则久不行。波斯

---

❶ 康有为：《大同书》，7 页。

以八月,则亦微弱。马达加斯加以九月,缅甸以四月,皆亡矣。益见大圣之大智无外也。❶

三正指历法的正月在子、丑、寅三月的范畴内,这是三统循环的重要内容。三正说中暗含着一种观念,由于这三个月都属于阳气启动、万物萌发的开端阶段,所以正月设在这三者范围内,对之后一年的四季节律、礼仪政教的影响不大。这也意味着,超出了三者的范围,则一年的节律会失序,政教会不合于天地之道。

至康氏这里,三正所属的三统说经过"改制"说被重构为孔子预立的三种制度类型,不再具有循环意味。但上述信念还保留了下来,成为康有为考察各国正朔与兴衰关系的标准。所以对他而言,问题的关键不在于何以如此,而在于各文明的正朔设置与兴衰的关系,验证了文明的规律:历法——作为政教所设置的时间节律——必须符合天地之道。而且康氏相信,这些文明的规律是孔子揭示的,文明的价值是孔子创造的。所以,"改制"理论的力量就在于,孔子法与文明价值的合一。孔子法不被理解为产自中国的地方性价值,只有落入这一层才会去怀疑因果层面何以如此的问题。孔子法就是文明生活的价值与规律本身,顺是则兴,违是则衰。历史与文明价值只有符合与否,没有作用机制的问题。❷

也许有一种质疑是,现代世界的发展如此迅猛,即使某些方面古今有所呼应,但现实毕竟与孔子"改制"的"制度原型"差距甚大。对此,康氏也有所预感。他的回应是,再次强调"改制"

---

❶ 康有为:《论语注》,233 页。
❷ 另外,三统说还包括衣服、宫室的规制不同,康有为同样用来收摄各文明,如谓:"明堂之制,三十六牖,七十二户,屋制高严后侈,或椭员衡方,或上员下方,则欧美宫室从之。衣长后衽,则欧洲各国礼服从之。"康有为:《中庸注》,224 页。

的真正意义在价值精神,不在制度原型。例如:

> 英人傅氏言资生学者,亦有均民授田之意。傅氏欲千人分十里地以生殖,千人中士农工商之业通力合作,各食其禄。此则孔子分建之法,但小之耳,终不能外孔子之意矣。盖均无贫、安无倾,近美国大倡均贫富产业之说,百年后必行孔子均义,此为太平之基哉!但据乱世人少,专于农田,升平世人繁,兼于工商,然均平之义,则无论农工商而必行者也。井田什一而藉者,亦孔子先悬农者一影耳。若以工商大公司为一封建,则督办司事即君公士夫,而各工伙即其民也。人执一业,量以授俸,于公司之中,饮食什器衣服备矣,休沐游之,立学教之,选举升之,力役共之,非一农田之小封建哉?欧美之大农及大制造大商,参于议院,引于宴会,则以诸侯入为天子士夫矣,备于礼乐。故孔子井田封建之制,施之据乱世而准,推之太平世而准者也。❶

这是由《孟子·尽心上》"西伯善养老"一段延伸出来的讨论。这段内容的制度背景是作为"王道之始"的井田制。井田制不只是一种土地赋税制度,它还可被丰富为一套基层社会的生活图景,并与儒家的上层政制设计相配合。康有为认为,尽管井田是农耕社会下的制度,但它传达的调均、通同等理念,仍然适用于工商业的组织。因他认为,农工商业都是组织生产的一种形式,这当中都会产生权力关系,都旨在满足人的生活和发展需求,也都必然最好以均平、通同的方式组织起来。要提请读者注意的是,

---

❶ 康有为:《孟子微》,19页。

我们这样说时已经使用了现代社会科学的概念,也必然将它们的理论范式乃至背后的世界观带入进来。反观康有为,他不过是用经典的概念来理解,例如用"君公士夫民"等理解等级秩序和支配关系,或用"诸侯入为天子士夫"理解大农大商参政。因为对他来说,这些不是历史中的概念,而是一种类型。

至于作为整体的井田制亦然。康氏这句话值得深味:"均平之义,则无论农工商而必行者也。井田什一而藉者,亦孔子先悬农者一影耳。"孔子改制的永恒意义在均平的价值理想,至于井田制只是农业社会下寄托此义的"悬影"。这一比喻在康氏这里并不奇特,他的"托古"说相当于认为,五帝三王的故事都是孔子寄托其义的"剧目"。事实上,对于任何超越历史之上的"立法者",我们都须通过他示范的制度,去领会当中价值精神的永恒意义。如果《理想国》《蒂迈欧》是这样,六经为何不能是这样呢?

类似的案例解释还有很多。总之,在文明价值与孔子法本身合一这一信条下,各文明的制度几乎都能为康氏所选用,安置在三世进化的轨辙上。然而,这也带来了一些重大的隐患。在当时,中国人最关心自身与欧美的差距问题,康有为面向世界历史的解释尝试,最终的重心也落到这一议题上。他各个侧面的解释汇聚起来,给中西的文明落差予以了一个理论的总体把握,即欧美已进至升平,中国尚处在据乱小康。

就初衷而言,康有为只是想以欧美作为文明价值的验证,引导中国珍视自身的传统并继续前行。在他的理解中,欧美的发展符合文明进化的规律,才得以文明富强。❶也许区分"法"与

---

❶ "凡泰西之强,皆吾经义强之也,中国所以弱者,皆与经义相反者也。"康有为:《日本书目志》,《全集》第三集,328页。

"世"二者会便于理解,欧美行升平法故为升平世,中国行据乱法故为据乱世。真正重要的是文明价值本身,法是价值的理想类型示范,欧美与中国乃至任何现实中的文明形态都只是效验。

但康有为没有这样细致的区分,只用升平世、太平世,很容易使人以为欧美就是理想的文明形态,是已然将到来的未来。在近代中国的衰颓处境下,这种认识激起了巨大的变革激情。庚子以后,目睹世运时局的突进,康氏为消解历史进化的乐观主义与激进主义,对三世说做了很多关键修正。其实在很大程度上,正是因为康氏理论本身有上述独特的思路与层次结构,他的调整才会是在三世说内部完成的。此中曲折,我们下部再详述。

小结 三世说的"退化"可能

在本章的最后,我们简要对比三世说与西方现代历史哲学的异同。这当然可以拓展为宏阔且深入的研究,但我们这里只想通过一个总体的勾勒,揭示出三世说自身隐藏的一个特征。我们的目的仍限于认清三世说的"文明进化"是什么性质。

西方现代历史哲学的构成要素,可分形式和内涵两方面来理解。形式上,它是基督教救赎历史的世俗化。在很多古代文明当中,自然世界的时间是循环的,所谓"历史"并不具有自身的价值,它更多是命运的不测的一种表现。犹太教至基督教带来了线性时间观,它由两个关键点所锚定,始于创世,终于救赎。创世—救赎作为绝对事件置于世界当中,使一切自然、人世的意义都朝向它们而被规定,时间与历史才有了开端、秩序与目的。然而,救赎毕竟不在此世,基督教的救赎历史仍与进步无关。直到近代，自然科学、政治哲学的变革，工商业的发展和现代国家的诞生，共同推动并汇入到一个脱胎于古代线性框架的现代进步历史。❶ 经历世俗化后，扮演救赎角色的首先是作为"活的上帝"的国家。❷

至于内涵要素，也即历史进化的动力，则是生存斗争。或者延伸为斗争的克服，无论是意志上的、法权上的还是道德上的，但起点仍是生存斗争。如只强调斗争，则是一种动力贯穿下的进化；若关注斗争与其克服，则是二者的辩证关系推动进化。这两种原型既可扩展为粗糙的社会达尔文主义，也可深化为思辨的历史哲学。动力的重要特征是，它的作用会留下成果，成果的积累推动进化，从而抵达最终的理想社会。这种动力作用的积累，使得现代历史哲学几乎不用考虑历史会否退化的问题。

从上述两方面来观照康有为的三世说，会发现它的特别之处。在形式上康有为已经接受了现代文明史的野蛮—文明框架，只是他将"孔子改制"作为当中的开端事件，进而，"大同"则是"改制"精神的全面实现。以改制为开端，以大同为终点，一切文明生活的意义都由这两端所规定，因此三世说确实构成了线性进化的形式。但是，三世说没有进化的动力问题。严格来说，"孔子改制"启示的是文明的价值方向，历史只有追随这一方向才能实现进化。这也就意味着，自然界与历史世界没有自身的目的与发展动力。对于生存竞争，甚至可以说，《大同书》各部的宗旨就是将人从各领域竞争所导致的压制、分裂中解脱出来。故对于社会

---

❶ 参埃里克·沃格林著，段保良译：《新政治科学》，北京：商务印书馆，2021年，126—127页。卡尔·洛维特著，李秋零、田薇译：《世界历史与救赎历史》，上海：上海人民出版社，2002年，222—226页。

❷ 霍布斯著，黎思复、黎廷弼译：《利维坦》，北京：商务印书馆，1985年，132页。

达尔文主义,他始终明确持拒斥态度。❶

并且,"孔子改制"的文明精神,如平等、独立、博爱、公义、通同等,康有为以"人为天生"的仁学统摄之。通过中部研究我们会看到,这些在他的理论中都是道德的理想。理想有可能获得符合,也有可能遭遇违背。理想可能远看上去很美,越接近越能体会其中之艰难,贸然追求或会导致额外的危险。总之,三世说的机制,不是动力作用的积累,而是道德理想的引领,故理论上存在着退化的可能。

我们必须承认,这不是康有为着意思考的方向。但是在他思考进化的过程中,这一侧面还是隐微透露了出来。我们先举一个明确的例子,并附及几处在后文会详细展开的例子。在"去级界"关于平等的讨论中,康有为着重关怀消除奴隶制的问题。按他的"孔子改制"理论,野蛮时代的战争俘掠产生了奴隶制,"孔子手定六经,灭去奴隶,其于人类,有天子诸侯大夫士庶民之等,无有为奴者也。故六经无奴隶字"。至东汉时中国消除了奴隶制,标志着"孔教之行免奴之制,中国先创二千年矣"。❷ 但后来的历史是:

> 其后蒙古以兵力灭服各国,虏其人民以为奴隶。盖胡狄之俗,专以强力,故以奴为常,人臣庶民之家能虏人者,即以为奴,而人主亦以群臣为奴,而中国实无是也。不幸有刘歆伪《周官》之制,故人忘孔子之大义,以为周公所有。故明世复盛行之,粮税日重,故人皆投大户以求免税,故近世奴隶虽不

---

❶ 对此茅海建已经有详细的梳理。参茅海建:《戊戌时期康有为、梁启超的思想》,307—320 页。
❷ 康有为:《大同书》,66 页。

多而不能绝焉。然十八行省中,惟广东、江、浙略有之,余省亦殆无奴矣。至八旗之制,既以奴才为称,而旗户之下复有包衣;又于罪罚有"发黑龙江披甲为奴"之制。此皆为蒙古之遗风,而复秦、汉虏掠人口为奴、髡钳为奴之制,是退化也,违公理而失孔子之圣制甚矣。❶

退化由多重因素造成,新学伪经的遮蔽、野蛮民族的战争征服、苛政的重压等,它们都可归结为对孔子文明精神的违背。并且,因为康氏相信,文明价值全由孔子创造,这意味着,自太古以来人性自然当中衍生的只是竞争、征服、辖制等野蛮力量。这样看,在孔子法初步实践后,文明生活也须防止在各种可能下人性自然的野蛮性复归,致使退化,就像上述奴隶制的例子一样。再如"去种界"处,康有为注意到,若白种人久居热带也将"退化",并设想过若实在难以"改造"落后人种,将会导致"乱我美种而致退化"❷。这在我们看来当然可笑,但在他理解人种与文明关系的思路下却是自洽的,而且从属于上述总体思路。

此外,伴随着大同构想的深入和细化,康有为越来越发现,平等、独立、博爱的生活都必须以人的德性普遍完满为前提。这使他越来越审慎地呵护着这些理想,《大同书》秘不示人是表现之一。因为这一认识的背面即是,若未实现德性的完满均齐,则不应获平等、独立。在中部的专题研究中,我们会详细分析他的理由。按康氏的看法,未至其时就躐等冒进,只能招致祸乱从而退化,我们将在下部第三章有所讨论。再者,康有为本想用大同的

---

❶ 康有为:《大同书》,66—67页。
❷ 康有为:《大同书》,79页。

制度建构来帮助人们实现德性完满均齐，但他很快认识到当中的困难。下部第一章我们以"人本院"为例讨论这一层面，在当中康有为明确承认了大同制度的脆弱性，并认识到了退化的危险。

以此数例只是粗略管窥大同存在的"退化"危险，显示出三世说确乎在性质上与西方现代历史进化哲学有所不同。至下部有更充分的讨论空间，我们将说明，在基本完成大同建构后，而且在世运突进的刺激下，康有为对三世说进行的一系列重要调整。它们旨在褪下三世说的历史进化色彩，从而使三世说恢复作为政治哲学分析框架的意义。

以经史关系的视角来描述，康氏此先构造三世说，是将经进行"历史化"改造后，以促成历史世界与经典世界的合一，后期调整则又将历史世界与经典世界剥离、拉远。康氏之所以能做出后期调整，恰因三世说自身独特的理论结构，它仍具备一种经史分际，以及用经典世界引导历史世界的关系。这在根本上不同于西方现代历史哲学那种仅以历史世界自身的"斗争"机制为动力来实现历史进化的方式。

所以，我们也许应该再斟酌，将三世说称为历史进化论是否合适。事实上，康氏最常谈及的"文明进化"，对理解他的理论特质有象征意义。它的核心仍是"进化于文明"，只是以"历史化"的理论和历史世界的追随，来表现这一信念。既然存在"退化"的可能，也就反映出了，进化并不源于历史世界本身的动力。同时，康有为坚持"文明"的价值原则是孔子揭示的，并且这些价值原则实质上都是道德性的理想。这仍是儒家的底色。

中 部

三世说的内容
以「人为天生」为中心

本部讨论三世说的内容是如何充实起来的，着意讨论两个方面：大同文明如何建构，以及大同与小康有着怎样的关系。研究从康有为的"人为天生"理论切入，导论先对该理论的形成、内涵与意义略作介绍。随后分别从四个重要的人类生活领域进行专题研究，以体现"人为天生"对康有为大同建构的枢纽性意义。

第一章针对政治领域，儒家传统以"君臣"一伦概括政治的等级秩序，其理据是依据德性之差立尊卑之等。康有为从"人为天生"出发，批判尊卑等秩，设想大同的普遍平等。

第二章针对人的共同生活，主要以"夫妇"一伦的婚姻生活为代表来考察。传统婚姻基于"男女有别"的观念，康有为则将之替换为新的人性基础——"人为天生"。由此构想的大同世界，每个人都绝对独立自由，无法组成持久的、实质性的婚姻关系，乃至一切共同生活。

第三章针对家庭领域，其核心是"父子"之伦。从"父母生"与"天生"的区分，能够理解儒家的仁孝关系、公私关系。康有为禀"天生"的仁与公，批判家庭本身和他理解的"家天下"。大同世界中每个人都"直隶于天"，由公共体系取代家庭，承担人的生老病死，从而使每个人都仁爱无私。

第四章针对人性善恶领域。康有为以董仲舒的人性论为基础，分判了孟子性善论与荀子性恶论的优劣，将两者整合为孔子法，形成一套分析人性因素与政教方式的理论框架。并且在王教代天以成民性的信念下，他相信人性将随着文明而进化，大同世界"人人有士君子之行"。

专题研究中贯穿着一个基本的认识：以"主义"化方式构建起的大同，首先是一种价值的理想类型，尽管它极近似于，但实质上不会是真实的未来世界。并且，作为理想类型的小康法与大同法，二者间的复杂张力再现了经学传统的诸多洞见。

导 论

"人为天生"：康有为大同思想的根基

引 言

理解康有为的三世大同学说，须将之置于他的经学思想之中。这相当于关注《大同书》与他各种经学著作的联系。在这当中，《礼运注》和《大同书》的联系又有特殊处，通过一个细节可以说明：这两本书写作的完成时间，都在 1901 年夏至 1902 年之间，但康有为却将它们的初创时刻，都追溯到了 1884 年。❶ 之所以将二书紧绑在一起，是因康有为相信，大同思想源自孔子在《礼运》中的启示，制作《大同书》是继承孔子"遗志"的事业。这样一来，康有为如何理解《礼运》"大同"一章就格外关键，这是他亲自交出的一把打开《大同书》的钥匙。他的注解中有一段很长的

---

❶ 因此而出现的"倒填年月"的争议，参见汤志钧：《关于康有为的〈大同书〉》，《文史哲》1957 年第 1 期。汤志钧：《再论康有为的〈大同书〉》，《历史研究》1959 年第 8 期。汤志钧：《〈大同书〉手稿及其成书年代》，《文物》1980 年第 7 期。汤志钧：《〈礼运注〉成书年代考》，载《戊戌变法史论丛》，武汉：湖北人民出版社，1957 年，146—153 页。康同璧的辩护更为可信，见康同璧：《回忆康南海史实》，载夏晓虹编：《追忆康有为》，北京：生活·读书·新知三联书店，2009 年，142—143 页。事实上，追究成书年代是现代学术视野下才有的问题，古人成书例与今别。并且，通过考订成书来描述一个人的思想变迁，对于系统、激进、一以贯之的康有为来说，有削足适履之嫌。故这类论证往往并不稳妥。所以，与其称之为"倒填年月"，为康氏的"欺伪"形象再添一笔，不如认识到，这是有圣人情结的康有为，标志自己的"立法时刻"。

总论：

> 然人之恒言曰天下、国、家、身，此古昔之小道也。夫有国有家有己，则各有其界而自私之，其害公理而阻进化甚矣。**惟天为生人之本，人人皆天所生而直隶焉，凡隶天之下者皆公之。**故不独不得立国界，以至强弱相争，并不得有家界，以至亲爱不广，且不得有身界，以至货力自为。故只有天下为公，一切皆本公理而已。公者，人人如一之谓，无贵贱之分，无贫富之等，无人种之殊，无男女之异。……此大同之道，太平之世行之。惟人人皆公，人人皆平，故能与人大同也。❶

这段话全面概括了大同法的基本要点。康氏看到，小康与大同之分围绕着"界"的立与破展开。追求大同就要破除小康法的国、家、身（贵贱、贫富、人种、男女）之界，这里，《大同书》"破九界"理论的主要内容都涉及了。而促使他认识到小康诸界皆"害公理而阻进化"的原因，是随后那句："惟天为生人之本，人人皆天所生而直隶焉，凡隶天之下者皆公之。"可以说，这句话是康有为破界的动力。

其实，这段话最能显示康氏理解"大同"章的新意。看起来，《礼运》"大同"章是孔子对人性质朴纯美时代的一次追思。经文本身多是描述性的语气，唯有"天下为公"一句稍具原则的意义。简言之，《礼运》并不讨论何以应天下为公，或者为何天下为公的时代人类应这样生活。所以，历代经师多只视之为一段历史，做

---

❶ 康有为：《礼运注》，《全集》第五集，555页。标点与粗体为笔者所加。

描述性的解释。❶然而在康有为眼中，作为孔子之"志"的大同，首先须是理想的政治类型。由此，他的这段总论才成为一次理论的解说。他的论证起点，是从"惟天为生人之本，人人皆天所生而直隶焉"出发解释"天下为公"——"凡隶天之下者皆公之"，由此再推进到"破九界"的理论。也许在康有为自己看来，这是在揭示"天下为公"背后的原理。于今观之，毋宁说是他给"天下为公"注入了新的活力——"人为天生"。严格来说，《礼运》的追忆与《大同书》的未来设想差别极大，而从上述分析来看，康有为大同思想的各种新意，可能都端系于"人为天生"观念的产生。

通过以上简单勾勒，"人为天生"观念从康有为的思想世界中浮现出来。但是，这一学说乍看实为怪论，其渊源、性质和意旨，还有和大同思想的关系，均晦暗不清。为此，我们须先梳理它的来龙去脉。

一 "人为天生"说的形成

1879年是康有为思想演进的重要一年，其中的变化由两个主题共同促成。一方面，他入西樵独居遇张鼎华，"博得中原文献之传"，将眼光扩展到整个中国。是时，他"念民生艰难，天与我聪明才力拯救之，乃哀物悼世，以经营天下为志，则时时取《周礼》《王制》《太平经国书》《文献通考》《经世文编》《天下郡国

---

❶ 如郑玄注"大道"云："谓五帝时也。"注"丘未［未］之逮也，而有志焉"云："志，谓识古文。"郑玄注，孔颖达疏：《礼记正义》，874—876页。

利病全书》《读史方舆纪要》,纬划之。俯读仰思,笔记皆经纬世宙之言"。❶华夏文明历数千年转迁,行至晚清积弊已亟,气运衰颓。通过阅读这些制度著作,康有为思考偌大的中国该如何治理。如此丰富的阅读量,所打开视界的广度与深度,是并世所不及的。这方面的主题我们暂归纳为"中国"。

另一方面,他"既而得《西国近事汇编》,李□《环游地球新录》,及西书数种览之。薄游香港,览西人宫室之瑰丽,道路之整洁,巡捕之严密,乃始知西人治国有法度,不得以古旧之夷狄视之。乃复阅《海国图志》《瀛寰志略》等书,购地球图,渐收西学之书,为讲西学之基矣"。❷此后,1882年他又"道经上海之繁盛,益知西人治术之有本。舟车行路,大购西书以归讲求焉。十一月还家,自是大讲西学,始尽释故见"。❸这一扼要回顾展现了整个近代中国的世界观震动。西方的富强与文明,在打破传统夷夏格局的同时,亦动摇了中国对于文明生活的理解。他深入西学,是为了弄清西方实现文明的原因,并反思何为文明生活的标准。这一方面的主题我们暂称之为"文明"。

近代中国遭遇的文明变局,正由这两者的危机共同激荡而成。❹中国的困境包含着对文明形态的关切,文明理想的危机也推动了对中国困境的反思。可以说,康有为思想世界的主题奠基于是。本部关心的"人为天生"说,也是在对二者的辗转思索中逐渐形成的。我们将分别梳理相应的思考脉络。

---

❶ 康有为:《康南海自编年谱》,9页。
❷ 康有为:《康南海自编年谱》,9—10页。
❸ 康有为:《康南海自编年谱》,11页。
❹ 参汪晖:《现代中国思想的兴起》,741页。干春松:《康有为的三世说与〈大同书〉》,载干春松、陈壁生编:《经学研究第四辑:曹元弼的生平与学术》,252页。

1879 年后,康有为深入西学来思考文明问题。一方面,科学知识颠覆了传统理解世界的基本尺度❶;另一方面,"大地诸教"的多样性也逼迫他开始追索:

> 一统之后,人类语言文字饮食衣服宫室之变制,男女平等之法,人民通同公之法,务致诸生于极乐世界。及五百年后如何,千年后如何,世界如何,人魂人体迁变如何……❷

在现代世界,最完美的文明被期许于未来。思考未来的意义,是刊落种种不完美的历史条件,追问人类生活最永恒的因素。这一议题,在一个"大地诸教"——多文明并存、竞争——的时代,更显紧迫。写作《实理公法全书》是康有为回答的初步尝试。

该书有着超越各文明之上的视角,借用了"几何"方法:从分歧互异的多元文明中公约出一套普遍的文明法则。他相信,经过这一思想实验,提纯出的实理公法如同几何学之圆一般绝对永恒,其谓"几何公理所出之法,称为必然之实,亦称为永远之实";大地诸文明则如同经验中的圆,有着程度各异的不完美,其谓"出自人立之法,则其理较虚"❸。这里"实"与"虚"的对照颇耐深味。固然,诸教与实理公法相比而显其"虚"(不完美、有局限)的原因是出自人立;但反之,实理公法之"实"(必然、永恒),恰恰因它是纯粹思想的产物,未尝进入现实。这意味着,由

---

❶ "因显微镜之万数千倍者,视虱如轮,见蚁如象,而悟大小齐同之理。因电机光线一秒数十万里,而悟久速齐同之理。知至大之外,尚有大者,至小之内,尚包小者,剖一而无尽,吹万而不同"云云,见康有为:《康南海自编年谱》,12 页。

❷ 康有为:《康南海自编年谱》,12 页。

❸ 康有为:《实理公法全书》,《全集》第一集,147 页。

此公约出的文明形态是前所未有的。

例如，《总论人类门》对人类存在的理解，就根本性地决定了这一点。作为该书的第一原理，康有为称：

> 人各分天地原质以为人。❶

该书并未最终完成，这给我们的理解造成了困难。❷ 我们有两种解释的可能。第一种侧重"原质"的意义。考虑到康有为理解的"实理"，首先是科学原理，"原质"一词可能表明，他接受了西学的原子、元素学说，并将其与传统中国的气论一并公约❸，在生成的意义上描述人的存在。第二种侧重该书的"几何"提纯方法。因各文明皆受历史局限而不完美，康氏转从"天地"这一各文明共享的、永恒的境域去领会人类存在。两种解释通向了同一种图景：人为天地所生。

那么，这一结论会通向何处？无论以科学知识为基础，还是以天地为存在背景，立于天地间的人是抽象的，不能为经验所把握。并且，康氏直接用它否定那些人最亲切的生活经验与伦理，比如认为父母只是天地生人的媒介❹。也就是说，这种"人"的观念，不落于任何伦理关系、政治类型与文明历史之中。那么，从这个存在论出发，构拟出的"公法"——如独立和平等之类的秩

---

❶ 康有为：《实理公法全书》，《全集》第一集，148 页。

❷ 按照《凡例》的规划，"凡所言实理，每事须先立引说一条，然后以按语将其实理详言之"，但在每门之下，"全书中所有实理引说，均未加按语者"。康有为：《实理公法全书》，《全集》第一集，147、148 页。

❸ 该书"原质"与"气化"往往并举乃至等同。参康有为：《实理公法全书》，《全集》第一集，150、154 页。

❹ 康有为：《实理公法全书》，《全集》第一集，150 页。

序原则❶——就是非伦理、非政治与非历史的。实理公法与大地诸教构成了极强的张力。

但是，这套实理公法存在着根本困难。因为它的存在论基础很难说有什么价值含义，故推导出的独立、平等，严格来说只是种形式化的状态，缺乏实质的德性规定。简言之，独立平等的状态下，人既可能是更好的文明，也可能是更坏的野蛮。❷由此而构造出的，是一种空洞的生活形式，很难说服人们它何以更值得追求。是故，该书未完稿的现象，与康氏之后的思想方向都表明，他放弃了提纯实理公法的思路。不过，作为该书最珍贵的思想果实，"人为天生"的思考被保留了下来，并回到经学传统中获得更丰富的启沃。

从阅读史来看，回归经学传统，启自康有为对中国的历史与现实问题的持续思考。与《实理公法全书》同时，康有为还写作了《教学通义》《民功篇》《毛诗礼征》和大量讨论时务、西学的笔记❸。这批制度性著作，或回顾文明肇启的艰难，以反思后世物质文明的停滞不前；或析论政、学、教传统之变迁，以反思基层教化的衰颓；或对照西方制度，反思中国农工商政的制度缺陷。它们共同组成一个更大的关怀：如何使中国上升到新的文明高度，让中国人过上更文明的生活。在此过程中，他愈发认识到经学对中国历史的决定性影响。故在经历了第一次上书的失败后

---

❶ "人有自主之权"，"以平等之意，用人立之法"。康有为：《实理公法全书》，《全集》第一集，148 页。

❷ 康有为日后以"人道如环"的理论表达了这一洞见。

❸ 康有为：《笔记》，《全集》第一集，193—220 页。按《全集》第一集有《论时务》一篇，实际上是《笔记》的一部分，前后连缀抄成。《笔记》先收入《万木草堂遗稿》，后编辑《万木草堂遗稿外编》时又收入《论时务》，而未与《笔记》核对，故重出，《全集》整理者再沿其误。

(1888),康有为不谈政事,复事经说。从思想的总体历程看,他对"文明"与"中国"两个主题的思考,最终回溯至经学世界而得以赓续。

在经学传统中,《春秋》学对康有为的影响至为深切。一方面让他确立了今文学立场,发现并剔除古文学传统对中国历史的错误影响;另一方面为他敞开了丰富的思想空间,"改制教主"说、三世说的提出,均源自他对《春秋》学精神的深刻领悟。"人为天生"说亦是如此,甚至只有在"人为天生"说形成后,三世说才得到内容上的充实。

带着此前的问题,以《春秋》学"三合而生"说为接缘,康有为重新发掘出儒家的天人之学。庄公三年《穀梁传》保存了一则极古奥难通的经说,其云:

> 独阴不生,独阳不生,独天不生,三合然后生。故曰母之子也可,天之子也可。❶

我们看范宁的《集解》引用徐邈的说法,用老子"负阴而抱阳,冲气以为和"之玄言为解,非是,杨士勋《疏》沿其误。其实,公羊学传统中同样保存了这一说法,这是个非常值得深味的现象。董仲舒《春秋繁露·顺命》曰:

> 父者,子之天也;天者,父之天也。无天而生,未之有也。天者万物之祖,万物非天不生。独阴不生,独阳不生,

---

❶ 范宁集解,杨士勋疏:《春秋穀梁传注疏》,北京:北京大学出版社,1999年,66页。

阴阳与天地参然后生。故曰：父（天）❶之子也可尊，母之子也可卑。❷

人由父精母血结合而生，是切近的生活经验，儒家素来珍视这种经验及其伦理。但儒家同样也认识到，仅此并不足以回答人从何来、人之所以为人的问题。"三合而生"说在兼顾经验层面的同时，揭示出"天"作为人类存在的本原，完整展现了人的生存结构。首句中，"父者，子之天"概括了父子相承的常态；"天者，父之天"则借比喻点明了"天"对人之为人的超验意义。在《为人者天》中，董子径谓"为生不能为人，为人者天也，人之人本于天"❸，更突出天人维度的根本。

儒家的存在之问是德性论的，不只关心人如何出生，更关心人何以为人。此前，《实理公法全书》的困难在于，"人各分天地原质以为人"无法提供人之为人的规定，将人与物区分开。实理公法世界中的"天地"，只是种存在论预设，而非德性源泉。人能够存在固然是文明的先决条件，但对人之为人的理解，才决定了文明的骨架、肌理与面貌。相应地，每一种文明都内在地奠基于它们对人之为人的理解上。

那么回看上文，《春秋》学传统中的天人维度提示我们，儒家从未仅就人类群体自身思考生活的意义与秩序，而是将人与天地的德性联结作为文明的根本视野。在经典世界中，我们还能看到，礼有三本而"天地者，生之本"居首，《孝经》论圣人之治从"天

---

❶ 苏舆："'父'当作'天'。"苏舆：《春秋繁露义证》，410 页。康有为："按，'父之子'当为'天之子'误文。"康有为：《春秋董氏学》，128 页。
❷ 苏舆：《春秋繁露义证》，410 页。
❸ 苏舆注："卢云'人之人'，疑当作'人之为人'。"苏舆：《春秋繁露义证》，318 页。

地之性人为贵"讲起，《礼运》论人为"天地之德""天地之心"等均表明，"人为天生"观念已深刻嵌入了儒家的文明理想中。

是故，既因对《春秋》学传统的敬意与珍视，也因问题意识的契合，康有为迅速重视起"三合而生"与"人为天生"观念。我们看到，在草堂讲学期间，他反复讲说此义。《万木草堂口说》云："人有三族谱：天、人、民❶。天地生之本，祖宗类之本。《榖梁传》：'母之子也可，天之子也可。'"❷又"《榖梁》：'非人不生，非天不生'，礼之本也"❸，等等。

至于此说的重要性，康有为强调："当是孔子口说特创此义。"❹在他这里，"口说"有两重含义。一则，经学早期以口说形式传习，口传系统的源头是孔子。"特创"更意味着，"人为天生"之义为孔子所首揭与独重，从而敞明了人类存在的深层维度。二则，较之书于竹帛的大义，口说即是微言。我们会发现，"改制"、三世说与"人为天生"三者康氏都推崇为微言。上部解释了"改制教主"决定了三世说的性质与形式，本部则解释"人为天生"如何充实三世进化的内涵。事实上，康有为重视的每一个"改制"的例子，其实质内涵都出自他对"人为天生"的创造性解读。

以上，结合康有为思想演进的主题与历程，我们粗略勾勒了"人为天生"的形成史。但对思想研究而言，这尚属铺垫。我们须分析他对这一学说的认识、突破与重构。这同时与另一个更大的问题息息相关。二千余年的经学传统并未从"人为天生"的维度生长出一套大同思想。我们应该追问，人的"天生"维度在经学

---

❶ 依礼三本说，"民"当作"君"，康氏故意改为"民"。
❷ 康有为：《万木草堂口说》，北京：中华书局，1988年，87页。
❸ 康有为：《万木草堂口说》，126页。
❹ 康有为：《春秋董氏学》，129页。

传统中曾扮演何种角色,又在康氏处发生了怎样的转变?概言之,对天人维度之性质与意义的认识的转变,是他突破传统的发起点。只有廓清这一转折,才能理解他的大同思想。

二 "人为天生"的性质转变

儒家理解的世界,不是冰冷无常的宇宙,是生生不息的德性天地。严格来说,万物皆天地所生,特别强调人为天生,就将人从万物中超拔出来,赋予其万物之灵的位置。❶ 所以,"人为天生"不只点明了天地与人的关系,还牵连出人与万物的差别。由此,儒家对"人"的理解有两个参照系:"天地"与"万物"。它们为人类生活映照出许多珍贵的诫命与期许。

《荀子》和《大戴礼记》共同保存了一个说法:礼有三本。这是对礼的秩序所做的一个凝练的概括。其中"天地,生之本"居于首位,由此可以说,"天人"是儒家礼乐文明的一个奠基维度。❷ 不过,深邃者从不主动现身,天人维度的性质与意义,难以直接把握。幸而,礼之三本还有"祖宗,类之本""君师,治之本",前者主于家庭,后者主于政教。二者都形成尊卑有等的秩序,故我们可统称为"尊卑"的维度。通过探究天人维度与尊卑维度的关系,在礼之三本的内在张力间,理解天人维度的性质与

---

❶《礼记·祭义》:"天之所生,地之所养,无人为大。"《左传》:"民受天地之中以生。"《春秋繁露·人副天数》:"天地之精所以生物者,莫贵于人。"

❷《大戴礼记》云:"天地者,性之本也;先祖者,类之本也;君师者,治之本也。"除考虑到经典中"生""性"多通用之外,"性之本"的说法更明确地显豁出了"人性"的含义,更表明了"天地"作为"本"的含义,不是面对万物而只是针对人类族群的,内在地与"天地之性人为贵"相通。

意义。

尊卑维度奠基于对"人"另一侧面的理解：人在父祖传种与君师治教下成其为人。这体现了伦理生活与政治生活对"人"的意义，人存在于各种伦理角色和尊卑等次中。尊卑秩序中人必然是不平等的，并按照差异原则组织生活。但是于天人维度，人同为天地所生，也同贵于万物。在天地面前，在同万物的对照中，人与人应该是无别的。任何差异化对待都如同剥夺了人之为人的资格，贬同于物。

不过，天人与尊卑两种维度的关系，在日常生活中并不常展现。只有通过某些特殊事件，二者的张力才能凸显出来。《白虎通·诛伐》云：

> 父煞其子当诛何？以为天地之性人为贵，人皆天所生也，托父母气而生耳。王者以养长而教之，故父不得专也。[1]

父母生子是切近的生存经验，也是伦理生活展开的基础。但假如对人之为人仅有父精母血式的理解，人类生活纯从这一维度展开，则父母作为生命的给予者也有权收回。这一逻辑无疑会引发许多悲剧。

经师诉诸"人为天生"与"天地之性人为贵"表明，人在为父母所生之外，也同为天地所生。在天地面前，也就是在生命面前，人与人是平等的，没有父子、君臣、夫妇的差别。无人能够夺取他人"生"的资格，因那无异于像对待禽兽一样对待人。相应地，天子代天立教，必须惩戒杀人之罪，即使父杀子亦当诛。

---

[1] 陈立：《白虎通疏证》，216 页。

《说苑》记载孔子教曾子小杖则受、大杖则逃时说:"杀身以陷父不义,不孝孰是大乎?汝非天子之民邪?杀天子之民罪奚如?"❶义同乎此。

事实上,《白虎通》的讨论并非个例,在王莽、光武帝禁买卖、杀奴婢令和张敏反轻侮法疏中均表达了这类观点。❷仔细品味这些事件当中引据"天生"之理的意图和作用,我们会发现,天人维度的平等并不直接否定尊卑秩序。它是在为尊卑秩序设定底线,以保护文明生活远离非人性的恶行。

再者,这两种维度还有相结合的一面。通过揭示天人维度,儒家给人类生活提供了道德的依据和期许。就人同为天所生、同贵于万物来说,人人都禀赋了同等的德性潜能和使命。故人人应努力成就自己的潜能,实现天赋的使命。但是,现实中人的德性与能力又千差万别,尊卑等秩序恰以人的德性差异为依据。潜能、使命的一致与现实德性的差异,成了人类生活的一对基本张力。

儒家用名号的区别,来安顿二者的关系。我们需注意,儒家的正名主张,关心的是德与位的合一。所以,名号的区别也就关系着德、位的差异。事实上,上文《春秋》家提出"三合而生"之说,正是为了解释:《春秋》中王者为何能称"天子"?《穀梁》继谓:

> 故曰母之子也可,天之子也可,尊者取尊称焉,卑者取卑

---

❶ 向宗鲁:《说苑校证》,北京:中华书局,1987年,61页。
❷ 班固:《汉书·王莽传》,4110页。范晔:《后汉书·光武帝纪》,北京:中华书局,1965年,57页。范晔:《后汉书·张敏传》,1503页。这里对"天地之性人为贵"的讨论,受到了陈壁生老师的启发。详参陈壁生:《孝经学史》,上海:华东师范大学出版社,2015年,88—101页。

称焉。❶

人非父母不生，亦非天不生，乍看固然称"母之子也可，天之子也可"，但如人人同称"母之子"，则泯灭了天地生人之德；如人人同称"天之子"，则多数人配不上这称号。《春秋》先师看到，天地之德高明，非父母生养可比，故二种称号应有尊卑之别，由此，可依据现实的德性差异，来分配这两种名号。

此外，董仲舒也这样理解。《春秋繁露·顺命》继云：

> 故曰：父（天）之子也可尊，母之子也可卑，尊者取尊号，卑者取卑号。故德侔天地者，皇天右而子之，号称天子。其次有五等之爵以尊之，皆以国邑为号。其无德于天地之间者，州、国、人、民。……《春秋》列序位尊卑之陈，累累乎可得而观也。❷

末句"《春秋》列序位尊卑之陈"表明，尊卑取称不是一般的原则，而是《春秋》的法度。《春秋》以道名分，就是以德位（名）合一为原则，在书法中寄寓理想的礼乐秩序。尽管每个人禀赋了相同的潜能与使命，但现实中愈成就其德性者愈居尊位、获尊号，而德性卑者居卑位、获卑号。是故，王者尽伦尽制，代表天地照管人与万物，其德侔于天地，可称"天之子"。其余人依七等名例降杀而称，也就同属"母之子"。所以，王者实际上代表整个人类族群应"天子"之称。郊祀礼也应看作"天子"代表人类

---

❶ 范宁集解，杨士勋疏：《春秋榖梁传注疏》，66 页。
❷ 苏舆：《春秋繁露义证》，410—411 页。

行报本事天之礼。换言之,"天子"是一个价值符号,其作为天人与尊卑两个维度的交汇点,既是对德性至尊者的"加冕",也赋予了人类的文明秩序以最高的神圣性。

总结起来,天人维度框定了一种文明生活的最低限度与最高目标,与尊卑维度相辅相成。事实上,在经学传统中,除上面两种角度外,"人为天生"的观念还能延伸出对人性、政治、社会、族群关系等全方位的讨论和影响。之所以认为,该观念敞开了一种"天人"的维度,恰因从它出发能重构人类生活的方方面面。简短的一条经义,通过儒者的解释运用,在经学史和文明史上运转无穷。这种周备无穷的特征是我们称之为"维度"的原因之一。

但与此同时,儒家也并不径以"天人"的原理,取代人类生活中许多不甚高明精微却足够厚重的价值,而是审慎权衡价值的天平,努力构造不同价值的结合点。价值之间可能存在着高下之分,但运用经义面对现实政教时,又须因势利导、与时为宜,这是儒家一直禀有的洞见与教诲。这种保持张力又能够融合的特征是我们称之为"维度"的另一原因。

然而,康有为在重新发掘"人为天生"的同时,也极大扭转了天人维度的性质与意义。我们仍可以"天子"称号为例,说明他对经学传统的突破。康有为说:

> 人人为天所生,人人皆为天之子。但圣人姑别其名称,独以王者为天之子,而庶人为母之子。其实人人皆为天之子也。[1]

---

[1] 康有为:《春秋董氏学》,129 页。

又：

> 古者君主皆托于天生，自称为天子。孔子则发明凡生人皆为天生，就其体言之，则君亦为母之子；就其性言之，则民亦皆天之子。❶

上文说到，固然人人皆"是"天之子，但唯王者一人可"称"天之子，区隔开"是"与"称"的，是人的德性差等，也即整个尊卑秩序。这说明，尽管每个人理论上有相同的"身份"，但建立秩序还是依据人的现实德性。因此，传统经学很少主动强调每个人是天之子，更不会要求人人称"天子"。

相反，康有为则首先强调，"人人皆为天之子"的"为"字意义更宽泛，从而模糊了"是"与"称"的距离。他认为这里存在着"孔子改制"：唯君称"天子"，以自尊其威势，是太古野蛮的遗存；孔子首创人人皆为天生、皆为天之子，敞开了文明的方向。经过这一理论转换，传统中"天子"称号代表的神圣性与尊卑秩序的正当性，都被消解了。康有为进而说：

> 不过古者尊者取尊称，卑者取卑称耳。分别尊卑，此就当时据乱世而言。盖乱世以天统君，以君统民，故有尊卑之隔。太平世则无尊卑之别，人人独立，直接于天，则人人皆可称为天子矣。❷

---

❶ 康有为：《春秋笔削大义微言考》，《全集》第六集，60页。
❷ 康有为：《春秋笔削大义微言考》，《全集》第六集，60页。

这是我们熟悉的思路。因尊卑而别称，是受历史局限的据乱小康法；而沿着"改制"的精神，康有为构想了一个人人皆为"天之子"，无尊卑等差，纯粹天人维度的大同法。这样一来，据乱小康法与太平大同法的对立，就是尊卑与天人的对立。❶

在经学传统中，二者并未形成对立，原因是经学承认了人性现实的差异。很难说康有为忽视了这一点，但信仰孔子法的进化力量，让他更愿意认为，文明进程终将弥平这些差异。转换成三世进化的图景就是：在榛莽草昧、文明肇启的时代，人类德性不均，有必要按以尊统卑的方式生活。这时，虽人人都有"天之子"的潜在身份，但不可能人人都具备"天之子"的称号与地位。但这还不是文明的理想境界，只有当每个人的德性相同，不再需要尊卑秩序的规范，文明的进程才宣告完成。作为文明之极致的大同，人的"天之子"身份不再是潜在的，而是成了现实。在此意义上，从尊卑到天人，是文明从起点到终点的进程，并隐含着人性得到升华的线索。

总而言之，与传统的天人维度相比，康有为将"人为天生"超拔为文明理想的最高宗旨，全面、深入地重构了人类生活的方方面面，同时也就消解了那些非"天生"的价值，诸如父祖伦常、君师治教等。《大同书》破九界即其实践。这是传统儒家所未曾想象到的突破。其实，康有为并不否认人在家庭伦理与政治秩序中成其为人，只是认为这些对人的理解都不及"人为天生"之永恒

---

❶ 康有为的这一分析框架直接影响了谭嗣同。《仁学》："彼为荀学者，必以伦常二字，诬为孔教之精旨，不悟其为据乱世之法也。且以据乱之世而论，言伦常而不临之以天，已为偏而不全，其积重之弊，将不可计矣；况又妄益之以三纲，明创不平等之法，轩轾凿枘，以苦父天母地之人。"生活·读书·新知三联书店编：《谭嗣同全集》，北京：生活·读书·新知三联书店，1954年，54—55页。

和美好,更能开出理想的文明。他对一个永恒完美的价值的追求如此强烈,以至于"人为天生"变成了一种"主义"。在后面的专题研究中,我们将不断验证这一点。

三 传统"人为天生"说提供了什么?

通过前述勾勒,我们已大致感受到,不论在经学传统中,还是在康有为处,"人为天生"观念都扮演着相当重要却特殊的角色。中部的研究还将分专题展开说明"天生"之义在传统与康氏处的联系及转变。在此之前,我们还须总括说明,"人为天生"究竟提供了什么价值,有何种独特的思想力量;何以"人为天生"成了经学传统的关键拼图,也成了康有为大同思想的支点。归本言之,这背后是儒家思想中天人关系与文明秩序建构的大问题,康氏又显然是此古今之变的枢纽人物。揭示这样深刻的层面,并不容易,我们可先为之搭一架切近些的阶梯。

我们还是回到这一学说的源头——"三合而生"说,回到"天生"与"父母生"共同构成的框架之中,看看"人为天生"相对于"父母生"额外敞开了什么。这里,另一应纳入讨论的框架是"礼三本":"天地者,生之本也;先祖者,类之本也;君师者,治之本也。"这一学说在追问礼之"本"时,同样最终回到了人的存在问题。

我们看到,"父母生"是个经验描述。首先,人为父母所生是每个人必然的经验;进而,基于人为父母所生这个前提而展开的存在领域和人性特征,也是我们生活中最切近的经验,例如家庭生活中的孝与慈,又如各亲其亲、各子其子的现象,还有人的禀性、气质受父母影响最深等。"礼三本"框架下的二者,所指向的也是经验生活。"先祖者,类之本"指向的是家庭生活,其表示没有始祖,家族就不可能存在;"君师者,治之本"指向政教生活,其表示没有君师治教,就不会建立起安定的共同体。家与国构成了人最直接的生存经验,是人不可或缺的存在领域。

这样也可以反过来说,这些人为父母生、为祖宗之后嗣、在君师治教下的生存经验,其共同特征是:它们都是自然而然的存在,能够本着自然的力量生长和发展,不需要额外的动力与支撑。家国秩序基于人的生育关系、能力德性等差别而形成的尊卑等差,往往自发就可形成,无须先规定某些原则才能开展。总之,可以概括说,这些人类存在的方式,都是本乎自然的。

以此为参照来看"人为天生",从表述上就能看出,这是一块由想象拓开的空间,可以容纳一些价值观念。从日常经验出发我们得不出"人为天生",其实也就意味着,所有寄托其上的观念,都不是在经验生活中自然而然就能出现和发展来的。它们的出现都必须基于一种信念:我们都是"天生"的"人"。这表明,"天生"所敞开的是较前述诸种"自然"更稀见的,也更值得欲求的存在方式与价值。

那么,要弄清"人为天生"敞开了哪些价值,我们还须以"自然"的经验为对照。让我们回想一下,日常生活中最频繁经验到的是什么?是人的差异性、各种伦理角色、不同分工组成的秩序,等等。然而,"天生"作为一个日常经验之外的空间,它表现了一些我们仅靠日常经验无法体会到的东西。核心就是人的共通品质和相互关系。并且还须强调,这些都代表着更高的人类德性与生活方式。

那么,在面目模糊的"万物"和复杂纷乱的日常生活之外,将"人"这样一个品类的面目刻画清晰,并赋予其"天生"的身份,对于文明秩序有何种根本意义?经学传统中对"人为天生"的运用,提供了很好的借鉴,其形式、角度多种多样,后文还会详细展开,这里只总括其文明意义。概括来说,"人为天生"观念是一种普遍人性的奠基。确立了两个基本命题。第一,人作为"人"本身而存在;第二,人是道德的存在。这两个命题蕴藏着巨大的思想力量,能够渗透进文明的方方面面,为人类生活奠基。

我们先来看第一个命题。与日常生活中,人总是作为某一伦理角色、社会身份而存在不同,"人为天生"旨在标志出人作为"人"本身存在的共同性。在同为"天生"的意义上,人与人都无差别,这是一次根本的人性奠基,它将通向对人之为人本身的尊重。也就是在现实的地位、权力、财富、德性的差异之外,我们还要承认每个人的生命、尊严、幸福、苦痛都真实存在着,有着同等的道德重量,值得被充分感知和尊重。这既为每个人的生活拓开了一处独立的空间,也是为人与人之间的关系奠定了基本原则。

再来看第二个命题,人作为道德的存在。"三合而生"说和董仲舒进一步发挥"天人"之义,都意在给"人"一种根本性的规定。通过给"人"一个神圣的存在根源,才能对"人"的存在有更高的道德期许。所以,称人是道德的存在,首先表示人禀有"天赋"的道德潜能,而成就自身的德性也就是人的道德使命。

进而,人之为人的道德实质在于,我们拥有面对"人"本身的普遍性道德。表彰出仁、义、礼、智、信、忠、敬、勇、让等美德和品格,无疑是儒家思想的重大贡献。这些德性的共同特征,在于它们都出于对"人"本身的尊重与珍视,而超越了人的各种现实差异。儒家将仁、义、礼、智、信标榜为"五常",并强调它们内在于人性本身，这意在表明，正因为有着对"人"本身的尊重和爱，才使我们成其为人。并且，对"人"的界定，同时也是给人类社会一个何谓"文明"的规定。这意味着，正是这些更普遍而珍贵的德性，从天地万物间点亮了人类世界，成就了一种文明的生活。

总而言之，"人为天生"的观念在我们最日常的经验之外，开辟出一块思想空间，其中存放着基于"人"本身的共通性和道德禀赋所衍生出的价值，它们珍贵、高尚，但并不常见。只有首先自觉到"人"的道德重量和道德使命，"天生"之德才能生发出来。那么，这个思想空间对人类生活有何等必要的意义？又或者说，既然人类主要沉浸在"自然"的生活中，又何以还需要开拓出一个额外的"人为天生"的思想空间？

首先，它的存在本就表明，人不仅能行自然之事，如饮食男女、父子恩亲、分别尊卑等，也同样有能力做更好的事，如博爱、公正、拓展精神世界等。很大程度上，正是人的"天生"性的存在，让我们能够超越自然，丰满起一个更称得上是文明的世界。更何况，真正支撑起文明秩序的，难道不就是对最美好价值与德性的探讨吗？

再者，"人为天生"的思想空间与人类那些自然生活保持着某种张力。尽管自然生活也应保护，但自然并不等于美好，或者说并不必然成就美好。自然无节制地扩张同样将造成悲剧，譬如父杀子。再以尊卑等差为例，依据差异性而建立等级是人性中自然而然的倾向，这便使等级秩序都有继续扩张的倾向。文明秩序不应放任尊卑差等的扩张，须以另一种力量来制衡它。而与人的差别是直观可见的不同，人与人之间何以应平等，人与人之间的共同性何在，需要单独创造一个理论来说明和证明之，这就是"人为天生"观念的意义。

总之,儒家思想固然极为珍视人性的自然,但也认识到人性中还有另一些美好、珍贵的东西,需要特意留出一个充满想象力的空间,既用以安放它们,也用来标识出它们的存在。在中部后面的章节,我们将尝试列举大量经学传统的例证,展示"人为天生"的思想空间,如何重塑天下、国家、家庭乃至人性。康有为则处在传统文明理想被击碎,亟须重建新的文明图景的关口。文明问题归根结底是重新明确对"人"本身的理解。"人为天生"就是他从传统中找到的支点。这一空间保存着文明传统最美好的价值,还有先代经师运用它们立法的经验,这些都成为康有为重建文明图景的资源。并且,也正因"人为天生"是思想的空间,故而还有很多空白可供思想的创造、鼓荡与闪转腾挪。康有为便尽了他最大的思想力量,重构了人类生活的方方面面,最终丰满起了一个以"人为天生"为宗旨的大同世界。

四 古今之变:天人关系与文明秩序

以上切近的经验描述,体现了"人为天生"观念的基本内涵。一定程度上,它是从经学传统至康有为以来一贯的内涵。然而,我们也不容忽视古今之间的巨大断裂,又或者说,在断裂与连续之间,"人为天生"学说的性质及历史该如何把握,是更艰难的问题。对此,就不能只关注前述"人"本身的层面,必须把眼光投向背后"天"的变化、天人关系的变化和秩序理念的变化。

回到文明史背景中,"人为天生"说的突破性就显现了出来。前述分析已经明确,"人为天生"说是一次普遍人性的奠基,它标志了人作为"人"本身的共同性，和人作为道德存在的高贵。这两方面都必须回到"天"来理解。当然，这些内涵也许在先代圣王处都有所显明，但"人为天生"无疑是儒家——特别是考虑《春秋》大义微言的源头是孔子——进一步做出的突破性总括。与之相伴的，一定是"天"的形象、天人关系和秩序理念的变化。

三代"家天下"的秩序下，"天"钟意于一个积德累功而受命的"天子"家族，再由"天子"分封建国，特别是周人以"父母生"拓开的宗法制来维系封建制，使家国结合起来。儒家有鉴于三代尤其周文之疲敝，事实上提出了很多新的理解。首先，"天"的人格神色彩淡化，进一步抽象为超越的存在本原，并且宇宙创生的过程——气化、形化的过程越来越清晰。再者，"德"作为概括天人关系的核心概念，从天子一家、封建诸侯、卿大夫所分殊的具有，进一步拓开为普遍人性的判断。我们仿照沃格林的说法，这是儒家体验到的又一次"存在飞跃"或精神突破，而且更具普遍性。❶

前述两方面已为哲学史所熟知，还有一层面未经深入揭示，即儒家经过新一次的精神突破，必然会以新的眼光看待此前的文明秩序。删述六经不只是为了保存先圣王的法度，亦是予以理论的提炼和意义的重构。后者在早期传、记、说的传统下逐步展现出来。更多的例证留待后续章节再展开，我们这里仅举一例做总括性的说明，它与"天生"、精神突破直接相关。

前述《春秋繁露·顺命》一段，我们看到，普遍人性的判断并不使人人皆可称"天子"，只有德配天地者能应"天子"之号，

---

❶ 参唐文明：《极高明与道中庸——补正沃格林对中国文明的秩序哲学分析》，北京：生活·读书·新知三联书店，2023 年，171—179、335—393 页。

再依德性之差分立诸侯、卿大夫、士,这就构成了德位合一的爵等秩序,是政教生活开展的前提。也就是说,儒家"人为天生"的精神突破,仍与人类的自然差等相协调。当人群中有秀异者,觉知到自己之为人的根源不止于"父",而必须上溯于"天",人类就获得了普遍人性的明觉。这种觉知不需要每个人都获得,甚至它最初只发生在圣哲的心灵中,但也足以代表全体人类。通常之人很难有超越经验生活的觉知,但若能超越出一层,人就向上突破出一层。成德之路始于觉知的突破。

与《顺命》篇构成深刻呼应的,是《丧服传》中的一段话。董子一定熟稔《丧服传》,"父者,子之天"就取自当中。《丧服传》也从觉知的角度,解释德性与爵等的拉开:

> 禽兽知母而不知父。野人曰:父母何算焉。都邑之士则知尊祢矣。大夫及学士则知尊祖矣。诸侯及其大祖,天子及其始祖之所自出,尊者尊统上,卑者尊统下。❶

乡野村夫不知父母之别,因为生活的通常经验呈现不出父母的尊卑之别,甚至本来也不要求我们考虑这种问题。"父者,子之天"必须从更深远的存在视野来看,那么更深远的追索,就会深入到存在的根源。"大夫及学士则知尊祖",谓大夫及受学之士知其生之本须上溯于祖,大夫以上有宗法,也即一家族的全体之生均本于祖,这是家族的层次。"诸侯及其大祖",谓诸侯知其一身乃至国体之存,皆本于始封君,这是政治的层次。"天子及其始祖之所自出",谓天子知其一身乃至天下万民之生,皆本于天,这是

---

❶ 郑玄注,贾公彦疏:《仪礼注疏》,上海:上海古籍出版社,2008年,578页。

天下的层次。

所以，《丧服传》这段话和《顺命》篇都依据觉知的突破来理解五等之爵的形成。越能突破经验生活的表层，理解自身、家庭、家族、国家、人类之存在的根本，就越具备德性，也就可配得相应的爵等。那么反过来，这些有德有位者之于人类、国家、家族、家庭当中的人，则存在一种代表的关系。天子之所以能代表所有"天之子"，诸侯之所以能代表一国之人，宗子之所以能代表一族之人，是因为他们觉知到了存在的根源后，也就觉知到一种承担的义务，他们必须履行所承担的义务，人才能实现相应的"德"。所以，成德始于觉知，成于事功。那么，代表与承担关系的重要象征，就是祭祀礼仪体系。总之，儒家体验到精神突破和普遍人性的奠基后，因着觉知的分殊而重构了秩序的等差，与己、家、国、天下的嵌套结构相配合。

然而，康有为处"人为天生"的现代转化，与"天"学的变化紧密相关。1882年后，他开始学习西方知识，并显然受到西学的极大冲击。他把自己1884年的开悟强调为自己思想的开端时谓：

> 因显微镜之万数千倍者，视虱如轮，见蚁如象，而悟大小齐同之理。因电机光线一秒数十万里，而悟久速齐同之理。知至大之外，尚有大者，至小之内，尚包小者，剖一而无尽，吹万而不同……其道以元为体，以阴阳为用，理皆有阴阳，则气之有冷热，力之有拒吸，质之有凝流，形之有方圆，光之有白黑，声之有清浊，体之有雌雄，神之有魂魄，以此八统物理焉；以诸天界、诸星界、地界、身界、魂界、血轮界，统世界焉。❶

---

❶ 康有为：《康南海自编年谱》，12页。

这段话对把握康氏思想中的西学要素有提纲挈领的意义，其涉及的知识散见于《西学笔记》、万木草堂时期讲授留下的笔记，乃至《诸天讲》中。康有为接触到的，是建立在无限时空观念上的现代物理学和天文学，世界的联系由电、磁、声、光、血轮等构成。可以想见，康氏明确意识到了天学的古今之变，传统的"天地"世界被现代无限宇宙冲破，气论被电、磁、以太等冲破。《诸天讲》作为康氏最后的著作，乃至思想的"底牌"，清晰呈现了这一变化。这样一来，天人关系又会发生何种变化？

作为对比，我们首先要提及的是，西方文明的古今之变中，唯名论带来的巨大恐惧，在宇宙论层面瓦解了传统的封闭世界观，在人论层面塑造了绝对个体。现代个体面对无限宇宙，和背后隐匿且任意的神，最基本的生存感受是恐惧。然而，面对无限宇宙，康有为提供了一种朝向"乐"的生存指引。这种"乐"也不是自然的，而必须经康氏提示的一种新的觉知突破来获得。

伍庄在《诸天讲序》中强调，这本书不应该被视作天文科学著作，而应视之为道德哲学著作，他准确把握了乃师的旨趣——最终落在天人关系的存在问题上。❶伍庄将该书类比为《庄子·逍遥游》，确实，康有为在书中常常以《庄子》为话头。《庄子》谓"人之生也，与忧俱来"，人的有限性、文明秩序的苦弊和不测的命运，让世人无往而不感到忧患苦悲。《大同书》的任务就是消除一切忧患苦悲，其开篇就呈现了康氏著名的"苦乐"分析法。但《大同书》其实没有说明，既然此前文明充满了苦患，人生之乐该于何处定准呢？《诸天讲》的任务就是回答这一问题。

---

❶ 康有为:《诸天讲》，北京：中华书局，1990年，1页。

康有为在自序开篇就表示，人生之乐该于"诸天"之上获其定准。一旦参透吾为"天上人"之乐，则人世一切的苦悲皆不足挂心。当然，"诸天"之乐需要觉知的层层突破才能获得。突破生存之界的限囿，这是人生之苦的根源。其谓：

> 自至愚者不知天，只知有家庭，则可谓为家人；或只知有里闾族党，而不知天，则可谓为乡人；进而知有郡邑，而不知天，则可谓为邑人；又进而知有国土，而不知天，则可谓为国人。近者大地交通，能游寰球者，数五洲如家珍，而不知天，则可谓为地人。蔽于一家者，其知识神思行动以一家之法则为忧乐，若灶下婢然，终身蓬首垢面于灶下，一食为饱，快然自足，余皆忧苦，为地最隘最小，则最苦矣。蔽于一乡一邑者，其知识神思行动以一乡一邑之风俗为忧乐，多谷翁之十斛麦，乘障吏之自尊，其为地亦最隘小，而苦亦甚矣。蔽于一国者，其神思知识行动以一国之政教为忧乐，或以舞刀笔效官职，或以能杀人称功名，或以文学登高科至高位，或以生帝王家为亲贵、为王、为帝，上有数千年之教俗，下有万数千里之政例，自贵而相贱，自是而相非，以多为证，以同为正，用以相形而相逼、相倾、相轧也，其为地亦隘小矣，其为人亦苦而不乐矣。夫大地棣通，游学诸国，足遍五洲，全球百国之政艺俗日输于脑中耳目中，其神思知识行动以欧、美为进退，或更兼搜埃及、印度、波斯、阿拉伯各哲学与其旧政旧俗为得失，比较而进退焉。斯为地人，其庶几至矣乎，其亦乐矣乎！然彼欧、美之论说、风俗，溺于一偏，易有流弊，其更起互落，骤兴乍废，不可据依者皆是也。当时则荣，没则已焉，奚足乐哉？其

去至人也,抑何远矣!❶

这是贯穿在《礼运·大同》章注与《大同书》中的基本信念。康有为深信,生存感受和德性品质是由生存领域所塑造的。只知有家之人,他的生存也全限于家中,只可称"家人"。若能突破家界,上升至国,生存重心在国家者,可谓"国人"。若突破国界,成为地球公民,可谓"地人"。

这些生存感受之间若比较起来,则越小的界越多苦患,虽然有相应的乐,但乐亦格局有限。越能超脱旷达则越知大乐,虽然也将体会新一种苦,这苦只能留待下一次觉知突破来消除。依次排比下来,无论家、乡邑、国、大地皆有苦,唯诸天之上无苦。这就是康氏"破界"之路背后的苦乐权衡。诸天之界的无限,充满了无尽的幻想,新科学知识和趋于无限的世界尺度,使得家、国、大地的事务都变得太渺小了。传统文明秩序在康氏处的失效,须从此来理解。

读者应该注意到我们做的古今对比。康有为在利用"人为天生"说时,构造了一种新的精神突破、存在飞跃的类型。这一切都源自"天"的变化,导致了天人关系与文明秩序的全面变化。传统的文明秩序是一种复合的架构,天地—天下—国家—家庭是一种覆育和承托的关系,从广向狭看是代表与覆育,从狭向广看为嵌入和承托。但康有为不关心家、国、天下之间的嵌套结构这

---

❶ 康有为:《诸天讲》,1—2页。唐修记录了康氏和弟子夜观星象后的一次对话:"人生天地间,智愚贤不肖虽各有其差,而终身役役,内摇其心,外铄其精,忧乐相寻。小者则忧其身、忧其家,大者则忧其国、以及天下,常苦忧多而乐少。然见大则心泰。吾诚能心游物表,乘云气以驾飞龙,逍遥乎诸天之上,翱翔乎寥廓之间,则将反视吾身、吾家、吾国、吾大地,是不啻泰山之与蚊虻也,奚足以撄吾心哉!况诸天历劫,数且无穷,又何有于区区吾人哉!"同前书,236—237页。

—古典问题,他只关注人在当中的苦乐之广狭,并且因为这些领域皆陷于苦,故最终还是要打散和摆落诸界。

在传统的文明秩序中,人的成德对上意味着体验到自身与超越实在——"天"的联系,从而认识到自己作为"人"的使命,对下则意味着对同类的代表与顾育的责任。康有为的觉知突破,要求人摆落有限的生存领域,朝向更广阔的生存领域,朝向人类存在的无限性进发。它最终抵达了一个奇特的逻辑:人类最完美的秩序是无须秩序,人最圆足的存在是神游天外。下面,我们就到大同建构的具体环节中一一体会之。

第 1 章

平等与政治的消解
以"君臣"为中心

一 平等:古今的连续与裂变

平等是塑造现代秩序的精神动力。然而,中西平等历程有明显的不同。就历史层面概括言之,近代中国在不到百年的时间内,平等的力量就冲破了政治、族群、社会与经济各领域的等级秩序,走过了西方现代历程三四百年都未完成的道路。这自是不期然而然的结局,背后有着复杂的历史机缘。但可以肯定的是,近代中国对平等的理解,甚至说想象,在其中起到了关键的指引作用。我们看到,自晚清开始,中国人始终向往着这样一个完美世界:不存在任何等级关系、人人均平齐同的社会。这是中国独特的现代文明理想❶,而它的标志性开端就是康有为的《大同书》。❷沟口雄三最早注意到中国现代转型的独特追求,他将中国近代史概括为"大同式近代"❸,以区别于西方的转型道路。

---

❶ 唐文明:《中国革命的历程与现代儒家思想的展开》,载氏著:《彝伦攸斁——中西古今张力中的儒家思想》,北京:中国社会科学出版社,2019 年,20—23 页。吴飞:《大同抑或人伦?——现代中国文明理想的探索》,《读书》2018 年第 2 期,151—158 页。
❷ 高瑞泉称《大同书》为"第一个平等主义的纲领"。高瑞泉:《平等观念史论略》,上海:上海人民出版社,2011 年,149 页。
❸ 沟口雄三:《作为方法的中国》,北京:生活·读书·新知三联书店,2011 年,17 页。

那么，是什么造成了中西平等进程的殊途？思想观念的层面应仍是我们叩问的重心。现代中国的平等观念从何而来？这在不同的历史叙事下有不同的回答。

较通常的看法是外部来源说，它们首先基于一种古今之变的历史观察：传统中国是以尊卑等差的形式构成秩序，现代中国则以平等来重构一切秩序。这一反差无疑是真实的，但它的原因其实应当很复杂。直接原因固然是西方文明的冲击，只是很多时候，这被当成了唯一的、决定性的原因。这就是将古今之变的原因归结为中西之别。由此，关于平等观念的来源，往往可推出两个结论。第一，传统中国没有规范性的平等观念，或换种角度说，传统中国没有产生现代平等观念的土壤。第二，现代中国的平等观念主要取自西方。概言之，平等观念的古今反差，实质就是中西的对立。

然而，这两则判断的困难在于，不能恰切地解释很多现象。尤其第二条，沟口雄三广泛观察近代中国人使用的自由、平等诸观念，发现其与西方原初含义有很大不同。仍以《大同书》为例，沟口对此有过很长一段论述，我们撷取其中的重点：

> 《大同书》里主张在人种、国家和阶级之间，在农工商的私人经营中和家庭中，在男女之间消除私，幻想着一个完全无私的自由平等的大同世界。也就是说，他所说的"自由"不是承认私人权利的市民自由，而更近于老庄的在宥或佛教无分别自在的自由自在观；他的"平等"与其说是承认个人与个人之间权利平等的市民性平等，不如说是将无私推到前面的绝对的天下均一性、平均性。❶

---

❶ 沟口雄三：《中国的公与私·公私》，北京：生活·读书·新知三联书店，2011年，36页。

西方现代自由平等观念的底色是权利，它源自个体对自身的绝对主权，目标是组建契约政府保护个体权利。显然，近代中国平等追求的主要脉络，不出于前者，也不满足于后者。

沟口研究工作的重心，就是解释中国走出这一独特道路的动力与机制。他并不否认西方冲击的外力因素，但更重视中国作为一个文明传统的内生力量及接受土壤。像他所说的："民权、平等在中国是在大同思想的母胎中被吸收消化的。"[1] 这意味着，我们的文明传统是现代中国平等观念产生的"基体"。所以，"大同式近代"的概括更为深远的意义，是标识出中国在古今之间的某种连续性。

不过，揭示古今的某种连续性，能够纠正化中西为古今的粗疏，但不会否认前述观察中的真实断裂。无论传统的平等观念如何影响了现代，古今的秩序仍截然不同。事实上西方传统中，基于人相同性的平等意识也非常古老，而无论我们如何追溯霍布斯、洛克与传统的渊源，都不妨碍我们承认，他们确实劈开了古今的裂隙。

所以，综合中西的古今之变，问题不只在于平等观念是否存在，或内涵是一致还是变化，更在于这种观念在秩序构成中扮演的角色。对于后者，简要的概括是：传统秩序认为，公正的安排应结合人天然的差异性，故往往是不平等的，平等观念的存在不会动摇这一点；现代秩序则以平等为首要原则，人各种天然的差异或不被纳入考虑，或始终要被克服。我们要追问的，是古今不同秩序安排的理由，是其中平等与差等的主从关系及二者边界，还有背后对人的相同性与差异性的认识。

---

[1] 沟口雄三：《作为方法的中国》，18页。

那么，将这种考察视野带回到中国的脉络中，平等问题就不会是单方面的连续或断裂，古今之间，观念的连续与性质的改变需要兼顾。对此，康有为与《大同书》又是古今脉络上最显眼的枢纽。只须提及一个现象就能说明他的位置：康有为自诩继承了孔子的遗志，这表现了连续性；又激烈地批判传统社会，构想完美的未来，这开启了现代中国的大门。通过他的那些洞见与谬误，我们能够回顾传统，认清当下。

二　经学传统中的尊卑与平等

严格说来，康有为的平等观念主要受今文经学传统启发。这与他的"孔子改制""新学伪经"说有直接的联系。他坚信，今文经学笃守着孔子改制的真意，只是古文经学遮蔽了它们。抛却这种戏剧化的叙事，我们的确会看到，从七十子后学到五经博士，战国两汉间有一个整体的经学传统，不论外在的师承，还是内部的义理制度。它们体现着儒家政治哲学的初期面貌，其与之前的周或以后的魏晋相比，都透露出更"平等"的色彩。这一历史变迁的原因，我们不得而知，我们更关心的是，这一传统提供了怎样的启示。也只有廓清这一背景，才能对照出康有为的突破与重构。

不过，就像上节所说，看到今文经学传统的平等色彩的同时，更要看到，作为古典的政治哲学，它们的观念和制度以尊卑等差的形式构成。事实上，恰恰只有在具体的尊卑秩序中，我们才能真正触及古典平等的作用及限度。理解古典的平等，也就是理解古典视野下尊卑与平等的关系。是故，在讨论平等的内容前，先须交代尊卑秩序的原理与意义。

礼三本说，凝练地勾勒出古典秩序的基本层次。"天地，生之本"代表着万物得以生生不息的根源，我们姑且称之为天地境域。"祖宗，类之本"代表着人现实得以出生的场域，即家庭生活。"君师，治之本"代表着人类社会得以共存的保障，即政治生活。礼之三本，是人得以生存的三个基本层次，也就是文明生活最核心的三个组成领域。在三个领域中形成的秩序是尊卑等差的结构，因为天地、祖宗、君师这三本，均须报之以礼敬，只是形式和内涵又有不同。与本章讨论的平等问题相关的，是"君师，治之本"的政治生活。

与家庭以血缘纽带自然形成共同体不同，政治生活要将陌生的人们组成共同体，这需要一种更高明的技艺，才能将人们联结起来，构成公正的秩序。这一技艺首先就要直面人的自然差异，从形貌到体力，从品性到举止，从财富到权力，人类差异是直观的，这是每时每刻都经验着的事实。离开这些经验，人甚至都无法描述同类和定位自己。而同一性需要抽象乃至想象，古典时代的人们并不是缺乏这种能力，但他们对同一性的认识不会取代差异性经验的意义。

在众多差异因素当中，儒家选择德性为衡量标准，以德配位是儒家政治哲学的核心。由此，根据不同人的德性，赋予他们成就美好生活的不同方式，并将这些方式联结起来，以长率众、以卑事尊，才能塑造共同体的整体幸福。所以，尽管说"礼别尊卑"，明确尊卑等次是构成秩序的基本方式，但它们的目的不在于区分而在于联结。

"君臣"一伦则是儒家对政治中所有尊卑关系的类型化概括。我们要再次强调，君臣关系的缔结，既体现着人们对德性差异的肯认，也体现出对以德配位的正义原则的肯认，反之，对二者任一的否认都会导致君臣关系破裂。这样，也可以说，君臣关系的确立标志着政治秩序的形成。那么作为责任更重的一方，"君"就是政治生活的运转枢纽，故称"君师，治之本"❶，"君"国而值得相应的礼敬。

必须承认，以上只是一极为抽象的概括，仅说明古典秩序依据自然差异形成尊卑等差的逻辑。然而，秩序在历史中的展开，有太多的复杂因素和不可控结果，远不如上述构想美好，并且，尊卑等差的关系有一种几乎必然的弊病，就是它的过度扩张。这既体现为具体行为的苛薄，也体现为尊卑悬隔之重压。我们注意到，早期儒学传统在承认前述逻辑的同时，也注意克服这一弊病，从而呈现出某种平等的色彩。并且，它们始终在为此寻找理论依据：人的同一性，或者说"人"本身的意义，成了它们的地基。我们在很多方面都能体会这种思想的努力，这里先举一个历史中的具体案例，来引入我们的讨论。

严格来讲，人性万殊，若一味看到德性的差异，则最卑微的阶层将承受沉重的压力。这显著表现为奴隶、贱族阶层的产生。他们的命运之悲惨，不仅在于承担着何等的苦役，根本上更在于"非人"的处境。他们为人所私有，可被买卖或专杀；他们若犯罪，照常人加重处罚。可见，在观念、制度和法律各层面上，奴隶、贱族的位置都低于"人"。人如何沦为奴隶，当然有各种缘

---

❶ "师"可以有两种理解，均与君臣关系、政治生活相关。第一，三代君师合一的传统中，"师"是"君"的准备阶段，如《学记》："能博喻然后能为师，能为师然后能为长，能为长然后能为君。"第二，孔子以下君师分离的时代，"师"传授有关政教的智慧，儒家理想中"师"仍是为"君"的基础。归根结底，师弟关系与君臣关系同构，均基于德性的差异。故《白虎通》称："六纪者，为三纲之纪者也。师长，君臣之纪也，以其皆成己也。"参陈立：《白虎通疏证》，375 页。

由,如战争、钱财、遭际等,但使奴隶、贱族作为一种社会制度长期存在的,是自然差异观念的一种残酷应用。

康有为曾指出,中国历史上长期存在奴隶、贱族阶层,而针对此,历史上有且仅有一次改变的契机。❶有意味的是,这一契机发端于康很不喜欢的王莽。在始建国元年(9),王莽曾下诏令禁止奴婢买卖:

> 又置奴婢之市,与牛马同兰,制于民臣,颛断其命。奸虐之人因缘为利,至略卖人妻子,逆天心悖人伦,缪于"天地之性人为贵"之义。❷

而后,光武帝建立东汉时,将新莽改制尽皆废除,唯于奴婢制度上却与新莽改制之精神一贯。建武十一年(35),朝廷连下诏令云:

> 诏曰:"天地之性人为贵。其杀奴婢,不得减罪。"
> 诏曰:"敢炙灼奴婢,论如律,免所炙灼者为庶人。诏除奴婢射伤人弃市律。"❸

前章曾言,"天地之性人为贵"是儒家重要的道德诫命。可见,王莽和光武的诫命背后有儒家力量的推动。在儒家看来,首先,烙印和买卖奴婢,是将他们视同禽兽货财般私有;其次,买卖拆散了他们的家庭人伦,破坏了人生最基本的幸福;最后,法

---

❶ 康有为:《大同书》,65—67 页。
❷ 班固:《汉书·王莽传》,4110—4111 页。
❸ 范晔:《后汉书·光武帝纪》,57—58 页。

律地位的不对等相当于将他们摒斥在人类社会之外。总之，这伤害了人之为人的生命、幸福与尊严，也分裂了"人"的共同体。

"天地之性人为贵"的本义，是以天地的名义标识出人贵于万物的存在地位。天之所生，地之所养，无人为大，人能役物以自养，有礼义伦常以合群，从而成就参赞天地的文明生活，此皆人贵于万物之处。❶儒者针对奴婢制引用此语，重申了这一意义上的人类同一性。无论在天地面前，还是在和万物的对照中，人之为人的资格是等同的。对人的生命、幸福、尊严的物化、贬损和掠夺，都无异于像对待禽兽草木一样对待人。这违背了天地生生之仁与人道合群的宗旨。

前章已表明，应将"天地之性人为贵"纳入"人为天生"的仁学传统中理解。由此我们可以看到，"人为天生"的观念包含着一种"人"的同一性，它超越了人的德能、禀性与地位的不同。这一观念的道德内涵是：因人之为人有着神圣的来源，人与万物有着根本性的区别，故不论人们之间有多少自然差异，每个人的生命、幸福和尊严，都有着相同的道德重量，值得同等的珍视和尊重。事实上，这正是儒家"仁"德的存在论基础。"仁"的那些经典命题，从"吾不欲人之加诸我也，吾亦欲无加诸人"、"己所不欲，勿施于

---

❶《荀子·王制》云："水火有气而无生，草木有生而无知，禽兽有知而无义，人有气、有生、有知，亦且有义，故最为天下贵也。力不若牛，走不若马，而牛马为用，何也？曰：人能群，彼不能群也。人何以能群？曰：分。分何以能行？曰：义。故义以分则和，和则一，一则多力，多力则强，强则胜物，故宫室可得而居也。故序四时，裁万物，兼利天下，无它故焉，得之分义也。"王先谦：《荀子集解》，北京：中华书局，1988年，164页。董仲舒《天人三策》云："人受命于天，固超然异于群生，入有父子兄弟之亲，出有君臣上下之谊，会聚相遇，则有耆老长幼之施；粲然有文以相接，欢然有恩以相爱，此人之所以贵也。生五谷以食之，桑麻以衣之，六畜以养之，服牛乘马，圈豹槛虎，是其得天之灵，贵于物也。故孔子曰：'天地之性人为贵。'"班固：《汉书·董仲舒传》，2516页。详参陈壁生：《孝经学史》，84页。

人"和"不忍人之心",到"己欲立而立人,己欲达而达人",都在"己"与"人"的对等换位中,超越了人的现实差异。

在此意义上,如果说儒家的仁德包含了一种平等的意味,那么我们也必须廓清它与现代平等的区别。这里简要提及三点。首先,在存在论上,现代平等基于个体对自我的绝对主权,古典平等则基于他人与我同为"人"的联系。再者,在道德空间上,现代平等造成了法权的冲突空间,古典平等则敞开了一个道德的空间,其间容纳了同情、尊重、仁爱等情感与德行。最后,在理论效应上,现代平等需要一个更高的主权以保障一种有秩序的平等,故它的实质是证成政治正当性的理论。那么,古典平等的作用是什么呢?

这还是要回到古典政治的主体结构——尊卑秩序中去理解。我们看到,这种基于人的同一性的平等,并不要求全面重构一种秩序,例如打破基于自然差异的尊卑等差;它只要求一些有道德温度的对待关系,以限制尊卑等差的弊病。以上述奴婢制问题为例,儒家看到,社会中最弱势的群体被置于非人的境地,这是尊卑关系过度扩张的结果。这些酷烈的残害突破了人道的底线,违背了秩序的初衷。所以,儒者以"天生"之平等限制尊卑关系的限度,为文明生活守住人性的底线。

当然,古典平等观念的作用不止于是。像"天生"观念这样,基于人的同一性而拓展开的道德空间,深入到了儒家政治哲学的方方面面,所谓"先王有不忍人之心,斯有不忍人之政"。我们下面重点考察的,不再是历史中具体的事件,而是儒家对政治制度的理想设计。后者是战国至两汉儒学传统的重要组成部分。并且,这些政制构想与周、秦、汉之际历史脉络的强烈反差,也更鲜明体现出儒家的理想主义,仁与其中的平等意味正是儒家理想的重心之一。换句话说，我们想要说明，儒家的平等观念如何融入政治制度的构想，从而呈现为仁政的诸多表现。我们先从仁政之始的井田开始说。

儒家的井田理想是一幅乡土社会的美好图景，它包含着许多要素，这些要素又都建立在土地、赋税制度的重新规划上。很多研究指出了这套土地、赋税制度的"不切实际"，但这何尝不反映出它所寄托的价值理念的理想性？土地、赋税制度的背后，是民众与政治、君主的关系，儒家由此重构了政治生活的基本理念。

我们看到，周代的社会结构是乡遂异制、彻助并行，君子、国人与野人的阶层分明。春秋战国时期，各国开阡陌封疆，全面征收赋税，且随着争霸兼并战争的加剧，劳役和兵役也越发苛重，这是新的王权国家通过不断汲取民力而崛起的过程。在此历史背景下，儒家的井田设计却充满理想色彩。井田制保障各家必要的私田，进而八家共一井，共同耕种公田；公田亦称藉田，寓使民如借之义❶。并且，税取十一，"多乎什一，大桀小桀；寡乎什一，大貉小貉"❷，这些考虑都在权衡民生与政治的关系。它既承认了税收的必要，承认政治需要相应的财用支持，才能保护和教化民众，却也将它限制在必要的范围内，而将民众养生丧死的幸福作为政治的首要关注点。"使民如借"显然不是实际的权力结构，而

---

❶ 郑玄《载芟》笺："籍之言借也，借民力治之，故谓之籍田。"郑玄笺，孔颖达疏：《毛诗正义》，北京：北京大学出版社，1999年，1354页。应劭《风俗通义》："古者使民如借，故曰籍田。"王利器：《风俗通义校注》，北京：中华书局，1981年，353页。《说文》："耤，帝耤千亩也。古者使民如借，故谓之藉。"许慎：《说文解字》，北京：中华书局，2020年，142页。

❷ 何休注："奢泰多取于民，比于桀也。蛮貊无社稷宗庙百官制度之费，税薄。"何休解诂，徐彦疏：《春秋公羊传注疏》，678页。

是一种道德态度，与此相通的，是儒家与民同偕乐的要求。

从《洪范》"谋及庶人"的诫命，到《诗经》记载文王与民偕乐的事迹，周初朴素的政治经验表明，推恩于民、与民同乐，是维系政治共同体的重要纽带。然而君主无上的权力中隐藏着诱惑，将家国视为私有而恣意妄为，是历史的通常情形。对此，儒家除重申文王事迹，更尝试用人与人之间"天生"的联系来启示君主。例如，孟子固然珍惜齐宣王少见的不忍之心，但也直白地指出，他的不忍表现在牛身上，却不曾考虑苛政对百姓的伤害，所谓"恩足以及禽兽，而功不至于百姓"，是何其悖谬。孟子的微意，朱子体察得精当："盖天地之性，人为贵。故人之与人，又为同类而相亲。是以恻隐之发，则于民切而于物缓；推广仁术，则仁民易而爱物难。"❶ 简言之，同类而相亲的情感，是人类作为一个共同体且贵于万物的标志，应当被纳作考量政治生活的重要面向，不应为尊卑等差所破坏。且君主作为共同体的领导者，更有必要充分展现这一品质。

此外，儒家对尊卑悬隔的忧虑，在政制尤其爵等上表现得更为直观。在爵等的形式上，周爵五等，《春秋》改制为三等，公一等，侯一等，合伯、子、男为一等。这一变革的含义，古代经师在"天—地""文—质""亲亲—尊尊"的框架中进行了解读。归纳起来，周制法地主文，地有分殊之象，其道敬上，故尊尊而重礼义。然五等之爵"文多而实少"，产生了不必要的名位关系，使上下悬隔，故谓周衰由于"文烦""文弊"。《春秋》改文从质，救以天道之亲亲仁朴，爵从三等，法天之三光，是"文少而实多"，

---

❶ 朱熹：《四书章句集注》，209页。

即建立更简略的尊卑差等。❶ 尽管因时代久远，这些观念的丰富蕴意还有待发掘，但"仁"、"质"与"天"的意象的关联，多透露出平等的色彩。

至于每一爵等的内涵与性质，儒家更是全面重构了天子、诸侯、卿大夫的意义。本来，三代是天下为家的世袭政治，天子、诸侯、卿大夫按照大宗—小宗的身份分配政治地位。当血缘成为权力分配的标准，也就在人类中划分出了统治者与被统治者的群体，政治就成为贵族对庶民的特权统治。儒家的政治哲学，始于为政治置换一个新的人性基础，我们关注的"人为天生"学说，就是其表现之一。

我们必须注意，这一观念自始就是为重新解释"天子"称号而提出的。《春秋》先师称人为"天之子"，是对"天子"的刻意模仿。"天子"是政治秩序的代表，是尊卑等差的顶点，称人人都是"天之子"，就必须解释人与"天子"的关系。况且，"天子"

---

❶《春秋》桓十一年"郑忽出奔卫"，《公羊传》："忽何以名？《春秋》伯、子、男一也，辞无所贬。"何休注："《春秋》改周之文，从殷之质，合、伯、子男为一，一辞无所贬，皆从子。……王者起，所以必改质文者，为承衰乱，救人之失也。天道本下，亲亲而质省；地道敬上，尊尊而文烦。故王者始起，先本天道以治天下，质而亲亲；及其衰敝，其失也亲亲而不尊；故后王起，法地道以治天下，文而尊尊；及其衰敝，其失也尊尊而不亲，故复反之于质也。质家爵三等者，法天之有三光也。文家爵五等者，法地之有五行也。合三从子者，制由中也。"何休解诂，徐彦疏：《春秋公羊传注疏》，174—175 页。《春秋繁露·三代改制质文》云："《春秋》郑忽何以名？《春秋》曰：伯子男一也，辞无所贬。何以为一？曰：周爵五等，《春秋》三等。《春秋》何三等？曰：王者以制，一商一夏，一质一文。商质者主天，夏文者主地，《春秋》者主人，故三等也。主天法商而王，其道佚阳，亲亲而多仁朴。……制爵三等，禄士二品……主地法夏而王，其道进阴，尊尊而多义节。……制爵五等，禄士三品……主天法质而王，其道佚阳，亲亲而多质爱。……制爵三等，禄士二品……主地法文而王，其道进阴，尊尊而多礼文。……制爵五等，禄士三品……"《爵国》云："故周爵五等，士三品，文多而实少。《春秋》三等，合伯、子、男为一爵，士二品，文少而实多。"参苏舆：《春秋繁露义证》，204—211、234 页。

本来与"天生"有着更紧密的关联。三代的统治合法性均归溯于"天命",它表现为始祖感生神话和圣王受命的种种神迹。这些都默示着"天子"一家是"天命"所钟的神圣家族,埋下了以天下为一家所私有的伏笔。

儒家则由"人为天生"说为这种观念传统打开了一个切口。人人皆为天生、为"天之子",是对"天子"意涵的调适,通过表明"天子"与"天之子"、君与民的关系,来补充一种新的政治合法性论述。对此,《春秋繁露·顺命》解释得更充分:

> 故曰:父(天)之子也可尊,母之子也可卑,尊者取尊号,卑者取卑号。故德侔天地者,皇天右而子之,号称天子。其次有五等之爵以尊之,皆以国邑为号。其无德于天地之间者,州、国、人、民。❶

这是在解释《春秋》名号七等之例的形成。名号是德位秩序的反映,故这也是在说明构成德位秩序的原理。对于"天之子"与"天子"的关系,区分出"是"与"称"两个层面有助于我们的理解。尽管人人都是"天之子",但"天之子"也是一尊荣的名号,非人人得匹。只有真正德侔天地者得应"天子"称号与地位。进而,政治秩序就应根据德性的等次,自天子而下诸侯、卿大夫、士、民依次列称。"人为天生"观念蕴藏的另一个重要内涵是,人人皆有成为君子的禀赋。但只有成就了天赋德性者配称君子,其中的德位最高者,才足以代表全体人类而称"天子"。

这一观念在东汉末郑玄处也有反映,折射出"人为天生"学

---

❶ 苏舆:《春秋繁露义证》,410—411 页。

说在两汉的深远影响。《召诰》："皇天上帝改厥元子大国殷之命"句郑注：

> 言首子者，凡人皆云天之子，天子为之首耳。❶

其实《召诰》称殷是天的"元子"，正是圣王受命的理论传统。郑玄则借助"元"与"首"的互训，注入了"人为天生"的解释。"凡人皆云天之子，天子为之首耳"，是从民人的视角看待"天子"的产生与意义。一方面，君与民都是人，有着同为"天之子"意义上的兄弟关系，即使现实的尊卑等差也不能掩盖，因对天而言，"天子"亦只是众子之首而已。另一方面，德性至高者应"天子"之称，意味着"天子"是一个价值符号，它要求君主匹配天地之德，也就是能代表天地照管万民群生，如同长子代表父母照管群弟。总之，点明君与民同为"人"、同为"天之子"的平等身份，不只贯彻了儒家以德配位的原则，也规定了在君与民之间、在政治生活的运转当中，应保持一种"人"本身的道德联系。这些都是仁政的题中之意。

不只对"天子"本身名号的重构，对于"天子"的继承人，儒家也是带着平等的眼光去看待的。《士冠礼·记》云：

> 天子之元子犹士也，天下无生而贵者也。❷

这是说，天子的嫡长子行冠礼时，应按照士礼的规制。本来，

---

❶ 曹元弼：《古文尚书郑氏注笺释》，收入《续修四库全书》54 册，上海：上海古籍出版社，2002 年，189 页。

❷ 郑玄注，贾公彦疏：《仪礼注疏》，80 页。另参郑玄注，孔颖达疏：《礼记正义》，1087 页。

按三代的政治习惯,天子、诸侯、卿大夫的元子都是"生而贵者"。他们作为准备继任的"君之子",冠礼即使不能用天子、诸侯、卿大夫之礼,也不应准照士礼进行。

然而"天下无生而贵者"的理念,正是出于"人为天生"的视野。因人人皆为"天生",都禀赋了成为君子的道德潜能,所以君子之位的获得,应取决于人如何成就天赋的德能,而与血缘、阶层等因素无关。在此意义上,选贤与能是好的政治生活的必然要求。其最理想的状态是天子都禅位授圣,这是儒家始终祈望尧舜之治的原因。当然,世袭制在古代中国也有不可替代的优势,❶不过即使是在世袭制下,儒家同样要为之贯注以德配位、家国相分的原则,这是天子元子行士冠礼所寄寓的意图。对此,《白虎通》申之曰:

> 王者太子亦称士何?举从下升,以为人无生得贵者,莫不由士起。是以舜时称为天子,必先试于士。《礼·士冠经》曰:"天子之元子,士也。"❷

冠是成人之礼,士是政治地位之初阶,行士冠礼表明成年男子具备了参与政治生活的资格。天子元子行士冠礼,首先表示,他并不因嫡长子身份自然就能获得天子之位,他和普通人禀赋了同等的德能,故同行士冠礼而初具参政资格。这进而意味着,他还须通过学习政事,一步步提升自己的德性,所谓"举从下升",

---

❶ 参王国维:《殷周制度论》,《观堂集林》卷十,北京:中华书局,2004 年,457—458 页。

❷ 陈立:《白虎通疏证》,21 页。按:《白虎通》还依据"天子之元子犹士也",论证太子及其夫人无谥,可见此义在汉代是政治的基础原则,能重塑制度的方方面面。

最终获得执天子之位的资格。

天子之元子尚行士冠,则诸侯、卿大夫之子转从可知。❶例如我们注意到,儒家在构想诸侯世子如何继位时,有着一系列复杂的礼仪规定。看起来,这些世子想要最终袭得爵位,并不容易。《白虎通》就有:

"论诸侯袭爵"条 《韩诗内传》曰:"诸侯世子三年丧毕,上受爵命于天子。"……世子三年丧毕,上受爵命于天子何?明爵者天子之所有,臣无自爵之义。……世子上受爵命,衣士服何?谦不敢自专也。❷

"论诸侯归瑞圭"条 诸侯薨,使臣归瑞珪于天子者何?诸侯以瑞珪为信,今死矣,嗣子谅暗,三年之后,当乃更爵命,故归之,推让之义也。故《礼》曰:"诸侯薨,使臣归瑞珪于天子。"❸

玉以象德,天子封爵时授诸侯以瑞珪,代表对诸侯统治合法性的认可。诸侯薨后,瑞珪的送归与重授,表示继嗣者并不以血统、地位,而应该以德为凭,重新获得合法性。值得强调的是,世子去受爵时,要服士服而非诸侯之服,这与"天子之元子犹士"构成了强烈的呼应。这显示出,爵为天下之公器,非一家之私有,不能自专,有贤行著德乃得贵也。也就是说,诸侯继世的整个礼

---

❶ 是故我们不难揣摩,"人为天生"学说何以率先针对"天子"与"天子之元子"而发。重塑政治制度的这一核心环节,能达到驭繁于简的示范效果,这是儒家智慧的深刻之处。
❷ 陈立:《白虎通疏证》,29—32页。
❸ 陈立:《白虎通疏证》,542页。

仪流程，实际上是合法性收回、重新考量与授予的过程，它始终围绕着德与能展开。

其实，作为世子袭爵之法背景的，是儒家构想的一套诸侯考绩黜陟制度，文繁不赘。❶也就是说，即使诸侯世袭，也不是子孙永葆，他们在位时或世子袭爵过程中，始终要经受考核。按照这一逻辑，在理想状态下，大部分诸侯与天子并无宗法关系。❷

至于卿大夫阶层，他们是决策和执行政治事务的主要群体，职任重大。周代天子、诸侯的卿大夫，或是君之小宗，或因功勋而命爵，皆世袭。❸然而，世袭制避免不了的是，一旦使不肖者居位，专擅政柄，将倾覆国家、危及社稷。《春秋》正是有鉴于"尹氏世，立王子朝，齐崔氏世，杀其君光"的教训，从而"讥世卿"❹、"讥父老子代从政"❺，而改制为"公、卿、大夫、士皆选贤而用之"❻。

以上只是择要概述，但也足以展示儒家政治哲学的一个根本宗旨：在重新定位天子、诸侯、卿大夫时，儒家着力于淡化世袭的血缘底色，突出德性的中心地位，为秩序敞开流动的空间。德

---

❶《王制》："觐诸侯……山川神祇有不举者为不敬，不敬者君削以地。宗庙有不顺者为不孝，不孝者君绌以爵。变礼易乐者为不从，不从者君流。革制度衣服者为畔，畔者君讨。有功德于民者，加地进律。"郑玄注，孔颖达疏：《礼记正义》，491—492页。

❷ 参陈立：《白虎通疏证》，133页。

❸ 参顾栋高：《春秋大事表·春秋列国官制表》，北京：中华书局，1993年，1034—1037页。童书业：《春秋左传研究》，北京：中华书局，2006年，339页。

❹ 何休解诂，徐彦疏：《春秋公羊传注疏》，60页。

❺《春秋》桓三年"天王使仍叔之子来聘"，《公羊传》："仍叔之子者何？天子之大夫也。其称仍叔之子何？讥。何讥尔？讥父老子代从政也。"何休云："礼，七十悬车致仕。"何休解诂，徐彦疏：《春秋公羊传注疏》，141—142页。《白虎通》云："臣年七十，悬车致仕者，臣以执事趋走为职，七十阳道极，耳目不聪明，跂踦之属，是以退老去，避贤者路，所以长廉远耻也。"陈立：《白虎通疏证》，251页。

❻ 何休解诂，徐彦疏：《春秋公羊传注疏》，60页。

性无疑具有平等意味，因为它基于一种人性的同一性前提：每个人都禀赋了同样的德性潜能。由此延伸出的道德诫命是：尊重每个人成就自身德能的努力，这是公正的要求，也最有益于共同体。那么，与前述爵制重构相配，还能明确展现这一平等起点的，是儒家对教育制度的重构。

与其政治架构相应，周人的学校制度也贵庶有别。国学由师保教授国之贵游子弟以政治技艺，乡学由乡大夫、乡吏教授庶民以六德、六行等道德教条，或宣诫法律。❶ 儒家的学校制度构想，则面向所有"天生"之人，打通了德性上升的通道。首先，与井田制相配，基层社会普遍设立学校❷，由致仕的卿大夫、士担任教师❸；其次，俊彦可经层层选拔上至国学，"其有秀者移于乡学，乡学之秀者移于庠，庠之秀者移于国学。学于小学，诸侯岁贡小学之秀者于天子，学于大学"❹；最后，国学集中了天下秀彦，"王大子、王子、群后之大子，卿大夫元士適［嫡］子，国之俊选"，不分贵庶，平等地接受《诗》《书》《礼》《乐》的德性与政

---

❶ 刘敞："古者乡学教庶人，国学教国子。乡学所升曰选士，不过用为乡遂之吏，国学所升曰进士，则命为朝廷之官。此乡学国学教选之异，所以为世家编户之别也。"转引自黄以周：《礼书通故》，北京：中华书局，2007年，1373页。

❷ 何休云："圣人制井田之法……一夫一妇受田百亩……八家而九顷，共为一井……一里八十户，八家共一巷，中里为校室，选其耆老有高德者，名曰父老……十月事讫，父老教于校室。"何休解诂，徐彦疏：《春秋公羊传注疏》，678—679页。

❸ "大夫、士七十而致仕，老于乡里，大夫为父师，士为少师。古者仕焉而已者，归教于闾里。耰锄已藏，新谷既入，岁事已毕，余子皆入学。"皮锡瑞：《尚书大传疏证》，北京：中华书局，2015年，320页。

❹ 何休解诂，徐彦疏：《春秋公羊传注疏》，679页。又《王制》曰："命乡论秀士，升之司徒，曰选士。司徒论选士之秀者而升之学，曰俊士。升于司徒者不征于卿，升于学者不征于司徒，曰造士。……大乐正论造士之秀者，以告于王，而升诸司马，曰进士。"见郑玄注，孔颖达疏：《礼记正义》，546—547页。

治教育。❶尤其这一条,仍能与"天子之元子犹士"呼应,可以想象到了二十岁,他们将一同受士冠礼。总之,学校作为德性养成的场所,是最具"天生"意味的地方。

我们还能谈得更多,但篇幅有限,必须做一简单的总结。通过上述案例能看到,一种古典的平等观念是儒家政治哲学的起点之一。它基于人的同一性,或者说人类群体内部的普遍纽带。它不同于我们时刻经验着的自然差异,但同样构成了我们人性中不可或缺的一部分。由此生发出的道德理念,包括但不限于:平等尊重人本身的道德重量,公正衡量人成就德能的努力,保持人与人对彼此存在的真切感受,等等。儒家建立其政治哲学的一个重要面向,就是将这些理念以各种形式融入政治秩序中去。

之所以说是"融入",是因为这种平等观念,并不是政治的唯一主导理念,尊卑等差才是。上述例证,无不是在尊卑秩序当中体现平等意味,只是形式和作用各有不同。禁买卖虐待奴婢和减省爵等,是规定尊卑等差的限度,避免尊卑悬隔传导的重压。井田制要求充分保障民众养生丧死的需求,避免政治沦为君主专利享乐之具。推恩于民、与民同乐的必要性,在于人同为"天之子""天下无生而贵者""天子为之首尔"的平等存在。这不仅为政治的合法性重新奠基,也会成为对执政群体的道德约束。至于以德性为中心,重新构想爵制体系和学校制度,则旨在最大程度使秩序以一种平等公正的方式运转。

它们的共同特点是,"天生"的平等并不否认尊卑秩序的合理性,而是调节、置换与重构了它的形式、态度与理念,从而成就

---

❶《王制》:"乐正崇四术、立四教,顺先王《诗》《书》《礼》《乐》以造士。春秋教以《礼》《乐》,冬夏教以《诗》《书》。王大子、王子、群后之大子,卿大夫元士适子,国之俊选,皆造焉。"郑玄注,孔颖达疏:《礼记正义》,546页。

更温和的生活。这里面包含着复杂的权衡。一方面是"天生"纽带的必要意义。秩序固然是我们共同生活的基础,但也只是好的生活的开端,仅此犹不足以成就好的生活。况且,尊卑关系会自然扩张,过度会分裂生活的共同性。而"天生"的纽带,以一种善意的道德关联,将共同体更紧密地联系在一起。儒家之所以用"仁政"来概括它的政治哲学,首先基于这一信念:在平等、公正、博爱等品德的润泽和引导下,好的文明生活才有可能完成。

但另一方面,儒家也从未想象将这种平等关系扩展到无尊卑等差的地步。这当中的依据仍在于人的自然差异与同一性的关系。首先,人的自然差异繁多且直观,同一性只有一个层面,又很大程度需通过想象乃至信念来传达。进而,由自然差异产生的人类关系相对稳定,而基于同为"天生"信念产生的德性与品质更珍稀难得。

就以前述的政制问题为例。一方面,基于血缘纽带的世袭,其实出于人性的自然,它尽管不如德性理想,但对维系家国稳定有不可取代的意义。故儒家平等观念的调适,是公卿大夫皆选贤,天子诸侯仍世袭,而以礼仪制度体现尚贤。另一方面,即使人拥有同等的德性潜能,但现实中的德性不齐是更直观且有直接影响的层面,故以德配位而非人人皆同,才是古典的正义原则。可以说,在古典的立法原理中,基于人性自然的尊卑等差是基础,"天生"之德的生发与施用又须建基于这一基础之上。

总之,本节以今文经学传统的部分内容为例,表明儒家政治哲学在建立之初,就对平等的美好和限度有深邃的洞察。论述中,我们不时称之为古典平等,是因为我们正处于现代中国的平等观念之下。这当中的古今之变,有一个标志性的枢纽,就是康有为和他的《大同书》。出于对这种美好价值的极度推崇和对古典那些审慎权衡与微妙限度的突破，康有为更新了平等的意义与性质，并使之成为可能是现代中国最重要的文明价值。

三 大同建构：普遍的平等与"君臣"的消解

上节曾述，古典平等观念是儒家政治哲学的重心之一。但实际上，历史的走向却始终事与愿违。历周秦之变，"家天下"的本质未变，其各层面的因素反而被加强与巩固。上述观念与制度，即使在两汉有所体现，也未动摇大体，且更在魏晋以后式微。近代遭遇的文明危局，刺激康有为反思整个中国文明史。正是在此视野下，才产生出作为文明史叙述的三世说，和作为其最终图景的大同理想。是故，在平等问题上，历史世界与思想世界的复杂关系也就成为康氏文明史反思的一块重点内容，对此他给出了一套全新的解释。

我们说过，三世说奠基于"孔子改制"说。早在《新学伪经考》中，康有为就依据"天下无生而贵者"，驳斥刘歆仅以《仪礼》为士礼，要填补天子、诸侯、卿大夫之礼的主张。[1] 至《孔子改制考》卷九，康有为特地举出亲迎、井田、学校、选举、削封建等制度，作为"孔子改制"的典范例证。[2] 简言之，是把从今文经学传统收获的平等信念，上溯归结为孔子的发明。康有为说：

> 自孔子创平等之义，明一统以去封建，讥世卿以去世官，

---

[1] 康有为：《新学伪经考》，北京：中华书局，2012年，373页。
[2] 康有为：《孔子改制考》，191、206、212—214页。

授田制产以去奴隶,作《春秋》、立宪法以限君权,不自尊其徒属而去大僧。于是中国之俗,阶级尽扫,人人皆为平民,人人皆可由白屋而为王侯、卿相、师儒,人人皆可奋志青云,发扬蹈厉,无喀私德之害。此真孔子非常之大功也,盖先欧洲二千年行之。❶

然而首章已指出,康有为的"孔子改制"说与今文经学传统有根本的不同,它本质是一个野蛮—文明的分判框架,以凸显孔子的文明开端地位。上节所描述的古典秩序原理中尊卑与平等间的微妙权衡,也被康氏简化为野蛮与文明的对立。按照他的文明史叙事,孔子以前是世袭的、有奴隶的尊卑悬隔的时代,孔子在上述改制中寄托了平等的道理。也即,平等开启了文明的方向,或者说是文明生活的关键因素之一。

康有为对此是真诚地相信。我们还可以提及另一个事实。他第一次用"三世"划分中国文明史的演进阶段,就体现着平等的意识。《教学通义》中说:

> 自晋至六朝为一世,其大臣专权,世臣在位,犹有晋六卿、鲁三家之遗风,其甚者则为田常、赵无恤、魏蓥矣。
>
> 自唐至宋为一世,尽行《春秋》讥世卿之学,朝寡世臣,阴阳分,嫡庶辨,君臣定,篡弑寡,然大臣犹有专权者。
>
> 自明至本朝,天子当阳,绝出于上,百官靖共听命于下……此皆《春秋》所致,孔子之功所遗贻也。❷

---

❶ 按:"喀私德"为"Caste"之音译。康有为:《大同书》,64页。
❷ 康有为:《教学通义》,《全集》第一集,40页。

其实,这一时期三世说还未成形,但"讥世卿"启示的平等意识,和归功于孔子的立场已有充分的表露。

然而,这一信念又与历史的大部分情况相左。如果说平等是文明的前进动力,中国先欧洲二千年行之,何以中国历史的主体仍是尊卑等差,乃至于悬隔、贫弱反落后于欧洲?对此康有为有明确的自觉。历史的解释与批判,是近代中国人推动改革与勾勒未来的反向动力,康有为亦是这一潮流的先导者,这构成了他三世说很重要的另一侧面。

由于真诚地相信思想观念塑造历史的力量,康有为的历史批判进而回到了儒学的自我批判。第一个层次是"新学伪经考"的批判。当他认为,刘歆以《左传》《周官》为中心的伪学,遮蔽了孔子六经的正统时,平等问题是其中的一重考虑。这体现在《新学伪经考》最末一卷《刘向经说足证伪经考》中,表面上是比较刘向、刘歆父子经说之异,实质是以今文经学批判《周官》《左传》。其中"讥世卿"❶、亲迎❷、官制、冠礼等体现平等意味的礼制,正是今古文的交锋处。

此后,他还念念不忘,如《官制议》指出《周官》六卿中天官皆为君主侍从,谓:"自刘歆伪作《周礼》,采太宰及五司之义以为六卿,立官之分司不清,一人之统驭太繁。……其甚者天官之庶司百职,乃无一治国事、民事之人。合此庶司百职皆以奉一君。"❸再如,《大同书》中批评在《周官》的影响下,中国后代又

---

❶ "歆最恶《春秋》之义,故向屡言讥世卿,而歆必易之。"康有为:《新学伪经考》,355页。

❷ "歆作伪经,首欲夺《春秋》之义,故每事必弥缝周内之。讥不亲迎,孔子之通礼,歆抑《礼经》为士礼,以为不得推之天子、诸侯、卿大夫,于是为'上卿逆夫人'之说。"康有为:《新学伪经考》,366页。

❸ 康有为:《官制议》,《全集》第七集,238页。

恢复了奴婢制，谓："不幸有刘歆伪《周官》之制，故人忘孔子之义，以为周公所有……而复秦、汉虏掠人口为奴、髡钳为奴之制，是退化也，违公理而失孔子之圣制甚矣。"❶这两个角度确实很能说明问题。天子的侍从为天官，贵为六官之首，体现的是君主的无上威权，这不同于今文经学以天子亦仅一爵的态度。奴隶制显示出尊卑秩序突破了"天地之性人为贵"的底线。它们共同反映出《周官》的制法的原理，不同于今文经学的"平等"取向。

朱一新已指出，康有为"以历代秕政，归狱古文，其言尤近于诬"❷。必须承认，这样的叙事太戏剧化，但这不意味着康有为是无知和天真的。他的说法有一种制度史的视野，因熟稔官制源流，康有为深知，《周官》奠定了隋唐以后官制的骨架，影响深远。❸他判断，这类权尊于上、民制于下的政制，在运转过程中，于虚文密仪耗费太多，于民生实政再无所用心，使千载以下积弊若此。康氏此论有一定的洞见。

不过，即便将古文经学的影响剔除，无论历史自身的逻辑，还是儒家思想，都以尊卑等差为主体。这与康氏以尊卑为野蛮、平等为文明的判断相左。解决这一问题，是康有为儒学与历史批判的另一层次，即批判据乱小康法。正是通过这一层次的釜底抽薪，康有为明确突破了今文经学传统对尊卑与平等关系的认识，从而一往无前塑造出普遍平等的大同未来。可以说，历史批判与大同建构互为动力。我们可将这一层次放回到《大同书》中去看。

---

❶ 康有为：《大同书》，66—67 页。
❷ 朱一新：《朱侍御复康长孺第四书》，《全集》第一集，327 页。
❸ "自苏绰仿其制，而《唐六典》、宋《开宝礼》因之，凡一切祭祀、朝贺、丧纪、会同，皆使三省六官分任其事，遂至今成为定制。……求之孔子六经则无之。其结托为重典所从来，则伪《周官》之造因为之也。"康有为：《官制议》，《全集》第七集，239 页。

在《大同书》的一系列"破界"步骤中,平等问题居于开端位置。这表现在稿本《大同书》的写作顺序上。有很多证据表明,相较《不忍》所刊节本与钱定安的整理本,稿本《大同书》更真实反映了康有为建构大同的思想步骤。例如,稿本卷一是"入世界观众苦"的内容,其中历述诸苦之顺序与整理本不同,颇耐寻味。

稿本	《不忍》本	钱定安本
投胎、夭折、废疾、蛮野、边地、奴婢	人生之苦七:投胎、夭折、废疾、蛮野、边地、奴婢、妇女(别为篇)	人生之苦七:投胎、夭折、废疾、蛮野、边地、奴婢、妇女(别为篇)
水旱饥荒、蝗虫、火焚、水灾、火山、地震、室屋倾坏、舟船覆沉、汽车碰撞、疫疠	天灾之苦八:水旱饥荒、疫疠、火焚、水灾、火山(地震山崩附)、屋坏、船沉、蝗虫	天灾之苦八:水旱饥荒、蝗虫、火焚、水灾、火山(地震山崩附)、屋坏、船沉(汽车碰撞附)、疫疠
贫穷、富人、贱者、贵者、帝王、圣神仙佛	人道之苦五:鳏寡、孤独、疾病无医、贫穷、卑贱	人道之苦五:鳏寡、孤独、疾病无医、贫穷、卑贱
鳏寡、孤独、老寿	人治之苦七:刑狱、苛税、兵役、阶级、压制、有国(别为篇)、有家(别为篇)	人治之苦五:刑狱、苛税、兵役、有国(别为篇)、有家(别为篇)
愚蠢、仇怨、爱恋、牵累、劳苦、愿欲	人情之苦六:愚蠢、仇怨、爱恋、牵累、劳苦、愿欲	人情之苦八:愚蠢、仇怨、爱恋、牵累、劳苦、愿欲、压制、阶级
疾病无医、刑狱、苛税、兵役、压制、阶级❶	人所尊尚之苦五:富人、贵者、老寿、帝王、神圣仙佛❷	人所尊尚之苦五:富人、贵者、老寿、帝王、神圣仙佛❸

诸苦之大类细目基本无异,但顺序有别。稿本是人道、人所尊尚、人情之苦居前,人治之苦居末,其中的压制、阶级之苦又

---

❶ 康有为:《大同书》,10—61页。
❷ 康有为:《〈不忍〉杂志汇编》,桂林:广西师范大学出版社,2016年,355—358页。
❸ 康有为:《大同书》,桂林:广西师范大学出版社,2016年,57—123页。

殿最末。在那两节，康有为说：

> 有所压制，而欲人道至于太平，享大同之乐，亦最为巨碍，而不得不除之也。❶

> 人道所以极苦，人治所以难成，皆阶级为之也。……阶级之制不尽涤荡而泛除之，是下级人之苦恼无穷，而人道终无由至极乐也。❷

这表明，尊卑秩序是诸苦的根源。从前所叙众苦来看，以投胎之苦开端，中经蛮野、边地、奴婢、贫穷、贱者、苛税、兵役，至压制、阶级之苦结尾，对尊卑之苦的观察和控诉一直存在。康有为认为，人类生活的多数痛苦不是命运的捉弄，归根结底是制度与伦理的弊病。所以，综合来看，卷一呈现出逐步深入人类苦难之根源的脉络，而平等的关怀贯穿始终。

进而，卷二开篇云："人类不平等者有三：一曰贱族，一曰奴隶，一曰妇女。"❸ 这与卷一末论阶级之苦极为连贯。卷二的内容包含了整理本"去级界平民族""去种界同人类""去类界爱众生""去形界保独立"四部分的体量，都指向平等问题。也就是说，稿本卷一历叙诸苦，下探至"阶级"的根源，卷二从去阶级、去压制入手，开启通往大同之路。平等构成了稿本《大同书》开端的中心议题。

与之相伴的，是"人为天生"的不断回响。在"投胎之苦"

---

❶ 康有为：《大同书》，59 页。
❷ 康有为：《大同书》，60—61 页。"泛"原文作"汛"，误。
❸ 康有为：《大同书》，62 页。

条，他说"凡此体肤才智，等是人也。孔子所谓人非人能为，天所生也。孔子又曰：'夫物，非阳不生，非阴不生，非天不生，三合然后生。故谓之母之子也可，天之子也可。'同是天子，实为同胞，而乃偶误投胎"云云。❶论奴婢之苦云"上天之生，奴婢亦人，以何理义，降此苦辛"❷，论贱者之苦云"彼此岂非皆天生之人乎，胡为吾贱若此"❸。至压制之苦一段，康氏径云：

> 君臣也，夫妇也，乱世人道所号为大经也，此非天之所立，人之所为也。❹

此处，"天之所立"与"人之所为"的二分，奠自《实理公法全书》划分实理公法与人立之法的思路。人立之法是有弊的、不完美的。康有为深知，以君臣、夫妇为代表❺的尊卑秩序，是维系人类共同体的重要纽带，但也是上叙诸"苦"与"弊"的根本原因。

不过，回顾日常经验，这些关系不会只有烦恼苦痛，也能带来稳定、幸福与温情。故即便有弊有苦，我们仍愿意生活在其中。这也是它们自然而然形成并长期维持基本结构的原因。而康氏一贯的二分框架，和他对这些生活的好处的缄默不言，都表明《大同书》开篇的"诉苦"，不是从现实生活着眼的，也不是采取佛教

---

❶ 康有为：《大同书》，12 页。
❷ 康有为：《大同书》，19 页。
❸ 康有为：《大同书》，35 页。
❹ 康有为：《大同书》，57 页。
❺ 此处康氏未举"父子"一伦，表明他认为父子间的"恩"是无法消解或忽视的，父子间不可能彻底平等；或者说，在一个有父子关系的世界，不可能实现人人平等。当然，《大同书》最终通过"去家界"助推了平等的彻底实现。

的世界观,而是从"人为天生"的立场审视、批判现实秩序。这对理解《大同书》的性质非常重要。

紧接着,在卷一最末的"阶级之苦"条,康有为亮出"天生"的立场,来解构尊卑的价值,有总结上文的意味。现代人赢得古今之争的最直截方式,就是赋予古代社会一个野蛮的"起源"。康有为说:

> 人皆天所生也,同为天之子,同此圆首方足之形,同在一种族之中,至平等也。
>
> 然太古之世,人以自私而立,则甲部落虏乙部落而奴役之,于是人类之阶级有平民、奴隶之显分焉。其部落之酋长,以武力而魁服其众,自私其子,世传其位,于是王族之尊自别异于众庶矣。其一部落中,以材武智力佐酋长有功者,亦世传爵位以握政柄,其婚宦皆不与凡庶伍,于是贵族之名自别立于平民之上矣……
>
> 皆据乱世以强凌弱,以众暴寡,以智欺愚,以富轹贫,无公德,无平心,累积事势而致之也。积习既成,则虽圣哲豪杰视为固然。❶

在首句"天生"之平等的映照下,中段康氏看似"还原"实则建构出了人类尊卑关系的"形成史"。他想要表明,尊卑关系是从太古以来历史地形成的,且是人类自私、欺诈、暴凌等恶德的产物。非唯如此,"圣哲豪杰"指包括孔子在内的大地诸教主,他认为,各古代文明都是等级结构,是未能摆脱野蛮遗存的历史局

---

❶ 康有为:《大同书》,59—60页。为便阅读,段落为笔者所分。

限。以历史与野蛮的名义,康有为全面又轻易地瓦解了尊卑关系对文明生活的意义。

因此,平等与尊卑就是康有为衡量文明程度的一架天平。如谓:

> 大抵愈野蛮则阶级愈多,愈文明则阶级愈少。❶

> 且以事势言之,凡多为阶级而人类不平者,人必愚而苦,国必弱而亡,如印度是已。凡扫尽阶级,人类平等者,人必智而乐,国必盛而治,如美国是也。其他人民、国势之愚智、苦乐、盛衰,皆视其人民平等不平等之多少分数为之。❷

这里我们注意到,因为批判的对象是尊卑等差,所以康有为主张的"平等",不同于西方现代以个体权利为核心的平等观念。它指向非等级的对待关系,这显然仍与儒家传统有着深切联系。不过,传统的考虑是:更好的文明生活,需要温和而不悬隔的尊卑关系,平等对文明生活的完成更具关键意义。尊卑与平等在传统政治哲学中,类似于文明生活的基础与圆成的关系,康有为却将这激进转化成野蛮与文明的对立,展现出以平等全面重构秩序的强烈诉求。这同样超出了现代西方的文明想象。

上节曾述,古典对尊卑关系不只有价值层面的肯定,更始终是政治制度的主要形式。所以,康有为欲普遍推行平等,在价值上解构尊卑甚至只是一小步,更大的困难是如何面对经典世界中的政制。首先一个层面的突破是选贤的普遍化。上节曾述,尽管认为贤能是政治的核心理念,儒家仍考虑到世袭在稳固国体和尊

---

❶ 康有为:《大同书》,60 页。
❷ 康有为:《大同书》,65 页。

尊等方面的意义，故在今文经学的政制构想中，公卿、大夫、士选贤，天子诸侯继世以"象贤"。我们看到，后来的经学传统始终在反复掂量选贤与世袭之间的边界，例如从《白虎通》对"诸侯世位，大夫不世，安法"的追问❶，以及《五经异义》对大夫世位、世禄的辨析❷，等等。但康有为说：

> 夫君长为民之牧，义在得人；世袭为君，未必皆贤。一有不肖残暴之人，民受其害，此盖太古之乱政。但治有次第，乃不得已之法。要之，世者皆非圣人所许也。❸

必须承认，世袭制避免不了暴君虐政的危险，但古代社会并未因此选择另一种政制。这一方面可理解为维系国体稳固的制度代价；另一方面，古典时代理解的政治事业，即使是最理想的类型，都不可能是完美无缺的，人性的弱点与缺陷使之必然衰败崩坏，不肖之君与苛政便是其中的一个方面。但"天生主义"不能容忍任何不平等与不完美，康氏曾多次强调"故凡世者，皆非孔子之意"❹，"凡世爵皆非也"❺。那么，世袭背后的诸多考量，都下降为阻碍选贤的历史局限，必须被突破。由此，他设计了以选贤为主线的三世进化：

> 盖据乱世先治大夫；升平世则治诸侯，诸侯不世；太平世

---

❶ 陈立：《白虎通疏证》，145—147页。
❷ 陈寿祺：《五经异义疏证》，上海：上海古籍出版社，2012年，183—184页。
❸ 康有为：《春秋笔削大义微言考》，《全集》第六集，105页。
❹ 康有为：《春秋笔削大义微言考》，《全集》第六集，21页。
❺ 康有为：《春秋笔削大义微言考》，《全集》第六集，57页。

则天下为公,选贤与能,天子亦不世也。❶

康有为经常用这一三世说,来解释董仲舒的"《春秋》贬天子,退诸侯,讨大夫,以达王事而已矣"❷一语,其实并不符合董氏原意。这句话本谓《春秋》以褒贬立新王之法,天子、诸侯、卿大夫无一例外皆受之,三者是并列的关系。康有为则将它们贯穿起来,形成了选贤与能不断克服世爵阻力,渐次实现平等的政制进化。

当然,古典的大同理想是天子禅让,标志着全面的贤能政制,这对康有为有强烈的感召力。然而,古典将选贤与能的理想置于遥远的过去,是一种深刻的智慧。作为被历史凝固的另一个世界,大同既照临着当下,表明人类生活还有更高的道理和更好的可能,又反过来体现着彻底实现它们的遥不可及。但经过"托古改制"与"天生主义"的共同作用,大同从一个遗失的世界,翻转成未来图景。相比历史的不可逆转,未来的大同总引人跃跃欲试。

这套选贤的政制进化框架,康有为既用之来评论时事,也用来重新解释经典。就前一方面而言,他曾称:"今欧国立宪之法,盖用内诸侯世禄不世官之义以待其君,亦以生当升平,一时不能去世帝,而委曲以致之,别举贤为相,以执国政。所谓通贤共治,示不独尊,重民之至,此真升平之法也。"❸"内诸侯世禄不世官"和"通贤共治,示不独尊,重民之至"都是今文经学的说法,这表明了三世说的现实用意。

康氏用之评论各类政制尚不乏灼见,但到解释经典时就不免

---

❶ 康有为:《春秋笔削大义微言考》,《全集》第六集,105页。
❷ 司马迁:《史记》,3297页。
❸ 康有为:《春秋笔削大义微言考》,《全集》第六集,57页。

遭遇困难。例如,《春秋》隐四年"冬十有二月,卫人立晋"条,《公》、《穀》及何注义同,以为公子晋虽贤且得众,但"《春秋》之义,诸侯与正而不与贤",听众立之,义同于篡,故《春秋》别嫌明微,特书"卫人立晋",形式上类比于"尹氏立王子朝",以示贬。❶ 这一案例是天子诸侯继世而非选贤的有力佐证。对此,康有为的解答"剑走偏锋",他说:

> 董子《繁露·王道篇》曰:"卫人立晋,美得众也。"此为本经正义。盖王者,人所归往之谓,故得乎丘民为天子。凡自国至乡,一切君长,众之所举者,宜立之人也。故董子传微言而独发此义。惟隐公为据乱世,则子之之狡心,田常之买民,何所不有?故先预防其害,虽众立,亦不许。……此为乱世发,非升平、太平义也。❷

除《王道》此条外,《玉英》篇也有类似说法❸,其与《公》《穀》二传的相左,基本成了无解的疑案。但对康有为来说,此语不啻救命稻草,故他特标其为董子微言、麟经正义,借以重申选贤得众的首要意义。我们看到,利用《春秋》学异说,称先师通义为据乱法,康氏解决困难的方式,是以重构学术史为代价。这类与学术传统相反的解释,某种程度上既是创见也是破绽,时时提示我们他的三世理论对传统的突破。并且,越深入问题的根柢,

---

❶ 何休解诂,徐彦疏:《春秋公羊传注疏》,73—74页。范宁集解,杨士勋疏:《春秋穀梁传注疏》,18—19页。
❷ 康有为:《春秋笔削大义微言考》,《全集》第六集,24页。标点断句为笔者所加。
❸ "非其位而即之,虽受之先君,《春秋》危之,宋穆公是也。非其位,不受之先君,而自即之,《春秋》危之,吴王僚是也。虽然,苟能行善得众,《春秋》弗危,卫侯晋以立、书葬是也。俱不宜立,而宋穆受之先君而危。卫宣弗受先君而不危,以此见得众心之为大安也。"苏舆:《春秋繁露义证》,71—72页。

其表现越明显。

进一步，康有为瞄准了尊卑秩序的核心——君臣伦理。他看到，以德性差等为由，君臣关系天然有尊君上、贱民臣的倾向，这种倾向使尊卑体系在历史上逐渐扩张悬隔。但与此同时，儒家传统始终有另一种声音，即在政治的天平中赋予民较之君主更重的分量。《春秋》桓十四年冬"宋人以齐人、卫人、蔡人、陈人伐郑"，康注云：

> 《穀梁传》："以者，不以者也。民者，君之本也。使人以其死，非正也。"此专发民贵之义，而恶轻用民命。国之所立，以为民也。国事不能无人理之，乃立君焉，故民为本而君为末。此孔子第一大义，一部《春秋》皆从此发。❶

单纯从君、臣民的尊卑关系出发，君所号令民皆须从，苛税苦役皆由此起。但儒家同时认识到，建立秩序是为了更好的共同生活，君作为秩序的主导者，应把共同体的最大多数——民众——的幸福，作为政治的首要事务，此谓"民者，君之本"；而君个人的意愿欲求的满足，是政治最末的附属功能，这是孟子说出"君轻"的背景。康有为尤其重视孟子以来的这一精神，又尝谓："盖国之为国，聚民而成之，天生民而利乐之。民聚则谋公共安全之事，故一切礼乐政法皆以为民也。……民为主而君为客，民为主而君为仆，故民贵而君贱易明也。"❷

然而，儒家"民本"思想乃至"民贵君轻"之说的限度又必须辨明。民为邦本只是政治合法性的一个层面，自然差异形成尊

---

❶ 康有为：《春秋笔削大义微言考》，《全集》第六集，50—51页。
❷ 康有为：《孟子微》，20—21页。

卑等差仍是建立政治秩序的主要逻辑。"民贵君轻"的说法也必须在此背景下理解。它的表达看似激烈，其实诉求也只通向使君主行良政、克制私欲。也就是说，"民贵君轻"是说给君主的政治劝诫，它不会是构成政治制度的原则。

所以，在儒家经典传统里，政治的整全视野是"诸侯国体，以大夫为股肱，士民为肌肤"❶，一种既有等次，又相互需要、相互协作的有机体。但是，当康有为将"民本"思想规定为"此孔子第一大义，一部《春秋》皆从此发"，即"孔子改制"的宗旨时，民的地位就得到极大的抬升，君的意义也相应淡化了。由是，他重构了古典的政治有机体比喻："人赖肌肤以为身，元首主持之，而股肱运动之；国赖士民以为身，人君主持之，而人臣运动之。此立国体之本也。盖孔子之微言，而为国家学之宗旨。"❷士民构成了国家的"身体"，替换了诸侯与国同体的地位。

简单来说，在康有为眼里，君主不再那么重要。他与经学传统的相左，在"祭仲行权"的解读上表现得尤为明显。对于"祭仲废君"的行为，从《公》、《穀》到《春秋繁露》，再到后世儒家的讨论，基本一致持批评态度。即便是能够同情祭仲的公羊学，也用"经权"问题来评价这件事，也隐然表明了，祭仲废君不符合"经"的正当价值。他们尝试理解祭仲这么做的理由是，"不从其言，则君必死，国必亡；从其言则君可以生易死，国可以存易亡"。但公羊家仍强调，这只是危急情势下一种并无多少把握的可能，且祭仲做出这一选择是以自蒙逐君之恶为代价的。❸但康有为的理解是这样：

---

❶ 何休解诂，徐彦疏：《春秋公羊传注疏》，402页。
❷ 康有为：《春秋笔削大义微言考》，《全集》第六集，107页。
❸ 何休解诂，徐彦疏：《春秋公羊传注疏》，170—172页。

> 此孔子专发国重君轻之义，而托此以明权，乃升平世之法。《孟子》曰："民为贵，社稷次之，君为轻。"民贵君轻者，升平之法也。盖国者，人民、种族共保之，有国然后托君以治之，岂可以一君而累一国之人民、种族乎？故有不幸迫于强国之势，易君可也，害灭人民、种族不可也。若有此难，孔子定法以此道行之。……后世泥于据乱之俗，不知升平之世，于是以祭仲废君为公羊大诮，致使伪《左》、贾逵缘隙奋笔。❶

在废君的事件上解读出"民贵君轻"的思想时，康有为其实已经脱离了公羊学的"经权"视野。废君就从有所亏欠的"权"，上升为"经"的价值。这不止意味着，为了国的存续、民的幸福，而替换一个具体君主的可行性。"民贵君轻"在康有为这里作为"升平法"，是构建政制的一条原则，从而通向的是君位本身意义的淡化。这就推进到了古典传统不敢想象的地步。

意义淡化更明确表现为对"君"的职能定位，描述事物的功能是我们定义其重要性的方法之一。中国政治思想史上，对君之职能的经典表述如《汉书·刑法志》谓："夫人宵天地之貌，怀五常之性，聪明精粹，有生之最灵者也。爪牙不足以供耆欲，趋走不足以避利害，无毛羽以御寒暑，必将役物以为养，任智而不恃力，此其所以为贵也。故不仁爱则不能群，不能群则不胜物，不胜物则养不足。群而不足，争心将作，上圣卓然先行敬让博爱之德者，众心说而从之。从之成群，是为君矣。"❷

如做一种简明刻画，即"天生蒸民，不能相治，为立王者以

---

❶ 康有为：《春秋笔削大义微言考》，《全集》第六集，46页。
❷ 班固：《汉书·刑法志》，1079页。

统理之"。❶ 儒家并不相信,人能自然地组成共同体,实现和谐无争的生活。人群中最能履行仁爱德性、主持公平正义者,人皆愿亲附之,这就使人道合群。"能群"是人建立文明生活、贵于万物的关键特质,而"君者,群也"的经典训释表明,君是建立共同生活、文明秩序的制度性前提。这也是前述"君师,治之本"的意涵。"君"之尊威都由此逻辑产生。

然而,康有为对此的描述就弱化了许多,如谓:

> 民事众多,不能人人自为公共之事,必公举人任之。所谓君者,代众民任此公共保全安乐之事。为众民之所公举,即为众民之所公用。民者如店肆之东人,君者乃聘雇之司理人耳。❷

> 民之立君者,以为己之保卫者也。盖又如两人有相交之事,而另觅一人以作中保也。❸

《汉书·刑法志》是从人的生存处境立论,表现"君"对人类生存的必要担负。康有为的立论则从日常事务出发,表示公共事务需要有主持者和执行人。这体现了古今政治的分野,古典的政治事业始终关怀着人的存在状态,只有现代人才将政治简化为公共事务。由此,康有为轻描淡写地勾勒了一种职业经理人的形象,"君"之尊威于此尽消。光彩黯淡是价值稀释的表现,职业经理人的比喻,使君与民不再是保护与被保护的尊卑关系,而是雇主与雇员的平等关系,甚至有些尊卑倒转的意味。这不只意味着"一

---

❶ 班固:《汉书·谷永传》,3466 页。
❷ 康有为:《孟子微》,20—21 页。
❸ 康有为:《实理公法全书》,《全集》第一集,152 页。

肆之司理失职，则当去；一国之司理失职，亦当去"❶，君之举废皆视其能否满足人民幸福生活的需要；更暗示了一种可能性：如民众能打理好自己的生活，自行建立好的共同体秩序，则君的必要性就会逐渐弱化、消失。

这一信念在《大同书》中得到了彻底体现。《大同书》卷二有"人类平等进化表"，以平等为主线，勾勒文明生活的走向。其中"去级界"部分体现着政制、政体的进化。兹节录如下：

据乱世	升平世	太平世
人类多分级	人类少级	人类齐同无级
有帝、有王、有君长，有言去君为叛逆	无帝、王、君长，改为民主统领，有言立帝、王、君长者为叛逆	无帝、王、君长，亦无统领，但有民举议员以为行政，罢返复为民，有言立统领者为叛逆
以世爵、贵族执政，有去名分爵级者以为谬论	无贵族执政，虽间存世爵、华族，不过空名，无政权，与齐民等	无贵族、贱族之别，人人平等，世爵尽废，有言立贵族、世爵者，以为叛逆
有爵有官，殊异于平民	无爵无官，少异于平民，而罢官复为民	民举司事之人，满任复为民，不名为官
官之等级极多	官级稍少	官级极少
有天子诸侯卿大夫士	有统领、大夫、士等	只有大夫、士二等

归结起来，康氏政体分类的标准是：君与民何者是推动政治生活运转的主体。他使用的君主、民主、君民共主等概念，均围绕着这一问题展开。这也就与西方的政体分类学，无论是古典的还是现代的，都在原则上有根本的不同。❷

并且，他的政体分类是在文明进化的视野下展开的。据乱世

---

❶ 康有为：《春秋笔削大义微言考》，《全集》第六集，164 页。
❷ 1897 年 10 月 6 日，梁启超就在《时务报》上发表了《论君政民政相嬗之理》，详尽发挥了康有为的这一政体类型学。见《时务报》第 31 册，收入《中国近代期刊汇刊》，北京：中华书局，1991 年，2079—2080 页。

民德不齐、民智未开,非君主总揽事权不能合群相保,故尊君抑民,行世袭君主之专制。至升平世,民智渐开,选贤与能,政事皆由公议公举。他认为,从古典时代致民而询、与民通同的政治经验,到现代西方的授民权、开议院之法,都为民众开辟了参与政治生活的空间,肯定了民众参与政治的能力。❶那么,当政治有"宪法之定章,有议院之公议,行政之官,悉由师锡,公举得人"❷时,君的政治责任、权力与事务就相应压缩了。

最终的太平世,康有为设想了一个民完全占据政治主体,自行组织、良好运转的世界,也就是一个无"君"的文明。在"人类平等进化表"中,康有为刻意强调太平世不仅没有帝、王、君长,甚至连宽泛意义上的"统领"都没有。这贯彻了他消除尊卑差等的意图。大同世消解了"君臣"这一尊卑关系最根深蒂固的象征,实现了人与人之间的普遍平等。这一纯粹由"人为天生"原则组织起来的大同理想,构成了对儒家传统最惊心动魄的突破。

这一点,在他解释儒家经典时,也会不断表现出来。例如,传统思想无论通贤共治或民贵君轻,都不会走向弱化、虚化君权。君民共主作为一种政体类型,事实上是康有为的思想构造,其与现实中对应的君主立宪或虚君共和制,在传统看来,都是政移于下、大夫专政的表现。我们仍以《春秋》学为例。襄公十六年春三月,晋为溴梁之会,《春秋》于诸侯序次之下,特书"戊寅,大

---

❶ 如谓"此孟子特明升平授民权、开议院之制,盖今之立宪体,君民共主法也。今英、德、奥、意、日、葡、比、荷、日本皆行之。左右者,行政官及元老顾问官也;诸大夫,上议院也。一切政法,以下议院为与民共之。以国者,国人公共之物,当与民公任之也。孔子之为《洪范》曰'谋及卿士,谋及庶人'是也,尧之师锡众曰,盘庚之命众至庭,皆是民权共政之体,孔子创立,而孟子述之……斟酌于君民之间,升平之善制也。"康有为:《孟子微》,20页。

❷ 康有为:《论语注》,229页。

夫盟",以讥各国大夫专政,而"君若赘旒然",何休谓:"赘,系属之辞。……以旒旍喻者,为下所执持东西。"❶ 于公羊先师观之,政权下移,君位就是华美而无用的虚设。然而康有为称:

> 此明大夫专政,以见时会之变。近者各国行立宪法,以大夫专政,而反为升平之美政者,以立宪之大夫出自公举,得选贤与能之义,非世袭而命之君者也。据乱世同为世爵,则贬大夫而从君。既在升平,则舍世爵而从公举。各有其义也。❷

这一解释困难重重。首先,于《春秋》书法,襄公属所闻世,为升平法所托没错,却依然讥大夫专政。可见康氏所言升平法,已不符《春秋》本身之升平法。此其困难之一。再者,康氏从选贤与世爵的张力分析这一问题,是企图从《春秋》本有的道理,推演出支持立宪大夫专政的结论。他的理解是,据乱世诸侯、卿大夫皆世袭,故权尊于上;升平世卿大夫选贤、诸侯世爵,故政移于下。但问题在于,选贤关乎如何培养好的执政者,而大夫能否专政关乎政治主体与权力分配的问题。培养一个贤能的卿大夫为群体,并不必然得出削减君权的结论。卿大夫选贤、诸侯世爵当然是《春秋》改制之义,而《春秋》仍讥大夫专政,就足以说明问题。此其困难之二。

实际上,这是康有为以自创的三世说,重新回到《春秋》本身时,所必然遭遇的两难:符合《春秋》之义就推不出三世进化,申明三世进化则必越出《春秋》本身。他一为据乱法,一为升平、

---

❶ 何休解诂,徐彦疏:《春秋公羊传注疏》,840—841页。另参范宁集解,杨士勋疏:《春秋穀梁传注疏》,259页。
❷ 康有为:《春秋笔削大义微言考》,《全集》第六集,225页。

太平法，义各有在的解释思路，与其说化解了矛盾，不如说逃避了矛盾。

不只政制上的扞格，面对经典更明确的原则宣示，康氏唯有改经以申其说。《论语·季氏》："孔子曰：天下有道，则礼乐征伐自天子出；天下无道，则礼乐征伐自诸侯出。自诸侯出，盖十世希不失矣；自大夫出，五世希不失矣；陪臣执国命，三世希不失矣。天下有道，则政不在大夫。天下有道，则庶人不议。"康氏注意到，经文重复了三次"天下有道"，在解经时就借此将经文纳入了三世进化的思路。他注首句云："政出天子，此拨乱制也。"于后二句，又删去"政不在大夫""庶人不议"二句之"不"字，云"据旧本改定"。这样经文就符合了他的想法：

经：天下有道，则政在大夫。

康注：政在大夫，盖君主立宪。有道，谓升平也。君主不负责任，故大夫任其政。

经：天下有道，则庶人议。

康注：大同，天下为公，则政由国民公议。盖太平制，有道之至也。此章明三世之义，与《春秋》合。❶

事实上，此句历代经师无异义，"天下有道"的反复出现只是同一道理的重申，尤其"天下有道，则政不在大夫"与"自大夫出，五世希不失矣"大旨一致，皆明大夫不得专政。然而，康氏利用三句的重复，删去两个关键的"不"字，就将经文从气脉贯通的统一，转变为一波三折的对立。经义也从孔子批判春秋时期

---

❶ 康有为：《论语注》，249—250页。

的政制崩坏,变为讲述君主专制、君民共主、民主的三种政体进化。康氏之用心运思深文周纳,但所据改定之"旧本"显属子虚乌有。建立在改经大忌上而使孔子道出的三世之义,更见与《春秋》的相违。

最终,康有为彻底取消了"君"对人类生活的文明价值。其注"夷狄之有君,不如诸夏之亡也"云:

> 盖孔子之言夷狄、中国,即今野蛮、文明之谓。野蛮团体太散,当立君主专制以聚之,据乱世所宜有也。文明世人权昌明,同受治于公法之下,但有公议民主,而无君主。二者之治,皆世界所不可少,互有得失。若乱世野蛮有君主之治法,不如平世文明无君主之治法。❶

这句话在历史上有两种解释方向,却都回到同一个原则:君是文明生活的标志。所以,康有为颠倒的不只这句经典的解释,更是文明的评价标准。"君"作为尊卑关系的符号,随着前述他对尊卑等级的解构,变成了野蛮生活的标志。在他这里,真正的文明是一个无"君"的平等世界。

小 结

如不将康有为的大同建构,等视作浅薄的幻想,又该如何面对他的这一处理?我们可从廖平与康有为之间的一则逸事入手,

---

❶ 康有为:《论语注》,32—33页。

作为更进一步讨论的导引。1913年夏，廖平听来访的陈焕章转述"小康有君，大同无君"诸论，当即拟函与康氏驳之。开篇即谓：

> 夫小康七人从禹始，则大同直指尧舜矣。五帝虽官天下，然尧让舜，舜不能不谓君，舜禅禹，禹受命则不得复为臣。然则谓小康、大同分家天下、公天下可也，谓大同以后遂无君不可也。君与民本对待之称，直言之同为人。谓大同以后无君，将谓大同无民，可乎？❶

论经义渊深，廖平过于康氏。他敏锐地指出，无"君"的大同是康有为对经学传统最深刻的突破，因为即便是《礼运》之大同也仍是有君的。这也体现出，康氏大同建构的根本依据并非《礼运》，而是"天生"维度，也即廖平听说的"同为人"的理论。但论思力透辟，则康有为过于廖氏。思考什么是最理想的文明，就需要选择人性中最珍贵的价值和品质作为支点。沿着儒家传统开示出的"天生"方向，康氏运思至极，构造了文明的理想类型。一个人们凭着平等、仁爱、尊贤等珍贵德性共同生活的世界，至少在价值上是最理想的。

不过，廖平的质疑仍触及了问题的关键。"君与民本对待之称"，君臣关系反映了人在德性上的自然差异。因此，欲解开有君无君、尊卑平等之间的矛盾，必须围绕着德性问题来回答。对此，先要恳请读者随我们一起绕道至"去种界"来做一点讨论，以为后续讨论的铺垫。

---

❶ 廖平：《再与康长素书》，载舒大刚、杨世文主编：《廖平全集》第十一册，上海：上海古籍出版社，2015年，835页。

"去种界"可能是当今《大同书》最不值得研究的部分。康有为接受了人种等级论,提出了人为加速人种融合的办法,设想"经大同后,行化千年,全地人种,颜色同一,状貌同一,长短同一,灵明同一,是为人种大同"❶。无须讳言,这部分内容受限于康氏所接触的粗糙知识。但我们也必须注意,他的全部用心是悲悯的。从一开始,康有为就将有色人种和中国的边疆苗裔都视作"蛮野"之人,甚至在《不忍》本中还将欧洲的少数族群纳入此类。他慨叹:

> 是虽为人,去牛羊不远,性命朝夕不保。同当大地开辟之后,杂处文明国土之间……而尚有此原人之俗,如有数千年犷狉之前,岂不哀哉!……均为人也,何相去之远哉!不均不平,岂至治之世耶?❷

在他眼中,这些人都是"天生"之人,却又不幸生活在文明的边界与缝隙。他悲悯的是,既同为人,他们何以未能得到文明之光的温暖。可见,他关心的还是文明问题,人种差异是文明不平等的一种结果。

当然,如今的少数族群对康氏这种思路仍会感到冒犯。他们会认为肤色、体格、气禀都是不容改变的"自然能力",依此平等自主地生活是人的自然权利。事实上,这是从美国的黑人解放运动就贯彻开来的思路。康有为非常崇敬林肯的努力,但从康氏的思路来看,这当中仍存在难题:

---

❶ 康有为:《大同书》,72 页。
❷ 康有为:《大同书》,16 页。

> 凡言平等者，必其物之才性、知识、形状、体格有可以平等者，乃可以平等行之。……故放黑奴之高义，林肯能糜兵流血以为之；而至今美国之人，不肯与黑人齿，（中华本增"不许黑人同席而食、同席而坐，不许黑人入头等之舟车，不许黑人入客店"）黑人之被选举为小吏者，美国人犹共挤之；黑人之有学行者，总统礼之，美国人犹非笑之。❶

权利的平等往往伴随着斗争，这会加深社会的分裂。康有为则看到，人的"才性、知识、形状、体格"——这些要素我们都可以概括为"德性"——在很大程度是文明塑造出的结果。一种真正亲近和谐的平等对待，必须以德性的同一为前提。

在康氏这里，人种问题是族群间由等级向平等的进化。那么回到我们的主题，在政治的等级与平等之间，关键仍是德性的差异与均齐。我们看到，康有为在共和后，却极力批判社会上喧沸的平等思潮，这一反差最能反映他所认识的德性与平等的关系。他说：

> 今民国群众所尚，报纸所哗，则新世界之所谓共和、平等、自由、权利思想诸名词也。……所谓"平等"者，非欲令人人有士君子之行，不过锄除富家贵族，而听无量数之暴民横行云尔。❷

这折射出他理想的平等，是"人人有士君子之行"的平等，

---

❶ 康有为：《大同书》，73—74 页。
❷ 康有为：《共和评议》，《全集》第十一集，45 页。又见康有为：《中国不能逃中南美之形势》，《全集》第十集，125 页。

德性的完满均齐是平等的前提。"人人有士君子之行"是把握康有为大同思想的关键细节。他早年在草堂时期就强调:"董生言'人人有士君子之行',此句最宜著眼,大同之世全在此句。反覆玩味,其义无穷。"❶此后在《大同书》末谈到大同世界无须刑狱时,也说:"太平之世无讼,大同之世刑措,盖人人皆有士君子之行,不待理矣。"❷此外在其他著作,乃至他学生陈焕章、程大璋处,这一观念也频繁可见。❸

事实上,这也是康有为在董子的启示下发掘"天生"传统的成果。自孔子始,君子就成为一种人格的典范。而君子人格与人的"天生"禀赋的内在关联,董仲舒在《天人三策》中有明确的揭示。❹另外,在解释《春秋》太平世的理想图景时,董子云:"教化流行,德泽大洽,天下之人人有士君子之行,而少过矣。"❺这意味着,政教的最高目标是养成每个人天赋的德性人格。康氏正是从此中获得了极大启示。对此,中部第四节有展开解读,此不赘。总之,君子世界是康有为对大同的德性规定。

所以古典认为,德性差异是建立尊卑等秩的缘由,康有为则将此逻辑翻转出来,德性的均齐无差故平等无级。甚至对这一命题他还有细致的分疏。他意识到:

> 太古之野人,甫离兽身,狉狉猱猱,全地如一而无等差,

---

❶ 康有为:《万木草堂口说》,133 页。
❷ 康有为:《大同书》,313 页。
❸ 康有为:《春秋笔削大义微言考》,《全集》第六集,80 页。陈焕章:《行教方针》,载《陈焕章文录》,长沙:岳麓书社,2015 年,112—113 页。陈焕章:《孔教经世法》,上海:上海书店出版社,2016 年,18 页。
❹ 班固:《汉书·董仲舒传》,2515—2516 页。
❺ 按:此释《春秋》太平世之"讥二名"。康有为:《春秋董氏学》,2 页。

茹血、衣皮、穴处、巢居。❶

前文明的人生活在动物式的平等中，他们的德性因匮乏而均齐。大同世的人生活在君子式的平等当中，他们的德性因完满而均齐。可见，平等只是一种秩序形式，德性才是文明生活的点睛之笔。在未实现"人人有士君子之行"的时候，就不应行平等。❷

这两种平等状态的中间阶段，就是小康的尊卑等秩。康有为很清楚，人类文明的进展伴随着等级关系的建立。甚至可以说，尊卑关系对人走出动物性、成就人性有关键作用。因此，尤其是在后期思想的调整下，三世说的完整环节形成了太古—据乱小康—太平大同的结构。就平等与尊卑的关系而言，是动物式的平等—尊卑礼法—君子式的平等的辩证式上升。

这样看，平等和尊卑的关系远为微妙。就价值关系上，大同的"天生"之平等比小康的自然差等更理想。但是在进化顺序上，小康又必然先于大同，否则就会停留在动物式的平等，贸然跃进也只会退化。因此，大同需要小康的支撑，小康需要大同的成全。大同与小康不只有对立，还有相互联结的关系，因为德性才是真正的标准。

---

❶ 康有为：《大同书》，10 页。
❷ 康氏弟子程大璋作《王制义按》（1904），其注《王制》开篇"王者之制禄爵"句即云"自非天下大同，人人有士君子之行，无智愚贤不肖之等，则政教之设不能大小若一"，就表明了这种含义，并显然受到康有为的影响。程大璋：《王制通论·王制义按》，北京：中国社会科学出版社，2022 年，58—59 页。

第 2 章

独立自由与共同生活的消解
以"夫妇"为中心

一 独立自由：从康有为、严复的倡导与忧虑说起

独立自由成为近代中国的一个文明理想，与康有为、严复二人有着莫大的关系。对此，他们一开始地满心欢喜地拥抱，其中原因，既有对理想文明的追寻，如《实理公法全书》《大同书》所表现的；也有对西人文明强盛的歆羡，如严复《原强》言："推求其故，盖彼以自由为本，以民主为用……故能以法胜矣。"❶

但同时，他们又对此有着深深的忧虑。这典型表现在严复对"自繇"与"自由"译名的斟酌上。由、繇古通用，同作虚词，严译特以"繇"代"由"，是看重"繇"字从系，系有联属、约束之义。西人之"自由"以权利为中心，权利需要边界。严复想用"繇"字明示界限、约束之义，表达"人得自繇，而必以他人之自繇为界"的含义。

中文里"自由"易引申为"放诞、恣睢、无忌惮诸劣义"❷，严复对此颇为顾忌，这在当时已展露端倪。他说："十稔之间，吾国考西政者日益众，于是自繇之说，常闻于士大夫。顾竺旧者既惊

---

❶ 严复：《原强》，《严复集》第一册，北京：中华书局，1986 年，11 页。
❷ 严复：《〈群己权界论〉译凡例》，《严复集》第一册，132 页。

怖其言,目为洪水猛兽之邪说。喜新者又恣肆泛滥,荡然不得其义之所归。"❶ 也正鉴于此,严复又将 On Liberty 的译名改为《群己权界论》,以突出西人自由思想的关键——"权"与"界",而放弃了可能更贴近原著的《自繇释义》一名。不过,历史不会因这一苦心孤诣的翻译而改变,共和以后,康有为看到,"新世界之所谓共和、平等、自由、权利思想诸名词"之喧沸传播的动力,是"夫自由者,纵极吾欲云尔;权利思想者,日思争拓其私云尔"的人性之恶。❷

我们不得不追问,自由观念释放进入近代中国后,何以会变成恣肆泛滥的洪水猛兽?有学者提示了这和自由的中文词源与文化传统的背景有关。此说极为准确,待下文详述。但与此同时,我们又须反问:既然深虑其副作用,康有为和严复何以仍未放弃独立自由作为一种理想价值?这既突出表现在康氏以独立、自主为大同的基本价值,也表现在严氏以儒家和道家的理想观念来理解"自由"。这样看来,近代中国的独立自由观念,既有高扬的理想层面,却也包含了巨大的危险。很大程度上,和上节所论平等问题类似,这正源于该观念背后中西古今的复杂因素的交织。

本章的主题是探讨康有为从独立自由出发,建构了一个怎样的大同文明,以期由此窥见近代中国的独立自由观念,及其推动的社会变革的基本特征。研究的视野仍是古今之变的视野:既会回到古典传统,理解独立自由在其中的含义,考察人是否能够或应该独立自由地生活;也探究康有为基于何种信念,来主张独立自由是更好的价值。

---

❶ 严复:《〈群己权界论〉译凡例》,《严复集》第一册,131—132 页。
❷ 康有为:《共和评议》,《全集》第十一集,45 页。

并且，为体现这一观念变革的现实意义，须聚焦于某一群体的命运和处境，观察他们发生了怎样的转变。尽管这背后肯定有全社会的处境转变，但总有些群体的变动更为剧烈，更具象征意义。为此我们以女性群体为对象。在传统社会，她们因某些理由较男性更受约束，在近代则成为社会运动的重点解放对象。《大同书》中康有为也特意用一个章节来思考女性命运的问题，并认为这对大同社会的实现至关重要。总之，我们既会在一般观念上讨论独立自由关涉的各类问题，也会聚焦在女性身上，观审这意味着怎样的生活，以深刻体会这种观念的力量。

二 经学传统中的共同生活与独立自由

思想之所以能超越历史，成为单独的世界，是因为其中蕴藏了比现实更多的道理和可能。古代社会没有绝对独立的个体，并不妨碍我们探究古典思想如何设想独立自由的状态，或生活中存在的某些独立掌控、自由处置的空间。反而，现实与思想的微妙张力，将帮助我们认识独立自由的意义与限度。

我们先来考察"自由""独立"这两个观念的含义。首先，"自由"在古代经典中很少出现。陈静以《曲礼》"帷薄之外不趋"句郑注"不见尊者，行自由，不为容也"为例，认为："传统中文里的'自由'是一种'无关系的自由'，因为这种'自由'发生在制度的规定之外，不涉及人与人之间的关系，不涉及安排人际关系的人伦秩序"❶，此说法非常准确。

---

❶ 陈静：《自由的含义：中文背景下的古今差别》，《哲学研究》2012年第11期，50页。

相比"自由","独立"在古典语境中稍多一些。我们先举几个《易》学当中较抽象的语例,以反映"独立"在纯粹观念上是何种状态。王弼《周易注》有:

《乾·文言》上九曰:亢龙有悔,何谓也。子曰:贵而无位,高而无民,贤人在下位而无辅,是以动而有悔也。 注:**独立**而动,物莫之与矣。❶

《随》六三注:阴之为物,以处随世,不能**独立**,必有系也。❷

《睽》初九注:处睽之初,居下体之下,无应**独立**,悔也。❸

《萃》上六注:处聚之时,居于上极,五非所乘,内无应援。处上**独立**,近远无助,危莫甚焉。❹

乘、承、比、应是《易》学的基本条例,这表明《易》是一门处理关系、联系的学问。上述四则语例,都体现了《易》学这些最基本的关系原则。例如,阴不独存,待应于阳,《随》之六三、《萃》之上六是也;再如,初、上多危,须有所亲附才得安宁,《乾》之上九、《睽》之初九、《萃》之上六是也。并且,《随》《睽》《萃》三卦的基本意象,都或正或反地指向人的共同生活。在这些语境中,我们看到,"独立"是一种无联系的独立,或者说

---

❶ 王弼注,孔颖达疏:《周易正义》,北京:北京大学出版社,1999年,18页。
❷ 王弼注,孔颖达疏:《周易正义》,90页。
❸ 王弼注,孔颖达疏:《周易正义》,162页。
❹ 王弼注,孔颖达疏:《周易正义》,191页。

孤立,和"自由"的古义相通。

因此,严复曾说:"(自繇)初义但云不为外物拘牵而已,无胜义亦无劣义也。夫人而自繇,固不必须以为恶,即欲为善,亦须自繇。其字义训,本为最宽。自繇者凡所欲为,理无不可,此如有人独居世外,其自繇界域,岂有限制?"[1] 其说不无道理。作为抽象的生活形式,自由和独立是人可能处身的一种状态,它是好是坏,是短暂还是长久,并没有必然的结果。

当然,人并不生活在抽象观念中,而是踏在现实的土地上。我们须进一步考察,在传统社会,独立自由的行为乃至生活状态,是好是坏。这也关系着,什么样的人能得独立与自由。有意味的是,古典在此问题上展开了两种截然相反的向度。

我们还是先来考察自由。前述《曲礼》"帷薄之外不趋"很具典型意义。为安顿人的伦理生活,古典塑造了一系列的礼乐制度。"帷薄"就是礼的符号,之内是礼的空间,之外是自由的空间。也就是说,就具体行为而言,在发生人际关系的地方就应按照礼仪行动,在此之外可以自由行动,礼与自由各有所在。但若在礼的空间下行自由,就是擅自做主、恣意妄为。进而,这若不只是暂时的行为,而成了一种生活状态,就会更明确地危害礼乐秩序。这是自由在历史语境中大多为贬义的原因。[2]

再者,上述《易》学语例也体现出,"独立"不是好的处境。在历史语境下亦然,如:

《史记·项羽本纪》:孤特独立而欲常存,岂不哀哉? [3]

---

[1] 严复:《〈群己权界论〉译凡例》,《严复集》第一册,132页。
[2] 陈静:《自由的含义:中文背景下的古今差别》,《哲学研究》2012年第11期,51页。
[3] 司马迁:《史记》,308页。

> 王粲《闲邪赋》：哀独立而无依。❶
>
> 曹植《上书请免发取诸国士息》：危居独立。❷
>
> 《晋书·五行志》：人君独立无辅佐，以至危亡也。❸
>
> 《晋书·王浚传》：匹夫独立，不能庇其妻子。❹

在现实生活中，"独立"是切断了与他者的联系，失去了共同生活的状态。这有违于古典的基本信念：我们必然和他人共同生活在一起，人在伦理、政治的关系中成为人。故古人眼中，"独立"是一种人难以承受的、不能持久的可悲生活。鳏、寡、孤、独者，是由命运造成其"独立"的群体，他们不幸缺失了生活乃至人性自身的重要拼图。总之，在古典礼乐世界中，独立和自由并不可取，独立在意涵上更表现着一种悲凉和不幸。

不过值得注意的是，尽管"自由"没有明确表现，"独立"在指涉两类特殊群体时，则表达了正面的价值。这说明古典曾认真考虑，独立可能是一种更好的生活。一类人群是隐士逸民，如《史记·滑稽列传》：

> 今世之处士，时虽不用，崛然独立，块然独处，上观许由，下察接舆……寡偶少徒，固其常也。❺

隐者的独立总是孑然、岿然、超然、卓然的，也总是绝世、

---

❶ 严可均编：《全上古三代秦汉三国六朝文·全后汉文》卷九十，北京：中华书局，1958年，958页。
❷ 严可均编：《全上古三代秦汉三国六朝文·全三国文》卷十六，1140页。
❸ 房玄龄等：《晋书》，北京：中华书局，1974年，826页。
❹ 房玄龄等：《晋书》，1212页。
❺ 司马迁：《史记》，3207页。

遗世、遁世的。自《论语》中孔子总对隐士莫名恭敬始，我们的文明传统一直为隐逸生活保留了一片天地。礼义秩序外的自由空间，如何能成就一种好的生活，使孔子每感戚戚焉？这重心意感通，很可能基于生活状态的内在一致。

因另一类能够独立的形象便是圣人。圣人是怎样生活的，自七十子后再无人亲见。颜回想必和孔子有很多日常接触，但他仍明确意识到，圣人之为圣人的生活，是我们无法企及的境地，故有"既竭吾才，如有所立卓尔。虽欲从之，末由也已"的喟叹。有趣的是，董仲舒化用了颜子此义，来指出圣人的高妙，并用上了"独立"一词：

> 《春秋》至意有二端，不本二端之所从起，亦未可与论灾异也，小大微著之分也。夫览求微细于无端之处，诚知小之将为大也，微之将为著也。吉凶未形，圣人所独立也，虽欲从之，末由也已，此之谓也。❶

此非孤证，后扬雄《河东赋》云"参天地而独立兮，廓荡荡其亡双"，指参天地之圣王言❷；阮籍《通易论》化用《大过·象》辞"君子以独立不惧，遁世无闷"，言"圣人独立无闷"❸。古典深谙，作为人极的圣人，在各个领域都是"独立"于我们的，无论是知吉凶之智、参天地之功，还是不惧无闷之畅达。我们无法透知圣人所成就的是怎样的好，但"独立"已是最能形

---

❶ 苏舆：《春秋繁露义证》，155 页。又："圣人之所以超然，虽欲从之，末由也已。"同前书，153 页。
❷ 班固：《汉书·扬雄传》，3538 页。
❸ 阮籍：《阮籍集校注》，北京：中华书局，2012 年，131 页。

容这种善好的观念。可以说，圣人之为圣人恰在于这种"独立"于凡世的位置。❶

那么，何以普通人的"独立"总归于不幸，而圣人与隐者的"独立"是一种更好的生活可能？必须承认，回答这一问题是困难的。我们将尝试从德性与共同生活、礼乐秩序的辩证关系入手。

在人类生活的方方面面，人的德能都不是自足的，故须在共同生活中相互支持、相互充实。"能群"是人越出动物性的第一步，共同生活便也是人性的内在要求。进而，为了将德性参差的人们组织起来，需要建立礼义秩序。因德能高者近于自足，有能力照料、统摄他人，德能弱者难于自存，愈受照料愈难自主。故礼义秩序就按照以尊统卑、以德配位的原则建立起来。

而作为共同生活和礼义秩序的反面，独立自由也就是全凭自己的德能过活。这当中存在着截然相反的两种生活面貌。对于大多数人来说，离开了共同生活，就不幸缺失了幸福的拼图，仅凭其有限的德能来面对生活和命运，将更加艰难。但对一些更好的人来说，他们能以其独特的品质和方式，实现人生的整全幸福，过上自足的独立生活。对于这些更好的人，他们已无须礼乐的规范和教化，他们本身就是自己生活的尺度。

当然，在我们的思想传统中，圣人与隐士的生活只有形象，没有方法。因他们实现德性圆足、获得整全幸福的方式既不可知，对普遍的共同生活也无益，故而无须追问。这表明，一种绝对独立、自由的生活是无从欲求的，不能成为普遍的生活范式。甚至可说，圣人与隐士从未真正生活在我们之中，他们更多存在于观

---

❶ 事实上，中国思想传统自"人皆可以为尧舜""圣人可学而至"的追问，至魏晋圣人有无情、有无梦的讨论，再至宋明的气学理论，不断从各个角度把握圣人与我们的距离，亦即圣人的"独立"之处。

念中，作为一种符号，既表明独立、自由是一种值得严肃对待的生活可能，也侧面揭示了共同生活的意义与限度。现实中的人，将如"帷薄"的内外之别所隐喻的，会在独立自由和共同生活两种空间中反复切换，并始终面临着如何划分二者的边界、如何处理二者的紧张等问题。

不过，这种描述值得进一步的追问。在人类社会当中，是否有的群体能得到更多独立、自由的空间，而相比之下，有的群体则更受限制？这背后的理由又是什么？综览儒家的秩序图景，男女群体的差异可能最为突出，而考察二者又必须在人类生活的一个根本领域——婚姻中进行。

理解传统社会中男女生活的不同与联系，首先要说明传统的性别观念。在前章论人性自然差异时曾谈到，传统的人性观察主要基于经验。经验地看，性别显然是众多人类本性中，最明显且根深蒂固的差异之一。在儒家以德能为中心构想的秩序图景中，职业、阶层、地域等都可以被改变，但男女差异不同于它们，人通过作为男人或女人而成为人。所以，在传统意义上，"男性"和"女性"就不仅仅是身体形态的差异，而根本上是不同的人性特质，且无从更改。因着两种本性的差异，男女在生活的各个方面都必须有所区分。例如，即便同生之兄弟姊妹，男子和女子的长幼排行也要分开，自少时即不同席杂坐，可见区隔之严密，宛如两个世界。总之古人相信，"男女有别"和"亲亲、尊尊、长长"一样，是礼乐秩序"不可得与民变革"的核心原则。❶

不过，男女两种人性特质不只有别，又天然相互联结。这使得男女关系里不仅有一层尊卑与平等的问题，还有一层结合与独

---

❶ 郑玄注，孔颖达疏：《礼记正义》，1354页。

立自由的问题。存在和人性本身的有限,使我们须在共同生活中获取完整的幸福,而在各种共同生活的形式中,"情性之大,莫若男女"❶。因情欲、生存、生育的相互需要,男女组成婚姻,是人类共同生活的最基本单位。并且,唯有男女结合而成婚姻,其他生活形式才能得以展开和延续;父子、君臣之伦的建立,都端赖于夫妇关系的理顺,故谓"夫妇有义,而后父子有亲,父子有亲,而后君臣有正"❷。由此,婚姻在儒家秩序中被推重为人伦之始、礼义之本。❸

然而,婚姻的结合并不会取消男女之别;相反,"婚姻之礼,所以明男女之别也"❹。也就是说,男女的本性区别及相互联结,恰恰须通过婚姻伦理的种种原则,而得充分表现并获以贞定。这在儒家传统中被概括为三纲之"夫为妻纲"的原则,而在现代人心中却是儒家的"劣迹"。本书并不拟为之辩护或辩诬,只期先弄清其中的原理。

先须交代,"纲"是提网的总绳,有承重能力,又是诸分支关系的总揽。这一意象作为人类生活的比喻,指最具根本性和能承担生活重量的伦理关系。在不同的生活领域下,也就会有不同的"纲"。那么首先,"三纲"作为整体观念,是针对全部人类生活整体而言的,传统称之为"人道"。故《白虎通》云:"纲者,张也。纪者,理也。大者为纲,小者为纪。所以张理上下,整齐人

---

❶ 陈立:《白虎通疏证》,451 页。
❷ 郑玄注,孔颖达疏:《礼记正义》,2276—2277 页。
❸ 《白虎通》:"男女之交,人伦之始,莫若夫妇。"陈立:《白虎通疏证》,451 页。《郊特牲》:"夫昏礼,万世之始也。"《哀公问》:"大昏,万世之嗣也。"《昏义》:"昏礼者,礼之本也。"郑玄注,孔颖达疏:《礼记正义》,1091、1916、2277 页。
❹ 郑玄注,孔颖达疏:《礼记正义》,1909 页。

道也。"❶ 那么，三纲对人道有何重要意义？其继云：

> 君臣、父子、夫妇，六人也。所以称三纲何？一阴一阳谓之道，阳得阴而成，阴得阳而序，刚柔相配，故六人为三纲。❷

《春秋繁露·基义》篇亦有谓：

> 阴者阳之合，妻者夫之合，子者夫之合，臣者君之合。物莫无合，而合各有阴阳。阳兼于阴，阴兼于阳；夫兼于妻，妻兼于夫；父兼于子，子兼于父；君兼于臣，臣兼于君。君臣、父子、夫妇之义，皆取诸阴阳之道。❸

阴阳的玄妙表述背后，是朴素的生活经验。以夫妇一伦为例，孤阴不生，独阳不长，男、女两种有限的人类本性，只有结成婚姻才能获得完整的幸福。同理，父、子、君、臣都内在需要对方的存在，才能成全相互的幸福与德性。所以，夫妇、父子、君臣是人性获得整全的三种必要路径，也就是人所必需的三种伦理生活，故为人道之三纲。在相互需要的意义上，双方有着同等的伦理地位与道德重量。

进而，共同生活需要秩序，三纲当中应分出明晰的主辅、尊卑关系。就像阴阳的相生相成，并不妨碍阴阳运转以阳主阴辅的方式进行一样，在夫妇、父子、君臣关系中，居阴的一方需配合居阳的一方。《春秋繁露·基义》继谓：

---

❶ 陈立：《白虎通疏证》，374 页。
❷ 陈立：《白虎通疏证》，374 页。
❸ 苏舆：《春秋繁露义证》，350 页。

> 阴道无所独行。其始也不得专起，其终也不得分功，有所兼之义。是故臣兼功于君，子兼功于父，妻兼功于夫，阴兼功于阳，地兼功于天。……天为君而覆露之，地为臣而持载之；阳为夫而生之，阴为妇而助之；春为父而生之，夏为子而养之。……王道之三纲，可求于天。❶

在通往幸福生活的道路上，人们须在德能强者的引导下共同前行，这是长久以来的生活经验，阳主阴辅之说是一种抽象提炼。故在婚姻当中，就要求男子肩负起照管女子的责任、承托起家庭幸福的主要重担，女性分担、依赖而从之。总之，"夫为妻纲"是基于德能不同的责任分担，更接近保护者与被保护者的关系。事实上，君臣、父子之间也有类似一面。

不难想象，在古时如独自面对生活与命运，女子会比男子更加艰难。是故，在这对关系中，女性是更受照料和得到成全的一方。这突出体现在古典对"夫妇""男女""嫁""姻"诸名的理解上。

> 夫妇者何谓也？夫者，扶也，扶以人道者也。妇者，服也，服于家事，事人者也。❷
>
> 男女者，何谓也？男者，任也，任功业也。女者，如也，从如人也。
>
> 嫁者，家也，妇人外成，以出适人为家。
>
> 姻者，妇人因夫而成，故曰姻。❸

---

❶ 苏舆：《春秋繁露义证》，351页。
❷ 陈立：《白虎通疏证》，491页。《白虎通·三纲》又云："夫妇者，何谓也？夫者，扶也，以道扶接也。妇者，服也，以礼屈服也。"同前书，376页。
❸ 陈立：《白虎通疏证》，491—492页。

古时之女子在室，虽有父兄可依赖，但其"女性"依旧是孤零零的，没有得到充实与回响。只有踏入婚姻生活，组成新的家庭，才能成就其人性，故谓"妇人外成""因夫而成"。家庭这一成全的场所，才是她真正可依赖的归宿，故女子"以出适人为家"，谓嫁曰"归"。是故，婚姻对女性的关键意义，使妇须以夫为尊。依《丧服》，妻为夫服斩衰三年，《传》曰"夫至尊"❶，古人以"天"形容至尊，故曰："夫者，妻之天也。"❷并且，女子既嫁为父母服期，《传》曰："妇人不贰斩者，犹曰不贰天也。妇人不能贰尊也。"❸这些观念都传递出，夫是妇面对生活与命运的依赖和保护。我们必须再次强调，儒家伦理观念中尊者都对卑者的命运负有责任，那么对于为夫者，就既须以礼义之道引导、扶助之，又须力任功业，创造更好的生活条件。

总之在传统社会，女子一生都在父、夫、子的庇护下度过，所谓"妇人有三从之义，无专用之道。故未嫁从父，既嫁从夫，夫死从子"。❹不过，我们要继续追问，这种依赖关系是否意味着女性天然低人一等而受制于男性，男性能主宰女性生活的方方面面？

至少儒家经典中的立法原理并不如此。如上曾述，基于男女本性差异的不同方面，婚姻生活既有相生相成的一面，也有夫主妇随的一面。细味二者的关系，共同生活的幸福是根本目的，为了追求它及保障它的稳固，才有主辅尊卑的区分。事实上，就像《春秋繁露·基义》篇的论述条例所展示的，出于阴阳相成的必

---

❶ 郑玄注，贾公彦疏：《仪礼注疏》，887页。
❷ 郑玄注，贾公彦疏：《仪礼注疏》，920页。
❸ 郑玄注，贾公彦疏：《仪礼注疏》，920页。
❹ 郑玄注，贾公彦疏：《仪礼注疏》，920页。

要，才产生阳主阴辅的关系。因此，在婚姻相互成全的面向里，"女性"作为一种独特的人类本性，对婚姻有无可替代的贡献。从这一角度出发，儒家对婚姻有许多非尊卑式的规定，体现了女性能拥有某种独立空间，达成独有的成就。所以说，由看待男女之别的不同视角，延伸出婚姻关系的两种不同面向，二者又能微妙地共存。以下略举数例说明之。

首先，名号就有两种角度。我们总说中国是一以名为教的文明传统，所有伦理关系都通过"名"（称谓、称呼）规定下来。那么，婚姻生活的不同称呼，就反映着其中伦理的复杂面向。前文已述，夫妇之称有尊卑区别，不仅如此，儒家的礼制还根据男子的德位等次，区别其配偶的称号。所谓"天子之妃曰后，诸侯曰夫人，大夫曰孺人，士曰妇人，庶人曰妻"❶，这种区分也是基于女性依附于男性的逻辑。

然而，婚姻中还有另一种称呼——"夫妻"，表达了关系的同等均齐，并且这一面向超越了前述政治身份的差等影响，为天子至庶人所通用。我们的依据是《白虎通》：

> 妻者，齐也，与夫齐体。自天子下至庶人，其义一也。❷

这一说法的来源是《丧服》学，"齐体"观念的前提是"夫妻一体"。这是说，婚姻将"相胖"的两种人类本性结合为"一体"❸，在共同的生活与命运面前，双方是彼此的"至亲"。就实现

---

❶ 郑注："后之言後也。夫之言扶。孺之言属。妇之言服。妻之言齐。"郑玄注，孔颖达疏：《礼记正义》，195页。
❷ 陈立：《白虎通疏证》，490页。
❸ 《丧服传》称"夫妻，一体也"，"夫妻，胖合也"。郑玄注，贾公彦疏：《仪礼注疏》，911页。

生活的完整幸福,与人性的相互成就而言,女性的需求与贡献,在道德价值上和男性是等同的。这就是所谓夫妻"齐体",或谓之"体敌"。可见,"夫妻"之称肯定了男女同等的地位。

那么,"夫妻""夫妇"两种称呼的张力,该如何理解呢?我们仍须依据《丧服》的制法原理,来进行分析,尤其是"至亲以期断"❶一条。夫妻是一体至亲,本应互为对方服期,表明彼此之恩是同等的,无分轻重。进而在此基础上,依据尊卑关系,使卑者为尊者加隆,以示尊重,故妻为夫服斩衰三年;而尊者不为卑者降杀,仅报本恩,故夫为妻服齐衰期。显然,一体同恩是更基础的制服原理。

并且,夫妻"齐体"的观念也会真实转化为具体的行为原则与礼仪制度。我们先看行为原则的层面。在儒家伦理体系中,三纲还向外拓展为六种辅助的关系,指诸父、兄弟、族人、诸舅、师长、朋友,是称六纪。三纲统摄六纪,六纪搭配三纲,这应和了"纲"与"纪"来自"网"的本义,各类伦理生活交织为一张承负着人生与命运的大网。由此来观察三纲与六纪的搭配是饶有意味的。以夫妇为例,《白虎通》曰:

> 六纪者,为三纲之纪者也。……诸舅、朋友,夫妇之纪也,以其皆有同志为己助也。❷

诸舅为妻族兄弟,为夫妇之纪顺理成章。朋友亦纪于夫妇,则反映了这两种伦理有相似的目的和形式。同门为朋,同志为友,

---

❶ 郑玄注,孔颖达疏:《礼记正义》,2188 页。
❷ 陈立:《白虎通疏证》,375 页。

朋友为了共同的德性目标，相互砥砺、充实。他们既是不相系属的个体，又在德性上相互联结。夫妻又是在更深沉的生活中，以共同的志愿扶助前行。命运的紧密相关，也不妨碍他们各自有独立的空间。当然，这不是说夫妻与朋友是同构的，毕竟这是两种人伦关系，而是说婚姻生活中亦有朋友相处之道。

所以，《白虎通》还有这样一条规定：

> 妇人学事舅姑，不学事夫者，示妇与夫一体也……
> 妇事夫，有四礼焉。鸡初鸣，咸盥漱，栉縰笄总而朝，君臣之道也。恻隐之恩，父子之道也。会计有无，兄弟之道也。闺阃之内，衽席之上，朋友之道焉。闻见异词，故设此焉。❶

这里我们先要说明，《白虎通》本是东汉经师正定五经通义之作，旨在于每一问题上取得义理学说的共识。也正由此，《白虎通》中少数兼存异说的条目，就更值得关注，它反映了该问题在经学世界中的复杂面貌，此条即是其一。第一种说法巧妙表达了"一体"与"体敌"的辩证关系。这是纯粹以相互成就的"一体"面向来确定夫妇间的伦理准则。从命运的共同担负与德性的相互成就而言，夫妇之间没有相互服侍的义务；而妇又因与夫为一体，故须学事舅姑，以慰夫之孝心，尽家内之职责。

第二种说法则是兼顾尊卑与一体。何休也有类似说法："妻事夫有四义：鸡鸣，縰笄而朝，君臣之礼也；三年恻隐，父子之恩也；图安危可否，兄弟之义也；枢机之内，寝席之上，朋友之道，不可纯以君臣之义责之。"❷作为共同生活的最小单位，"夫妇"关

---

❶ 陈立：《白虎通疏证》，486 页。
❷ 何休解诂，徐彦疏：《春秋公羊传注疏》，304 页。

系折射出各种伦理面貌。其中,有同于君臣之礼、父子之恩处,但我们必须指出,"縰笄"指束发,鸡鸣束发而朝是象征性的尊重,与臣朝君、子朝父之礼有根本区别。况且在更切实的日常生活中,"会计有无""图安危可否"有似兄弟之一体,室家之内相敬如宾,有似朋友般以道义相合及相规劝。所以说,这两条异说在大旨上仍相通,肯定了夫妇间以对等关系为主要原则。

至于这与尊卑面向的关系,第一条并未谈及,但不至于否认尊卑的差别。第二条更明确地将尊卑关系纳入考虑,但何休揭示"不可纯以君臣之义责之",值得深味。此盖出于两个理由:首先,君臣尊卑基于人性的自然差等,夫妇尊卑基于"男性"与"女性"的某些差距,不可以夫妇尊卑比同于君臣尊卑,因为男女之别不能等同于人性的差等。再者,婚姻的"一体"面向也会限制夫妇间的尊卑关系,不至于发展为君臣间的关系。

至于"齐体""体敌"观念转化为礼仪制度,则最突出体现在亲迎礼上。尽管婚礼前还有一系列筹备礼仪,但亲迎是结成婚姻关系的实质环节。这一礼仪在婚姻生活的开端处,根本性奠定了此后的伦理原则。并且,重要的是,与前述"夫妻"之称相同,亲迎之礼自士达于天子,《白虎通》称:"天子下至士,必亲迎授绥者何?以阳下阴也。欲得其欢心,示亲之心也。"❶也就是说,不论男子的政治地位如何,在婚姻中都要以夫妻齐体来对待,就必须亲迎。这其中的缘由,我们可借古代经师反复辨析的"天子是否亲迎"问题来说明。

《五经异义》《礼》戴说:"天子亲迎。"《春秋公羊》说:

---

❶ 陈立:《白虎通疏证》,439 页。

"自天子至庶人,娶皆当亲迎。"《左氏》说:"天子至尊无敌,故无亲迎之礼。祭公逆王后,未致京师而称后,知天子不行而礼成也。诸侯有故,若疾病,则使上卿逆,上公临之。公子翚如齐逆女,《春秋》不讥,知诸侯有故,得使亲迎。"谨案:高祖时,皇太子纳妃,叔孙通制礼,以为天子无亲迎,从《左氏》义。

《驳五经异义》曰:太姒之家在洽之阳,在渭之涘,文王亲迎于渭,即天子亲迎明文矣。天子虽至尊,其于后犹夫妇也。夫妇判合,礼同一体,所谓无敌,岂施于此哉?《礼记》哀公问曰:"寡人愿有言,然冕而亲迎,不已重乎?"孔子愀然作色而对曰:"合二姓之好,以继先圣之后,以为天地宗庙社稷之主,君何谓已重乎?"此言亲迎继先圣之后,为天地宗庙主,非天子则谁乎?❶

从《白虎通》到《五经异义》《驳五经异义》,集中表现出汉人讨论经义的共同特质,就是以义理、价值为中心,辅证以具体经说。事实上,经典文献可以有不同的解读,例如"祭公逆王后""公子翚如齐逆女"事,《公》《穀》的态度就不同于左氏;再者,甚至经说的解读也未必是完全恰当的,如郑玄这里以文王迎太姒为例,但是时文王并不是天子,还只是诸侯。不过归根结底,问题反映的是不同价值的冲突,故我们在讨论时会聚焦于此,免去枝蔓的辨析。

我们看到,不支持亲迎的证据,有一条历史的线索,从《哀公问》到左氏学中的"祭公逆王后""公子翚如齐逆女"事,再到

---

❶ 陈寿祺、皮锡瑞:《五经异义疏证 驳五经异义疏证》,北京:中华书局,2014年,394—395页。

叔孙通制礼。他们的理由在《哀公问》一开始就展示了。"冕而亲迎,不已重乎",鲁哀公怀疑亲迎不合于夫妇之间的尊卑关系,天子诸侯之尊更不适合礼下于妇。这是一个非常现实的考虑,所以才在历史上反复出现。它使婚姻的缔结意义屈从于夫妇间的尊卑和政治身份的尊卑。事实上,古文经学选择天子不亲迎,与其一贯立场相符。古文经学的礼学从批评今文经礼学只有"士礼"出发,主张根据差等推出卿大夫、诸侯、天子的各项礼制,其中就包括婚冠丧祭之礼。按照礼的秩序一概依于尊卑等差而设的信念,士有亲迎之礼,天子至尊何以与士同行亲迎?天子至尊何以亲迎诸侯之女?然而对照这一点,正能体现今文经学天子与士同行亲迎礼,还有上节谈到的同行士冠礼的理想色彩。

上节"帷薄"内外有分际的问题表明,礼是关乎空间、场域的学问,作为礼学大师,郑玄深谙于此。故他称:"天子虽至尊,其于后犹夫妇也。夫妇判合,礼同一体,所谓无敌,岂施于此哉?"这就指出了,天子尽管在政治空间中为至尊,但在婚姻空间中是与妇"一体"亦"体敌"之夫。每个人都必然要过婚姻生活,"夫妻"之称、亲迎之礼就应是普遍的。人取得的政治身份是特殊的,但也并不是永恒的,故不应侵入与压缩婚姻生活的意义。

那么,郑玄的辨析实际上是从礼的秩序原理与层次关系,来指出天子身份不妨碍亲迎,政治身份的等差不能侵入婚姻生活中。至于对婚姻生活的后续开展来说,亲迎这一礼节的含义,还须回到孔子对哀公的回答中去理解。孔子指明,"亲迎"是夫兴起敬心,相与为亲的象征,这出于对女性贡献的尊重。在儒家的家庭秩序构想中,家庭生活的全局其实由妇人主持,从孝养舅姑到主天地宗庙社稷之祀,再到合两姓之好、继万世之嗣等,都须女性发挥自身独特的品质，才能做出无可取代的贡献。所以，在婚姻生活之开端，有必要以这种礼下于人的方式，为之后的伦理生活奠定一个敬意与尊重的开端。

事实上，还有不少相关伦理原则、礼仪规定与历史故事可提供，但前述解读已初步表明，在传统婚姻中，女性并不绝对依赖、系属于男子。她们在家庭内有独立掌控的空间，并以此展现自己的贡献、地位乃至"人格"。但是，这一判断也有它的背面，我们也要看到，女子生活的依附与局限，何尝不同样基于她们的"女性"？这意味着，她们获得的独立空间，只是在婚姻家庭之内，而非之外的。因男女之别而规定下的内外之分，意味着室家之内是女子发挥德性的全部场域，而男子能在婚姻、家庭之外有更广阔的空间。这就使男子有更高的独立性，去展现他们的能力与人性。

这种差别在经学传统中表现为女子有无"爵"与"谥"的争论。先须交代，爵是迈入政治生活施展德能的禄位，古者有爵有谥，无爵无谥，是因为参与政治的人，其一生行迹会对整个人道产生影响，故要立谥以彰表之。至于未进入政治领域的人，即便很有德性，但对人道的影响不多，故不谥。但是，就女性思考这一问题又更显复杂。

首先，《白虎通》的《爵》篇明确表示，女性不能参与政治生活，故无爵：

> 妇人无爵何？阴卑无外事，是以有"三从"之义：未嫁从父，既嫁从夫，夫死从子。故夫尊于朝，妻荣于室，随夫之行。故《礼·郊特牲》曰："妇人无爵，坐以夫之齿。"《礼》曰："生无爵，死无谥。"《春秋》录夫人皆有谥，何以知夫人

非爵也？《论语》曰："邦君之妻，君称之曰夫人，国人称之曰君夫人。"即令是爵，君称之与国人称之不当异也。❶

但是，在有没有谥号的问题上，却存在异说，《白虎通·谥》篇云：

> 夫人无谥者何？无爵，故无谥。或曰：夫人有谥。夫人一国之母，修闺门之内，则群下亦化之，故设谥以彰其善恶。《春秋》曰："葬宋共姬。"《传》曰："称谥何？贤也。"《传》曰："哀姜者何？庄公夫人也。"❷

对此，我们要一层层来辨析。首先，如果说女子因其"女性"而须系赖于人，主于家内而无外事，故无法涉足政治生活，那么这究竟是意味着，政治作为一种展现德性的生活，是"男性"的专属，而"女性"并不具备这种德能禀赋，抑或只是出于分工的需要，女子在家庭中能更好发挥其德能，而男子在政治中更能展示其本性？这背后又涉及如何权衡家庭和政治对整个人类生活的意义。比如，若爵与谥是对人之德能的表彰，女性对婚姻、家庭和继嗣的贡献，难道并不重要吗？《白虎通》对女性是否享有谥号的游移，很可能正出于此。

并且，《春秋》夫人有书谥之例，成为妇人有谥的可能依据。就鲁国夫人，有"葬我小君文姜""葬我小君成风"，何休也曾用这些例子作为参照，反过来便可推定"仲子无谥，知生时不称夫人"❸。再如，于外夫人，襄公三十年"葬宋共姬"，《公羊传》

---

❶ 陈立：《白虎通疏证》，21—22 页。
❷ 陈立：《白虎通疏证》，74 页。
❸ 何休解诂，徐彦疏：《春秋公羊传注疏》，29 页。

曰:"外夫人不书葬,此何以书?隐之也。何隐尔?宋灾,伯姬卒焉。其称谥何?贤也。"❶ 这样看来,《春秋》于内夫人书谥以重其恩,于外夫人书谥以表其贤,似夫人有谥为一通例。

但对这一现象,《春秋》学传统中也有不同的解读。例如,服虔称声子之谥"非礼"❷。杜预推进了这一说法,他一方面强调"妇人无谥,故以字配姓"为通例,另一方面认为"宋共姬"之称是夫人"从夫谥"的表现,从而表明妇人单独立谥是周末礼坏的结果。❸ 事实上,这两重证据都有一定的说服力,例如《春秋》中的确有许多贤德女性是以字配姓而不书谥的,如纪之伯姬、叔姬;再如,刘向《五经通义》亦有云:"或曰妇人以随从为义,夫贵于朝,妻荣于室,故得蒙夫之谥。文王之妃曰文母,宋共妻曰共姬是也。"❹

而且,即便跨过这些比经推例带来的困难,公羊学的"夫人有谥"说也是种"有限"的礼制,不能推出妇人皆能有谥号。首先,对于宋共姬之贤迹,《公羊传》称:"何贤尔?宋灾,伯姬存焉。有司复曰:火至矣,请出。伯姬曰:不可,吾闻之也,妇人夜出,不见傅母不下堂,傅至矣,母未至也。逮乎火而死。"❺ 姑且不管是按常礼的蒙夫谥,还是单独立谥以贤之,宋共姬之"可贤"都只是因其恪守男女内外之别的严格规定。实际上,前所引《白虎通》的异说,谓夫人宜立谥的理由为"夫人一国之母,修闺门之内,则群下亦化之",也是表彰女性在家庭内的贡献。这

---

❶ 何休解诂,徐彦疏:《春秋公羊传注疏》,894 页。
❷ 杜佑:《通典》,北京:中华书局,1988 年,2714 页。
❸ 杜预注,孔颖达疏:《春秋左传正义》,44、1111 页。
❹ 见杜佑:《通典》,2713 页。
❺ 何休解诂,徐彦疏:《春秋公羊传注疏》,894—895 页。

样说来,其人得以立谥,只是因其为诸侯夫人、一国之母,有示范作用。

再者,此礼仅限于诸侯夫人以上,而卿大夫命妇以下卑而无谥号。也即女性得谥之尊荣,其实还是仰赖夫之尊。所以,《白虎通》设想为后夫人命谥的地点,是"庙"这一家族内部的礼仪空间,方式则是"臣子共审谥,白之于君,然后加之。妇人天夫,故但白君而已"❶。这意味着,夫人之谥为其夫所予,是为私谥,而与男子在政治中的爵与谥性质不同。可见,即便今文经学的制度构想,也只是在男女有别的整体结构下,点亮了某些女子的德性贡献,而非为女性群体敞开更辽阔的空间。

至此,尽管对于女性在传统社会的处境还有太多应关注的东西,但这实不足以在本书中完成,为专注于本章关于独立的议题,我们必须做一简短的总结。综上言之,女性在传统社会是否有独立性,是无法一言定论的问题,因其中包含了复杂的面向。从不同的角度考察会有不同的回答:如将家庭视为女性的独特天地,并看到婚姻中相互成全的"一体"和"体敌",女性独立的地位与贡献是能得到肯认的。但如看到"谓嫁曰归""因夫而成""夫为妻纲"中的依赖性,及女无外事而不得爵与谥,则女性的生活有明显的限制。整体来看,古代女子更像是生活在共同性与独立性的微妙张力之中。

---

❶ 今本《白虎通》作"后夫人于何所谥之?以为于朝廷。朝廷本所以治政之处,臣子共审谥"云云,然《通典》所引《白虎通》作"后夫人谥,臣子共于庙定之"。按:根据男女内外之分际与妇人天夫之理,《通典》所引为是,今本有脱文,其云"朝廷本所以治政之处",恰指出朝廷是政治的空间,表明当以在"庙"为是。陈立已认为,补足原文当作"后夫人于何所谥之?以为于庙,或曰于朝廷"云云,甚是。今据以改。详参陈立:《白虎通疏证》,76页。

必须指出的是，在性质上，男子的生活亦同于此。男女的差异并未超出传统关于人只能在共同生活中获得幸福的信念。或者这样说，人在共同生活中保留独立掌控的空间，做出无可取代的成就，这都基于他独有的自然本性，男性与女性之分是其中的重要表现之一。所以我们在传统秩序中所理解的独立，是实现德性的独立空间，正因为它围绕着德性的实现（自足）与否展开，才会出现前述——常人不得全然的自由与圣人隐士般的独立自由——的这两种相反面向。但这种独立自由的含义远不同于现代社会以"无干涉支配"为核心的独立自由观念。

比较传统中男女两个群体，显然男性有更高的独立、自由程度，能够参与公共事务、有爵有谥上。归根结底，这取决于如何认识男女之别，或者，如何认识女性作为一种人性的意义。女性究竟是人性的某些特定因素，还是人性的某种不充分阶段。当然，这始终涉及与男子的对照，就前一方面，女性的确具备了男性所没有的一系列自然禀赋；就后一方面，女性在传统社会的生存能力弱于男性。至于这两方面是否又是内在关联的，或何者更为根本，亦是谜题。

然而，经典从未给出明确的答案。不过，传统关于男女之别的基本信念仍值得考虑：除通过成为一个男人或女人外，我们无法成其为人，故"男性"或"女性"就构成了每个人人性的重要组成部分。而现代女性独立、自由运动的起点，是现代人性观念的根本扭转。现代"人"的原型是不分男女的，男女被排除在人性观念之外，只是身体属性。不过，这在中西又有不同。在中国，这一转变过程的关键是康有为，而"人为天生"学说是他进行重构的理论支点。

三 大同建构:绝对的独立与"夫妇"的消解

1. "天生"与男女有别

《大同书》中,康有为讨论人的独立、自由问题,以女性为重点对象。而以贞定男女之别为宗旨的夫妇一伦,就是他要突破与重构的伦理环节。这就有了"去形界保独立"部分的内容。在进入具体分析前,我们先标识出这部分内容在《大同书》中的位置与意义。

首先,历叙众苦时,"妇女""有国""有家"皆被标明为"别为篇",因这些问题的重要性难以用简短的文字述其情状,稿本和刊本都分别辟出一卷的空间讨论这些问题。事实上,这也是康有为扭转经学传统的几处重大关节。其次,稿本卷二论"去级界""去种界""去类界"后,另起"大同书第二论女"的题目,可能表明,这是他进一步深入那些重大的伦理政治问题的开始。

例如,稿本卷三、四论"去家界",卷五论"去国界"。如考虑到"夫妇正然后父子亲"的紧密联系,"去形界"就是"去家界"的先导和理论准备。而且,稿本卷六论"去产界"的末尾,康有为将"欲去家界之累乎""欲去私产之害乎""欲去国界之争乎""欲去种界之争乎",即除级界(君臣)外几乎所有隔阂的解除,都归结于"在明男女平等,各自独立始矣,此天予人之权也"❶。这仿佛是在一系列破界工作完成后,面向开端的回响。这些现象共同反映出,康氏认为,男女之别是人类世界最深刻的分裂,是其他隔阂的源头,故"去形界保独立"的任务不可谓不艰巨。

---

❶ 康有为:《大同书》,281页。

对此，康有为的思想武器是"人为天生"学说，此说提供了一种全新的看待人性的视角，成为康氏批判男女之别的根本立场。如谓：

> 人者天所生也，有是身体即有是权利，侵权者谓之侵天权，让权者谓之失天职。男与女虽异形，其为天民而共受天权，一也。❶

> 女子为天生之人，即当同担荷天下之事者也。性分所固有者，分于天之仁智，当施于人人；职分所当为者，既有人之心思，当任其事业。❷

确实，从"天生"的高度认识人之为人，是不必考虑男女之别的。或者说，在"天地—人—万物"的结构中，不应该设想男子从天地处获得了更高的德能，因这无异于将女子下贬于万物之列。康氏的感叹"女子亦人也，岂鸟兽不可与同群哉"❸，透露出他对这种结构所蕴含的道德力量的敏感。但是，人总归或是男人，或是女人，古典同样可以反问：乾道成男、坤道成女，难道"男""女"不是人的自然差异？

当然，康氏并不是设想了一种抽象的"人"来作为立论基础，他没有否认男女有天然的不同。如他曾谓："夫以物理之有奇偶、阴阳，即有雌雄、牝牡，至于人则有男女，此固天理之必至，而物形所不可少者也。"❹他和古典的分歧在于，他并不认为

---

❶ 康有为：《大同书》，91 页。
❷ 康有为：《大同书》，106 页。
❸ 康有为：《大同书》，91 页。
❹ 康有为：《大同书》，87 页。

"男""女"是深刻到人类本性的不同,只是身体上"微有阴阳凹凸之小异"❶。对他来说,人之为人只有一种共同的人类本性,即人的"天生"性。康有为说:

> 既同为人,其聪明睿哲同,其性情气质同,其德义嗜欲同,其身首手足同,其耳目口鼻同,其能行坐执持同,其能视听语默同,其能饮食衣服同,其能游观作止同,其能执事穷理同。女子未有异于男子也,男子未有异于女子也。❷

在我们现在看来,这段论述认为人的"天生"性有两个层面,它们相互联系着。首先是人之为人的属性与能力。身首手足、耳目口鼻的基本形貌,具备了行坐执持、视听语默的基本能力;聪明睿哲、性情气质、德义嗜欲等又代表了更高级的能力。的确,正是有了这些能力,人类才一步步出离自然、建立文明。若要辨识同类,我们也都会从这些要素出发来衡量。而显然,男女群体在这些方面绝无不同,都具备了人之为人的属性与能力。但是,传统相信男女有别的时候,难道就看不到这些?

若仔细回味一下,人当然共有基本的属性与能力。但传统在区分男女之别时,也不是在这些层面上进行比较的,男女之别是基于很多细微却影响重大的自然差异,并且出于顺应家庭分工、维护家族稳定等原因所做出的区分。所以说,若只是诉诸人类共同的属性与能力,其实只能要求保持人类社会的整体性,不将女性同胞当作人类社会的第二群体。这是种底线式的要求,它固然

---

❶ 康有为:《大同书》,280 页。
❷ 康有为:《大同书》,87 页。

在"去形界"的批判中发挥了重要作用，但还不足以真正消解男女有别的人性基础。

其实，康有为所说的能力相同，关联着更重要的幸福重量的相同。饮食衣服、游观作止、执事穷理都代表着人之为人所能享有的幸福。我们曾谈到"人为天生"学说，具有一个基本内涵就是：每个人的生命、幸福与尊严都有着同等的道德重量。康有为即是沿着这一思路，彻底抗辩男女有别：既然男女同为人，就应享有同样的幸福道路，有同等独立自由的程度。"天生"观念的这一层面，才真正具有重构婚姻形式的力量。以下，我们进入文本当中来体会。

2. 批判传统婚姻

"去形界"部分的论述脉络，由诉女子之苦、还原夫妇一伦的成因、重构婚姻形态三个主题递进展开。我们的分析也遵循这一脉络逐步深入。第一个主题"诉苦"的部分，下列许多小题，包括"不得仕宦""不得科举""不得为公民""不得预公事""不得为学者""不得自立""不得自由"（含胖合、改嫁、为囚、为刑、为奴、为私、为玩）。前五个小节针对女性隔绝于公共生活的问题，后两个小节指向婚姻关系内部。这明显对应着婚姻形成的内外之别，康有为的批判顺序是由外向内深入的。

在前五个小节，康氏反复强调，公共生活作为"天生"的场域，应向人性本身的贤德、才能敞开，如谓："夫任官以治事，受事以择才……才能称职，则女子与男子何择焉！""兴学选才，书升拔秀，惟能是与，岂在形骸。"❶但事实上，男女内外有别的无

---

❶ 康有为：《大同书》，88、90页。"书升"中华本作"设科"，似更好。

形壁垒,使女性始终隔绝于公共领域之外。如果说这是人类本性造成的,难道男性天然适合政治及学术,女性天然适合家庭?或者说,仿佛女性天然缺失了某块人性拼图,使她们没有能力从事政治、学术,从而永远是人性上的"庶人"?任何解释都会在历史上男子不乏昏庸痴儿、女子不乏博学秀彦的反差间土崩瓦解。

不过,康有为实际上是将原本用以破除世袭制的"天生主义",投射到男女内外有别的问题上。这并不恰切,我们毕竟很难直接称男性群体"世袭"地垄断了公共生活,构成对女性群体的"统治"。但是,通过这种投射,康有为提出了一些深刻的问题。人是否拥有某些超越男女的德能与相应的幸福?这种德能与"男性""女性"处于何种关系?如果说,礼乐秩序是对人性自然的回归与成全,那么女子身上的这重人性又将如何安顿?她们该如何追求政治与学术,以成就荣耀与声名?在古典传统中,这些问题的答案沉淀到了生活世界的底部,成为默示的信条。但近代中国遭遇文明危机的"新世",它们就必然在古今中西的交冲、搅动间重新浮现出来。不过,事事都要回溯到经典的康有为,也只能从经典的空白之处假设——"遍考孔子经义,无禁妇女为吏之义"[1],康氏以此来支持女性步入公共空间。可见对此,我们还需要比他更深入探索经典背后的原理。

至于进入婚姻内部的批判,康有为可利用的经典资源,看起来充分了许多。如谓:"故夫妻则合卺同食,于舅姑则亲飨妇致传。故孔子斥俟堂俟箸之非,发冕而亲迎之义,曰'妻者齐也',体与夫齐也',又曰:'将以合二姓之好,继先祖之后,敢不敬乎!'故曰:'敬身为大,敬妻为大。'故明相敬如宾之义,未有

---

[1] 康有为:《大同书》,88页。

发相待如奴之义也。"❶ 在这些资源中，他最看重亲迎礼，并将之纳入他"孔子改制"的理论枢纽中来认识其意义。他说：

> 古未尝有亲迎之礼。尊男卑女，从古已然。孔子始发君聘于臣，男先下女，创为亲迎之义。故当时陈于哀公，公讶其重。盖为孔子空言也，托于纪履緰逆女之事，讥其非礼，以著《春秋》一王之大义。后世行亲迎之礼，是用此制。通于此制，而后敬之如宾，夫妇之道乃不苦。《穀梁》同义。❷

这一叙事包含了康有为"孔子改制"理论的几个一贯问题。首先是"孔子改制"的事实问题。和前章所论井田、爵制、选举等不同，亲迎礼没有明确的历史参照，以证明其属"孔子改制"。康有为看重的《春秋》隐公二年托"纪履緰来逆女"讥始不亲迎，意在表示王者初起先正夫妇。《公羊传》的解释称"始不亲迎昉于此乎？前此矣"，即将《春秋》此处理解为亲迎之礼废弛已久，比将之理解为先代无亲迎之礼，要稳妥一些。❸ 并且，参照《春秋》"疾始灭""褒邾仪父"二例，或明言托始，或义近之，都难说托始即为改制。❹ 再者，康有为还列举《三年问》、《穀梁》桓公三年

---

❶ 康有为：《大同书》，104 页。
❷ 康有为：《孔子改制考》，206 页。
❸ 何休解诂，徐彦疏：《春秋公羊传注疏》，53 页。
❹ 《春秋》隐公二年"无骇帅师入极"，《公羊传》："无骇者何？展无骇也。何以不氏？贬。曷为贬？疾始灭也。始灭昉于此乎？前此矣。前此则曷为始乎此？托始焉尔。"《春秋》隐公元年："三月，公及邾娄仪父盟于眜。"《公羊传》："与公盟者众矣，曷为独褒乎此？因其可褒而褒之。此其为可褒奈何？渐进也。"何休注："譬若隐公受命而王，诸侯有倡始先归之者，当进而封之，以率其后。不言先者，亦为所褒者法，明当积渐，深知圣德灼然之后乃往，不可造次陷于不义。"见何休解诂，徐彦疏：《春秋公羊传注疏》，49—50、19—21 页。

载子贡之问与《墨子·非儒》三处讨论"亲迎"的材料❶,并基于"如有明确制度就不应有质疑"的假设,做出了过度阐释。

再就是"孔子改制"说的"进化"内涵。经典传统中,婚姻是"一体"与尊卑两种面向的共存及平衡,但经过"孔子改制"的转换,就变成了文明与野蛮的分立。所以他明确说:"人道稍文明则男女稍平等,人道愈野蛮则女妇愈遏抑。"❷并且,康有为利用这些经典资源进行批判时,对其含义也有根本性的扭转。基于男女之别的"一体"与"体敌",是说"男性"和"女性"在婚姻家庭中的道德价值是等同的;也正因共同植根于男女之别,尊卑与"一体"才能在张力中共存。但是,"去形界保独立"隶属于稿本卷二的"平等"主题,康氏所称男尊女卑是野蛮、男女平等是文明,都基于人性论的根本扭转,即相信男女分享了同样的人性德能与幸福可能。

所以,进入到婚姻本身的批判,在古典资源背后更深处,仍是康有为"人为天生"的立场。如他论女子"不得自立"之苦曰:

> 凡人皆天生,不论男女,人人皆有天与之体,即有自立之权,上隶于天,与人平等,无形体之异也。其有交合,亦皆平

---

❶ 《哀公问》:"公曰:'寡人原有言然。冕而亲迎,不已重乎?'孔子愀然作色而对曰:'合二姓之好,以继先圣之后,以为天地、宗庙、社稷之主,君何谓已重乎?'"郑玄注,孔颖达疏:《礼记正义》,1916页。《春秋》桓三年"夫人姜氏至自齐",《穀梁传》:"其不言翚之以来,何也?公亲受之于齐侯也。子贡曰:'冕而亲迎,不已重乎?'孔子曰:'合二姓之好,以继万世之后,何谓已重乎?'"范宁集解,杨士勋疏:《春秋穀梁传注疏》,38—39页。《墨子·非儒》:"取妻,身迎,衹裯为仆。秉辔授绥,如仰严亲。昏礼威仪,如承祭祀。颠覆上下,悖逆父母,下则妻子,妻子上侵。事亲若此,可谓孝乎?儒:迎妻,妻之奉祭祀,子将守宗庙,故重之。"孙诒让:《墨子间诂》,北京:中华书局,2001年,289—290页。详见康有为:《孔子改制考》,156、248、277页。

❷ 康有为:《大同书》,106页。

等。……其与男子之胖合也,则曰"适",曰"归",曰"嫁",刨其义曰"夫为妻纲",女子乃至以一身从之,名其义曰"出嫁从夫",以为至德,失自立之人权,悖平等之公理甚矣!❶

人人有天授之体,即人人有天授自由之权。故凡为人者,学问可以自学,言语可以自发,游观可以自如,宴飨可以自乐,出入可以自行,交合可以自主,此人人公有之权利也。禁人者,谓之夺人权、背天理矣。❷

直观地看,康有为是用"人为天生"观念批判"男女有别"及其伦理后果。但是,这背后又有复杂的机制需要澄清,以帮助我们理解他思想的一个根本特征。

首先可作为引子的,是"人为天生"与西方"天赋人权"的关系问题。这是前人判断康有为是资产阶级的重要理据。然而一个事实是,康有为虽然首倡平等自由,却很少使用"人权""权利"等词语,这里是仅有的几处之一。借此,我们可简要澄清它与自然权利的差别。

前文已述,"人为天生"学说诉诸人之为人的属性与能力,带出的是同等的人之资格与人生的幸福可能。在上面这段话中也表现出来,"天与(天授)之体"代表了属性与能力一层,学问、言语、游观、宴飨、出入、交合等代表了人生幸福的层面。简言之,既然男女都是人,就应该都能享受人之为人的幸福。表面上看,这与自然权利学说的内涵——人拥有平等的身心能力,对自身生存需求有主观从而是绝对的判断权,故他人不得干涉——十分相

---

❶ 康有为:《大同书》,95 页。
❷ 康有为:《大同书》,97 页。

似。但是，这背后存在一个隐微而且影响重大的差别。

自然权利学说基于人自然能力的相等这一根本理由，这里我们先不去管它在什么意义上可以被证明。而康有为所谓"天与""上隶于天"都不是人的"自然"，"人为天生"学说刻画的是一种在天地的照临下人的存在，它表现出人之为人的资格的平等，人的资格内含着人生幸福的可能性。然而，资格的平等——人都能享有人之为人的幸福——实际上不否认自然能力存在差异，只是拒绝用自然能力的差异去遮蔽资格的平等。尽管康有为将传统的"人为天生"学说推进为一种"主义"，但"天生"不否认自然能力差异这一点，还是以一种特殊的形式继承了下来。这突出表现在"去形界"论述的第二部分的主题——还原传统婚姻形态的成因。

先须指出"去形界"部分在脉络上的特殊之处。就内容体量来说，第一主题"诉苦"一万三千余字，第二主题一万余字，第三主题"重构婚姻形式"近四千字，可见第二主题还是倾注了康有为很大的精力。然就逻辑的一贯来说，第一主题展示出"人为天生"的立场之后，直接进入第三主题从"天生"原则重构婚姻形式，显然更为一贯。可是，在第二主题还原传统婚姻形态成因的过程中，康有为清楚地认识到，正是男女间一些重要的自然差异，以及人类生存的必然需求，自然而然形成了女性依附男性的关系。可以说，第二主题夹身其间，相应于前后呼应所构成的主调，而形成了某种变奏。之所以重视这一现象，是因为自然权利的理论创造和它感召下的政治行动，都不曾着意于对所批判的秩序做理解性的回溯。然而，第二主题的体量已表明，康有为显然认为这一环节不可或缺。而他对现实政治的判断也从来不是直截与激进的。可见，历史的回溯是他思想的一个重要锚碇。只有抓住它们在康有为思想中的意义,才能把握他思路的独特之处。我们进入第二主题具体来看。

对于人类不同文明普遍的尊男抑女❶,康氏将其归为历史的原因。他说:"推所以然,则旧俗之压力相承,一由习而不知,一由时之未可也。"❷在康氏的理论框架里,历史—未来、野蛮—文明、自然—"天生"几个层次是同构的,共同叠加为据乱小康—太平大同的理论成果。历史是自然而然形成的,它随顺着人的自然。所以,第二主题的历史还原,实质上就是揭示:男女的自然差异如何走到了尊男抑女的结果。

首先,康有为肯定了在文明生活的建立上男女各有贡献。如"尝原人类得存之功,男子之力为大;而人道文明之事,藉女子之功为多"一段❸,他大量对照性的举例,暗示了男性和女性天然各有所擅。这意味着,只要婚姻的内容是发挥各自才能,共同应对并不轻松的生活和命运,这些差异就并非毫不重要。

不过随即,康有为就承认了:男子之德力沛足对人类存续有更根本的意义。这一方面,他是通过对母系社会的"反思"来表达的:

然人人不识父,则无父子之传;凡生男子皆为无用,不能

---

❶ "甚怪大地之内,于千万年贤豪接踵,圣哲比肩,立法如云,创说如雨,而不加恤察,偏谬相承。尽此千万年圣哲所经营,仁悯者不过人类之一半而已,其一半者向隅而泣,受难无穷。彼非人欤? 何不蒙怜拯若是! 佛号慈悲,而女子不蒙其慈;耶称救世,而女子不得其救。若婆罗门、马哈默重男轻女之教,则教猱升木,如涂涂附,抑不足论。就此而谈,则大地从上诸教主皆不得辞其责矣。"康有为:《大同书》,109—110页。

❷ 康有为:《大同书》,110页。
❸ 康有为:《大同书》,110页。

纠结无量男子以为亲，则无由而得强力，一也。生当部落争乱之时，女子日为人所掠，朝属一夫，暮归一士，姊妹不能聚处，则无由结合而成族，二也。不能纠合强力，不能结合多人，则于人道合群之道无益，于人类自存之法有损；……不如父子之情深，爱不深则结力不厚而保类不固，三也。传母性则有母无父，仅得一人之保养，其爱力薄，其生事难，其强健难，其繁衍难，四也。故女姓之效，非所以保人类而繁人种，其害如此。

大地皆已经行之，共知其不可，而后改而行男姓。行父姓则父母并亲，有二人以抚养其子，母尽字育之勤，父尽教养之任，通力合作，其子易以成人。男子强而自立，父子世世相传，故能久远；群从以亲结合，故能广大，用能以宗法族制立国，如日本然。人种之得以保全，人类之得以强大，职男姓之由。❶

且不论历史上是否真实存在一个母系（母权）社会的阶段，像我们上面说的，历史还原的内核是对人类存在的体察，是一种人性描述。总结起来，康有为说了两个方面。第一，从逐兽耕作到立业司职，所有需要积累生产资料、付出劳动力、为生活奠立物质基础的事务，女性单独从事无疑会更辛苦，效果也差于男性，推扩到社会群体也是如此。传说中的"女儿国"，或是充溢着男性特质的战士群体，或是丝毫不见生产劳作的影子，都从反面证明了这一点。

第二，以女性为中心组织不起一个共同生活意义上的婚姻和

---

❶ 康有为：《大同书》，118页。

家庭。无论个体还是群体意义上,德力沛足的男性游走于不同的女性之间,没有稳定关系就没有共同生活的实质。在不知父的情况下,即使有以母子为中心的伦理,也是松散而脆弱的。相反,以男性为中心,女性处于分担、依赖的角色,既能更好满足生活的需要,也充实了生活的共同性,将男女紧密结合为一体。并且,生育繁衍进一步丰满、加固与延续了这种共同性,夫妇、父子组成的家庭是人最自然的共同生活,也是人类群体得以保存的最自然的方式。可以说,康有为承认了,因生存需要凸显的男女德性差异,是形成尊卑系属不可忽略的原因。

进而,为了更好共同生活,需要严格、明晰的伦理结构,也就形成了"夫妇正然后父子亲"的原则。这很大程度上基于女性担负人类延续重任的本性——只有女性才能生育。康有为说:

> 然以男谱相传,子姓为重,男女不别则父子不亲。既欲父子之可决定而无疑,必当严女子之防淫而无乱,女贞克守,则父子自真。盖小康之世,其所通无多,故其为仁不大,无可如何。因势利导,故以笃父子为一切义理之本,故以族制聚众,以宗法治人,以世袭为官,以立家为教。纲本如此,其条目自不得不随之。❶

> 其所为抑女之大因,据以为义所自出者,则以为夫妇不别父子不亲,父子不亲则宗族不成。故欲亲父子,先谨夫妇。故据乱世之制,为礼始于谨夫妇,为宫室必别内外。而男子强力而为主,自无制之之理;女子微弱而从人,自为被制之类。于

---

❶ 康有为:《大同书》,116 页。

是以内属女，以外属男……于是男女之别，其严极矣。❶

观察这两段文字，康有为何尝不够儒家？而他更透见到伦理关系之下的人性基础。既然只有生育能使共同生活延续和繁盛，也只有女性具备这一能力，故女性承担了极重的文明责任。而既然只有维系父子纽带的纯粹，才能最大程度抟聚家族、相生相保，故女性也须接受严格的伦理约束。事实上，责任愈重要求愈严，是儒家伦理的普遍内涵，同适用于君、父、夫。不过，女性确实牺牲了额外的精力，经受了大量苦痛，却往往因居卑位而未得到足够的呵护、敬意。这是她们的伟大，也是文明永恒的亏欠。只是，如生育还是女性仅有的能力，如父子还是最自然的纽带，这一命运只能以各种方式缓和其残酷，却无法根本扭转其性质。

总而言之，第二主题的长篇论述回应了我们此前提出的问题。也即，康有为虽然持"天生"信念批判男女有别，但在历史回溯中——面对人的现实德能与需要时，他并不否认男女有别是自然差异。故他几次明确宣称："强力者为天授之性，传宗者为人事之宜，天性、人事皆男子占优。"又："夫男子既以强力役女，又以男性传宗，则男子遂纯为人道之主而女为其从。"❷所以说，整个第二部分就是在坦承，以男子之强力与女子主要负有生育责任为代表的差异，是人类社会的自然，而这些又最终服务于人类文明生存与延续的必然。

那么，又该如何理解"天生"的平等独立与男女有别的关

---

❶ 康有为：《大同书》，119—120页。
❷ 康有为：《大同书》，118—119页。

系?这是把握康有为三世说奥秘的关键。我们来看一个很有意思的现象,在第二主题开始处,康有为还在控诉人类不同文明皆尊男抑女,至最末他反而抱着非常的同情之理解,说了这样一段话:

夫夫妇平等,亦固人理之宜而先圣之所愿也。然无如夫妇平等,则各纵其欲,复归于太古野蛮之世。男朝拥一女,暮又易一女,女朝拥一男,暮又易一男。从何而能成家人,从何而定父子,从何而有族制,从何而有宗法,从何而成治道,从何而立教化?是使人皆鹿豕,世复狉榛也,必不可也。

又生人属于女子,女子交合既杂,生人不多,生子亦弱,养子艰难,无人相助,求食不给,成人亦难,人类不繁,且无从与禽兽敌矣。**既为保全人种、繁衍人类之大故,且当上古文明之物一切未备,势不能行男女平等之事。必有所忍,乃有所济,必有小抑,乃有大伸,故不能不偏有所屈,实势之无可如何也。**❶

康有为承认,尽管"孔子改制"揭示出男女平等是文明未来的方向,但这并不是可以在当下推行的。若径直推行,会破坏家族、社会的自然秩序,人类的生存和延续都得不到保障,人类将复归于禽兽般的野蛮。

我们必须提醒注意,虽然这一判断是康有为通过历史还原得出,但它只是种假设。因为它的大前提——"孔子改制"以男女平等为文明价值——本就是康有为的创造。作为假设,它未曾在历史中真实发生过,但它的道理却适用于所有人类处境。这也就

---

❶ 康有为:《大同书》,116 页。分段和粗体为笔者所加。

解释了，为什么人类文明至康氏之时，男女不平等是普遍结构。简言之，这段话表达了如下立场：只要男女的区别与联结仍是人类生存与延续的必要方式，只要人类文明没有找到生存与延续的替代方案，或找到弱化乃至替代婚姻作为生存与延续的必要方式，男女的平等独立就不应该实现。可见在康有为这里，"人为天生"的男女平等，不是人可以无条件拥有的一项"自然权利"。

可以说，经由第二部分的历史还原，得出上述结论时，其与前后主题的变奏张力达到了顶点。不过，这并不会使他放弃"天生"信念。毋宁说，上述结论反映了"天生"的平等不是自然的人性处境，而是一种代表着文明方向的理想。我们之所以这样判断，首先是考虑到了理想都是有条件的。其实，康有为惯常的"历史局限"说法，就默示了这一道理。

像他在第二部分开始时说的，自然差异的"习而不知"，文明存续的"时之未可"，是阻碍男女平等的"历史局限"。上面引文最末所谓"既为保全人种、繁衍人类之大故，且当上古文明之物一切未备"，也呼应着这一理由。简言之，男女有别的自然与文明存续的必需，是一体的。它们归根结底是人的德能与存在的自然有限性。只是这些人性的自然，因康氏为对"天生"理想的凸显，而被下降为"历史局限"。

但康有为在主张上述道理时，其实也在主张它的背面。他也相信，随着技术发展和社会分工体系的丰富，每个人的生存压力都将减轻，《大同书》"去产界""去乱界"有相应设想；或随着"天生"的制度建构，如"去家界"后半取代家庭的公共制度，或可将女性从家庭中解放出来；等等。总之，男女的自然差异与人类的存在局限被文明的进化所填补，则男女的平等独立就应当实现。

此外，以"天生"作为理想的另一个考虑，是理想都有"自然"所不及的好处。康有为指出，将女性限囿于家庭的有限天地内，压抑了她们的人性发展。即使有生育持家这个理由，识见浅陋、心胸狭隘的主妇也做不好这些。❶并且从文明总体层面而言，这也等同于放弃了人类一半的"天生"德能，也是文明停滞不前的根本原因。❷

3. 大同世的婚姻

以上，明了"天生"的理想性质，及与男女之别的关系，我们才能理解康有为如何用这样一段话将第二主题过渡到第三主题。他说：

> 昔在据乱之时，以序人伦而成族制，故不得已忍心害理而抑之；今际升平之时，以进全人类而成文明，故必当变之。乱世平世，如冬夏之相反，即裘葛之各宜。《易》曰："穷则变，变则通，通则久。"今当事穷之时，以天理、人心、国势、地运皆当变通之日，猥以形体少异之故，乃为囚奴无限之刑，此亦仁人所宜尽心拯救者耶！❸

---

❶ "举数万万女子而幽囚之：一则令其无从广学识，二则令其不能拓心胸，三则令其不能健身体，四则令其不能资世用。夫以大地交通、国种并争之日，而令幽囚之人传种与游学之人传种，其必不美而败绩失据，不待言也。夫少成为性，长学则难，而人生童幼，全在母教；母既蠢愚不学，是使全国之民失童幼数年之教也。"康有为：《大同书》，124—125页。

❷ "人之国，男女并得其用，已国多人，仅得半数，有女子数万万而必弃之，以此而求富强，犹却行而求及前也。"康有为：《大同书》，125页。

❸ 康有为：《大同书》，125页。

这相当于说，在文明建立的初阶，"自然"形成了尊男抑女之势，若要迈向文明进化的新阶段，就须朝向一个以"人为天生"为原则的秩序进发。当然，据乱小康应何时开始朝向太平大同转变？这是一个宏大且复杂的现实判断❶，不是"去形界"这里的任务。康有为进入第三主题后更着意的，是如何规定大同世的婚姻关系。为显示大同婚姻的特殊之处，我们仍须以传统婚姻为参照。

　　首先，传统婚姻的首要目的是夫妇胖合而成一体，进而分出主辅尊卑。因人们相信男女之性皆不能自足，唯有联结成一种共同生活，才可获得完整的幸福。这意味着，婚姻的要义是一种共同性，其中男女都不会拥有绝对的独立。鳏寡之所以不幸，恰因他们失去了共同生活的幸福，被迫在人生旅程中独自前行。但在"人为天生"的视野中，男女禀赋了同样的德能，既无互补的必要，也无强弱之别。是故，新的婚姻形式中，生活的共同性消失了，绝对的独立与自由成为婚姻的前提。这表现为，康有为用两国之交、朋友之交来形容大同的婚姻关系，婚姻本身不再是一个独特的伦理关系。他说：

　　　　凡人皆天生，不论男女。人人皆有天与之体，即有自立之权，上隶于天，与人平等，无形体之异也。其有交合，亦皆平等。如两国之交然，若有一强一弱，或附属之，或统摄之，即失自立之权，或如半主之国，或如藩属之国，奴隶之人矣。

　　　　女子与男子，同为天民，同隶于天，其有亲交好合，不过若朋友之平交者尔；虽极欢爱，而其各为一身，各有自立、自

---

❶ 必须强调，康有为这里的"今"不是当下，古汉语中"今"本有假设之义，这也符合《大同书》俟诸后世的态度。

主、自由之人权则一也。❶

先从两国之交的类比来看。我们知道，国家间的缔交是建立在双方相互承认主权（存在）完整、独立的前提下。以此类比婚姻关系默示着，大同世的男女在生存上同等自足，在追求人性幸福上皆能自主。然而，契约关系的特殊之处恰在于：它规定了关系的边界，却不旨在搭建一个共同生活的道德空间。因对独立的主体来说，界限内的自由天地，永远是最好的生活。由此，我们会发现大同婚姻的一个吊诡处：一种合好的、相互联结的关系，却不再需要天长地久的祝福，它时刻为分离保留着最大可能。故康有为强调"男女合约，当有期限，不得为终身之约"，"婚姻期限，久者不许过一年"。

另是就以朋友之交类比大同婚姻而言。前文我们说过，古典固然认为夫妻有近于朋友的一面，因为在德业相劝的意义上，夫妻、朋友都是"体敌"的对等关系。但是，类似于朋友也只是夫妻关系的一个侧面，二者之所以是不同的人伦，主要在于婚姻使夫妻结为一体，共同担负家庭责任乃至命运，而朋友不然。故就丧服言，夫妻间以齐衰期为本服，朋友间仅为吊服加麻，可见夫妻至亲之恩远重于朋友之义。但在康有为设想的大同法中，夫妇关系就应当等同于朋友关系，可以随时断绝。事实上，大同世在去级界、去形界、去家界之后，就只剩朋友一种伦理关系了。

---

❶ 康有为：《大同书》，95 页。又："男女婚姻，皆由本人自择，情志相合，乃立合约，名曰交好之约，不得有夫妇旧名。盖男女既皆平等独立，则其约如两国之和约，无轻重高下之殊。若稍有高下，即为半主，即为附庸，不得以合约名矣。既违天赋人权、平等独立之义，将渐趋于尊男抑女之风，政府当严禁之，但当如两友之交而已。"同前书，127 页。

通过上述类比我们看到,康有为将独立自由推至极端,就使婚姻丧失了共同生活的厚度,而只是种单薄、脆弱的形式。但是,当婚姻不再是人性的相互需要和生活的共同承担,那么这种关系何以不可能是同性之间的,或多人之间的,只要他们承认对方的独立自由?

再者,来看大同婚姻的内容。独立自由的个体愿意结婚的理由是什么呢?如上曾述,只要生存和生育问题未得到彻底解决,男女之别就是婚姻的基础。换言之,在小康世,婚姻以生存和生育为目的。至于大同世,康有为构想的婚姻生活,其中既没有生活的甘苦,也不以生育继嗣为务。那么,使人们愿意走进婚姻,并将婚姻作为生活主题的,只有个体间的情爱欢好。康有为说:

> 男女婚姻,皆由本人自择,情志相合,乃立合约,名曰交好之约。❶

> 今世至太平,男女平等,各自独立,生人既养自公家,不为一姓之私人,而为世界之天民矣。男女之事,但以徇人情之欢好,非以正父子之宗传,又安取强合终身以苦难人性乎!❷

但是,情爱欢好是脆弱易变的,故爱情消散也就成为人们解除婚姻的原因。是故,大同婚姻以"不得为终身之约""久者不许过一年,短者必满一月,欢好者许其续约"的方式进行,于形式上是保证人的绝对独立,于内容上是保证人能忠于自身的情感。

---

❶ 康有为:《大同书》,127 页。
❷ 康有为:《大同书》,129 页。"徇"原文作"殉",殊误。

故尽管仍假设人有不断续约、共度一生的可能,但康有为根本上认为,仅凭感情的纽带,没有人能和他者保持长久稳定的关系。他说:

> 盖凡名曰人,性必不同,金刚水柔,阴阳异毗,仁贪各具,甘辛殊好,智愚殊等,进退异科,极欢好者断无有全同之理。一有不合,便生乖睽。故无论何人,但可暂合,断难久持;若必强之,势必反目。❶

这是对人性的深刻洞察,虽然是以我们并不乐见的方式提出的。传统婚姻中,两种有限德性在相互成全的过程中产生亲情,在共同生活的担负中积累恩义,夫妇间的纽带总是饱含温情与厚度。至此,个体情感的生灭本就是自我驱动的,无须他人情感的回馈或充实。且在德性无差的个体之间,也更难产生情感共鸣。故本质上,独立个体之间只是在为自身情感匹配某种对象和载体,这种对象和载体是可替换的。当每个人的内在世界都是不可捉摸的,那么匹配的困难和情感的易变,都注定使人成为一座座相互隔绝的孤岛。

最终,康有为道破了大同世婚姻的困局和人的根本处境:

> 故虽禀资贤圣,断无久处能相合相乐之理者也。❷

设想一个大同世的人,他或从开始就自知,或辗转于不同伴

---

❶ 康有为:《大同书》,128 页。
❷ 康有为:《大同书》,128 页。

侣后幡然醒悟，独立自由不只是他的选择，也是他的命运。与其说他们难以久处，毋宁说任何共同生活都变成了累赘，或痛苦的束缚。为他们设计一套婚姻生活，本就是自我悖反。古典中作为一种伦理空间的婚姻生活和夫妇关系，在抽空其人性基础和实质内容后，就被个体无限制的独立自由所压缩，稀薄得仅剩下空洞的形式。

总而言之，绝对的独立自由归根于消弭了男女之别的"天生"性。"人为天生"说本是一种存在论和德性论。经验世界中，人因德性、存在的不自足而不可独立。相反，若只认为"人为天地所生"，则人的存在便只关乎天地，无须他者的补足。在此意义上，人是完整自足的个体，除"直隶于天"❶外，超越了一切共同生活。换一种切近的说法，人类生活总有些处境可以让他直面天地，独立自由地展现其人之为人的本性。圣人与隐士是其极致化的符号。值得深味的是，古典世界中圣人必然是"天生"，隐士不会透露他们的姓名与过往，圣人与隐士的生活也不分男女。

不过，古典传统中人的"天生"性并不与伦理生活相冲突，故圣人和隐士不是普遍的生活范式。但当康有为将"人为天生"上升至大同文明的"主义"层面，掩盖了男女之别这样的自然差异时，独存性就激进贯彻到每一个体生命。当每个人的存在同原于天，人们就不需要他者的存在以丰满自己。故"天生"者的基本形象是"独人"❷，其获得的是"独人自立"❸意义上的绝对独立自由。人们虽共处于天地间，却各自孤独面对着自己的天地。在此意义上，将圣人与隐士式的独立自由，也即作为一种人性理想

---

❶ 康氏云："人为天之生，人人直隶于天，人人自立自由。"康有为：《论语注》，61页。
❷ 康有为：《大同书》，301页。康有为：《论语注》，28、249页。
❸ 康有为：《大同书》，153页。

状态的独立自由,转变为每个人的命运处境,便是大同对小康的根本突破。

在价值上,无须礼乐规范教化的圣人与隐士是更整全的人;但大同世的独立自由也展现出不少的困难,甚至荒诞。在这种巨大的反差中,我们该如何定位大同的价值与意义?鉴于其论述节奏中的自我悖反,以及第三部分开端明显的模糊、断裂,"去形界保独立"这一上升至大同之路的关键环节,就不是一个解放的宣言,更像是一种理论性质的寓言。我们应通过它考虑的是,小康与大同组成的政治哲学框架,揭示了何种人类生活的复杂面貌与内在张力。又与经学传统的理解有何关联或不同。我们将借助康氏总结的"人道如环"之说,切入具体的讨论。

小　结

"人道如环"是康有为庚子以后提出的说法,是他为反思自由平等观念造成的弊病,对三世说进行的理论深化。通常对三世说的关注,集中在据乱—升平—太平、小康—大同之间的对照上。据乱小康有尊卑附属,太平大同是自由平等,这构成了鲜明的对比。然而,目睹庚子后乱局的康有为,深刻认识到自由平等有时反而会成为破坏秩序的借口。为了保护自己的文明理想、澄清三世进化的德性标准,他开始区分好的自由平等与坏的自由平等。这样一来,在据乱小康之前的荒蛮生活就被刻画了出来,这一时代他称为"太古"。

太古的生活形态,就平等言是"太古之野人,甫离兽身,狉狉獉獉，全地如一而无等差"❶，就独立自由言是："太古狉獉之时，民未知合群，皆为独人"❷。不难看出，康有为构想太古与大同的方式，不过就是对照着小康法，向前、向后翻转出它们的反面。这已然暗示着，太古和大同都不是人类历史的真实阶段，它们和小康法一并构成了一套政治哲学的分析框架。进而，太古与大同形式上的相似性，使康氏总结出了"人道如环"的说法。例如：

> 春秋旧俗，男女相悦而定姻，偕行而游，见如今欧美。然在据乱世之义，以重父子而繁人类，当男女有别，故负教戒。若升平之世，则男女权渐平，则不以为嫌矣。至太平世，则女权一切与男子平，且皆谓之人，同为执事，并无男女之异，更不能以此例绳之。盖人道如环，拨乱世矫枉过甚，当与乱俗相反；而升平、太平则渐转近于乱世。但外形近而精意教化实最相远，则以久道化成，人人有士行故也。❸

> 盖治道循环，太古狉獉，俗与太平近。惟据乱与太平，则如东西极之相反，理势然也。若至升平、太平世，女学渐昌，女权渐出，人人自立，不复待人，则各自亲订姻好。但治化既进，德心与欲心迥异，虽形同而实不同也。❹

康有为反复强调太古与大同形式相近，但实质不同。它们实际上都是没有共同生活的自由平等，但二者的德性状态，一为前

---

❶ 康有为：《大同书》，10页。
❷ 康有为：《春秋笔削大义微言考》，《全集》第六集，62页。
❸ 康有为：《春秋笔削大义微言考》，《全集》第六集，170页。
❹ 康有为：《春秋笔削大义微言考》，《全集》第六集，114页。另参65、78、88页。

文明的野蛮，一为文明的极致。太古与大同的对照，表现了自由平等生活的两种相反可能。太古象征着缺失了共同生活与伦理秩序的放恣和不幸，大同象征着超越于共同生活与伦理秩序之上的自足和整全。这种对照体现出，自由平等只是秩序的形式，真正成就好的自由、平等生活的，是德性。

然而，成就这种德性，又必须经历建立礼法与扬弃礼法的长久过程。事实上，作为检讨自由平等之必要性而提出的"人道如环"说，正旨在维护共同生活与礼法秩序的必要。原本，据乱小康在太平大同的映照下，经受了极大的文明压力。至此，在据乱小康之前补上一个"太古"的环节，共同生活与伦理秩序的意义便能得以伸张。因此，对三世说的成熟版本来说，太古—据乱小康—太平大同才是文明进化的完整阶梯。

对太古而言，共同生活和伦理秩序是人道出离野蛮、别于禽兽万物、进于文明的门槛。并且，伦理生活的意义不止于将每个人置于合理的角色中，实现共同的福祉，伦理本身就是成就更好、更完满德性的方式。故对大同而言，小康是必备的前提。礼义伦常对人性的教化，是通向更高德性阶段的必经之路。这是康氏此前未及明言的，至此时他又反过来说："（男女有别）此皆据乱之义，无论何国，必经此制乃得进化，虽未至于太平，然亦人道必由之路也。"❶ 这与上所谓"久道化成""治化既进"诸语相合。

因此可以说，在共同生活与独立自由的张力背后，是德性是否自足的辩证关系。也只有理解到这一层面，才能理解康有为在主张女性独立的同时，又明确批判当时以独立自由为借口的女性"离家出走"。甚至《大同书》稿本卷二最末，是以这样一段话结

---

❶ 康有为：《春秋笔削大义微言考》，《全集》第六集，65—66页。

尾的：

> 从上所论，专为将来进化计。若今女学未成，人格未具，而妄引妇女独立之例，以纵其背夫淫欲之情，是大乱之道也。夏葛冬裘，各有时宜，未至其时，不得谬援比例。作者不愿败乱风俗，不欲自任其咎也。❶

"夏葛冬裘，各有时宜"，是康有为此后修正三世说的常用说法。我们不确定，此处是他开启自我调整的标志，还是他深虑世变后返回来做的补记。但它的思路与"人道如环"一致，都以德性成就作为独立自由的前提。简言之，女性独立的前提是接受同等教育、获得同等的生存能力和精神人格。在康有为看来，这需要一系列的制度保障，和一段漫长的"进化"时间。由此显而易见的是，康有为虽然主张女性独立是一个好的价值，但这是在德性成就的意义上的一种追求，而不是自然权利的当下要求。

归根结底，儒家传统在强调共同生活和伦理秩序的同时，其实也相信德能沛足的个体成就、德性圆成的从心所欲，是更好的人和更文明的生活状态。作为秩序之外的一种符号，堪称人极的圣人形象还有隐逸者形象之意义正在这里。然而回到三世说，和圣人境界的遥不可及一样，大同也是遥不可及的文明理想。三世说的内在张力（尤其是经过后期理论调整后），让我们更能体会到：伦理生活是人安居的土壤，"天生"的存在空间，既远又近地照临着，引导着某些更好的人发挥天赋的潜质，引导着我们成就更高的文明。

---

❶ 康有为：《大同书》，131 页。

第 3 章

"天下为公"与家庭的消解

以"父子"为中心

一 家与私:近代以来批判传统的一条主线

如今已不难理解,近代中国在内忧外患的交迫下,从一种"天下"格局转变为现代国家,必然会经历一个缓慢、艰难与剧痛的过程。但在当时,随着中西问题轻易地转化为古今问题,文明传统被指为现代中国"难产"的主要羁绊,对很多人来说,唯有丢下这一滞重的包袱,才能登上现代世界的列车。因此,批判传统成为塑造现代中国的动力之一。

其中,家庭这一古典秩序的土壤成为众矢之的,经受了多种角度的冲击。不过随着世变时迁,部分话题平歇了下去,唯有一个主题至今仍活跃在学术界与大众的观念中。回顾近代以来围绕这一主题的讨论,特别是结合后续的历史进程来看,其堪称批判传统最具力量的一条主线,那就是家与私的关系。下面,我们将通过四个较具代表性的讨论,梳理出该线索。

晚清敏锐的改革人士意识到,建立一个富强文明的现代中国,不只是为古老中国赋予一个新的身体——现代国家;还要为其制造充足的血气、力量,这须将原本散逸于政治生活之外的民庶,动员整合为现代国家的造血细胞——国民。在梁启超看来,塑造国民这一全新的身份与道德形象，相当于培养一类"新民"。此所谓"新"，即以中国为旧，西方为新。故他在论证"国家思想"的重要性之前，先铺垫说："今试以中国旧伦理与泰西新伦理相比较：旧伦理之分类曰君臣、曰父子、曰兄弟、曰夫妇、曰朋友。新伦理之分类，曰家族伦理、曰社会伦理、曰国家伦理。"❶ 新旧一分，高下已现。泰西新伦理不仅能涵盖旧伦理，更多出了有关国家、社会的丰富内容。❷ 建构国家、社会的急迫心情，促使梁启超进一步将中西道德体系的对比，上升到了私德与公德的性质差异。他说：

> 旧伦理所重者，则一私人对于一私人之事也；新伦理所重者，则一私人对于一团体之事也。❸

这一分判的影响是奠基性的。其等于认定中国是"私"的文明，泰西是"公"的文明，故梁氏径称："我国民所最缺者，公德其一端。"❹ 而在中国人的传统理解中，公与私近乎对与错之别。再验证以中西现实的文明落差，就很容易得出"今吾中国所以日即衰落者，岂有他哉？束身寡过之善士太多，享权利而不尽义务，人人视其所负于群者如无有哉""此皆由知有私德，不知有公德，故政治之不进，国华之日替，皆此之由"❺ 的结论。这意味着，中

---

❶ 梁启超：《新民说》，沈阳：辽宁人民出版社，1994 年，17 页。
❷ "以新伦理之分类归纳旧伦理，则关于家族伦理者三，父子也、兄弟也、夫妇也；关于社会伦理者一，朋友也；关于国家伦理者一，君臣也。然朋友一伦决不足以尽社会伦理，君臣一伦尤不足以尽国家伦理。"梁启超：《新民说》，17 页。
❸ 梁启超：《新民说》，17 页。
❹ 梁启超：《新民说》，16 页。
❺ 梁启超：《新民说》，19、20 页。

国以五伦构建起的"私"的文明必然衰落,也开不出富强现代的"公"文明。对文化或民族"劣根性"的自我催眠与批判,成为此后中国人心头挥之不去的阴翳。

尽管梁氏并未明说,但他的逻辑很容易通向这样一种结论:于五伦中占其三的家庭伦理,更须为中国有私德、无公德的文明性格负主要责任。很快,这一逻辑就由更激进的改革者挑明了。"礼法之争"中,法理派最有力的立场就是宣称:剔除传统伦常因素的刑律改革,是建立现代国家所必需的。才辩捷给如杨度,径将古典伦常和现代国家的矛盾,上升至文明本性的高低之分。此时,家庭被推到了批判舞台的中央。杨度说:

> 中国之礼教与法律,皆以家族主义为精神者也。……各国之礼教与法律,皆以国家主义为精神者也。❶

国家当然是比家庭更广阔、更具公共性的人类生活空间,而各国皆"国家主义"、唯中国为"家族主义"的对照,更显气短。接续起梁启超的"私德"说,杨度又添上了几笔负面的色彩,使家背上了自私、贪婪的原罪。他说:

> 然以服官之心则自始即为家族而来,虽曰有职务,而其心则非对国家负义务者,而实为对家族负义务者。……贪者进取无厌,以求子孙长久之计,于是卖爵以求一日之偿,避瘠趋肥,询差询缺不以为耻,而人亦不耻之者,彼此皆为家族而

---

❶ 杨度:《论国家主义与家庭主义之区别》,载《杨度集》,长沙:湖南人民出版社,1985年,531页。

来，互相慰留如商业之求利。然国家既以家族主义治民，即不能以此等行为为耻。……此无他，家族主义为之也。全国无一国民，无一为国事而来之官，国乌得而不弱，乌得而不贫？❶

此时的中国人恍然发现，在家庭这一数千年来温情脉脉的生存根基之上，生长出的是一个贪私而萎颓的民族。当杨度以非此即彼的激烈态度，宣称国家主义和家族主义"此二主义者，不两立之道，无并行之法者也"❷ 时，就已经预示了"吾人最后之觉悟"和一系列激进浪潮的来临。

我们现在看来，有一定的可能，梁、杨等人是为推动政治变革，刻意选择了激进的表达。但是，在变革现实的同时，他们意见也深刻助推了古今中西之变的完成。这使中国一下陷入到自责不够"西方"也就不够现代的心态中。是故，即便辛亥革命建立起了一个现代国家，古今中西的比较从未止歇，而是蔓延开来，深嵌在现代中国的文化心理结构中。我们来看两个学术研究的例子。

1947 年，费孝通写出了《乡土中国》。这本经典的社会学研究，一直被视为对传统社会的性质、结构与运作进行了真实描摹和准确剖析，影响了许多人对传统中国的认识，其中又以"差序格局"最为人熟知。直到最近，开始有研究反思、修正这一经典概念。❸ 事实上，费孝通的理解描摹，一开始就透着梁启超和杨度

---

❶ 杨度：《论国家主义与家庭主义之区别》，载《杨度集》，532 页。
❷ 杨度：《论国家主义与家庭主义之区别》，载《杨度集》，533 页。
❸ 翟学伟：《再论差序格局的贡献、局限与理论遗产》，《中国社会科学》2009 年第 3 期，152—158 页。廉如鉴、张岭泉：《"自我主义"抑或"互以对方为重"——"差序格局"和"伦理本位"的一个尖锐分歧》，《开放时代》2009 年第 11 期，68—78 页。吴飞：《从丧服制度看"差序格局"——一个经典概念的再反思》，《开放时代》（转下页）

的影子。

例如，《乡土中国》论"差序格局"一篇是以中西的公私对比开启的，由之引出"西洋—团体格局"和"中国—差序格局"的文明类型划分。是故"差序格局"理论，正是为解释中国社会无公德有私心的现象而提出。这典型体现在，他以投石成波的同心圆作喻，认为人与人之间的差等之爱是"以'己'作为中心"的，也就是将差序格局的形成机制，视作一种"自我主义"的推扩。这样一来，"己"与"自我"就是这"一根根私人联系所构成的网络"的源头。如谓：

> 我们一旦明白这个能放能收、能伸能缩的社会范围就可以明白中国社会中的私的问题了……
>
> 为自己可以牺牲家，为家可以牺牲族。……这是一个事实上的公式。在这种公式里，你如果说他私么？他是不能承认的，因为当他牺牲了族时，他可以为了家，家在他看来是公的。当他牺牲了国家为他小团体谋利益、争权利时，他也是为公，为了小团体的公。在差序格局，公和私是相对而言的，站在任何一圈里，向内看也可以说是公的。❶

不过，如仔细对照，这一归纳其实不同于我们的日常经验。尤其是，即使在今天不那么传统的社会里，我们也不常见到为自

（接上页）2011年第1期，112—122页。周飞舟：《差序格局和伦理本位——从丧服制度看中国社会结构的基本原则》，《社会》2015年第1期，26—48页。朱苏力：《较真"差序格局"——费孝通为何放弃了这一概念》，《北京大学学报》2017年第1期，90—100页。

❶ 费孝通：《乡土中国 生育制度》，北京：北京大学出版社，1998年，29—30页。

己牺牲家庭的现象,更多的是家人间共同承担、相互付出。至少在价值上,为自己而牺牲家庭的举动仍是不道德的。这样看来,该理论其实最想要解释的,还是以家废公的贪腐、裙带现象。故他随后对贪腐问题的讨论,与杨度如出一辙。不过,以家废公的现象的确常常出现,但古今从未肯定这是道德的或合法的。

再者,这里对公、私的理解也有困难。他一方面说"中国社会中的私的问题",另一方面又说"向内看也可以说是公的",将常识中以私废公的现象,解释为以内一圈的"公"废外一圈的"公",有概念混乱的嫌疑。自古至今,公和私的语义、内涵都有着基本的界限,很难说是"相对而言"的。二者首先代表着人类生活的场域大小之分,由此建立起价值上的区别。其实他针对的是这种现象:因人情推扩由厚至薄,故人往往会为了更亲厚的人情,牺牲更广泛人类社会的利益。导致费氏表述混乱模糊的,除了散文体本身的不严谨,更多的是近代以来对家之私的批判,将自私贪婪与家庭作为更小(私)场域混淆起来的误区。这也是费氏为差序格局设计出一个逻辑上的虚拟支点——"自我""己",从而演绎出"为自己可以牺牲家"等的根本原因。这一理论被广泛接受,背后夹杂着现代中国人的普遍焦虑。

时间行至21世纪初,围绕着"亲亲相隐"问题展开了一场延续了十余年的学术论争。百年前由梁启超、杨度等人开启的公与私、家庭伦理与现代秩序等争议问题,一一重新上演,只不过背景从百年前建立现代国家的迫切现实,变成抽象的学术讨论。问题也就抽象成:以家为重的儒学能否适应现代秩序。限于篇幅,本书无法概述这场论争的全貌,我们只选取其中一个具有代表性的质疑声音。

2007年,赵汀阳曾以两篇文章批评儒家伦理没有能力面对陌生人。❶ 鉴于现代是一陌生人式的契约社会，这等于批评儒家的伦理思想与现代世界格格不入。值得注意的是，他的论证依赖于费孝通的同心圆理论，也就接续了其内在的问题意识和批判视角。如谓：

> 当以亲亲原则进行推爱，就形成了后来被费孝通描述为"同心圆"结构的伦理体系，所谓层层外推而达到爱众。推爱及众的严重困难是推爱推不出多远，恩义就非常稀薄了，最后完全消失在变得疏远的关系中，推不远所以推不成。这个困难的另一面是：天下有无数家，任意一家与另一家之间同样存在着与个人之间一样的矛盾和冲突。这说明亲亲模式对于整个社会来说并不是一个充分的伦理基础，它对解决社会冲突并没有决定性的意义。因此，由家伦理推不出社会伦理，由爱亲人推不出爱他人，这是儒家的致命困难。❷

简言之，儒家以家伦理为重，将"道德实践限制在私人道德关系范围内"，而缺乏道德的普遍原则，也就无法建构一种能安顿陌生人的公共道德空间。熟悉这一立场百余年来的历史，就会看到，赵汀阳只是以更明晰的哲学语言接续了前人的批评。

总之，以西方现代为参照系，儒家文明传统一直经受着"私"而无"公"的指责，并往往归因于中国人对家的珍重。这一出于晚清改革需要而产生的质疑与误解，随着中西翻转为古今，深深

---

❶ 赵汀阳：《身与身外：儒家的一个未决问题》，《中国人民大学学报》2007 年第 1 期，15—21 页。赵汀阳：《儒家政治的伦理学转向》，《中国社会科学》（内刊版）2007 年第 4 期。

❷ 赵汀阳：《儒家政治的伦理学转向》，《中国社会科学》（内刊版）2007 年第 4 期。

嵌入近百年的文化、思想与心理结构之中,也曾转化成激进的政治实践。在如今传统复归的趋向中,重新爆发围绕公与私、"亲亲相隐"等话题的争论,也恰恰表明:如何回应这一对"家与私"的批判,是能否正确审视家庭、儒学与传统之价值的关键。

不过,这一问题在历史的传递、衍生与层累中,变成了一个紊乱的线团。必须将其拆解成小问题来回答。首先,批判认为传统中国人没有公德,仿佛他们都"残缺"了作为人应有的爱同类的德性。那么,古典是否提出了面对人之为人本身的伦理关系与道德要求,爱他人的能力是否深植于中国人的本性中?如果有,是否要求所有人都具备之,抑或在某种身份、空间中才必须展现这种德性?而该身份、空间是否称得上公共的?

再者,批判将传统以家庭伦理为重与公心匮乏联系起来。以家庭伦理为重应如何理解,是自私的蔓延,还是顺遂人性的自然?爱家人的德性与爱"人"的德性会否只是愈推愈薄的关系,抑或在古典有更复杂微妙的层次?家庭在何种意义上是一"私"的空间,古典的公、私分际能否回应贪腐的质疑?

最后,真正开启这一批判脉络的是梁启超的老师康有为。是他在《大同书》与三世说中,将家与私挂钩,以呼唤一种更高尚的道德世界,奠定了后世批判的主题与框架。但值得注意的是,他的批判最终也塑造出一个从传统自身生长出来的大同,而非模仿外部的西方。当然也毋庸讳言,他思想的激进程度也敞开了许多意想不到的影响。因此,我们又应回到康有为和《大同书》,观察他的意图、方法与成果。当然,本书的一贯方法是以经学传统为参照,既体现他的思想渊源,也体现他的绝大突破。为此,我们先回到经学传统本身,以仁孝关系入手,考察公私分际。

二 经学传统中的仁与孝、公与私

道德的生发是需要纽带的，对亲人、熟人、陌生人的态度不同，因联结我们的纽带有别，而每种道德纽带又是人的存在方式的反映。所以，观察爱家人与爱他人的德性何以产生，首先须把握各自纽带与存在方式的意义。

例如，因充分认识到，家庭作为自然形成的共同体，对人的存在——不只个体，更是人类社会——的根基意义，儒家对家庭之爱及其伦理秩序是如此珍视。儒家认为，首先，父子是人之为人最自然的纽带，古人云"身者，亲之遗体也"❶，既指一个人的生命是父母的赠予，也指父母的生命将在子的身上得以延续。人必然是通过作为某之子而成为人的，那么父子关系也就先在地烙进了我们的存在和人性中，不可能被实质性地解除和抹去。家庭的伦理结构，以父子关系为中心，夫妇关系的理顺是其先导，兄弟关系是其延伸。

在此意义上，家庭是人类最小也最真实的命运共同体。一家人共同承担生活的艰难、成就与悲喜，伴随每个成员走过生老病死的旅程，尤其还有冠婚丧祭等人生节点。即使在流动性如此高的现代世界，家庭作为人首先和主要的生活范围，这一性质仍未改变，只是我们以不同于古代的方式，实现着命运上的"朝夕相守"。为此，儒家传统颇为贴切地以"恩"这个字来描述家庭内的关系。恩是有厚度与温度的纽带，通过生活中各种事件而积累下来。生命是父母赠予的根本性的恩，相保相守的生活也不断沉淀

---

❶ 孔广森：《大戴礼记补注》，北京：中华书局，2013 年，95 页。

着更深重的恩。

所以,基于恩的存在纽带,爱家人的德性是无条件的自然流溢,其中仍以父子之亲最为浓重。"亲"这个字包含了多种层次,既可指人自身,又可指称身所从出的父母,还可指称父母与自身间的基本感情,这充分表明了父子之爱的源初性。所以说,家庭内的感情与伦理都是人的自然,所谓"良知良能",很难说是"自我"的扩展。

相应地,人对无恩于己的他人的爱,就不会是从父子之恩亲推扩出去的,这本就不是人情疏薄的问题,而是从有恩到无恩的跨越。事实上,儒家一开始就认识到了,人性中爱他人的能力和德性,是基于一种特殊的存在纽带。我们这里通过可能是儒家对"仁"最具感染力的论证,来尝试说明:

> 所以谓人皆有不忍人之心者,今人乍见孺子将入于井,皆有怵惕恻隐之心。非所以内交于孺子之父母也,非所以要誉于乡党朋友也,非恶其声而然也。由是观之,无恻隐之心,非人也。❶

内交于孺子之父母,受乡党朋友的评判,代表着熟人关系。将这些因素排除掉,恰恰表明不忍人之心是任何时候人都会具备的道德情感。面对他人陷入危难悲苦的境况,人是不暇也根本上不会思索如何参照父子之亲以对待他者的,而是当下呈现对他的惊忧、痛惜与关爱。然而,见草木禽兽之危坠,我们都不会产生这样的同情共感,说明这种爱出于一种单纯的理由:我们把每一个他

---

❶ 朱熹:《四书章句集注》,237—238 页。

者都当作"人"本身，而非万物。这在古典时代是极为高贵、深邃的道德理由。这也是我们关注的"人为天生"传统的精神内核。

与万物自始至终皆困于其所是，无法在道德上越出自身不同，人有行仁由义的道德禀赋，能通过道德践履成就自身。这一根本差异将人从万物中超拔出来，使古典相信人的德性源头是天地，从而有了"人为天生"的观念。故董仲舒云"人之受命于天也，取仁于天而仁也"，"人受命乎天也，故超然有倚。物疾疾莫能为仁义，唯人独能为仁义"❶。换句话说，行仁由义的"天生"禀赋，同样是我们的存在与人性的深刻烙印。作为人，我们在仁义忠信的道德维度上"存在"着，也时刻须通过行仁义忠信的方式充实、证明自己的存在和人性。

所以说，儒家反复申述的"仁者，人也"，既表示仁德的生发源自我们对人之为人本身的珍重，也表明人之为人在于我们能行仁由义。总之，仁学的建立也是"人学"的全新开展，它为人类生活奠定了一个新的人性基础。由此，鉴于人、仁与"天生"性的紧密关联，每个他者的生命、幸福、苦痛就与我们有同等的道德重量，故我们面对不幸者的痛苦时总发出"那也是人"的叹息；并且同作为人，我们也在人（仁）性上对不幸者展现恻隐之心，否则人们将和孟子一样报以"非人"的指控。在恻隐之心发见时，我们给陌生的他者安顿了一个道德位置："人"本身，我们对他的爱是基于人之为人的道德关联。

至此，通过人为父母生与"天生"两种存在维度的分梳，我们看到了人类生活中两种不同的道德纽带。一种是父子之恩亲，其核心德性是孝。另一种是"天生"的纽带，每个陌生的他者都

---

❶ 苏舆：《春秋繁露义证》，319、354页。

在其中获得了一个道德位置——"人"本身；其核心德性是仁，赋予了每个人以道德使命——成为人（仁）。二者之间有怎样的关系？古典的认识——较近代批判非此即彼式的尖锐对立——要复杂得多，须分不同的层次来看。就价值而言，亲亲较之仁爱是更自然的德性，仁爱较之亲亲又更珍贵。我们可提供两种论证角度。❶

第一是从二者的对象范围看，我们的分析将从一个颇耐寻味的现象入手。在理学将"仁"心性化之前，汉唐间有一个以"博爱"言仁的传统。其中既有直接定义，也有间接的对应。

《新书·道术》："心兼爱人谓之仁。"❷

《春秋繁露·天辨在人》："人无春气，何以博爱而容众。"❸

《风俗通义·声音》："闻其征声，使人恻隐而博爱。"❹

《中论·智行》："夫君子仁以博爱。"❺

《国语·周语》："言仁必及人。"韦昭注："博爱于人为仁。"❻

《后汉纪》："故博爱之谓仁。"❼

《论语义疏》："人有博爱之德谓之仁。"❽

---

❶ 这里从道德能力和道德空间的角度分析这两种道德，受到了陈少明老师的启发。参陈少明：《亲人、熟人与生人——社会变迁图景中的儒家伦理》，《开放时代》2016年第5期，131—143页。

❷ 贾谊撰，阎振益、钟夏校注：《新书校注》，北京：中华书局，2000年，303页。

❸ 苏舆：《春秋繁露义证》，335页。

❹ 应劭撰，王利器校注：《风俗通义校注》，北京：中华书局，1981年，278页。

❺ 俞绍初辑校：《建安七子集》，北京：中华书局，2005年，281页。

❻ 徐元诰撰：《国语集解》，北京：中华书局，2002年，88页。

❼ 荀悦、袁宏：《两汉纪》下册，北京：中华书局，2002年，38页。

❽ 皇侃：《论语义疏》，42页。

韩愈《原道》:"博爱之谓仁。"❶

宋儒会批评这一传统是"指情为性""以用为体"❷,这并不准确。因为汉唐人不会从心性角度理解什么是道德,而是以道德呈现的面貌、发生的场域等面向,来比较不同德性的意义。"博爱"实际上是突出了"仁"的施用范围,这样定义时有一个明确的参照系,即那些不"博"的爱,它既包括人的欲望,也包括家庭的亲亲之爱,其范围都是有限的。家庭之爱的有限很正常。首先,父子之恩与亲是唯一的,不可转移,人不会像爱自己的父母妻儿一样爱他人。相应地,从父子延伸出来的家庭之爱就是差序递减的。是故不论家族如何孳衍繁盛,这种爱的覆盖范围始终有限,这是人性的自然。

仁则是面向"人"本身的普遍美德,"博爱"充分体现出其向全体人类社会敞开的意味。就爱是将善意馈赠出去而言,无限范围的爱肯定较有限范围的更可贵。而儒家将以仁为首的五常归为人性本质,也是认识到,组织起在家庭之上更普遍的人类共同生活,离不开这些人之为人的美德。这种更高的共同生活包括很多领域,其中最重要的是政治生活。下文我们还将讨论仁爱在政治中必要性,公私分际也由此展开。

第二是从二者的发生条件与频率来看,仁爱的德性是稀见的,既有外部条件,也有内在原因。首先,平淡的日常生活并不时刻都需要施展仁义忠信之德。在发现他人陷于苦痛与获得幸福时,

---

❶ 韩愈撰,刘真伦、岳珍校注:《韩愈文集汇校笺注》,北京:中华书局,2010年,1页。
❷ 问韩愈"博爱之谓仁"。曰:"是指情为性了。"见黎靖德编:《朱子语类》,464页。蒋兄因问:"'博爱之谓仁'四句如何?"曰:"说得却差,仁义两句皆将用做体看。"同前书,3272页。

我们将替他痛惜、喜悦,与他分担、分享,除此之外,他者并不需要我们的关照。反而,家庭是我们无时无刻、无条件贡献爱的空间,每个人的悲喜也主要由他的家庭担负。在平常的日子里使陌生人如其所是的陌生着,这既是仁爱稀见而珍贵的原因,也是对家的自然的尊重。相反,像爱家人一样爱他人,不仅违背了人的自然,也使仁不再珍贵了。

而就内在原因而言,虽然儒家认为仁义和孝慈都是我们人性的重要拼图,但行仁义显然需要比行孝慈更高的道德动力。至少家庭有朝夕相处的亲恩基础,而行仁义需要更明确的道德自觉。另外,即如孟子也只将恻隐之心作为仁之端,承认了行仁义是须扩充的道德实践。这表明从道德动机到道德行动,存在要跨越的关口,其中,能力是重要因素。切实担负起他人的苦难与窘迫,是需要现实能力的,这种能力非所有人都具备,如不能要求羸弱贫苦者再帮助他人,而应是能力越强者责任越大。这类对道德水准与能力的要求,都使仁更显珍贵。

总而言之,孝慈弟友较之仁义忠信是更自然的德性,仁义忠信较之孝慈弟友又更珍贵。不过,前者更自然,不代表仁义忠信是遥不可及的,后者更珍贵,也不表示孝慈弟友是卑微的。这两种纽带下的德性,在范围、条件等方面各占优长,难有对立式的分判。两种不同纽带的爱存在于不同的维度、空间中,发生在不同的人、事件上,平日里两造相安。只有在某些特殊的人、事件、空间内会形成张力,但解决方案也存在着无数可能,也许是"窃负而逃",也许是"大义灭亲",也许是举贤避亲,抑或不避亲,难以一概论之。

并且,根据孝与仁各自的特质,儒家还搭建起二者在德性养成层面的关联。这是考虑到,"人为天生"只是人作为道德存在的一种隐喻，人不会一出生就能行仁由义。仁义忠信的德性需要习得、养成的方式。儒家看到，家庭既是一个人主要的生活空间，也就成为他养成良好情感、品性的土壤。并且，通过诸如"其为人也孝弟，而好犯上者鲜矣，不好犯上而好作乱者，未之有也"的日常人性观察，进一步可以相信，孝慈弟友作为人自然生发的德性，是养成仁义忠信等珍贵品质的基础，也就有了"君子务本，本立而道生。孝弟也者，其为仁之本与"和"夫孝，德之本也，教之所由生也"的洞见。

至于由孝弟何以能成就仁爱的内在原理与机制，《孝经》有所揭示：

> 爱亲者，不敢恶于人；敬亲者，不敢慢于人。
> 郑注：爱其亲者，不敢恶于他人之亲。己慢人之亲，人亦慢己之亲，故君子不为也。[1]
> 明皇注：博爱也。广敬也。[2]

这句是《孝经》一书的要旨，是"孝"何以为"德之本，教之所由生"的奥秘所在，这既是教化原理的阐述，也蕴含了道德诫命的意味，郑注偏于前者，明皇注偏于后者。爱与敬是人子孝顺父母时展现的两种基本情感。爱拉近人与人的关系，而敬区隔人与人的距离，这两种基本的情感能打开普遍的道德意义，如仁主于爱、礼主于敬等。既然人是首先在父子关系中体会、培植起爱敬之情的，那么好的教化便是理顺父子关系，让人在行孝过程

---

[1] 皮锡瑞：《孝经郑注疏》，北京：中华书局，2016年，18页。
[2] 唐明皇注，邢昺疏：《孝经正义》，北京：北京大学出版社，1999年，5页。

中体会、充养爱敬,这样当他走出家庭、面对他人时,才能运用爱敬之情敞开更高的德性。

《孝经·士章》言士"资于事父以事君而敬同",及《广扬名章》"君子之事亲孝故忠,可移于君"就表现了这一原理。

士在家事父孝,自然习得严、敬的品性,至出仕为政时,他就能运用敬心,以忠信的品德事君。这里值得注意的是,父子之恩与君臣之义是不同的纽带,在家与在朝是两种道德空间,孝弟的对象只是父母兄弟,而忠信是能面对所有人的普遍德性。所以,不存在所谓"移孝作忠",仿佛人能以事父之孝事君而为忠,而是以事父母兄长时涵养的爱敬为土壤,生长出另一种更高的德性。

理解了孝与仁之间这种德性养成的关系,我们才能理解传统社会以孝为教的真正用意。《孝经·圣治章》云:"人之行莫大于孝……圣人因严以教敬,因亲以教爱。圣人之教不肃而成,其政不严而治,其所因者本也。"《广要道章》云:"教民亲爱,莫善于孝;教民理顺,莫善于悌。"教化的目标在于使民能仁爱亲睦、忠信敬善,教化的入手处却是教孝教弟。这是先理顺父子兄弟关系,让人在行孝的过程中充涵养爱敬的能力,为生发更高的德性做好准备。

由是,回到"夫孝,德之本也,教之所由生也"一句。前半句讲德性的养成,郑玄以"人之行莫大于孝"注之,表示因父子关系是人习得爱敬的自然方式,故孝是养成所有人类德性的土壤;后半句是教化的角度出发,郑玄以"教民亲爱,莫善于孝"解"教之所由生",表明教化是从培固家庭的孝慈弟友出发,为养成更高的德性奠基。这两处以经证经实在精善。

相应地,"君子务本,本立而道生。孝弟也者,其为仁之本与"也蕴含着同样的逻辑和两个角度。深于郑学的皇侃即特意引

《孝经》解此:

> **君子务本**,此亦有子语也。务,犹向也,慕也。本,谓孝悌也。孝悌者既不作乱,故君子必向慕之也。**本立而道生**。解所以向慕本义也。若其本成立,则诸行之道,悉滋生也。**孝悌也者,其为仁之本与**!此更以孝悌解本,以仁释道也。言孝是仁之本,若以孝为本,则仁乃生也。仁是五德之初,举仁则余从可知也。故《孝经》云:"夫孝,德之本也,教之所由生也。"
>
> **何晏注:本,基也。基立而后可大成也**。以孝为基,故诸众德悉为广大也。❶

君子是在上位施政教者,这是有子从一种日常的人性观察引申出来的,提供给施教者的一番教化成德的道理。及至理学的内在心性化转向,这些古语才变成每个人都能奉行的道德守则。我们再来看朱子的解释:

> 务,专力也。本,犹根也。仁者,爱之理,心之德也。为仁,犹曰行仁。与者,疑辞,谦退不敢质言也。言君子凡事专用力于根本,根本既立,则其道自生。若上文所谓孝弟,乃是为仁之本,学者务此,则仁道自此而生也。
>
> 程子曰:"孝弟,顺德也,故不好犯上,岂复有逆理乱常之事。德有本,本立则其道充大。孝弟行于家,而后仁爱及于物,所谓亲亲而仁民也。故为仁以孝弟为本。论性,则以仁为孝弟之本。"
>
> 或问:"孝弟为仁之本,此是由孝弟可以至仁否?"曰:

---

❶ 皇侃:《论语义疏》,6页。

"非也。谓行仁自孝弟始,孝弟是仁之一事。谓之行仁之本则可,谓是仁之本则不可。盖仁是性也,孝弟是用也,性中只有个仁、义、礼、智四者而已,曷尝有孝弟来。然仁主于爱,爱莫大于爱亲,故曰孝弟也者,其为仁之本与!"❶

此前,仁与孝是两种纽带、不同道德空间内的德性,遂有"孝弟为仁之本"的关系,"为"系虚词。及至理学,将仁规定为"本心之全德",即最根本的德性,或者说是一切德性的根源,如所谓"仁包四德"。这样一来,孝弟就不可能是比仁更根本的德性,故朱子说"谓是仁之本则不可"。甚至在某种程度上,孝弟够不上一种德性,故程子说"孝弟,顺德也",朱子说"仁是性,孝弟是用""论性,则以仁为孝弟之本",都将孝弟视为其他德性的作用而已。于是,他们便以"行"释"为",孝弟是行仁之本。这里的"本"字,朱子虽然还训释成"根",但不是本原的含义,而是指开始的意思。"行仁自孝弟始,孝弟是仁之一事",遂将这句话解成了践履仁德的方式、次第问题,使之亲切可用了许多。

至于孝弟何以是行仁的入手处,则仍归结于理学对仁的内在化。此前,即便仁与孝都从爱的情感生发,事父之严与事君之忠都从敬的情感生发,但仁与孝、严与忠毕竟是两种德性,爱敬是其生长的土壤,而爱敬本身却难以被称为德性。当理学将仁追溯为"爱之理",即人有爱人之品性的原因和动力时,爱就变成了德性本身的标尺。一个人要行仁,就须从父母爱起,再将爱推扩出去,形成理学意义上"亲亲而仁民,仁民而爱物"的同心圆波浪。

事实上,观孟子先言"君子之于物也,爱之而弗仁;于民也,

---

❶ 朱熹:《四书章句集注》,48页。段落为笔者所分。

仁之而弗亲",后言"亲亲而仁民,仁民而爱物",语势更多是强调亲亲、仁民、爱物三种德性的区分,而非同一德性源头的次第扩展。而赵岐注云"用恩之次者也"❶,准确把握了三种德性差异的根源在于存在纽带的不同。正视不同纽带并施展相应德性,是对人性自然的顺遂;与之相比,宋学"理一分殊"的差序解释,会面临推爱不广的质难。❷

至此,我们先就上面的分析稍作总结。儒家基于人既为父母生,也为"天生"的认识,一则在价值属性上,既认识到孝的自然特质,也深知仁的珍贵意义,二者各有优长。二则在成德教化的角度,"孝弟为仁之本"是期许在孝的自然根基上,生长出仁义忠信的美德,而不是以家庭内的孝为人类社会的唯一伦理道德,也即不是以孝为中心、为足。这两类分析至少在理论层面上能够说明,对家的珍重不会遮蔽普遍道德反而是生发普遍道德的基础,有助于澄清儒家与传统中国的真实面貌,回应近代以来有私德无公德的质疑。

不过自差序格局理论始,从道德实践层面提出新的批评,认为在儒家的伦理实践次序下,从亲亲推不出仁民。除如上论,因纽带的根本不同、亲亲到仁民不是爱的推扩外,还须反思,这类批评或以普通民众为样本,或是对所有人的抽象评论,都忽略了道德能力的问题。

如上述,仁的珍贵性需要道德自觉和能力,可以预见并非人

---

❶ 焦循:《孟子正义》,北京:中华书局,2004 年,949 页。
❷ 按:如朱子"亲亲而仁民,仁民而爱物",注云:"程子曰:'仁,推己及人,如老吾老以及人之老,于民则可,于物则不可。统而言之则皆仁,分而言之则有序。'杨氏曰:'其分不同,故所施不能无差等,所谓理一而分殊者也。'"见朱熹:《四书章句集注》,370 页。

人都能成就之。并且,成德问题的讨论都指向了"君子"。自孔子称"君子也者,人之成名"以来,儒家始终将"君子"形象树立为一种普遍的道德人格,这就与人皆禀"天生"之仁义的普遍性构成了呼应。也就是说,那些能够从孝弟当中养成仁德者应称为君子,相应地,普通民众(小人)仍须笃行亲亲。事实上,儒家的君子、小人之分中,君子——必须强调它首先是一种人格——承担着更高的道德要求与道德责任,如"君子喻于义,小人喻于利""君子乐得其道,小人乐得其欲"等。是故,回到儒家伦理实践的原则上,我们注意到《孟子》中"亲亲而仁民,仁民而爱物"的主体正是君子。在此意义上,以孝弟为本而能仁民者是君子,与对君子应要求他亲亲而能仁民,是二而一的。只有在此背景中,才能完整把握儒家依孝与仁各自特质所构建的政教秩序与公私分际。这一层面,容我们再详细分疏。

  起初,儒家每每将君子、小人对比,是一种理想类型化的思考方式。以君子代表天子、诸侯、卿大夫这些有德有位者,以小人代表士和民众,以这种扼要的对照来体现理想的政教秩序应当如何。根据德位合一的原则,每一对道德范畴中,君子都承担着更珍贵的那项美德。而就亲亲和仁爱言,仁爱作为更普遍、难得与珍贵的德性,主要是向在上位、施政教之君子提出的要求。故我们看到,汉唐间"博爱"一词还往往用以刻画"君"的德性:

  《春秋繁露·为人者天》:"圣人之道,不能独以威势成政,必有教化。故曰:先之以博爱,教以仁也。"[1]

---

[1] 苏舆:《春秋繁露义证》,319页。

《汉书·谷永传》:"臣闻天生蒸民,不能相治,为立王者以统理之,方制海内非为天子,列土封疆非为诸侯,皆以为民也。……明天下乃天下之天下,非一人之天下也。王者躬行道德,承顺天地,博爱仁恕,恩及行苇。"❶

《汉书·刑法志》:"上圣卓然先行敬让博爱之德者,众心说而从之,从之成群,是为君矣;归而往之,是为王矣。《洪范》曰:'天子作民父母,为天下王。'圣人取类以正名,而谓君为父母,明仁爱德让,王道之本也。"❷

《梁书·简文帝纪》:"非至公无以主天下,非博爱无以临四海。"❸

《旧唐书·朱敬则传》:"盖明王之理天下也,先之以博爱,本之以仁义。"❹

经学传统中论仁,往往以政治生活为背景。即如孟子不忍人之心的论证,正起自劝诫君主行不忍人之政的初衷;且其所谓"苟能充之,足以保四海"一语,隐隐透露出王道图景。这是因为,政治生活是面对人之为人本身而组织起的普遍共同生活,用以担负起所有人的幸福、苦痛与命运。每个在家庭中作为父子、夫妇、兄弟等伦理角色而存在的人,在政治的视野中都只作为

---

❶ 班固:《汉书·谷永传》,3466—3467 页。
❷ 班固:《汉书·刑法志》,1079 页。
❸ 姚思廉:《梁书》,北京:中华书局,1973 年,104 页。
❹ 刘昫等:《旧唐书》,北京:中华书局,1975 年,2915 页。

人——或者说"天生"者——而存在，无亲疏远近之别。是故，与家庭中由父子亲恩扩散开来的有限之爱相反，在政治这一属于所有"天生"者共同的道德空间中，需要普遍、无私的爱与德性。可以说，政治生活是"人为天生"维度的一种重要现实版本。

认识到政治是一"天生"的场域，始终在天地的注视下理解政治，奠定了古典政治哲学"法天"的宗旨。"天子"的称号一方面是政治正当性的宣示，另一方面规定了王者代天立教的使命，后者是前者的支撑。代天立教能敞开丰富的道德内涵，例如，天地有覆育生生、一视同仁之象，儒家称仁为"天心"，"仁之美者在于天"，故君须"承顺天地，博爱仁恕，恩及行苇"。"为民父母"是个很好的比喻，如同父母之爱不因子之贤不肖而移，王者于万民皆施其爱无所偏私。当然，王者博爱的方式不是家至户见地去帮助每个人，而是行惠民教民的不忍人之政，使仁德以深厚无形的方式包围每个人。这又关乎行仁的道德能力问题，我们可通过一类事件说明之。

经典中刻画王道仁政，都关照到"矜寡孤独废疾者皆有所养"：

《孟子·梁惠王下》："王曰：'王政可得闻与？'对曰：'……老而无妻曰鳏。老而无夫曰寡。老而无子曰独。幼而无父曰孤。此四者，天下之穷民而无告者。文王发政施仁，必先斯四者。'"[1]

《王制》："少而无父者谓之孤，老而无子者谓之独，老而无妻者谓之矜，老而无夫者谓之寡。此四者，天民之穷而无告

---

[1] 朱熹：《四书章句集注》，218页。

者也,皆有常饩。喑、聋、跛躃、断者、侏儒,百工各以其器食之。"❶

这些人都残缺了家庭的拼图,或是在人生羸弱的阶段失去的,或是始终不得成全。没有家庭共担命运,也错失了亲亲之爱的幸福,既同为人,为何他们要承受这种困苦和不公?是故,出于效法天地生生之意,和同为"天生"的不忍,王道仁政都有必要向他们倾斜,承担起他们的生活,实现同为"天生"意义上的公平。这体现出,人不只在家庭里成为人,也在天地覆育和王教承托中成为人。代表天地为民父母的王教,在家庭之外更普遍而深沉地托负起每个人的生活,又以矜寡孤独废疾者为急。

但这一制度设计也意味着,普通人的生老病死、悲喜苦乐,主要由其家庭担负。"所谓西伯善养老者,制其田里,教之树畜,导其妻子,使养其老"❷,是在政教的引导和辅助下发挥家的力量。因此,孝慈弟友是民庶的首要德性。这一认识在经典中比比皆是,如《大学》以"民兴孝""民兴弟"为念,孟子答梁惠王云"申之以孝悌之义"(《孟子·梁惠王上》)等。

上引《春秋繁露》与《旧唐书·朱敬则传》皆言王教"先之以博爱",是语出自《孝经》。然《孝经》原文为:"先王见教之可以化民也。是故先之以博爱,而民莫遗其亲。"圣王应以教仁教爱为务,但对仁爱之教的效果,也只能期许民尽孝慈之性。这既是为了顺遂人性自然的生长,培固家庭自身的力量,也是因为认识到了仁不适合普遍要求于民。仁的珍贵性,不只要求高尚的道德

---

❶ 郑玄注,孔颖达疏:《礼记正义》,578—579页。
❷ 朱熹:《四书章句集注》,355页。

自觉,更需要照管、担负他人的切实能力,所覆越广要求能力越大。显然,护养鳏、寡、孤、独、废疾者的公共事业,不是民德民力所能及的,那是君子的使命。而君子通过政治的力量,才能发挥一种担负所有人生活的仁。

此外,"代天立教"包含着公平、无私的要求,这是另一种意义上对人之为人本身的爱与尊重。我们看到,先秦诸子对公平无私的理解都取法于天地。《礼记·孔子闲居》:

> 子夏曰:"三王之德,参于天地,敢问何如斯可谓参天地矣?"孔子曰:"奉三无私以劳天下。"子夏曰:"敢问何谓三无私?"孔子曰:"天无私覆,地无私载,日月无私照。奉斯三者以劳天下,此之谓三无私。"❶

其根本出发点仍是人与政治生活的"天生"性。一方面,人皆为天生,故天地面前无人能阿党私亲以获特权,日月鉴照必得其情实。落实在政治生活中,正义是政治的头等事务,代天立教的王者,是人间公平正义的准衡。值得注意,圣王事迹都会突出圣王能平讼断狱的德性。文王受命以断虞芮之讼为标志,舜、启能继位,因"狱讼者不之丹朱而之舜"❷、"朝觐讼狱者不之益而之启"❸。

另一方面,人同生于天,获得了同等的德性禀赋。贤愚与否在于人如何成全天赋德能,而与人从家庭继承的身份地位无关。并且,政治事务与每个人息息相关,天下是所有"天生"者的天

---

❶ 郑玄注,孔颖达疏:《礼记正义》,1944—1945 页。
❷ 司马迁:《史记·五帝本纪》,32 页。
❸ 朱熹:《四书章句集注》,308 页。

下,非一人一家之私属。由是,政治生活应最大限度向每个贤德者敞开,而非以亲缘论之,在尊重人德能的努力与成长的意义上,实现公平无私。《春秋》"讥世卿""讥父老子代从政",《仪礼·士冠礼记》"天子之元子犹士也,天下无生而贵者也",乃至《礼运》对"大人世及以为礼"的批评,都透露出:选贤与能是政治生活的内在要求。

通过上述讨论不难发现,划分古典的公私生活,有一朴素直截的办法。直面于"天"、关涉人本身的是公共领域,以政治、社会、学术为代表;比直面于"天"更小的空间是私的领域,从以父为天的家庭生活,到个体利益攸关的范围,再到个人内在的心灵世界皆是。与此呼应但不完全相同的,是"门内之治恩掩义,门外之治义断恩"(《礼记·丧服四制》)的区分。门内是以恩为纽带的家庭生活,是人类有限生活领域的重要组成部分;门外是在人本身的"天生"纽带下,无限范围与对象的生活领域。所以,公与私的基本意义是人类生活领域的无限与有限之分。

进而,公、私领域所要求的德性也就有别。除却上面仁与孝这对范畴,如"君子周而不比,小人比而不周"(《论语·为政》),也应置于德位秩序与公私分际的背景下理解。郑玄、伪孔安国皆注云:"忠信为周,阿党为比。"忠信和仁义一样,是面向人本身的"天生"之德,唯此君子才能在政务上秉公无私。而私领域下的家庭生活与个体欲求,都是民庶相互亲比的原因,其固不如君子忠信无私可贵,但也不是卑下鄙恶的,因"乐其乐而利其利"(《礼记·大学》),"各亲其亲、各子其子、货力为己"(《礼记·礼运》),同样是人性的自然,民德如此已能成就一种小康的生活。这样一来,执政君子须公正无私,在家民庶各尽亲孝、各取乐利,公德与私德各适其所,从而构成完整的政教秩序。

由此，可以反思近代以来的部分批评。一则，古典兼顾了公与私两方面的道德要求，不缺乏探讨仁爱正义、公平无私的思想资源。梁启超、杨度言中国是"私"的文明，至少在思想价值层面上并不准确。二则，差序格局能解释家庭内关系的亲疏厚薄，但用以形容传统真正的公私分际未必恰切。根源在于，其缺少了一种君子、小人之分的视野，那代表着儒家对不同道德纽带、空间、能力与承担者的丰富认识。并且，对不同的人有不同的道德要求，不会使普遍性的道德落空，而是忠实于德性自身的特质、认清道德行为的现实条件的表现。

此外关于前人较集中的一类论证，即认为重视家庭是腐败问题的根源，在此又可从几个角度辨析。首先，公、私范畴在引申表达价值含义时，私往往有错或恶的意味，容易造成个体欲求和家庭纽带都是人性贪私的误解。我们还应正视其作为人性自然的意义，也即区分人性自然形成的有限生活领域之"私"，与自私、贪婪之恶的差异。❶ 这里还须澄清家与"私"的关系，一方面家庭是"私"领域的重要组成，又不能代表"私"的全部；另一方面家庭也不是个体欲求的扩张，孝慈弟友的良知良能不杂丝毫利欲，更不等于自私贪恶，故不存在"为自己可以牺牲家"的"自我主义"。

其次须廓清的，是贪腐裙带是以私废公的现象，儒家从未承认这种私恶的正当性。公与私各居合理的界限内是两造相安的，恶是越界的结果。家庭事务干涉公共领域将产生私恶，但这不是人性本身的恶，或人性必然导致的恶。事实上，爱家者亦能奉公廉明，贪私者未必皆惠及其亲，这一对照也表明亲亲之爱不是贪私的原因，而是个人贪私侵犯公利后同受牵累的对象。换言之，

---

❶ 唐文明：《儒家伦理与腐败问题》，《伦理学研究》2011年第5期，67页。

贪私是在位者未尽到仁义忠信之责任的结果。

最后,如果对家人的爱都被视作一种自私的恶,那么排除这种私所获得的只能是更可怖的公。

不过,古典秩序中确有未能实现完全公正无私之处,即君主世袭制。君主世袭对传子之法及对世风民性的深刻影响,儒家自始就有明确的反思,主要通过五帝、三王之别的对照表达出来,其中最富力度的仍数《礼运》首章:

> 大道之行也,天下为公,选贤与能,讲信修睦。故人不独亲其亲,不独子其子,使老有所终,壮有所用,幼有所长,矜、寡、孤、独、废疾者皆有所养。男有分,女有归。货,恶其弃于地也,不必藏于己;力,恶其不出于身也,不必为己。是故谋闭而不兴,盗窃乱贼而不作,故外户而不闭。是谓大同。
>
> 今大道既隐,天下为家,各亲其亲,各子其子,货力为己,大人世及以为礼,城郭沟池以为固,礼义以为纪,以正君臣,以笃父子,以睦兄弟,以和夫妇,以设制度,以立田里,以贤勇知,以功为己。故谋用是作,而兵由此起。……是谓小康。❶

理解这段的关键是把握天下为公与天下为家两个核心理念。对于这两个理念的理解,又可分为广义、狭义两种方式。狭义理解指的是从天子位的传承方式,看对天下所属的态度,如郑玄注"天下为家"云"传位于子",注"天下为公"云"公,犹共也。禅位授圣,不家之"❷。《白虎通》也说:"所以有夏、殷、周

---

❶ 郑玄注,孔颖达疏:《礼记正义》,874—876 页。
❷ 郑玄注,孔颖达疏:《礼记正义》,874—875 页。

号何?以为王者受命,必立天下之美号以表功自克,明易姓,为子孙制也。……五帝无有天下之号何?五帝德大能禅,以民为子,成于天下,无为立号也。"❶是三代世袭,以天下为一家一姓之私属,而不如五帝禅让更符合政治生活的"天生"本质。儒家固知世袭有维系稳定的优势,不然不会予以"小康""三代之英"的评价,但在价值理想上仍要揭豁出向上一层的大同的存在。

广义的理解是,天下为公与天下为家两个理念也指天下人整体的德性面貌。这实际上仍端赖于上述王者德性的影响,既包括制度设计,也有道德示范。是故,三代以天下为其家所有,则民亦只顺其自然之性,各亲其亲、各子其子、货力为己,不能培植出对"人"本身的关怀;五帝能以天下为公器,则其民亦将仁爱为公、不私其货力。而所谓"不独亲其亲,不独子其子",是在自然亲孝的基础上,人人都能流溢出仁爱无私之德。儒家同样知道,民尽孝慈之性,维以礼义之道,能够成就"小康",但仍愿意憧憬一个仁爱流被的理想大同。

《礼运》对"家天下"与"公天下"的勾勒,形成了两种秩序类型的对照。对儒家而言,称家天下是小康,表明了家庭是生长出文明秩序的自然土壤和起点,但仅凭之也只能成就一种不坏的生活;称公天下是大同,揭示出仁爱公德是成就、升华理想文明的关键。不过对"公"的向往从未意图取消家庭,并且大同又只作为一个安放理想的"另外的世界",遥远地照临着当下,从未奢求实现。

前述的古典公私结构,在某种程度上是两种类型在现实世界的中和。既不至于是全然的天下为家,例如要求君子阶层必须秉

---

❶ 陈立:《白虎通疏证》,56—58页。

持仁爱公正之德；但也未及全然的天下为公，君主世袭制沿波千年，对民庶也只期以孝慈弟友。及至晚清，在"文明"与"中国"双重危机的交迫下，大同和小康的框架被重新搬出，运转成一个理论的"漩涡"，吸卷各种思想能量，迸发出巨大而影响深远的思想力度。其中，对"公"的热烈渴求，和对"家（私）"的激烈批判，居中心位置。而这一切都由康有为所启，又从他对人的"天生"性和仁学的珍视出发。

三 大同建构：新的"天下为公"与"父子"的解纽

1. "天生"、仁运与新的"天下为公"

如导论所述，受《春秋》学传统"三合而生"说及礼学"三本"说等的启发，康有为充分意识到，人的存在结构有两个维度，各有其相应的德性。如谓：

> 然天地者，生之本；父母者，类之本。自生之本言之，则乾父坤母，众生同胞，故孔子以仁体之；自类之本言之，则父母生养，兄弟同气，故孔子以孝弟事之。❶

"天生"维度上的"乾父坤母，众生同胞"的联系，主要通过儒家的"气论"表现出来，这也使康氏尤其欣赏张载❷。诸如"乾

---

❶ 康有为：《论语注》，3页。
❷ "《正蒙》为宋儒第一文字。""精深莫如《正蒙》，博大莫如《西铭》。""程子言天道，不如张子言天人。宋儒深造独得，莫如张子。"康有为：《万木草堂口说》，北京：中华书局，1988年，287、288、289页。

为吾父,坤为吾母,人身特天之分气耳。……凡众生繁殖,皆吾同气也,必思仁而爱之,使一民一物得其所焉"❶,"夫人非人能为,天所生也。天为生之本,故万物皆出于天,皆直隶于天,与人同气一体"❷之类的表达,在他的著作中俯拾即是。我们还必须提到,在《大同书》开篇,康有为更将以太、魂知、光电等新观念附着在气论上,来表明人与世界的普遍联系,所谓:"吾既有身,则与并身之所通气于天、通质于地、通接于人者,其能绝乎?"❸

并且,对他来说,这种人与整个世界的联系是一种道德联系,重点就是不忍之仁。显然,这也植根于"天生"的传统。人为天地所生,就分享了天地的德性与使命,仁为天心,故人当以仁自任,这是一种道德自觉、自立的要求。就此,康有为也有多种申述,例如"盖人者仁也,取仁于天,而仁也以博爱为本,故为善之长。有仁而后人道立,有仁而后文为生,苟人而不仁,则非人道"❹,"仁者公德,博爱无私,万物一体者。人者仁也,故人人皆有仁之责任,人人皆当相爱相救,为人一日,即当尽一日之责,无可辞避"❺。

显然,康有为重新发掘出了"天生"传统。但是他由此展开的理论建构,最终形成的是"礼运"与"仁运"、小康与大同的争执,这完全不同于传统中"父母生"与"天生"、孝与仁等两造相安又紧密联结的关系。他审视"父母生"与"天生"关系时,带

---

❶ 康有为:《中庸注》,378 页。
❷ 康有为:《礼运注》,259 页。
❸ 康有为:《大同书》,3—5 页。
❹ 康有为:《论语注》,31 页。
❺ 康有为:《论语注》,113 页。

着"孔子改制"的眼光,从而将其从人的存在维度与德性的层面拓展至文明秩序、进化动力等层面,他的这一系列突破都源于此。

这一切从他确认孔子创立"天生"之义、立教本仁开始。因为"三合而生""人为天生"等说源出于《春秋》学传统,故康有为相信,"天生"维度是孔子的观念创造,如谓"当是孔子口说特创此义"❶,"此真孔门微言,而为孔子一切义所出也"❷。康氏这里,"口说"指未尝书于竹帛的经说,基本等同于微言。并且,"人为天生"都不是普通的某一则微言,而是"孔子一切义所出"根本。这句话并非康氏夸张,它的意义确等同于康氏的另一说法——孔子立教本仁。他说:

> 尸子曰:"孔子本仁。"凡圣人立教,必有根本。老子以天地为不仁,孔子以天地为仁,此宗旨之异处。取仁于天而仁,此为道本。故孟子曰:"道二,仁与不仁而已矣。"凡百条理,从此出矣。❸

> 然天下之道术多矣,刑名法术不足修也,所道之道必在于仁。仁者,在天为生生之理,在人为博爱之德。……尸子曰:"孔子本仁。"此孔子立教之本。孟子谓:"道二,仁与不仁而已。"老子以天地为不仁,故自私;孔子以天地为仁,故博爱,立三世之法,望大道之行。❹

儒家以仁为根本宗旨是古今的共识。在天人关系的背景下确

---

❶ 康有为:《春秋董氏学》,129 页。
❷ 康有为:《春秋笔削大义微言考》,《全集》第六集,60 页。
❸ 康有为:《春秋董氏学》,154 页。
❹ 康有为:《中庸注》,208 页。

证仁的必然性与必要性，也是仁学开展的基本视野。并且，在二千余年文明史与儒学史的互动中，仁学也拓展出不同的方向，展现为不同的面貌，亦称得上一种"凡百条理，从此（仁）出矣"。康有为的特出之处，在于从文明秩序、进化动力的高度，来理解儒家根本与仁的意义。因为他相信，孔子"改制立教"是为未来的文明秩序立法。既然立教本于仁，特创"天生"之义，就意味着它们是点亮人类文明图景的火光，是引领文明进化的思想动力。进而，"天生"维度与仁学的普遍落实，就是人类文明道路的终点，也是孔子之道的彻底实现。

然而，我们也要看到，康有为"孔子改制"学说是他最强力的理论武器。他在"父母生"与"天生"之间的分判截断，将"天生"之"仁"指示为文明的未来方向，与此同时"父母生"代表的家庭生活与孝慈弟友的品性对于文明生活的意义便就黯淡了许多。虽然就思想发展的历程来说，孔子开创了仁学，而家这种自然生活在孔子前就已根深叶茂，但当康有为为此套上"孔子改制"的理论时，"天生"与"父母生"、仁与孝就分别代表了相对峙的文明与自然。

进而，追寻理想文明的急切脚步，更催促他将二者的对峙扩张至极。他的方法就是分别以"父母生"与"天生"为宗旨，构想一种秩序类型。小康法以"父母生"之孝、礼为主义，故称"礼运"；大同法以"天生"之仁、公为主义，故称"仁运"。在后文深入《大同书》文本时，我们能够清楚看到，批判小康法的每一笔，都同时勾勒着大同法的轮廓。这两种主义的"世界"，双生而对峙。

可以说，康有为开启了近代中国思想潮流的"主义化"特征：以激进、彻底的态度，构造理论的对峙态势，来促成文明转型。所以,"天生"与"父母生"、仁与孝、公与私并不必然构成对立,大同与小康的对峙也不由它们之间的紧张所必然引出。大同、小康的对峙,毋宁说是"主义化"思维的排他性逻辑造成的。打一个也许不甚恰当的比喻,在甜咸口味的偏好上,实际生活中每个人是各随所好的。但如果大同社会是只能吃甜,为"甜的主义",小康社会是只能吃咸,为"咸的主义",便会构成对立。这说明,大同、小康的对峙,不是诸价值原则之间的必然紧张,而是其"主义化"思维的产物。

所以,经主义化重构的"小康"与"大同"、"礼运"与"仁运",都和《礼运》本身的描绘相去甚远。我们仍以康氏在《礼运》大同章下的那段总论为例:

> 然人之恒言曰天下、国、家、身,此古昔之小道也。夫有国有家有己,则各有其界而自私之,其害公理而阻进化甚矣。**惟天为生人之本,人人皆天所生而直隶焉,凡隶天之下者皆公之**。故不独不得立国界,以至强弱相争,并不得有家界,以至亲爱不广,且不得有身界,以至货力自为。**故只有天下为公,一切皆本公理而已。公者,人人如一之谓,无贵贱之分,无贫贱之等,无人种之殊,无男女之异。……此大同之道,太平之世行之。惟人人皆公,人人皆平,故能与人大同也。**❶

古人所期许的公天下,其作为家天下的进阶,是在培固家庭这一人类生活的自然根基之外,上行仁爱公正之教,下成仁爱公正之化。但康有为的大同,却须破除国、家、身(贵贱、贫富、

---

❶ 康有为:《礼运注》,《全集》第五集,555 页。标点与粗体为笔者所加。

人种、男女）诸界，方能得以成就；并且，人人如一的愿景，也消弭了君子小人之分与风教关系。造成种种差别的根源，正是康有为以"天生主义"贯注进大同的核心理念——天下为公。

《礼运》本身的叙述脉络也传递出：天下为公是大同之为最高文明境界的原因。但《礼运》并不讨论何以天下应为公、天下为公的人类社会如何组织等问题。也就是说，在《礼运》中，天下为公是高于历史描述的秩序理念，但又未展开成为一套理论。可是在康有为的大同法中，天下为公是一则积蓄巨大能量的公理。所谓"公理"，是说它能运用于各种领域，并可以被丰富为一套完整的理论体系。

"惟天为生人之本，人人皆天所生而直隶焉，凡隶天之下者皆公之"这则公理，显然以人的"天生"属性为据，贯彻了孔子立教的精神。在执此利剑破除诸界时，很难说康氏没有认识到，人是在家庭伦理（父子、夫妇）与政治秩序（君臣）及各类自然差异中成其为人的。但康有为从确认"孔子改制"的精神始，到贯彻"天生主义"的大同为止，始终坚持同一个理由：这些自然差异的"界"不及"天生"维度美好。所以，"天生主义"的世界必然是无国、无家、无身（差异、私心）的平等公同。可以说，康有为赋予了"天下为公"以全新的意义与想象，本书此后特将康氏意义上的"天下为公"加上引号，以示区别。

2. "父母生"与"天生"的紧张

接下来的分析，我们就进入《大同书》当中。康有为的破界之路，在历经对君臣、夫妇的消解后，最终下探至父子一伦为中心的家庭。在消解这一人类最自然的存在根基后，大同"天下为公"的制度建构才真正开始。这一过程发生在《大同书》稿本卷三（卷四）中，也就是后来刊本命名为"去家界为天民"的部分。我们先来看看该部分在《大同书》稿本脉络中的位置，以及该部分的基本结构。

首先须澄清的，是稿本卷三（卷四）的分卷问题。《大同书》手稿标目八卷，但唯缺第四卷大题。根据1956年古籍出版社得到的康氏家族藏抄本，卷三至"故家者，据乱世人道相扶必需之具，而太平世最阻碍相隔之大害也"句完结。❶ 又据钱氏整理本，该句后另起一新标题"第一章 总论 论欲至太平大同必在去家"，其下内容同于手稿本，但也未重新分章，仍属上"己部 去家界为天民"。❷ 那么，比较手稿本、家抄本和整理本的差异，可以推测出"故家者"句以上是为卷三，钱氏另起标题以下是为卷四。内容上看，卷三是家庭之批判，卷四为取代家庭职能的公共制度，三四卷连贯而成，故未分卷。

并且，卷三和卷四的一破一立，是稿本整体结构的缩影。总体上，稿本《大同书》呈现出先"下降"后"上升"的结构。所谓"下降"，指去界的思想试验逐步深入人类越来越根深蒂固的生存领域：自卷二之君臣、人种、人禽，另起为"大同书第二论女"的夫妇，卷三之父子，卷五之国家。尤其去夫妇之形界是去父子之家界的先导和准备。而所谓"上升"，指建立一系列的大同社会制度，从卷四之公养、公教、公恤制和卷五下半之合国一统制为基础，卷六公农、工、商业，卷七大同的社会治理体系，终达至卷八"去苦界至极乐"的太平图景。这样看来，卷三和卷四恰居于"下降"之底部和"上升"之开端的轴心位置。这一位置的意

---

❶ 康有为：《大同书》，北京：中华书局，1956年，191页。
❷ 康有为：《大同书》，156页。康有为：《大同书》，桂林：广西师范大学出版社，2016年，334页。

义在于,卷三触及人最自然的生存根基;卷四的公共制度承担了人的生老病死,后续制度的顺利开展都建基其上。可以说,成就大同法最重要的一柄钥匙是此,而大同法最致命的弱点可能也隐藏在其中。

下面我们就深入到卷三的内容中。如对卷三做一个全景式的透视,其论述的结构与节奏,可分为三个乐章。我们借钱氏整理时加上的小标题来表示每一乐章的内容:

第一乐章	第二乐章	第三乐章
原父母与子之爱理;原父子所以立;太古初民有母无父;定夫妇而后家制族制生;论人禽爱力之别即强弱之别;论万国有人伦而族制莫如中国之盛,故人类最繁;论因族制而生分疏之害;论中西有无族制之得失	论有家为人类相保之良法;论无父母之苦;论父母育子之劬劳;论有父子之道人类乃强盛;论孝为报德宜重;论欧美人子之薄报;论欧美薄父母由于重夫妇;论孝报欧美不如中国,耶教不如孔教	论中国人孝为空义,罕有力行者;论孝慈之难由于意见;论家人强合之苦;论立家之益即因立家而有害;论有家则有私以害性害种;论有家之害碍于太平

我们用乐章的比喻,旨在体现康氏论述中的变奏特征。这些标题是钱定安所加,虽偶有添足或不妥帖处,但能帮助我们看出,康氏并非斩钉截铁、一往无前地批判,如梁启超、杨度那样;更多是一种夹杂着试探、游移与自我否定等色彩的深味熟虑,或自我对话。实际上,这种变奏特征由问题本身的严肃性决定。当康有为秉持"天生主义"的利剑逐级下探,其所挑战的人类伦理关系越深刻,人的"天生"性与这种伦理间的张力就越大,影响越深重,而身处交锋中心的康有为也越会明显认识到破界的困难或不可能,而产生复杂的情绪。所以,在前章突破夫妇一伦时已表现出的这种特征,在卷三、卷四中再度放大,达到全书的顶峰。我们将随着乐章的进行,近距离观察这种由"天生"与"父母

生"、仁与孝、公与私之间张力演出的复调变奏。

从上表可以明确看出,第一、二乐章是以肯定父子、家庭为主调的。开篇首句康有为即以赞叹的口吻表示,父子关系是人性的自然。他说:"夫大地之内,自太古以至于今,未有能离乎父子之道者也。夫父母与子之爱,天性也,仁之本也,非人所强为也。"❶ 言其为"自然"者,既因亲亲之情是自然流溢的良知良能,更因其为生存的必然方式,后者可能更为关键。对此,康有为提供了两种角度的长篇论证。

一则,生命的保存和延续是所有物种的头等大事,要完成抚幼养老、相保相守、绵延相续种种艰难事务,以父子间的自然本能为基础,无疑是最有效的方式。这一平常到不能再平常的道理,往往须设想其反面,才会惊觉其意义之深重。他说:"万物所以能繁衍孳长其类而不灭绝者,赖此性也。若物类无此爱质,则人物之生不育,而万类灭绝久矣。故生之之道,爱类之理,乃一切人物之祖也。"❷

二则,动物的爱类、舐犊之情仍限于其自然本能,故其共同生活是零散、短暂的;而人所以能特出于万物,因人明觉到父子关系的道德意义与文明价值,将自然本能上升为一种伦理规定,实现更完整连续的共同生活。康氏说:"夫夫妇、父子、兄弟既出于天合之自然,非出于人为之好事,虽禽兽且然。但人之知识多,能推广其爱力而固结;禽兽之知识少,不能推广其爱力以为固结,甚且久而将固有之亲爱而并忘之;人禽之所异在此也。"❸ 简言之,对父子伦理的珍视与固结,是人比禽兽更文明的重要原因。

---

❶ 康有为:《大同书》,132 页。"至于"原文作"致于",误。
❷ 康有为:《大同书》,132—133 页。
❸ 康有为:《大同书》,135 页。

这通有关生存的长篇讨论背后,实际是牵涉着文明本身的兴衰存废。如果说父子关系是人类生存的自然本能和生活得好的必要伦理,而文明是以人为中心的,那么,父子关系称得上是建立并存续一个文明体的自然根基。这是古今文明"未有能离乎父子之道"的根本原因。然则我们不禁要问,大同又将如何?在这康有为埋下伏笔的地方,我们也不急于解答,随后他自己会揭晓答案。

不过,从人禽爱力之别的讨论,康有为引申出了爱他人的德性,从而揭开了关于仁与公的线索。他说:

> 故人能由父子、兄弟而推立宗族,禽兽久且并母子而不识之;人由爱家族而爱及国种,故愈强愈大,禽兽并父母兄弟而不识,故愈独愈弱;人禽之强弱在此也。由此推之,其推爱力愈广,其固结愈远。故合群愈大,孳种愈繁者,其知识最大者也;其推爱力不甚广,固结不甚远,则合群不甚大,孳种不甚繁者,其知识不大者也。❶

这里隐含着一种爱的"推扩",并且与文明、人性都息息相关。如果说爱家人的德性,使人脱离了动物性,奠定了人类文明的基础;那么爱人之为人的德性,将升华我们的文明程度("合群愈大"),成全我们的人性("知识最大")。论爱家人与爱他人的两种德性的价值关系,康有为重新传达了古典的洞见。而就整卷的角度看,仁与孝两种德性首次被摆在一起相互观照着,此处还较为舒缓的气氛,在康有为将眼光投射到现实后,即变得紧张了起来。

在接下来的部分,康有为首先称赞中国深植于家的根基上,

---

❶ 康有为:《大同书》,135 页。

生长出了最繁盛的文明族群，如谓："故中国人类四五万万，倍于欧洲，冠于万国，得大地人数三分之一，皆由夫妇、父子族制来也。此皆孔子之为据乱制者也。然善于繁衍其种类，固结其种类，无以过之，此孔子之大功也。"❶但紧接着他就指出，单纯以家族为中心会生分疏之弊，人各团聚于家的小共同体中，无异于"一国之中分万姓为万国"。

而且现实中，中国重夫妇、父子之伦而宗族强大、人口最多，却积贫积弱、气运衰颓❷；西人夫妇独立、不重父子，族制疏略，却强盛文明❸。这样极具冲击性的对比是逼迫康有为反思的重要原因。他由之得出的结论是：

> 就收族之道，则西不如中；就博济之广，则中不如西。是二道者，果孰愈乎？夫行仁者，小不如大，狭不如广；以是决之，则中国长于自殖其种，自亲其亲，然于行仁狭矣，不如欧美之广大矣。仁道既因族制而狭，至于家制则亦然。❹

先须澄清，这种由康氏所开启的中西判分，理论构造的成分远过于事实本身的描述。比如，今日我们已充分认识到，欧美公共制度的德性基础，很难说是比家庭之爱更高的仁爱、博爱，而是个体为自身的权益而关心、参与公共事务。当然还须考虑更多复杂的因素。指出这一点是为了表明，西方的文明富强固是刺激

---

❶ 康有为：《大同书》，136页。
❷ "四万万人手足不能相助，至以大地第一大国而至于寡弱。此既大地万国之所无。推其原因，亦由族姓土著积分之流弊也。"康有为：《大同书》，137页。
❸ "欧美之以文明称，以强大称，且过于中国也。欧美之捐千百万金钱，以为学院、医院、恤贫病老者以泽被一国者，不可数也。"康有为：《大同书》，137页。
❹ 康有为：《大同书》，137页。

康氏思考的原因，但他对西方文明类型的认识，仍是从自身传统的思想资源出发，例如这里将"仁道"投射到西方身上，使之成为古典思想的现代验证。

前述"爱的推扩"的抽象原则，行进至第一乐章的尾声，丰满为两种秩序类型的争执。一方面，康有为希冀中国能上升到仁运的文明阶段，故语势偏向之；但另一方面，他也隐隐意识到了"仁运"的缺陷，"就收族之道，则西不如中"。这一句提示我们，若仿照上述语势，转从家的孳生聚养的角度，完全可以反问："就博济之广，则中不如西；就收族之道，则西不如中。是二道者，果孰愈乎？夫亲爱合族者，大不如小，广不如狭；以是决之，则欧美长于博施广济，然于孝养合族寡矣，不如中国之固结矣。"这一缺陷的严重之处，会在接下来的第二乐章被再度放大。

相比前章在"家"的主调下，引申出仁与公的变调，终呈现出"收族"与"仁运"的对照，第二乐章全然是维护"家"的浓重情绪。其中包含着两个主题的论证，抓住了人类生活不可能也不应该离开家庭的原因，也就构成了对"仁运"的诘问。可以说在第二幕中，康有为和自己进行了一场极富戏剧性的辩难。

家是命运的共同体是第一个主题。他说：

> 大地之上，虽无国无身，而未有无家者也。不独其为天合不可解也，人道之身体赖以生育，抚养赖以长成，患难赖以保护，贫乏赖以存救，疾病赖以扶持，死丧赖以葬送，魂魄赖以安妥，故自养生送死，舍夫妇、父子无依也。❶

---

❶ 康有为：《大同书》，137—138 页。

因其大同理想对纲常人伦的"破坏",康有为总被质疑不是儒家。但有意味的是,他对人伦关系的体察,却比将纲常教条化的儒家要洞明许多。像这里他看到,家庭承担起了每个人生老病死、富贵穷困的命运;也可以反过来说,命运的波折起伏不会冲散家庭的小舟❶。归根结底,是"父子"这一自然纽带将家庭中每个人的存在和命运紧紧结为一体,使家成为每个人和整个文明的生存根基。

职此,康有为在突出父子之道的文明意义的同时,也一并点出了"仁运"将面临的困难。他说:

> 故大地之有此十数万万人,皆由父母有此爱类之私性,辛勤之极功也;**不然,则人道真绝也**。故夫父子之道,人类所以传种之至道也;父子之爱,人类所由繁孳之极理也;父子之私,人体所以长成之妙义也。**不爱不私则人类绝**,极爱极私则人类昌。故普大地而有人物,皆由父子之道,至矣,极矣,父子之道蔑以加矣。❷

父子之道是文明延续的根基和文明繁孳的方式。只要文明仍须人的主导和推动,只要人还只可能是"父母生"的,这一性质就绝不会改变。这也意味着,"天生主义"的大同固然是博施广济、不爱不私的,但砍去"家"的根基也必然面临文明延续的困难。康有为所言"人类绝",呼应了前面"就收族之道,则西不如

---

❶ "若夫妇、父子之亲,则虽遇死亡、患难、贫苦而得相收焉。盖天性既亲,结合既固,相依既深,故休戚共之;富贵则封荫及焉,贫贱则同其糟糠藜藿,刑戮则前古有及于三族者,产业则传之于子孙;故虽欲相弃,乌得而相弃,虽欲不相收,乌得而不相收也!"康有为:《大同书》,138页。

❷ 康有为:《大同书》,139—140页。

中",乃至更往前"若物类无此爱质,则人物之生不育,而万物灭绝久矣"的说法,也预示了后面设计人本院陷入的无解困境,而它可谓大同一切制度之始。总之,伴随着重视"家"的主调,"无家"带来的危机也潜藏在卷三的各个角落。

以上侧重于"无家"在存在上的不可能,而康氏还讨论了另一个主题,是父子之恩的必报偿,这属于伦理上的不应该。如前曾述,儒家以"恩"表现父母对子女生存养长的意义。康有为也说:

> 故父母之劳,恩莫大焉……报者,公理之至矣,无以易之者也。受恩之重大莫过于父母,故酬报之重大当责之于人子矣。《诗》曰"欲报之德,昊天罔极",孔子之重孝,以为报而已。若不孝者,其律可依欠债不还,科而罪之。❶

子的生命是父母给予,其长养需要父母的顾育,离开这些毫无条件的辛劳馈赠,人无从得生。也就是说,父母之恩是我们存在的前提,也深深烙在我们的人性之中。因此,人一生都负担着对父母之恩的亏欠,带着报恩的义务而活。孝之所以是必然的品德,是因为恩的无法割舍与消解。

随后,康有为批评了一类现象和一种理论。现象是欧美倡导自由自立,故人徇其私欢,薄于孝报,而且自由之风也加剧了人们不愿生育、抚养后代的倾向。对今日我们关心的"低生育率陷阱",康有为早已洞察其根源。实际上,康氏花费了大量篇幅批评了这些现象,只以一段话反驳了一种理论。但恰恰是这一段更吸引我们,因他很大程度上是反驳了自己。他说:

---

❶ 康有为:《大同书》,140页。

> 或谓人为天生,非父母所得而私也;人为国民,非父母所得而有也。耶教尊天而轻父母,斯巴达重国而合国民,故其报父母也亦可轻也。然报施者,天理也,子而为天养育,为国养育,不须父母之抚养,则不报可也;既已藉父母而后能育能成,已受父母莫大无穷之恩矣,而无锱铢之报,非道也。故人子而经父母之顾复、抚育、教学者,宜立孝以报其德,吾取中国也,吾从孔子也。❶

"人为天生"主义及其现实版本"人为国(公)民",不正是《大同书》所汲汲筹划的?自开篇以来家与公、孝与仁的二重奏,螺旋上升,由弱渐强,至此第二乐章的尾声,康有为抓住了恩与孝无所逃于天地之间的性质,将"父母生"的意义推至最强,使二重奏的张力上升至最紧张的高潮。固然,人是父母生的,也是"天生"的,但不能仅凭"天生"就辜负父母生之恩。这意味着,不能让"天生"成为一种主义。这既因父母之恩是斩绝不断的,也因人并不真的为天所生育、长养。

当然一种可能的辩护是,他这里批评的是:在有家的时代以"天生"的理由辜负亲恩。事实上,后文康有为批评婆罗门之出家,与这里批评"耶教尊天而轻父母"一致,能够印证这种解释。而且,"子而为天养育,为国养育,不须父母之抚养,则不报可也"这种说法,留下了一个余地:如果真正能将人实现为"天生"的,那就于源头上消解了父子之恩,无所谓辜负。设计公共制度以取代家庭的职能,是主张大同时的康有为做出的最后尝试。但依旧在一开始就暴露了大同的脆弱。

---

❶ 康有为:《大同书》,144—145 页。

3. "家天下"的新解与批判

不过,康有为随即以一种令人措手不及的转折,开启了第三乐章对家庭的批判,以及卷四"天下为公"的制度设计。于第一、二乐章和第三乐章间的重大断裂,让人有该书由两人写成的错觉,一为主张小康、维护家庭的康有为,一为主张大同、"天下为公"的康有为。思想内部的自我紧张甚至激烈对峙,是他思想深刻有力的原因。

第三乐章对家的批判,从两个角度出发。首先是从个体的角度。康有为指出,尽管传统不断强调家庭如何自然,父子如何恩亲,但是对很多人来说,家庭生活并不理想,行孝也总是困难的。一则,相比父母之慈是爱自上而下的倾泻,子女行孝是爱自下向上的踊跃,康有为说"人之情,于慈为顺德,于孝为逆德"❶,所谓"逆",不是说孝悖逆人性,而是说行孝需要一定的道德努力。这里面既包括明确的道德责任感,也需要落实为日常琐碎的道德行动,如勤俭生产、克勉己欲等,来奉养父母。显然,行孝报恩比独居纵行有难度得多。康有为的观察也是"其有不纵耳目体魄之欲,而能顾父母之养者,寡矣"。❷二则,家庭生活并不总是欢愉的,个人情性和欲求不同,在一个屋檐下必然产生摩擦,以致怨毒烦恼。他再度使用了"人性不同,金刚水柔,弦急韦缓,甘辛异嗜,白黑殊好"❸的人性判断,和前论夫妇之难合一样,都是从个体的立场看待家庭。

---

❶ 按此语稿本无,据钱氏整理本,见康有为:《大同书》,桂林:广西师范大学出版社,2016年,320页。
❷ 康有为:《大同书》,145页。
❸ 康有为:《大同书》,147页。

对此，我们未尝不能替小康法略作回应。例如，家庭本不以每个人都欢喜为首要目标，也本不因个体喜好而组建起来。就算有意见矛盾，人们仍应该并能够一起好好生活，因恩的不可割舍，也因家是生存的保障；如谓家庭生活并不理想，人类何种生活是能比之更理想又普适于所有人的？再如，行孝自是困难的，无论从人性本身，还是现实操作的方法，都需要我们勉励而行，但恰因其困难而显出该德性的珍贵。试问人类何种德性又不困难呢？不困难的品质从不可贵。不过，历史并不按道理展开，或者说历史的运动为太多因素左右，所以，康氏的这一批判角度，开启了20世纪个体的"离家"潮流。

然而，出于个体角度的批判还只是铺垫，更猛烈的火力出自"公"的压力。这就开启了将"家"与"私"关联起来的批判脉络。我们先来看看，他所谓的"私"是什么含义：

> 盖一家相收，则父私其子，祖私其孙而已。既私之，则养子孙而不养人之子孙，且但养一己之子孙而不养群从之子孙。既私之，但教其子孙而不教人之子孙，且但教一己之子孙而不教群从之子孙。❶

这里的"私"实际指父子之恩亲，前面说到"父子之私，人体所以长成之妙义也，不爱不私则人类绝，极爱极私则人类昌"，同此。但是康有为前后的态度确实截然相反。由此可以说，所指本身是中性的，褒贬取决于评价的目的和参照系。之所以称其为"私"，是暗藏着"公"的参照系。公、私对照本是就人类生活领

---

❶ 康有为：《大同书》，150页。

域的大小而言的，父子之爱是有限的，其上还有不限范围的、对"人"本身的爱。称仁爱为"公"，固然肯定了仁爱是更珍贵的美德，但父子之为"私"并不意味其为卑微的、鄙恶的，其同样是无比重要的自然。

我们看康氏这里的表达，他实际上也是在指出，父子之爱的范围是有限的。这里的"私"还不是自私、贪婪等恶的意味。但是这里之所以构成批判的力量，是因为他站在了更高的"公"的立场上来审视。也就是说，人只爱其家人，不像爱自己的家人一样爱他人，这是人之常情，因为他人的家人自有他人来爱。但是，康有为不满足于此，他期待的是更理想的情况，人会爱自己的家人，也会同样爱家以外的他者。并且，他这样想时，并不是在考虑一个人的道德修养问题，即允许有的人能做到，有的人不能，而是在考虑如何使人人都能做到——这就必须重构秩序类型。

他随后指出的"家"之"私"所造成的弊病，其实都不是家庭内部的困难，而是文明的病理。首先，家天下会造成并不断加剧不平等、不均齐。他说：

> 于是富贵之子孙得所教养者，身体强健，耳目聪明，神气王长，学识通达矣。贫贱者之子孙无所教养者，身体尪弱，耳目聋瞽，神气颓败，学识暗愚；甚者或疾病无医，乞丐寒饿，不识文字，不辨菽麦矣。
>
> 即有捐学堂以教贫子，设医院以救病人，然人人皆当私其子孙，安得多有余财以博施济众乎！若此，则其医院、学堂必不美，即尽美善，其及于众也仅矣。故能捐义田、义庄以惠其族，尚未能及其乡；即能及其乡，不能及其邑；即能及其邑，不能及其州郡；即能及其州郡，不能及其国；即及其乡族郡

邑，不过救死亡耳，何能平等哉！❶

家是人类生活的自然，但自然若不经扶植与节制，也会伤害乃至限制人的生活。亲亲之爱既以全部力量包围着家人，也造成了家与家之间的无形边界。康有为构造的鲜明对比表现了，当每个人的生活与命运全由其家庭承担，则富贵之家与贫贱之家完全是两个世界。并且，随着贫富强弱的代代积累，社会不平等、不均齐的局面只会不断固化，很难有逆转的可能。

这显然不符合儒家的道德直觉。在生老病死、吉凶祸福面前，人是相同的，那么贫贱之家乃至残缺了家庭拼图的鳏寡孤独者，又何幸何罪必须始终承受这些？是故，儒家自始就有其"调均"的政治哲学。但到康有为这里，推进成了"天生主义"的平等，成为《大同书》前前后后想尽了各种办法去实现的图景。但是，最终须克服的是家庭，在卷六"去产界"的部分，康有为明确指出，家庭是不平等的最后堡垒，不去家就不可能实现公有、公产和均平分配。

再者，家天下会局限文明发展的步伐。如人只将心血才智倾注给自家的教育、医疾、养老、济困，这些事业便只能处于分散、经验性的初级阶段。一旦出现家庭能力或经验范围外的事件，人依旧是束手无策的。除上引已谓"医院、学堂必不美"，后康氏列有家之害也重点表达了这一层意思：

> 一、人各私其家，则不能多得公费以多养医生，以求人之健康，而疾病者多，人种不善。

---

❶ 康有为：《大同书》，150 页。

一、人各私其家，则不能多抽公费而办公益，以举行育婴、慈幼、养老、恤贫诸事。

一、人各私其家，则不能多得公费而治道路、桥梁、山川、宫室，以求人生居处之乐。❶

反思中国文明停滞的缘由，揭示文明进化的机制与动力，是康有为思想的根本追求。对他来说，文明进化的总体机制肯定是囊括在"孔子改制"学说下的各种价值。具体而言，又有两个层面的进化动力，格外为他所重视。一是科学技术与物质生活的发展。但这背后又是"人"的问题。康有为很清楚，物质文明的前进依靠的是在学术、医疗、慈善及公共建设等事业上，有越来越多为了普遍利益而投身其中的"人"。可以说，这些提升文明品质的领域，都是"天生"的事业，由人类那些无私的品德所支撑。

所以，只有以一些方式，将人的精力越来越多倾注到公共事业当中，才能推动文明进步。不过，通常的社会当中，我们其实只是做一定的制度准备，等待这类群体——尤其是天才们——的出现。但康有为这里想的是，既然家庭是人生精力贯注的重心，为了塑造更多的"天生"者，就须构造出新的文明秩序，将人从家庭事务的"牵累"中解放出来。

康氏重视的另一进化动力是人性的提升。在他看来，家庭也构成对人性普遍提升的一种限囿。首先，家庭间的不平等，造就了人性的等差悬隔，而且当时也缺少更好的教育制度，从而使得"夫以富贵、贫贱之万有不齐，故其强弱、智愚、仁暴、勇怯亦万有不齐；然且富贵少而贫贱多，则有教养者少而无教养者多，强

---

❶ 康有为：《大同书》，155—156 页。

智、仁勇者少而愚弱、暴怯者多"。❶ 总体上，家庭生活处境的不平等与人性的不均齐，形成了循环式的相互巩固。

不过具体到每个家庭，却也不是必然世世永固。这一方面因为，如康氏前述，家庭间的意见不合本就会产生烦恼怨恨，这些会深刻烙入人的性情。另一方面，即便富贵贤哲之家也须婚娶易姓，也就产生了遗传的变量。他说：

> 且娶妻必于异性，虽有富贵贤哲之家，能得所娶之必贤乎？……夫以富贵贤哲之家而传此极不美之种，则即有强智、仁勇之世种，亦将与愚弱、暴怯之种剂分两而化生，而不美之种复大播焉。故有父智而子愚，兄才而弟劣；若其贪吝、诈谲、诡戾之性分播于人人，故父子、兄弟、妇姑、姊妹、娣姒、叔嫂之间，人人异性，贤愚不齐，而恶者较多，几为什九。……以此人性安得善？风俗安得美？而家人安得和？是以天下人人受其弊，无由至于太平。而专就一家言之，先受其害，无由至于和睦矣。❷

这不是优生学、人种学的讨论，而是借人性的流转融合，反映文明本身的困难。人性果实能否饱满取决于家的自然根基，但在家天下的果园里，果树少有丰茂、大多枯瘠，婚姻就如同"授粉过程"形成了某种牵制，故收获的果实总是苦涩多畸的。

进而，康氏更严重的控诉是，家庭不只限囿人性向上的提升，家之"私爱"本身就会造就恶行。他说：

---

❶ 康有为：《大同书》，150 页。
❷ 康有为：《大同书》，150—151 页。

> 且一家相收，既亲爱之极至，则必思所以富其家而传其后；夫家人之多寡至无定，欲富之心亦至无极矣。……夫贪诡、欺诈、盗窃、作奸、杀夺，恶之大者也，而其原因皆由欲富其家为之。既种贪诡、欺诈、盗窃、作奸、杀夺之根，种种相传，世世交缠，杂沓变化，不可思议。故贪诡、欺诈、盗窃、作奸、杀夺之性愈布愈大，愈结愈深，人性愈恶，人道愈坏，相熏相习，无有穷已。❶

事实上，康氏的这种描摹并不符合现实情况，不论古今中西，人都不只活在家庭中，其上还有"公"的道德空间。人不会唯家唯私是行，至少在道德标准上公平正义、仁爱忠信仍是更高的美德，可制约私利。即便民庶不可责以处处秉公、在位者不乏以私废公，却都不能表明"私"是深入文明本性的劣根。

所以说，康有为说的这种情况，只有在一种特殊的秩序类型中才可能成立。那就是以家为中心组织秩序，毫无"公"的层面，这就是康氏所设想的"家天下"，"一国之中分万姓为万国"，"国"代表的公共层面稀薄得近似于无。可见，康氏的批判对象——"家天下"，其实首先是种类型化的构想。通过设想以家为中心塑造一个"天下"（文明），将暴露哪些弊病，目的是凸显"公"的层面对文明生活有怎样不可或缺的意义，乃至于"公天下"——完全以公为中心塑造一个"天下"（文明），将会是怎样的完美。

我们再强调一次，只有在"家天下"的政制类型中，人们才唯家唯私，才必然产生贪私的恶行。所以严格来说，家与私的关联是在"家天下"的政制类型中构造出来的，它出于对更好的文

---

❶ 康有为：《大同书》，151页。

明世界的追寻。唯有把握这一点，我们才能在文明视野上站在和他同样的高度，用和他一致的类型化视角，审视和评判他的思想价值。其实，理论类型不应简单对应到任何现实社会。但遗憾的是，康有为的这套政治化哲学框架自始就用于历史批判，以刺激人们追求新的文明理想。家与私的关联更经梁启超、杨度的宣扬，在建立现代国家的紧迫压力下，深嵌在此后百年的传统批判中。

总而言之，尽管名为"去家界"，但是康有为并不是厌弃"家"这个人类生活的基本单位，或厌弃父子之亲及其礼法规矩，他的批判视野不局限于"家"，而是最终落脚在"家天下"，故是一种文明形态的批判，而不只是对家庭关系的批判。并且，如我们在第一、二乐章看到的，他深切认识到，家的自然是文明的根基，他是在此基础上再来反思"家天下"的困难。所以，他会这样说：

> 夫圣人之立父子、夫妇、兄弟之道，乃因人理之相收，出于不得已也……且其立家第一要因在于相收，而因一家相收之故殃遍天下，并其一家亦不得相安焉，其祖父、兄弟、子孙、妇姑、娣姒、嫂叔亦不得贤焉。以其不贤，故不能同处而生不可思议之怨毒苦恼焉。以其不贤，故谬种流传，展转结婚，而生人皆不得美质，风化皆不得美俗，世界遂无由至于太平，人类无由至于性善，其原因皆由于一家之相收也。❶

立家之益在于个人、家庭与文明的生养繁孳，但"家天下"会存在不平等与文明停滞的弊病。回想卷三的论证，一路走来，

---

❶ 康有为：《大同书》，149—150 页。

无论肯定还是批评"家"和"家天下",都暗藏着一个对照的视野:"天生"的仁与公。甚至说,只有从"天生"的视野出发,才能得出上述结论。由此,"天生"观念成为卷三论述的另一条暗的线索。第一乐章末尾,爱的"推扩"理论已揭示出,爱人的"天生"之德将升华我们的文明,成全我们的人性。随后铺展开的两种政制类型的对峙,透露出以"天生"为中心的"仁运",能够对治"家天下"之"礼运"的困局。这些都为第三乐章的批判做了深沉的铺垫。

至于批判家庭生活并不理想,是从"天生"的个体角度出发。批评人性不均齐,无由进至于善,是以成全人的"天生"之德,以至人人皆有士君子之行的理想为参照。批评各私其家造成"风俗不齐,教化不一,家自为俗"时,暗藏着六合同风、九州共贯的"大一统"图景❶。至于批评"家天下"无以建立公共的教育、医疗、恤养制度,不能集天下之心智才力提升文明品质,我们应还记得,这些惠及所有人利益的事业,首先应当是政教的责任。

所有这些批评角度中,我们都能体会到一种苛责。第一,家庭本不为这些目的而生;第二,家庭之爱的有限所造成的各类结果,家庭自身也没有能力解决;第三,康氏构想的"家天下"不会存在于任何现实社会。归根结底,这都是因为康氏始终以"天生"这种更高、更广阔的人类生活的价值,去审视家庭本身及其社会影响。所以也许可以换个角度看,在第三乐章的苛责下,家庭本身或"家天下"暴露出来的缺陷,无不是为了反衬"天生"的价值与公共生活(尤其是政治)的可贵。

不过,因为认识到家庭的自然不可脱离,康有为从未主张人

---

❶ 班固:《汉书·王吉传》,3063 页。

在有家的时代"离家出走"。他在卷三末尾特意批评了婆罗门教、佛教等"离家"的做法辜负了家庭的恩情。他所谓的"去家界"，是存在于一种政制的理想类型中，故而可不再需要家庭。那么，人的生老病死、教育恤养，都怎么办呢？康有为说：

> 孔子曰：人非人能为，人皆天所生也。故人人皆直隶于天而独立。政府者，人人所共设也，之（中华本作"公立"）政府当公养人而公教之、公恤之。……夫人道不外生育、教养、老病、苦死，其事皆归于公，盖自养生送死皆政府治之，而于一人之父母子女无预焉。父母之与子女，无鞠养顾复之劬，无教养糜费之事。且子女之与父母隔绝不多见，并且展转不相识，是不待出家而自然无家，未尝施恩受恩，自不为背恩，其行之甚顺，其得之甚安。故必天下为公，而后可至于太平大同也。❶

既然父子之亲是生存的必需，却也是"家天下"文明缺憾的根源，那么想要彻底对治其弊，提升文明的品格，塑造每个人仁爱无私、忠信公正的品性，就必须先找到一种方式，替代家庭担负起人的生活。这就是紧接着卷四的任务。其中，康有为设计了全面承托人生育、教养、老病、恤困的公共体系。人的一生在政治的覆育保养下生活，由此他的爱也将无私奉献给这个大同文明，他和所有人也真正达成了"四海之内皆兄弟"。这就是康有为理解的"天下为公"，以所有人都隶属于公的政制，实现所有人无私的高尚品格。

康氏自诩受孔子开示的"人为天生"学说传统的启发，但他

---

❶ 康有为：《大同书》，157—158 页。

利用"人为天生"观念的性质,又根本性地突破了传统,使之投射出的"天下为公"与"大同",也与传统的理想反差巨大。例如,尽管"人为天生"观念自始就以区别于"父母生"的方式提出,但"天生"与"父母生"始终保持着复杂的关系,前文我们专就二者引申出的家与国的关系,做了详叙。我们说过,传统中政教有顾育所有人的责任,但方式是以仁政深沉地承托起人们的生活。至于仁政的要求之一,就是扶植、理顺家庭生活,因为家是人生活的重心,是人结成的命运共同体。传统中,政治不可能也不应该直面每个人。

但在康有为的大同构想中,我们之所以说"人为天生"是一种主义,是因为它排除了"父母生",或者说它的提出正是为了置换"父母生"。所以,大同政治在"天生"主义的指引下,普遍而直接地面对着每个人的生活。当然,《礼运》"不独亲其亲,不独子其子"也给了康有为很大的启示,但他对这一观念的理解,正建立在上述政制背景下。传统的大同理想仍依托在君子、小人的风草关系上,它想要表明,在上的政治生活若能具备种种"天生"的价值,民受其教亦将仁爱为公。但康氏的大同理想中,没有了这种风草关系,"人人有士君子之行"成了现实。

显而易见,"家天下"的小康只有家庭生活,没有实质的政治生活,而"天下为公"的大同却只有政治生活,不见家的踪影。当人一生由公养、由公教、由公恤,于生存方面,家庭的意义就被取代了;且于伦理方面,父子之恩无从发生与积累,父子关系不复存在。所以大同文明中,人与人只有同为"天生"的一种纽带,将以无私的品格维系整个文明秩序;并且,人同等接受最好的医疗、教育和生活条件,也将塑造均平、美善的民风民性。固然应该承认,这一文明图景是多么理想且珍贵;但同时我们也感到,在剔除了"父子"这一人性根基之后,其又是如此的不自然和不现实。

"毁灭家族"是梁启超给其师贴上的标签❶,此语太过严重,为康有为不是儒家的质疑再添佐证。然而,经过本章的梳理与讨论,这当中的复杂层次远不能一概而论。例如我们看到了康有为与经学传统中仁孝公私之思的关系,看到了卷三通篇充斥着变奏的张力,看到了康氏批判的重心不只是家庭,而是以家为单位的文明形态。这些都敦促我们重新提问,"去家界为天民"的进化须在什么意义上理解。并且,本节只是呈现出"礼运"与"仁运"的对峙,尚未讨论二者的关系。而只有澄清"去家"的意义限度,三世进化的内在张力才能得到准确把握。

小 结

当我们谈论康有为的"去家"时,我们在谈论什么?首先,我们要指出一个思想中的事实:"天生"主义的大同中没有家庭生活,没有父子关系。我们必须强调,这一事实是在康有为的理论构造中存在的,而思想与实践须划开一定的距离。至少,康氏的"去家"不是一种行动。

进而,如何看待康氏思想中的"去家"?一类批评忧虑,尽管不是当下的行动,但大同作为进化的终点,有着强烈的现实诱惑。毋庸讳言,这主要应归罪于三世说的历史进化色彩。当我们带着历史进化的想象读到"故家者,据乱世、升平世之要,而太

---

❶ 梁启超:《清代学术概论》,81页。

平世最妨害之物也。……故欲至太平独立性善之美，惟有去国而已，去家而已"❶，又"赴之有道，致之有渐，曲折以将之，次第以成之，可令人无出家之忍而有去家之乐也"❷时，心生惊怖是正常的。在此意义上的批评，其基本态度是无可挑剔的："去家"的现实化，即便拉开一个漫长的历史进程，都必须加以抵制。

在这里，批评者也许注意到康氏与此后历史动向的联系，但不易注意到，康氏自身对"去家"是否可实现，有着复杂的考虑和模糊的态度。我们应还记得，这场"去家"的思想角力，是以"夫大地之内，自太古以至于今，未有能离乎父子之道者也"开场的。这始终要求我们反思：大同真能升华到彻底摆落这一人性的自然根基？至少康有为的犹豫很多地方都表露了出来。从第一乐章初论"父子"为人道生存、繁盛之必需，末段"就收族之道，则西不如中"暗藏的隐患，到第二乐章得出无父子之道则人类绝的结论，"无家"的文明危机越见明确，一直赘累着康氏迈向大同的脚步。

事实上，一些宗教的团体生活可算实现"去家"的一种经验。在卷四开端，也就是迈入大同建构的门口，康有为还在反思婆罗门教。他说：

> 婆罗门欲至太平独立性善之美，驱人出家，以离世缘而图清净。……若夫大地文明，实赖人类；若人类稍少，则聪明同缩，复为野蛮，况于禁男女之交以绝人类之种！若如其道，则举大地十五万万人类之繁，不过五十年而人状尽绝；百年后则

---

❶ 康有为：《大同书》，156 页。
❷ 康有为：《大同书》，157 页。

> 大地内繁丽之都会,壮美之宫室,交通之铁路电线,精奇之器用,皆废圮败坏,荒芜榛莽,而全地惟有灌木丛林、鸟兽昆虫纵横旁午而已。是不独不可行之事,亦必无之理。夫以文明之世界,何必让之与鸟兽草木哉!❶

原理与前论一贯,这里更增添了发人深省的画面感。文明的建立与发展,以人的稳定延续和增长为前提。婆罗门教文明还只是接近于完全"去家",它的衰颓羸弱已经验证了无父子之道则人类绝的规律,我们看不到任何例外的可能。

即便在大同法中,康有为设计了"人本院"的公共生育机构,企图替代"父母生"的自然根基,真正实现"人为天生"。但下部第一章的研究将表明,这块大同文明的奠基石,无法像"父子之道"一样"扎根"下去,依旧克服不了人类绝的困局。在探查到人本院的软肋后,康有为陷入了全书最深的自我否定,语气较上段所引更沉重。可以说,康有为始终找不到"去家"的可行方案。这使他深知大同不可能作为真实的文明阶段而实现。

总而言之,尽管三世说在建构过程中蒙上了历史哲学的色彩,但随着思想建构的完成与现实局势的变化,康氏已揭示出其不应该和不可能。这成为他后期思想调整的重心。而这个转折与"去家"是否可行关系甚密。在此意义上,应永远将大同法限定在思想世界中。

不过我们仍须质问,在一种乌托邦图景中"去家"有何意义?用这种方式表现一种理论,其着意要剔除"家"的影响,是何意图,有何价值?对此,康有为的思考方法构成了关键影响。

---

❶ 康有为:《大同书》,156—157 页。

他从经学传统中领会到"父母生"与"天生"、孝与仁、家与国（公）的张力，进而以主义化的方式将其铺展为两种秩序类型，即"礼运""仁运"之"运"和"家天下""公天下"之"天下"，这种方式能最透底地考察两种人类存在维度及其德性的价值，乃至困难，从而获得深邃的思想力度。

上文反复提醒，康有为的批判最终指向"家天下""礼运"。他意在表明，以家为中心、以亲缘伦理为纽带构建文明生活是不足的，甚至有害的。那么，随后将批判的参照系"天下为公""仁运"和盘托出，是为了让人们首先认识到，"天生"的纽带、德性和"法天"的王者政教，承担着家庭所不及的文明重任。在这两种秩序类型的对照中理解"去家"，首要的意义是在文明的价值层面，破除以家为中心的狭隘认识，将人作为"天民"的存在和德性纳入秩序的根本原则。

这也就意味着，小康法和大同法作为两种秩序类型，可以观照历史，但不能将之等同于历史本身。事实上，任何一种古代文明都不会是以"家"为唯一单位组织起来的，文明秩序的建立必然要有公共生活和相应原则。或者说，小康法其实最适于理解家族生活与乡土社会，相应地，"天生主义"的大同法传达着政治生活的要求。康有为之所以在大同法中汲汲建立全面的公共制度，是因为他在以一种极端的、近乎荒诞的方式忠诚于政治的"天生"属性。在此意义上，大同法的"去家"旨在表示，在以"天生"之仁与公为宗旨的政治生活中，必须剔除家的形式，以避免贪私不公。乌托邦的图景不得当真，但它传递的价值原则，乃至其荒诞处体现的人类困境，永远值得审慎考虑。

也许依旧会有忧虑认为，这种思考过分突出了大同法与政治生活的意义，对家庭生活形成了从理论到现实的压力。必须承认，这种危险倾向的确存在，但也还有辨析的空间，一则，须破除作为历史阶段的进化概念。如我们反复讨论的，"去家"后大同必然衰落的困局表明，家庭的自然根基永远值得捍卫。二则，康有为的三世说其实默示了一个前提：大同是小康之上的大同。这在他思想建构的上升之路中，为追寻大同理想、批判小康弊病的激情所遮蔽，但在后期调整中又反复显露出来。康氏即使再想望大同，也从未认为大同是文明在开端时就可以施行的法。大同需要基础，小康就是大同的必然基础。三则，跳出进化的思路，从综合两种秩序类型的角度思考，会有不同的收获。其实，卷三第一乐章末展现了二者各有优劣，小康以"礼运"故长于收族，不及推仁；大同以"仁运"故优于博济，薄乎孝养，二者都不是自足之法。考虑到人的存在既有"父母生"也有"天生"的维度，文明既需要家庭生活，也需要政治生活，那么，孔子法作为一个整体，就不能被理解为阶段式的进化，而是二者的综合运转。这要求我们在整体的文明秩序中，既在政治生活行"去家"的大同法，同时又能认识到家庭行小康"爱家"之法的根基意义；并且在家庭笃父子之恩时，认识到"天生"之仁、公和政治生活将成全我们的文明。这才是三世说理论的活力所在。

第 4 章

文明进化与人性的成全

    本章我们将处理一个与前几章的范畴不同的主题：人性论。和前章在描述人类生存处境的意义上使用的人性基础概念等不同，这里的"人性论"集中在人性善恶的讨论，这是儒学传统的重要议题。我们既关心在小康法和大同法中人性是否有差异，也关心三世之进化和康有为的人性论有何种关联。

    实际上，晚清民国儒家回应近代变局，大多是从政治制度、伦理原则的层面出发，人性论不在主要话题之中。这固然因为传统的人性论争，尤其经过宋学的转折，很难直接切入现实的政制、伦理与富强等问题。但是在古今中西之争中，文明传统的自我证明，如果缺少了对人性基础与人性理想的明确刻画，那么它仍是孱弱的，它的理想图景也是模糊的。那一代人当中，最深刻的心灵不会对此忘怀，康有为就是其中之一。

    在康有为的思想历程中，人性论是一条贯穿始终的线索。他的思考既是对古典人性论的平议和重整，也是为他的三世进化学说奠定基础与理想。不过，与他对人性论的重视不符的是，哲学史和专门研究都对他的人性论着墨不多。直到最近，干春松、皮迷迷做出了不少深刻的观察。❶ 本章的讨论旨在结合其中开启的方向,从三世(大同、小康)进化的角度观察康氏人性论的特质及其对人性论传统的突破。

一 性情与王教:从董仲舒的人性论出发

在很多方面,董仲舒都是康有为思考的直接起点。其实,董仲舒对他最重要的启沃,不在于表面的观念或说法,而在一些根本性的视野与立场。在人性论问题上,董子教给康有为的首先是,从秩序的视野观察人性。具体来说,表现在"性情"与"王教"两个重要观念上。我们分别来看。

首先,对"性"的训诂、解释,其实体现着观察人性的角度和方法。董仲舒云:

> 性之名非生与?如其生之自然之资,谓之性。❷

> 性者质也。……性之名不得离质。❸

苏舆认为,以"生"言是字形的角度,以"质"言是字义的角度,这种说法是准确的。以"生""质"言"性"是孔门七十子

---

❶ 干春松:《康有为政治哲学的人性论基础——以〈孟子微〉为中心》,《人文杂志》2017 年第 4 期,1—11 页。皮迷迷:《从经学视角看康有为的人性理论》,《中国哲学史》2018 年第 3 期,106—111 页。
❷ 苏舆:《春秋繁露义证》,291 页。
❸ 苏舆:《春秋繁露义证》,292 页。

至两汉儒者的主流认识。这种观察将经验世界中的人类特质，包括饮食男女、行动坐卧、善念恶行等，都视作人类本性，背后是儒者尝试对政教进行整体设计的意图。

此外，董仲舒特意提出考察人性的样本范围，也与礼乐生活关联深切。如谓：

> 圣人之性不可以名性，斗筲之性又不可以名性，名性者，中民之性。❶

圣人作为人极，是人性禀赋的完美实现，但圣人本质上也无须礼乐约束。斗筲是德性卑恶之喻，德性卑恶之人无法进入礼乐生活，或者说教化难以改变他们的品性。事实上，圣人与斗筲更像是善与恶的隐喻符号，我们很难在日常中辨识出他们。中民则是那些生活在礼乐教化中的人，他们的品性在绝对的善恶之间，兼具复杂的善恶因素。

从董仲舒到《白虎通》，这种关于人性的信念，通过阴阳五行学说展开为一套阴阳、性情的理论。董仲舒说："人之诚，有贪有仁。仁贪之气，两在于身。身之名，取诸天。天两有阴阳之施，身亦两有贪仁之性。天有阴阳禁，身有情欲栣，与天道一也。"❷这里"性"是泛指，更细化的分析是"性情"框架。董仲舒说：

> 天地之所生，谓之性情。性情相与为一瞑。情亦性也，谓性已善，奈其情何？……身之有性情也，若天之有阴阳也。❸

---

❶ 苏舆：《春秋繁露义证》，311—312 页。
❷ 苏舆：《春秋繁露义证》，295—296 页。
❸ 苏舆：《春秋繁露义证》，298—299 页。

至《白虎通》这一框架变得更为整饬：

> 性情者，何谓也？性者阳之施，情者阴之化也。人禀阴阳气而生，故内怀五性六情。情者，静也。性者，生也。此人所禀六气以生者也。故《钩命决》曰："情生于阴，欲以时念也。性生于阳，以就理也。阳气者仁，阴气者贪，故情有利欲，性有仁也。"❶

性情都是人性的组成部分。性包括仁义礼智信，五种能使共同生活走向善好的特质。情包括喜怒哀乐爱恶，六种人的情感欲念，其变质、放恣与冲突将使共同生活走向混乱，故为恶。

借助贯通天人的阴阳理论，两汉经师表示，人兼具为善和为恶的本性。这意味着，人性的复杂面貌都是政教应关心、处理和安顿的。相应地，从人性善恶某一种角度出发，既不整全，也不能塑造好的礼乐生活，故王充曾概括记录下一段董子的佚文："董仲舒览孙、孟之书，作情性之说曰：'天之大经，一阴一阳；人之大经，一情一性。性生于阳，情生于阴。阴气鄙，阳气仁。曰性善者，是见其阳也；谓恶者，是见其阴者也。'若仲舒之言，谓孟子见其阳，孙卿见其阴也。处二家各有见，可也。"❷这显然是对孟、荀各有见亦各有弊的准确批评。

康有为始终以继孔子之志为己任，在董仲舒的指引下，他超越了孟、荀之争，回到早期的人性论脉络。他说："凡论性之说，皆告子是而孟非，可以孔子为折衷，告子之说为孔门相传之说，

---

❶ 陈立：《白虎通疏证》，381 页。
❷ 黄晖：《论衡校释》，139—140 页。

天生人为性。"❶ "董子'性之名非生焉',与告子同义。又谓'性者,质也',又与《孝经纬》'性者,生之质也'同,多是孔门嫡传口说。"❷ "《白虎通》分性、情、欲,此说从孔门传出,遍证诸家,莫能及此。"❸ 不过,汉人阴阳、性情的理论,经他转换即变成了有关魂、魄的分析框架。

魂、魄本是春秋以来认知生命组成的理论。魂、魄是人体内的两股精气,和欲望、情感的生发有紧密联系。这套理论起初独立于性情、善恶的探讨。但秦汉之际,阴阳五行说成为各种知识的共同基础,使二者产生了互动。概言之,魂、魄分属阴阳,不分领善恶、性情,但通过气的动静运转又有治理性情的功用。❹ 总之,秦汉以来的魂魄之说与人性论有关,但又不是讨论人性善恶的主要框架。

至康有为时,阴阳、性情之说过时已久,在西学冲击下也不再有解释力。而与生命、身体仍联系紧密的魂魄理论,转而成为他分析人性的基本框架。这样一来,原本复杂的阴阳、魂魄关系被简化成了魂善魄恶的二分论。如谓:

> 然莫精于董子之言也。曰:"天地之所生谓之性情,情亦性也。天两有阴阳之施,身亦两有贪仁之性。"《白虎通》亦言之,此实精微之论。盖魂气之灵,则仁;体魄之气,则贪。魂魄即阴阳也。魂魄常相争,魂气清明则仁多,魄气强横则贪气

---

❶ 康有为:《万木草堂口说》,《全集》第二集,186 页。
❷ 康有为:《万木草堂口说》,《全集》第二集,203 页。
❸ 康有为:《万木草堂口说》,《全集》第二集,188 页。
❹ 参徐兴无:《汉代人性论中的"魂"、"魄"观念》,《南京大学学报》2010 年第 2 期,48—62 页。

多。使魂能制魄，则君子；使魄强挟魂，则小人。……但昔人不直指魂魄，或言阴阳，或言性情，或言精气，皆以名不同而生惑。若其直义，则一而已。❶

另外一个可能原因是，魂多指精神性的生命质料，魄多指身体性的。这能接上康氏划分人为"天生"和"父母生"的不同维度。其论"魄"称："魄为气质，则粗浊凝滞。……气质或本于先天，或根于父母，或感于地气，或成于习俗。既已浊滞，则物欲感而过失易生；拘牵，则改变难而洗涤不易。"❷ 又："惟人入于形色体魄之中，则为体魄所拘；投于声色臭味之中，则为物交所蔽；薰于生生世世业识之内，则为习气所镕。"❸ 欲望情感、习俗气禀是祖宗父母所遗传，这类现实因素的确不是个体成德的基础，也往往会影响人德性的成长。

而他论"魂"云：

> 此民所受之天则，故自好懿德也。天则又名天性，《中庸》曰"德性"，又曰"明德"。《传》谓人既生魄，阳曰魂，是以有精爽至于神明，……是不随体魄而化，无死生之可言，亦不因父母而始有，善养之可历万化而无尽也。……《尧典》所谓"明其峻德"，《大学》之贵"明其明德"，《中庸》之贵"尊其德性"，《诗》所谓"予怀明德"，孟子之言养性，扩充此物此志也。若无此性，则无此明德，自不好此懿德矣。仁义礼智即

---

❶ 康有为:《孟子微》, 37页。
❷ 康有为:《论语注》, 72页。
❸ 康有为:《孟子微》, 30页。

懿德也。❶

儒家素将道德上溯至天，康氏重新发掘"人为天生"理论，正是继承了这一德性维度。❷并且，"性""明德"等表达道德能力、本性的观念都与人现实的身体机能（魄）无关，属于今日称为"精神"的范畴。因此，在阴阳、性情、"明德"都被祛魅的现代世界，康有为用"魂""魄"代表的类似于精神（道德）与身体（欲望）的二分法，以收摄传统的道德语汇，构成讨论人性善恶的全新框架，不失为对古典传统进行现代转化的有效尝试。

再来看董仲舒对康氏的另一重影响。如上曾述两汉经学观察人性总怀着对政教礼乐的思考，在董仲舒处，这体现为对王教与善的关系的认识，可分两个层面。

首先，圣王政教设定了善恶的标准。通常的人性演绎与论证都仿佛善恶是天地间永恒自明的价值，忽略了对善恶来源的讨论，也就会在善恶的内涵与边界、怎样的善恶可以界定人性等问题上有所游移。实际上，只有将人性与善恶纳入政教礼乐的视野中，才能说明这一问题。对于善恶的来源及与人性的关系，董仲舒追溯到了最高的源头：圣王。他说：

---

❶ 康有为：《孟子微》，30页。又："若魂灵，则清明光洁，端庄粹一，泊然无营，超然无染，能抽绎事理，能辨别是非。凡曰'明德''德性''神明'，皆是也。……《大学》言'在明明德'，《诗》言'予怀明德'，《书》言'克明峻德'，以及佛氏之'明心见性'，皆先养其魂灵也。"同前书，52页。
❷ 其注《中庸》"天命之谓性"句云："人非人能为，天所生也。性者，生之质也。禀于天气以为神明，非传于父母以为体魄者，故本之于天。"同样表现出魂与魄、"天生"与"父母生"的二分。见康有为：《中庸注》，189页。

善过性，圣人过善。❶

依《春秋》"五始"之说，"王"乃"人道之始"。这表示人类能过上文明的生活，并非历史的自然而然，而端赖于圣王制作礼乐。善恶的标准由王者之礼乐规定下来，其在前文明的时代并不存在。或许可以说，因经学中礼乐与道德的紧密联系，经学不会想象一种脱离了礼乐规定的善恶标准，或相信无礼乐的世界中人有善恶标准。在此意义上，圣王规定了礼乐，礼乐即是善恶的标准，而礼乐之善也必然是"外在"于人性的、高于人性的，否则就无所谓教化可言。

从此出发，董仲舒对孟子有相当透辟的批评：

> 性有善端，动之爱父母，善于禽兽，则谓之善。此孟子之善。循三纲五纪，通八端之理，忠信而博爱，敦厚而好礼，乃可谓善。此圣人之善也。……夫善于禽兽之未得为善也，犹知于草木而不得名知。……质于禽兽之性，则万民之性善矣；质于人道之善，则民性弗及也。万民之性善于禽兽者许之，圣人之所谓善者弗许。❷

对孟子以善端论性善的思路，董子洞若观火。他并不否认人性中有行善的道德潜能，而是批评仅凭端荄就赋予人性以善名，因其中隐藏着无须礼乐教化的危险。良知良能固然使我们有别于禽兽，但人类无法仅凭这些微弱的善意就组织起美好的共同生活。

---

❶ 苏舆：《春秋繁露义证》，305 页。
❷ 苏舆：《春秋繁露义证》，304 页。

在此意义上，这种善端是意义有限的，不圆满的。相反，圣王礼乐提供了对人之为人最圆满的善的理解，其高度是对人性的提升。

其次，这又涉及王教与善的第二重关系，王者教化是对人性之善质的成全。虽说善恶是王者所立，但非与人性毫无关联，或拂拟于人性。儒家相信，人之为人有"天生"的道德潜能，将这种善的质料实现为圆满的善本身，是人的道德使命。这就如同禾的使命是产出米，茧的目的是产出丝。然而，仅靠人性自身的力量不会自然而然地实现这种转变，一方面人不能认识到本性的善质和使命，另一方面人也无法掌握何谓圆满的善。只有圣王能兼通二者，董子说：

> 天生民性有善质，而未能善，于是为之立王以善之，此天意也。民受未能善之性与天，而退受成性之教于王。王承天意，以成民之性为任者也。❶

王者"代天立教"，既领会人的道德使命，揭示出人性能成就的圆满的善；更制作礼乐，指示出成全善的必经之路。如同禾苗的生长需要经精心培育一样，人性的成全也需要经教化的润泽；相反，不经呵护的禾苗与人性必将枯萎，也就辜负了它们的本性与使命。在根本意义上，"成民之性"既是政教的价值，也是政教的责任。

总之，在政教礼乐的背景中打开人性论问题，要比人性本质是善是恶的争论复杂得多。这既须考虑人性善质与政教的目的，而较荀子仅从节欲遏乱角度理解人性与政教要高明、温和；也须

---

❶ 苏舆：《春秋繁露义证》，302 页。

考虑人性局限与政教的必要价值，而比孟子顺随人性的道德劝诫或个体修养要稳健、现实。

在早期的哲学创造中，康有为就提出"性字、善字要分开讲"❶。《康子内外篇》中，他说：

> 人之有生，爱恶仁义是也，无所谓性情也，无所谓性情之别也。……存者为性，发者为情，无所谓善恶也。后人有善恶之说，乃谓"阳气善者"为"性"，"阴气有欲"为"情"。《说文》于是以仁义为阳而善者，以爱恶为阴而欲者。夫仁之与爱、义之与恶，何异之有？今之所谓仁义者，积人事为之，差近于习，而非所谓性也。若夫性，则仁义爱恶无别也。善者，非天理也，人事之宜也。故以仁义为善，而别于爱恶之有恶者，非性也，习也。❷

"爱恶"更多指人的欲望情感，"仁义"指人的道德能力，这类并不对称的表述框架，是他前期哲学探索不够成熟明晰的表现。这也使其与前述对阴阳、性情框架的接纳存在一定张力。不过从上文的意图来看，这种张力也有解释的空间。康有为并不否认人有仁义、爱恶（欲望）的能力，而是认为，善恶不是四海如一的人性本质，它们与具体的文明形态、教化方式密切相关。这种观念的形成，一方面可能与他当时大量阅读西书，了解过不同文明形态有关；另一方面是对孟子以至宋明性善论传统的批评，故他回到了《论语》的性、习之分。

---

❶ 康有为：《万木草堂口说》，《全集》第二集，203 页。
❷ 康有为：《康子内外篇》，《全集》第一集，101 页。

1888年后康氏回归经学传统,他继承了"圣人过善"之义,谓:"性无善恶,善恶者圣人所主也。"❶他运用这一思路与朱一新进行过正面交锋,此不啻为董子对孟子批评的重演。朱一新秉持理学的立场,坚称善是人天赋的本性。康有为回答称:

> 何者为善?何者为恶?孔子所定。道之原起也如此。……盖礼者,孔子所立者也。如备六礼以娶妇,当礼矣,善矣;逾东家墙而搂其处子,非礼矣,不善矣。若以为一者出自性,一者不出自性,为问伏羲以俪皮制嫁娶之前,人尽无性欤?谓范其血气心知,以至于当然则可,谓渐复乎天命之本然,殆不可通也。❷

他认为,善恶不能被简单抽象为观念,必须在具体的事件中辨析。也只有在孔子、伏羲制作的礼乐之中,才能辨析善恶。在此意义上,善恶蕴于礼乐之中、在人性之外,而没有超出礼乐之上、内涵于本性的善。是故,圣王制礼以前,可以说人类没有善恶标准,甚至可以说不存在人类社会,而说那时候的人与文明生活下的人都有善的人性本质,是毫无意义的。康有为以有些激进的方式,复活了古典对礼乐与善恶之关系的洞见。

因此,康氏更看重王教对人性的规束和成全,而非个体通过修养不断复归于天命之善的本然。对理学偏爱的《系辞》《中庸》,

---

❶ 康有为:《万木草堂口说》,《全集》第二集,186页。并且"善在性外"观念的灵活空间,又使他在面对大地诸文明并存的现实时,能将古典圣王转换为文明的立法者(教主),如谓:"盖善恶者,教主之所立,而非天生之事也。"康有为:《论语注》,259页。
❷ 康有为:《答朱蓉生先生书》,《全集》第一集,328—329页。

康有为在给朱一新的回信和草堂讲学时都着重辨析过❶。《春秋董氏学》中他有一段总括的认识:"《易·系辞》:'一阴一阳之谓道,继之者善也,成之者性也。'言性善者皆述之。然《易》意阴阳之道,天也。继以善,教也;成其性,人也。止之内谓之天性,天命之谓性也。率性之谓道,修道之谓教,止之外,谓之人事。事在性外,所谓人之所继天而成于外也。"❷

当然,康氏的旨趣也并不局限于秉持或批评某一种人性立场。从董仲舒出发,使康有为能超越孟、荀回到孔子,在孔子法(经学)的高度下分判各种人性论的优劣,以及相应的各种政教法度的关系。这就将性善、性恶及其政教方式的对立冲突,收摄为孔子法的不同类型,构成了一种分析人性与政教关系的理论框架,打开了远比传统人性论争更丰富的思想空间。并且,在形成这一理论的思想步骤上,董子的影响也是直接而深远的。脱胎于"阴阳""性情"的"魂魄"理论,是康有为分判和整合孟、荀的基本框架;王教与人性的关系,则是他相信人性会随文明进化而成全的理论起点。下面我们将分别讨论这两个步骤。

二 孟、荀人性论的分判与整合

康有为分判孟、荀人性论,以他对二者孔门地位的认识为基础。不同于唐宋以来的道统论,康有为梳理出一源众流的儒家学脉,内在隐含着经学—子学的分际与关联。他认为,孔子之道

---

❶ 康有为:《答朱蓉生先生书》,《全集》第一集,329—330页。康有为:《万木草堂口说》,《全集》第二集,169、204页。

❷ 康有为:《春秋董氏学》,149页。

整全周备，七十子各得一隅❶，下传至孟、荀亦如是。如谓"荀子发挥子夏之学，孟子发挥子游之学"❷，"荀卿传《礼》，孟子传《诗》、《书》及《春秋》"❸，等等。因此，孟、荀地位相同，双峰并立，他每喜以《史记》二者合传为例论之：

> 孔子改制创教，传于七十子，其后学散布天下，徒侣六万，于是儒分为八，而战国时孟、荀尤以巨儒为二大宗。太史公编《孔子世家》、《弟子列传》，继以《孟子荀卿列传》，诚知学派之本末矣。❹

这有超越道统论的考虑。但更深层的原因是，面对文明变局，康氏意欲借助各种资源来丰富孔子之道。这就不能围绕某些"纯正"但狭隘的理念割地自限，而必须将孟、荀等量齐观，二者都是回溯至孔子之道的路径。故康有为说："圣学原有此二派，不可偏废。……二子者，孔门之门者也。舍门者而遽求见孔子，不可得也。二子当并读，求其大义，贯串条分之。"❺孟、荀因同为孔子之一隅而地位相等，也就意味着二者各有所见亦各有所蔽，人性论即如此。

---

❶ "自颜子为孔子具体，子贡传孔子性与天道，子木传孔子阴阳，子游传孔子大同，子思传孔子中庸，公孙龙传孔子坚白。子张则高才奇伟，《大戴记·将军文子》篇孔子以比颜子者。子弓则荀子以比仲尼者。自颜子学说无可考外，今以庄子考子贡之学，以《易》说考子木、商瞿之学，以《礼运》考子游之学，以《中庸》考子思之学，以《春秋》考孟子之学，以正名考公孙龙之学，以荀子考子弓之学。其精深环博，穷极人物，本末、大小、精粗无乎不在，何其伟也。"康有为：《论语注》，1页。
❷ 康有为：《万木草堂口说》，《全集》第二集，160页。
❸ 康有为：《孟子微》，1页。
❹ 康有为：《孟子微》，1页。另参康有为：《万木草堂口说》，《全集》第二集，184页。
❺ 康有为：《桂学答问》，《全集》第二集，19页。

无论性善、性恶何种立场，都面临两类困难。一是如何解释相反行为的存在，性善论或将之归结于人失其性、放其心而行恶，或归结于人欲与气禀对善性的遮蔽。这些都不足以解释，何以恶是生活的常态而非例外。并且，似乎恶只是善的缺失，也无法解释许多暴虐恶行的来源。性恶论同样也难以解释，为何人有爱敬父母的良知良能，何以人在"乍见孺子将入于井"时会涌现善意。是故，康有为说：

> 从荀子说，则天下无善人，从孟子说，则天下无恶人。❶

孟、荀自然不会如此认定，康氏也只是将二者的立场推至极端，凸显其与经验生活常态的不符。哲学探求人性本质，是为了给生活一个解释，而一种不能完整解释生活各方面的人性论，意义就相对有限了。

当然，鉴于人性与政教的密切关系，有人认为性善、性恶都有假定的色彩。这既已说明二者的特殊性，又体现了另一类困难，即建立在不同人性假定基础上的政教，是否具有普遍性。例如，不管是质朴粗恶之恶，还是争夺残贼之恶，荀子都将人性与政教之善对立起来。而若政教只是对人性的规训，那其一则会流于以性恶为名的辖制残害，二则会闭塞人性上升的空间。孟子性善论虽不至如荀子所批评的弃去圣王礼乐，但它更依赖内在正义的自我修养，而非外在正义的教化磨砺，同样不够完整可靠。康有为依旧两相对照着说：

---

❶ 康有为：《万木草堂口说》，《全集》第二集，186 页。

孟子言性善，是天下有生知安行无困勉也。荀子言恶，是天下有困勉无生知安行也。《中庸》分三等人言，最的。❶

孟子言性善，扩充不须学问。荀子言性恶，专教人变化气质，勉强学问，论说多勉强学问工夫。❷

生知安行者无须外在正义的规范，近于性善之法；困知勉强者少有内在约束，近于性恶之法。《中庸》分出生知、学知、困知和安行、利行、勉强而行三等，是体察到人的品性有别，人性本身也很复杂。而《中庸》又言"及其知之一也""及其成功一也"，表明生知安行与困知勉强都是通往美好生活的道路。这也可以引申出，一套完整的政教秩序须面对人性内在的复杂因素和不同的德性品次，是从生知安行到困知勉强的综合，而非执于一偏。

对于孟、荀各见一偏的原因，康有为认为这是诸子时代论辩所激：

> 孟子独标性善，就善质而指之曰"乃若其情，可以为善，乃所谓善"，此以举世暴弃，而欲振救之，乃不得已之苦心，立说有为，读者无以辞害意可也。❸

> 性善者，孟子得救世之言。❹

荀子言性恶，义理未尽，总之，天下人有善有恶，然性恶

---

❶ 康有为：《万木草堂口说》，《全集》第二集，175 页。
❷ 康有为：《万木草堂口说》，《全集》第二集，182 页。
❸ 康有为：《孟子微》，37 页。
❹ 康有为：《万木草堂口说》，《全集》第二集，204 页。

多而善少，则荀子之言长而孟子短也，然皆有为而言也。❶

的确，孟子性善论的意图，并不表现在《告子上》的论辩中，而是在答齐宣王仁政王道可行和论不忍人之心两段中，隐约透露出来。简言之，为表明仁政可行，孟子搭建起不忍人之心与不忍人之政的关联，并以"以羊易牛""乍见孺子将入于井"为例，论证了仁心的普遍存在。某种程度上，性善是孟子仁政劝诫的必要前提。

相应地，《荀子·性恶》是篇针对孟子的论战文字，其中对于人性的评价，是通过批评孟子性善论，和将人性作为政教之善的反面，而折射出来的。这种折射后的效果，使得性恶似乎是卑恶之恶。但《礼论》"性者，本始材朴"的正面描述，又很大意义上是不能以善恶论之的。

康有为深知，论辩性既透射出思想的深度，也局限了诸子的视界。故他往往会出于不同角度对孟、荀各有抑扬，如"孟子传孔子之学粗，荀子传孔子之学精。孟子言扩充，大指要直指本心，荀子则条理多"❷，和"孟子以扩充性善为学，荀子以文饰质朴为学，道各不同。孟子主直养，故本原深厚，气力完实，光焰飞扬，宜其光大也"❸。这类看似矛盾的说法，非是康有为刻意弥缝，因为他本就相信，性善和性恶都是特殊的人性立场，故能各见其优劣。

他自己则站在更整全的视野中，也就是继古典阴阳、性情之说而来的魂魄理论，这成为他分判孟、荀人性论的基本框架。

---

❶ 康有为：《万木草堂口说》，《全集》第二集，184 页。
❷ 康有为：《万木草堂口说》，《全集》第二集，184 页。又"荀言矫揉，董言勉强，极是。孟言扩充，未安"，康有为：《万木草堂口说》，北京：中华书局，1988 年，254 页。
❸ 康有为：《孟子微》，141—142 页。

他说：

> 荀子言性以魄言之，孟子言性以魂言之，皆不能备，《白虎通》言之甚精。❶

如上曾论，"魂"是继"阳""性""仁"而来的道德属性，"魄"是承"阴""情""贪"而来的情感、欲望属性。以"乍见孺子将入于井"为例，"孟子但见人有恻隐、辞让之心，不知人亦有残暴争夺之心"❷，是见其魂不见其魄。相应地，荀子以人口体耳目之欲为例，推断人有争夺残贼之心，是见其魄而不见其魂。这一分判俨然是《论衡》所载董子佚文"曰性善者，是见其阳也；谓恶者，是见其阴者也"的翻版。

不过有意味的是，董仲舒只是评点孟荀，而丝毫没有将二者采纳整合起来的意思。这很可能是因他相信，经学有面对复杂人性的整全法度，其中不会分出专治善性、专治恶性之法。经学无须从子学汲取力量，也不是分裂的碎片能重新拼合完整的。但通过上章的讨论我们已看到，康有为极擅构造对立的理论模型，以打开思想的内在张力。借着孟、荀人性论之间的紧张，他将二者安插为治魂与治魄之法。这一做法带来了巨大的改变。

首先，孔子法变成性善法与性恶法的综合，二者不可偏废。康有为说：

> 荀子明礼学，故专以制魄为主；孟子明性学，故专以养魂

---

❶ 康有为：《万木草堂口说》，《全集》第二集，186 页。另参 184 页。
❷ 康有为：《万木草堂口说》，《全集》第二集，182—183 页。

为先。得道不同,故条理迥异,是皆孔子之支流。❶

盖言性恶者,乱世之治,不得不因人欲而治之,故其法检制压伏为多,荀子之说是也。言性善者,平世之法,令人人皆有平等自立,故其法进化向上为多,孟子之说是也。❷

性善论在道德上的自觉修养和性恶论在礼乐下的检制教养,都是善好生活的可行路径,但非唯一路径。就像人兼具魂魄而为人一样,人性当中兼具善与恶的因素,世运和治法没有绝对的乱与平。善与恶、乱与平的共存,是真实的生活经验,也是人类世界的永恒命运。在此意义上,康有为还是意识到了,经学(孔子法)本身是一综合的整体,故他时常强调性善、性恶二法"精粗本末皆不可缺,而亦不能相轻也。如东西墙之相反,而相须以成屋也。如水火、舟车、冰炭之相反,而相资以成用也"。❸

实际上,当康有为将两种立场综合起来,就已超越了对人性本质是什么的讨论,并构成了一套分析不同人性因素与政教方式、社会环境的框架。将这一整体框架作为孔子法,能重焕经学作为一种政治哲学的理论活力。但将孔子法剖分成两半,却又构成了性善法高于性恶法的关系,拉开了二者的距离。故上引第一条言荀、孟"是皆孔子之支流",下云:"而孟子得其本矣,此为孟子直指人道,普度圣法,学者宜用心焉。"❹康有为还说:

---

❶ 康有为:《孟子微》,52 页。
❷ 康有为:《孟子微》,9 页。
❸ 康有为:《孟子微》,2 页。
❹ 康有为:《孟子微》,52 页。

> 故孟子之言性,全在率性而扩充之。……此其所与告子、荀子、董子用檃括克制之道异也。然《论语》曰克己,佛氏降伏其心,当据乱世之生人,熏习于累生之恶业恶识,正不能不用之。如孟子以扩充普度,直捷放下,如飞瀑满流,冲沙徙石,开成江河而达于海,气势滔滔浩浩,此乃为上根人语,为太平世说,粗下之人,乱世之时,不易承当耳。然直证直任,可谓无上法门也。❶

必须指出,康有为这里并不是肯定人性本质是善而非恶,不是肯定作为单纯人性观察的性善论好于性恶论,而更多是在考虑人性善恶因素所分别适应的政教方式、文明程度,即在一种"法"的意义上,肯定了性善法是更可欲的和更珍贵的。所谓更可欲的,康氏常言"魂用事者为大人,魄用事者为小人"❷,指道德品性的内在养成比规束欲念恶行对成德更重要。所谓更珍贵的,是说内在正义的自我驱动又比外在正义的规范更困难,须在更良善的个体与社会中才能实现。依此,孔子法于内在的价值层次上,存在从性恶法到性善法的上升。值得参照的是,在董仲舒处经学既无分二法,也难说养善与节恶孰高,故不存在一种法的上升。

至此,我们可对本节的讨论略作概括。对于孟、荀的人性论,康有为能各见其长短,这与他从古典获得了对人性的洞见密切相关。继阴阳、性情学说而来的魂魄框架,成为他分判孟、荀的基础。并且,他更进一步将性善、性恶收摄进这一框架中,组成了能面对人性不同因素的孔子法,其中构成了一种法的上升阶梯。不难看出,在康有为的人性讨论中,人性本质是什么并不重

---

❶ 康有为:《孟子微》,38页。
❷ 康有为:《孟子微》,52页。

要，人性中善恶因素的关系，与其相应的治法，以及治法间的关系，这些才是他主要的关怀对象。这使他的人性观察甚为复杂深刻，并能够与其政治哲学结合为一体。紧接着，结合"人为天生"理论和对王教与人性关系的认识，康有为更进一步勾勒出文明与人性的进化之路。

三 从性恶到性善：文明进化对人性的成全

在《深察名号》《实性》两篇中，董仲舒只是提纲挈领地概括了自己对王教与人性关系的理解。在给武帝的对策中，他展露出经学传统更深刻的教诲，这对康有为的影响也更直接有力。面对一位有为君主关于天人相应、圣王一贯之道的咨问，董仲舒首示以《春秋》奉天法古的永恒价值，随后讲述了一套关乎天人、性命与王教关系的道理。兹作分段以便观览：

> 天令之谓命，命非圣人不行；质朴之谓性，性非教化不成；人欲之谓情，情非度制不节。是故王者上谨于承天意，以顺命也；下务明教化民，以成性也；正法度之宜，别上下之序，以防欲也；修此三者，而大本举矣。
>
> 人受命于天，固超然异于群生，入有父子兄弟之亲，出有君臣上下之谊，会聚相遇，则有耆老长幼之施，粲然有文以相接，欢然有恩以相爱，此人之所以贵也。生五谷以食之，桑麻以衣之，六畜以养之，服牛乘马，圈豹槛虎，是其得天之灵，贵于物也。故孔子曰："天地之性人为贵。"明于天性，知自贵于物；知自贵于物，然后知仁谊；知仁谊，然后重礼节；重礼

节，然后安处善；安处善，然后乐循理；乐循理，然后谓之君子。故孔子曰"不知命，亡以为君子"，此之谓也。❶

第一段论天人、性情、王教之间的抽象原理，第二段进一步显豁了天人关系的道德实质，丰富了前述原理。我们分别来看。

第一段兼顾了董子人性论的两个要点。一则前后二句都秉承了"天命—性情"的人性结构，二则始终贯穿着王教视野。天命包含固甚广，其中最紧要的是人之为人的"天命"，亦即人的性情。所谓"命非圣人不行"，既指唯有圣人能透知人性的结构与使命，也指唯有圣王能制作礼乐，以妥当地安顿人情和成全人性。如上曾述，王教既揭示出人性所能达到的善好，又以成全这种善好为根本使命。而这一切又是以天人关系，尤其是王者"代天立教"的责任为前提。那么可以说，"天赋"人性的道德实质，奠定了礼乐政教的目标。

在董仲舒看来，"天地之性人为贵"道出了人作为道德存在的身份。这一存在论规定为人类世界打开了无限的道德空间。严格来说，人与万物皆为天地所生，特意点明人受命于天，就将人从万物中超拔了出来，赋予人更高的道德使命。人分享了天地的德性，就应过上有别于草木禽兽、符合天地之心的生活。如我们反复强调的，"天地—人—万物"的德性阶梯，是理解人类生存处境的坐标，人类的生存以高于万物为底线，以应天地之德为目标。❷

---

❶ 班固：《汉书·董仲舒传》，2515—2516 页。
❷ 《春秋繁露》有一段与对策相近的话，明确表达了人在天地与万物之间的道德处境。《人副天数》："天地之精所以生物者，莫贵于人。人受命乎天也，故超然有以倚。物㐬疾莫能为仁义，唯人独能为仁义。物㐬疾莫能偶天地，唯人独能偶天地。……此见人之绝于物而参天地。"苏舆：《春秋繁露义证》，354—355 页。

人的道德生活可以有多方面的表现，如董仲舒所列举的：父子、君臣、长幼的伦理关系，以礼维系的共同生活，知仁义礼智的道德自觉，役草木禽兽以自养的生存能力。儒家更勾勒出一种普遍的道德人格——君子，以容纳上述一切。孔子云"不知命，无以为君子"，又"君子也者，人之成名"，这都意味着，君子是"天赋"的人性与人格，成就君子是人之为人的道德使命。因此，董仲舒最终提供给汉武帝的答案是，圣王政教的宗旨就是成全人贵于万物的道德生活，使人成为君子。

很难不感叹，这是对天人、性命、王教何其深邃的理解，通经明义未有精醇如董子者。当然，这些理解出于《春秋》学的背景。《春秋》的书法，不只通过褒贬寄寓了一套价值，更指示出一幅王教流行的历程。依三世书法，所闻世代表一王初起于衰乱之中，治法不暇周详，故先治弑君亡国之大恶，先详内而后治外。随着王教深入、广泛的推行，历升平世，至所见世，著治太平，王教修美，世无大过，治法唯二名之小恶可讥。对于太平世的理想，董仲舒解释称：

> 故始言大恶杀君亡国，终言赦小过，是亦始于麤粗，终于精微，教化流行，德泽大洽，天下之人，人有士君子之行而少过矣，亦讥二名之意也。❶

二字为名，仅使臣子难讳而已，在《春秋》家看来，其实这更多是一种对太平世美好的反衬，何休称："《春秋》定哀之间，文

---

❶ 苏舆：《春秋繁露义证》，163—164页。

致太平,欲见王者治定,无所复为讥,唯有二名。"❶董仲舒认为,这恰恰体现出太平世人人道德完满,君子人格得到了普遍成就。

以士君子的形象,刻画太平世王教治定功成的景象,表明政教的目标是成全每个人天赋的道德使命,使人人成为君子。这句话给了康有为极大的启沃。他说:

> 董生言"人人有士君子之行",此句最宜著眼,大同之世全在此句。反覆玩味,其义无穷。❷

作为文明终点的大同是一君子世界,或者说,君子世界是他对理想文明的德性规定。

不过值得注意的是,基于对现实德性差等的认识,王教对人性的普遍成全,在传统中是一高贵但也渺远的理想。故孔子只在《春秋》中隐微寄托之,而在平日谈论的是性近习远、上智下愚不移等道理。但康有为对文明进化的热衷,让他抛开了古典的节制。其注"性近习远"句亦云:"圣人立教,务在进化,因人之性,日习之于善道,而变其旧染之恶习,变之又变,至于恶习尽去,善习大明,至于太平大同之世,则人人皆成上智,而无下愚矣。于是,习不相远矣,而人道止于至善矣。"❸尽管理论上是如此,但子所不言与康氏所亟言的反差值得深味。

总而言之,基于"天人"的德性维度,儒家相信王教的最终使命是对人性的成全,或者说,人性面貌会随着进于王者之化而得到改善与提升。康有为追随着古典的脚步,与上节整合性善、

---

❶ 何休解诂,徐彦疏:《春秋公羊传注疏》,1088页。
❷ 康有为:《万木草堂口说》,北京:中华书局,1988年,133页。
❸ 康有为:《论语注》,211页。

性恶的魂魄框架结合后，就形成了一条人性进化之路。

首节曾指出，康有为用以整合孟、荀的魂魄框架中，蕴含着"天生"与"父母生"的分际。当这一分际与王教成就"天生"之善的思想相嵌合，就意味着对王教而言，养魂之善比节魄之恶更重要。那么，当康氏将董仲舒所强调的王教认定为孔子法，性善养魂之法与性恶节魄之法间的张力就进一步加大，构成了更明确的上升阶梯。

《孟子微》的序言最典型地表现了这一结构：

> 荀卿传礼，孟子传《诗》、《书》及《春秋》。礼者，防检于外，行于当时，故仅有小康据乱世之制，而大同以时未可，盖难言之。
>
> 《春秋》本仁，上本天心，下该人事，故兼据乱、升平、太平三世之制。子游受孔子大同之道，传之子思，而孟子受业与子思之门，深得孔子《春秋》之学而神明之。故论人性，则主善而本仁，始于孝弟，终于推民物；论修学，则养气而知言，始于资深逢源，终于塞天地；论治法，则本于不忍之仁，推心于亲亲、仁民、爱物，法乎尧舜之平世。……传平世大同之仁道，得孔子之本者也。
>
> 其视礼制之末，防检之严，盖于大道稍轻，故寡言之。盖礼以防制为主，荀子传之，故礼经三百，威仪三千，事为之防，曲为之制。故荀子以人性为恶，而待檃括之，传小康据乱之道，盖得孔子之粗末者也。❶

---

❶ 康有为:《孟子微》，1—2页。

在前后两段，康有为将荀子性恶节礼之说定为小康据乱法，烘托出中间一段，以孟子性善存仁之说为太平大同之法。我们说过，三世说中的小康与大同，既对立又相互联结。在将性善、性恶之论整合进三世说后，二者也具备了这种复杂的张力。这是传统人性论争所没有的分析模式。

首先，康有为将性恶法与性善法收摄进小康、大同间"礼运"与"仁运"的对立，确有契合处。对治人性的浊恶需要外在正义的礼，而良知良能的自觉生发使人相信仁内在于人性。孟、荀的学术面貌也大致可区分成孟学主仁心仁政、荀学重礼。

再者，性善法之所以更珍贵，因其重魂之善，把握住了人的"天性"。康有为说：

> 孟子探原于天，尊其魂而贱其魄，以人性之灵明皆善，此出于天生，而非禀于父母者。厚待于人，舍其恶而称其善，以人性之质点可为善，则可谓性为善，推之青云之上，而人不可甘躛于尘土也。❶

这里，魂—善—天生和魄—恶—父母生的框架被表露了出来。他相信，许人性为善作为一种教化的方式，更能显豁出人的道德依据和道德使命。相反，性恶论一则不能说明道德的形上依据，二则无法给出一种理想人格，皆因其忽略了人的"天生"维度。故在荀子处，礼乐只是遏止人性之恶的堤防，而遗忘了人性同样是圣王培育道德果实的良田。

进而，性善论打通了普通人上达至圣人的通道，故孟子对个

---

❶ 康有为：《孟子微》，7页。

体主动承担道德使命有着极高的期许,"人皆可以为尧舜""豪杰之士虽无文王犹兴"等说即由此产生。康有为认为,孟子道性善、称尧舜是太平大同世的教化风格,《孟子微》着力阐发了这一观点:

> 孟子尤注意于平世,故尤以称法尧舜为主,人人皆性善,人人皆与尧舜同,人人皆可为太平大同之道,不必让与人,自诿其责任。❶

> 人人性善,尧舜亦不过性善,故尧舜与人人平等相同。此乃孟子明人人当自立,人人皆平等,乃太平大同世之极。而人益不可暴弃自贼,失其尧舜之资格矣。此乃孟子特义。❷

> 人人性善,文王亦不过性善,故文王与人平等相同。文王能自立为圣人,凡人义可自立为圣人。而文王不可时时现世,而人当时时自立,不必有所待也。此乃升平世之法,人益不可暴弃自贼,失豪杰之资格矣。❸

以性善为太平大同法,包含着两种含义。首先在法的意义上,许性以善、激励道德自修的教化方法更珍贵,必须在更文明的个体或社会中才能实现。与之相比,以性为恶、防检檃栝的教化,更适用于文明程度较低的阶段。将性恶与性善分置于小康、大同两个文明阶段,背后是康有为对人性与政教之间关联的洞见。

---

❶ 康有为:《孟子微》,8 页。
❷ 康有为:《孟子微》,15 页。
❸ 康有为:《孟子微》,15 页。

并且，考虑到三世说是小康到大同的上升，那么在人性问题上，孔子的教化也就呈现出从性恶法到性善法的上升。在此意义上，看到人性的粗恶，以外在正义的礼规束之，是教化的开端与初阶；而看到人性的光辉，以内在正义的仁启沃之，是教化的高阶和圆成。二者联结成的阶梯，是文明与人性共同进化的道路，暗示着人性会在孔子教化的润泽下得到提升。

另外，性善法所期待的目标——每个人都有道德自觉，能自立为尧舜文王一样的圣人，与古典的太平图景"人人有士君子之行"若合符节。在《大同书》中，康有为多次言"太平性善"，又"太平之世无讼，大同之世刑措，盖人人皆有士君子之行"❶等，陈焕章也说："孔教之目的，止于至善。至于人性皆善，则进化达于极点。"❷ 这都表明康有为相信，随着孔子教化深入广泛的流行，人性中天赋的善性、君子人格将得到普遍的成全。可以说，大同世道德水准真正实现了"人为天生"。儒家古典的政教理想，在三世说中以一种人性随着文明进化而成全的方式，得到继承并重新焕发了活力。

小 结

虽说政治哲学与人性问题紧密相关，但二者间也存在不同的思考方式。以孟子性善论和荀子性恶论为主轴的传统论争，都预设人性是本质化的。以善或恶作为人性本质来思考政教秩序，是

---

❶ 康有为：《大同书》，313 页。
❷ 陈焕章：《陈焕章文录》，长沙：岳麓书社，2015 年，173 页。

一种以人性论居于中心的思路。康有为则与此不同，他的理解又承自董仲舒乃至两汉经学的传统。因认识到人性与人类生活的复杂面向，两汉经学可能更倾向于默认，善与恶兼具是人的本性与人类生活的命运。观察六经传记和孔子性近习远之说，人性问题并非不重要，但其往往是以箴言而非论辩的方式存在的。与之相比，礼乐教化如何规定道德、成全人性，则居于经学思考的中央。

康有为在三世进化的脉络下讨论人性，继承了古典的精神。将两种人性论整合成对治人性不同因素的治法，表明他主要关心的不是何者为人的本性，而是不同教化方式的价值与关系。这样一来，孟、荀的人性论变成既是不同教化方式的人性基础，也是具体文明阶段的人性描述。再在此基础上，依据王教成全人"天生"之善性的理念，贯穿起一条文明与人性共同进化的道路。可以说康氏这里，人性论与文明教化以一种更微妙的方式息息关联着，又在总体上以文明教化为思想的主轴。

不过，康有为这套分析人性与治法的理论框架，也存在一定问题。这一问题根本上源自康氏一贯的二分法。他想要经学系统重新焕发活力，可在具体处理上，却面对着理论资源匮乏的难题。我们需要体谅他的难处。尤其在人性问题上，除了历史上对立的性善、性恶两种理论外，康有为没有更多的理论资源，来拓宽儒家人性问题的思考视野。利用这二者，康有为已近乎整合出最好的、可以反映出古典经学精神的方案。但是，一则，经学史上毕竟从未提出过治性善法和治性恶法的区分；二则，从性恶到性善的上升，本即拉开了二者的距离，而三世说的历史进化色彩，更使二者的分裂加剧，很大程度破坏了这一框架的初衷。是故，康有为由孟、荀上溯而合并成的孔子法，仍只是理解古典精神的剖面图，而非经学传统面对人性的真实方案。

下部

三世说的困难
目标、道路与尺度

本部讨论三世说将产生哪些困难或危险，康有为怎样意识到它们，又做出了何种调整。研究分别从目标、道路与尺度三个角度切入，旨在表明：三世说的困难主要由其历史进化论的面向造成，康有为一直努力抵消其负面影响，他的自我调整有助于我们重新认识三世说的性质与作用。

第一章讨论三世说的目标困难，也即大同作为真实历史阶段是否可能。"人本院"是大同世最根本的一项制度设计，也体现了对"人为天生"的至极贯彻。人本院承担着两项重要的使命：塑造完美人性，为大同文明的存续而生育。但在《大同书》的写作过程中，康有为已充分意识到，这两项任务都不可能真正完成，大同必然脆弱不堪、无法持存。这使他开始怀疑大同、进化的意义，也标志着他此后从"天生主义"的幻梦返回。

第二章讨论三世说的道路困难，也即文明进化是否存在一条切实可行的路线。康有为相信，大同是通过破除小康诸界（身、家、国）而成就的。那么，去界的先后次序就是进化的路线图。这典型表现在《大同书》的卷次脉络上。稿本与刊本的卷次、结构调整，表现出他对去界—进化之路线的游移。与此同时，康有为最初对大同离我们有多远的估算相当乐观，但随着《大同书》的完成与秘藏，以及共和革命的进行，他提出了"三世三重"说，反而将大同世推远。这些都表明他最终也没有找到通往大同的路。

第三章讨论三世说的尺度困难。自《实理公法全书》时期始，康有为就意识到历史进化论有激进化的危险。他提出进化必须掌握尺度，按规定路线一步步进行。但在三世说形成后，只有他保持着审慎的克制，康门弟子则迅速释放出其中的激进力量，推动文明革命。这证明了把握尺度的不可能。但世运突进所带来的乱象，也刺激了康有为的反思。在此后一批政论和经学著作中，他从不同的角度竭力消解三世说的激进色彩，而"时"的重新凸显使之回归到政治哲学的层面。

第 1 章

脆弱的大同

中部研究强调，三世说的内核是政治哲学的分析框架，应避免只从历史进化的表象来理解。但这不妨碍我们承认，《大同书》的确是三世说历史哲学色彩最极致的表现。也许可以这么说，在每一单独的人类生活领域，我们都能做政治哲学的讨论；但《大同书》这样将不同线索汇集起来，全面消解"九界"，构造与现实世界一一映照的未来大同世界，显然就是历史哲学的面貌。

"人为天生"的主义化，是推波助澜的重要因素。如前曾述，通过从"天生"的角度规定人类存在，儒家确立了许多珍贵的价值，为礼乐生活奠基。康有为抓住了这一点，将"人为天生"从整体的价值系统中单独抽绎出来，作为文明生活的唯一宗旨，由此重构了人类生活的方方面面。这样构建起的大同文明，一切制度都是"天生"的实现。每个人都作为"天生"者，过着平等、独立、无私、人人有士君子之行的生活。就理想程度而言，"天生主义"的大同世的确无以复加。

然而，历史进化论往往默认，理想社会能最终实现，并且长期存续。但这何以可能，至少需要理论的证明。在《大同书》这场思想实验中，康有为是否考虑过，大同的制度设计和生活于其中的人能否支撑它永远存在下去？对此，我们要从大同世的一项奠基制度说开去。

一　人本院的意义与任务

这项制度名叫"人本院",位于紧接着卷三"去家界为天民"之后,是卷四诸公共制度的开篇。如前曾述,稿本《大同书》存在着先"下降"后"上升"的结构。"下降"指逐级破除人类越来越深刻的生存领域(界),自君臣、夫妇至父子等。"上升"指大同一系列公共制度的建立,卷四是其始,后接卷五下半之合国一统、卷六之公有经济、卷七之公共治理体系等。所以,卷三、卷四的一破一立,居于《大同书》的轴心位置。卷三破除了人类最根深蒂固的家庭生活,卷四的公共制度取代家庭,承担人的生老病死,后续制度的开展皆建基卷四之上。❶ 而人本院又是这一基础的开端。

这一开端意义在"人本院"的命名上就反映了出来。最初,它被康有为命名为"胎教院",是和育婴院、医疾院、养老院一样,因事立名。但康氏随即补充一句:"胎教之院,吾欲名之曰人本院也。"❷ "人本"有额外的道德意味,显示它较其余机构的重要性。其意义可从两个角度来理解,又内在地嵌合在一起。

首先,"人本"直接关联着大同世的"天生"特征。我们还记得,礼之三本以"天地,生之本"居首,董仲舒也径称"为生不

---

❶ 譬如卷七在农、工、商业废除私有制,建立绝对的公有制,根本上取决于人彻底的无家可私。"孔子为大同之策曰:'货恶其弃于地也,不必其藏于己。'夫既亲其亲、子其子而有私产,则虽欲不藏于己,不可得也;既藏于己,则虽欲不弃于地,不可得也。"又:"若虑农工商皆归之官,得无有司作弊,侵吞盗窃,为害更甚者?此其所虑为乱世言之也。太平世人无私家,无私室,无私产,无私店。无家而禄厚,性美而教深,必无侵盗之心,自无侵盗之事。"见康有为:《大同书》,267、279页。

❷ 康有为:《大同书》,157页。

能为人,为人者天也,人之人本于天"❶,都将人之为人的本原上追于天。在此意义上,天立人之本。但我们也清楚,传统的"人为天生"观念表现的是人的道德存在。人现实的存在,肯定还是父精母血结合而生,即"父母生"的维度。这是在家庭生活中实现的。然而,《大同书》卷三至卷四的转换,正是为了用"天生"取代"父母生"。所以,人本院的第一个任务,就是承担起原本家庭的生育使命,将"人为天生"真正变成现实。

再者,"天生"所承载的道德意义也要直接兑现。这就要让每个人一出生就拥有完美的人性。放在大同世的整体制度建构中看,这个意图更为明显。现实生活的经验告诉我们,人出生的境遇深刻影响着一生的气禀与命运。当然,人生中还有各种伦理、制度乃至遭际的因素,能改变命运。但在大同世,出生的决定性反而更直接,甚至唯一。因为大同有统一的教育、医疗与公共经济制度,来承担人的教育长养、老病死亡。并且,大同世也再无父子、夫妇、君臣的伦理生活,无职业、阶层的壁垒,来改变人的存在。那么,唯一还存在不确定因素的,就是人出生时禀赋的品性、能力等。为此,康有为极其重视人本院的胎教功能。既然出生是每个人人生历程的起点,也是大同整个公共制度的开端,就必须如康氏所谓"端生人之本",人生要在起点时就得到端正与完善❷,嗣后的人生过程和文明运转才能美好。

总结来说,人本院的任务有两个基本层面。一是生育,针对人的现实存在;二是胎教,针对人性、人的道德存在。它们不只关系着每一个体的存在,更决定着整个大同文明的存续。不难想

---

❶ 苏舆注:"卢云'人之人',疑当作'人之为人'。"苏舆:《春秋繁露义证》,318 页。
❷ 康有为:《大同书》,157 页。

见，每一代出生的人都支撑着那一代的大同文明，由此一代又一代构成文明的延续。如果人的存续、品性出现问题，大同就将陷入危机。那么，人本院是不是一块足够坚实的奠基石？顺着《大同书》的叙述脉络，康有为自己就会坦露给我们答案。

二　胎教与人性

康氏先从人性问题开始讨论。开篇有很长一段的铺垫，讲传统中政教与人性的关系。其意图颇耐深味，也是我们反观大同的绝好参照。他说：

> 世之言治者，曰明其政刑，又曰修其法律，未尝教人，而多为法网以待其触，是以罟待兽，以网待鱼也。此真据乱世之治矣，孔子所谓"民免而无耻"也，其距性善之平世不可道里计矣。
>
> 其进而言教者，知人道之治，风俗人心为先矣，则谆谆于教化，摩之以仁，渐之以义，示之以信，齐之以礼，劝善惩恶，崇节尚耻。若后汉之俗，束修激厉，志士相望，亦近于化行俗美矣。然其实数不过一二士大夫儒生之向上者耳，即贼畏贤人，鬼读书，其于国人分数不及万一。其去大同之世人人性善，不待劝惩，不待激厉，其相去不可道里计矣。❶

康有为指出，一则政治、法律都是外在约束，不能改变人性。

---

❶ 康有为:《大同书》, 158—159 页。

二则道德教化有润泽人性的效果，但其广度、深度❶和时间跨度❷都极其有限。总之，从前的政教、治法都无力改变人性，故一直局限在据乱小康的文明阶段。我们要注意，这一批评正是以大同世为参照而提出的。它也暗示着大同世的实现，取决于全面重塑人的品性。

古代世界从未敢做此想，盖因认识到，人性的善恶高下是先天形成的，为人力所不及。无论汉代人性论的阴阳—性情框架，还是宋代的天命之性—气质之性—人欲的框架，实质上都承认人性复杂因素的根源在经验世界之外。不过康有为并非不明此理，只是他将人性形成的未知空间，实指为人生历程的先在阶段——怀胎孕育之时。这段时间就成了改变人性的操作空间，方法是无微不至的胎教。他认为，这是孔子已启示给我们的：

> 昔之人孔子乎，渊渊深思，盖知之矣，故反本溯源，立胎教之义，教之于未成形质以前。令人人如此，普天如此，则受气之先，魂灵之始，已无从染恶浊矣。源既清矣，流自不浊，必如是乃可至性善，乃可至太平。惜时未至大同，不能人人遽行之也。今按《大戴礼记·保傅》篇曰……❸

他既钦佩孔子的先知先觉，也感慨《保傅》的胎教仅服务于

---

❶ "即薛煊居敬之笃，而二十年不能治一怒；谢上蔡之高明，而七年不能治一矜；朱晦庵之贤，而张南轩谓其气质褊隘。以兹大哲，熏以多贤，而气质难变如此，何况中人以下哉！"康有为：《大同书》，159页。

❷ "负笈而从经师，闻风而赴讲会，皆在冠岁壮大之时。至是受教，即使兴起，而未学之先，子张之为驵侩，子路之冠鸡豚，周处少之跅弛，戴渊之盗贼，其含根已多，发芽必甚。"康有为：《大同书》，159页。

❸ 康有为：《大同书》，160页。

王者之家。不过,且不管这是否还是据乱世的历史局限,仅观察《保傅》的制度设计,我们就会发现其仅具礼仪示范的意义,绝非有实际效果的操作方案。再结合仅行于王者一家,我们未尝不可认为,古典所理解的胎教,仍是一种尽人事、听天命的态度。其实今日我们也不过是这种态度。但在大同世,当胎教承担着为文明准备新"天生"者的任务时,康氏为之构想了许多奇特的计划。它们展示了大同将在何种意义上改变人性,或者说大同何其依赖于人性的重塑。

首先,人本院的选址就颇费周章。康有为考虑的人性,内容十分广泛,其中也包括人的气质禀性、相貌体格。他认为,这都与出生地的风土相关:

> 胎孕多感地气,故山谷崎岖深阻之地,其生人多瘿瘤突额,锐颐折颏黄黬,无有丰颐广颡者;其人性褊狭,锐眼重性,深阻险僻,寡有光明广大者。水泽沮洳之地,其生人多柔质弱态,润色靡颜,鲜有劲骨雄魄者;其人性多委靡卑湿,曲折柔脆,寡有刚直贞固者。其他山石荦确,原陵衍隰,皆可以此而推矣。……然则犀角端盈与顽邪穷固,皆地所关,而天下之人皆出于胎,胎生既误,施教无从。然则胎教之地,其为治者第一要欤! ❶

发现各地民人情性不同,将其归诸风土地理,是人类理解世界的一种方式,有着古老的传统。《王制》云:"广谷大川异制,民生其间者异俗,刚柔、轻重、迟速异齐。"❷《汉书·地理志》

---

❶ 康有为:《大同书》,160—161页。"锐眼"原书作"锐银",误,据手稿改。
❷ 郑玄注,孔颖达疏:《礼记正义》,537页。

称:"凡民函五常之性,而其刚柔缓急,音声不同,系水土之风气,故谓之风。"❶且不管这类经验观察是否真实准确,一幅人散居在山川原隰之间,故情性刚柔缓急不同的图景,透露出人性的"自然"特质。情性差异是人的自然,正如散居各地同样是人的自然。自然是不可移易的,无论是风土形成的体貌情性,还是民人与乡土的依附关系。所以,齐一民性在古代观念里既不应该,也不可能。

然而,大同不接受差异,只追求同一的完美。要塑造统一的完美品性,就要改变自然。为此,生育须集中到最好的环境下进行。康有为谈到了人本院的选址:

> 院地当择平原广野、丘阜特出、水泉环绕之所,或岛屿广平、临海受风之所,或近海广平之地……选择极苛,位置极精,务令多吸天气,多受海风,则生人乎必多丰颐广颡、隆准直面、河目海口。其性必能广大高明、和平中正、开张活泼,少险诐反侧,寡悲愁妒隘矣。❷

除了具体的风土,康有为还考虑了寒热带的问题。这关乎更广泛也更根深蒂固的人性差异,即各人种体貌、性情的不同。对此,他建议:

---

❶ 班固:《汉书·地理志》,1640页。更详细的描述如《管子·水地》:"夫齐之水道躁而复,故其民贪粗而好勇。楚之水淖弱而清,故其民轻果而贼。越之水浊重而洎,故其民愚疾而垢。秦之水泔冣而稽,垲滞而杂,故其民贪戾,罔而好事齐。晋之水枯旱而运,垲滞而杂,故其民谄谀葆诈,巧佞而好利。燕之水萃下而弱,沉滞而杂,故其民愚戆而好贞,轻疾而易死。宋之水轻劲而清,故其民闲易而好正。"黎翔凤:《管子校注》,北京:中华书局,2004年,831—832页。参部喆:《〈王制〉的天下格局与内外秩序——以儒家"风俗"论为线索》,《中国哲学史》2020年第2期,40—48页。

❷ 康有为:《大同书》,162页。

今欲定胎教之院皆立于温冷带间，以受寒气而得凝固，得红白而去蓝黑，以为人种改良之计。……若惮于迁移，留此恶种，存此黑色，终为黄、白人所不齿，是人类终不能平等，则进化必不能至大同也。兹事虽大且难，然必当决行之。故此热带之地，只可为耕牧之场，决不可为生育之地，并不可为学校之地……此义关平等甚大，必决少弃此地，然后大同得行也。❶

前文曾说到，康有为对"家天下"风俗不齐、教化不一的批评，继承了儒家政教大一统、六合同风、九州共贯的精神。但这里对人性完美同一的要求，又显然突破了王教移风易俗的限度。经学传统在刻画王教一统、远近小大若一的同时，也曾教诲"修其教不易其俗，齐其政不易其宜。中国戎夷，五方之民，皆有其性，不可推移"❷，以揭示文明与自然的边界。道德风俗自应一归于王者之正，但民性气质无法完全改变。❸ 为政教、文明设定限度，是立法者对自然的尊重：这既包括民与水土的自然亲附，也包括性情的自然差异。

无论出于风土—性情的关联，还是出于地带—人种的关联，所有迁移都是为了塑造齐一的人性，以实现大同社会的彻底平等。它们的荒诞展示出，大同是政治对人性、文明对自然的全面"人

---

❶ 康有为：《大同书》，161—162 页。
❷ 郑玄注，孔颖达疏：《礼记正义》，537 页。
❸ 这一理解概括自敦煌《孝经郑注义疏》，其释《孝经·广要道章》"移风易俗"句云："风者君上之教，俗者民下所行。俗有二种，一是从习时君所得，二是习土地常行。何谓从君所得？犹如晋魏君俭，民皆褊急；曹桧国奢，民皆华侈。故《诗序》云：'国异政，家殊俗。'此是习君上所为。土地俗者，如吴楚土薄水浅，民性闲急；齐鲁土厚水深，民性迟缓。故《王制》云：'广谷大川异制，人民其间异俗。'此是习土地之俗，不可推移。"张涌泉主编：《敦煌经部文献合辑·群经类孝经属·孝经郑注义疏》，北京：中华书局，2008 年，1997 页。

侵"。自此生育和胎教不再是个体事务，而是目标笃定、计划周密的文明事务。按照康有为的设想，集中生育应用于所有人，这必然关涉着一场全人类的大迁徙。人本院的选址问题内在关联着他"去国界合大地"的构想，而实现这件事的前提又是，大同世人彻底无家了。

古代社会的人们不会有为了胎教而迁移他乡的荒诞想法，因为乡土中有太多"恩"与"义"的羁绊。称乡土为"父母之邦"反映出，家庭连接着人与土地的亲附关系，是人的自然根基。人在家庭中出生，就扎进了乡土、历史与传统的氛围中。实际上我们更相信是这些影响着人的性情，风土和地带只是理解人性与世界的标签，而非真实的因果关系。

当康有为将"人性地理学"付诸实践，大同便是一个抽空历史、克服命运的文明。人本院的选址构成了很深的隐喻。斩断家的所有根基，将人从各自历史传统的土壤中拔出，栽进大同的"人性温室"，水土、气候、环境等外在因素都可控了，但其中的土壤没有了恩义牵连与历史传统的养料，人自身也失去了向下深植的根柢，那么，大同是否能开出珍贵、鲜活的人性之花，这是我们需要始终怀疑的。

当然，人本院的环境还只是胎教的外部因素。胎教的主要工作是呵护和教养怀胎的女性。其实稍作思考就会想到，胎教本就是人为"父母生"、为"母之子"的最好见证。胎教的前提，是父母与子女血脉、气息相通的一体之亲。善心恶念、气质禀性都由之遗传。康有为也说：

> 盖梦魂知气之与胎，皆为气质传，感正同。故父母之性情，子女多肖之者。……其蓄之甚深，好之成僻者，亦皆由其

父母怀感此心，传种入胎，浸渍使然。盖下种一误，此根遂生，身有生死，魂无变易，展转传染，无有已时。故传种养魂，母仪胎教，实为人道无上无始之义。不于胎妊时拔其根本，及质形既成，乃思矫易，欲有以教之治之，必无当也。❶

儒家传统意义上的人是兼具"父母生"与"天生"的存在。这表明父母生子是人现实存在的基础，但其不可能承担塑造人性的全部任务。道德品性还须人自身的修养，去成全"天生"的意义。如果古代社会有胎教，盖只是怀着希冀的尽人事、听天命。

但大同的"天生主义"，为了保证文明的完美和延续，要将人的道德存在从一出生就变成现实，也就不能接受人在"父母生"的过程中可能遗传不良品质。可见，康有为是带着"天生"的标准，看待"父母生"的过程；要求怀胎生育这一"父母生"的机制，完成"天生"的意义。由此，胎教承担了拔本塞源、修改人性基因的任务。

这也改变了怀胎生育的意义。在有家的时代，生育是家庭的事情，为的是自身和家庭的延续。但在大同的时代，生育是文明事务，为了给文明培养完美的人。这直接反映在孕妇的责任与待遇上。如谓：

> 孕妇为大地众母，为天下传种。❷
> 孕妇代天生人，为公产人，盖众人之母也。❸
> 人为天生，为公养，妇女代天生之，为公孕之，必当尽心

---

❶ 康有为：《大同书》，166—167 页。
❷ 康有为：《大同书》，165 页。"传"人大本作"下"，误，据手稿改。
❸ 康有为：《大同书》，164 页。

以事天，尽力以报公，乃其责任。❶

"代天生人"的说法，典型表现了这是借"父母生"的机制，行"天生"之实。在此意义上，孕妇的身体不属于她们自己，而属于整个文明。生育并接受最好的胎教，就是她们的文明责任，她们也因此而值得最崇高的尊重。康有为说：

> 妇女有胎，则其身已属于公，故公养之。❷
>
> 公众宜为天尊之，为公敬之。故当立崇贵孕妇之礼。凡孕妇皆作为公职之员，故得禄养，贵于齐民。凡入院之孕妇，皆当号为众母，赠以宝星，所在礼貌，皆尊异于众焉。❸
>
> 盖孕妇如当官奉职，皆有职守，入院之后，以养胎为宗旨职业，其有碍此宗旨职业者，皆不可行也。❹

以制度的形式如此尊奉怀孕的女性，自古未有。但这个身份作为"公职"，约束也更严格。为此，人本院的饮食起居无微不至，此不暇述。❺当然，其中最重要的是培养孕妇的品德、性情。康有为给她们配备了师、保、傅，负责引导、监督。

> 每日有女师讲人道之公理，仁爱慈惠之故事，高妙精微之新理，以涵养其仁心，使之厚益加厚，以发扬其智慧，使之明

---

❶ 康有为：《大同书》，163 页。
❷ 康有为：《大同书》，163 页。
❸ 康有为：《大同书》，164 页。
❹ 康有为：《大同书》，168 页。
❺ 康有为：《大同书》，162—163，164—173 页。

益加明。❶

> 当立一女傅教之监之。……一人女傅随之出入，同其起居，以傅其德义，化其气质；令孕妇目不视恶色，耳不听恶声，口不道恶言，鼻不闻恶臭，身不近恶人，心不知恶事。使耳目之所染，心知之所遇，无非高妙、仁慈、广大、和平、安乐之事；其有异形、怪事、恶色、恶声、刑人、恶言，皆戒不得近人本院。其孕妇出入、游观、宴会，前警后跸；凡有异形、怪事、恶色、恶声、刑人、恶言皆走避，无使有丝毫入于孕妇之耳目以感动其魂知，此为胎教第一要义。❷

阅读这些规定会明确感受到，康氏写作中重复、强调的频率陡然增多。前引孕妇的责任、尊崇、公职等内容，本都是为了解释这些规定何以必要。实际上，强调越多越透露出，他并无把握孕妇们会心悦诚服地接受如此严苛细密的规定。

高贵的德性、健康的生活、典雅的情志，显然都意味着清苦与艰难。个体必须高度自律，才能不断克服自然的欲求、舒适的生活、凡俗的情志乃至恶本身的诱惑。在个体内部，这是人性中善的因素对自然因素或恶的因素的自我克制。但放大为文明问题，这种自律就变成了文明制度对人性本身的驯服或改造。人本院的清规戒律将人与恶的、不够高尚的生活隔离❸，展现了大同世中文

---

❶ 康有为：《大同书》，165 页。
❷ 康有为：《大同书》，165—166 页。
❸ 当然，一种追问是，大同世是否还存在恶，需要被隔离？在钱氏整理本中，的确出现过"大同世实无恶声恶事，姑极言之"一语，但不确定为谁所加。至少上引论述中，康有为仍忧心着恶的影响。而且，即便可以想象大同世没有恶的存在，人性中自然欲望的存在遗传，也将影响新"天生"者的品性，使人性难臻完美。康有为：《大同书》，桂林：广西师范大学出版社，2016 年，352 页。

明与自然的紧张关系。

所以,这样的矛盾几乎必然出现:孕妇们厌倦了清苦的生活,想释放自然欲望,自由享受生活的快乐,但这又将危及新"天生"者的品性。在孕妇能否与男性自由交往的问题上,康有为充分意识到了这一困难。他说:

> 有孕之妇入院后,自以高洁寡欲、学道养身为正义,虽许其与诸男子往还,若其交合宜否……应公议加以禁限,以保人元胎本。夫大同之道,虽以乐生为义,然人为天生,为公养,妇女代天生之,为公孕之,必当尽心以事天,尽力以报公,乃其责任。妇女有胎,则其身已属于公,故公养之,不可再纵私乐以负公任也;若纵私乐以负公任,与奉官而旷职受赃同科矣。❶

大同世没有家庭、男女平等独立,给女性的生活带来了两个巨大改变。一方面,男女交往从以婚姻家庭为目的、缔结依附关系,转变为个人的自由选择。女性完全掌控自己的身体,享受自由的快乐,是大同的宗旨之一。但另一方面,生育从家庭事务上升为文明事务,在怀胎十月期间,孕妇的身体又属于公共。大同的存续与臻于完美的人性,同样是大同的宗旨。女性生活的这两种变化,在清苦的胎教规定下,反而放大成公职与私乐的对立,也就构成了大同宗旨的自我矛盾。

可能是担心上面的论述太过无情,康有为特意下了一条很长的按语,着意解释这背后的道理。值得注意的是,《大同书》中只出现过两条按语,它们都集中在人本院处且极长。在某种意义上,

---

❶ 康有为:《大同书》,163 页。

康有为的大同建构一往无前,却为何在这两处连连有所迟疑?我们先看这第一处:

> 按:妇女以生人为大任,故公政府尊崇之、敬养之。既有胎矣,则奉职之时,非行乐之时矣。奉职者在端恪奉公,欣喜欢爱,中正无邪,情欲之感无介于仪容,燕私之情不形于动静,无爱私愁感以乱其中,生子乃能和平中正。若有私交,则有爱私、愁感、缠绵、歌泣、死生、忧患、得失、变乱感动其中,则胎孕感之,必不能和平中正,而亦有爱私、愁感、忧患、得失乱之矣。(中华本增"即大同之时无此诸患,而死生、得失、变乱亦难尽泯,则")其人德必不和,性未尽善,此事所关在人种,即与大同太平有碍,故万不能纵私乐以听之也。故以正义必当断其交合。❶

他担心的是,即便自然欲求算不上恶,但欲求的自由释放也必然会碰撞、牵连出不完美乃至恶的性情,从而危及新"天生"者的品性,故必须从源头杜绝自然欲求的自由释放。归根结底,我们会发现,孕妇是一种复杂的中间角色,两种截然相反的态度混合在大同对待她们的方式里。一方面,文明必须借助她们的身体,使"天生"成真;但另一方面,她们人性中的自然激情、欲望,又都必须被克服。

但问题在于,人是一个整体。当胎教制度不给人性的自然留有自由空间,孕妇们可能就不愿生育,不愿向这个文明出借自己的身体。康有为继续说:

---

❶ 康有为:《大同书》,163 页。

然十月绝欲,人道所难,转恐因此无欢,纷纷堕胎,反为大害;或稍徇其乐欲,许以他物代之;必不得已,则于怀胎可交合月内,不许易夫,以专笃其心志而不乱杂其情思。……盖万法有弊,斯亦不得已之道也乎!❶

"万法有弊"的感叹,勾起了我们的回忆。在《大同书》开篇,他还批评诸教皆有弊,"无弊"是彼时他对大同文明的期许,但至此似乎亦难成真。不论堕胎,还是根本不愿怀胎,都使胎教无从谈起。为此,康氏不得不向人性自然略作退让,允许稍许的享乐。但这也意味着,胎教的力量不可能彻底至极,塑造完美均齐的人性不可能实现。尽管他没有明确承认,但这件事显然最终困在僵局中,进退维谷。

综览前述我们看到,人本院的初衷之一是全面重塑人性,来为大同文明奠基。但从外在环境到内在约束,康有为尝试了各种方法,却最终都反向表明了人性的不可移易。事实上,将怀胎孕育阶段视作人性产生的空间,是康有为尝试的起点。但这些努力从一开始就是没有办法的办法,也是注定走不通的另辟蹊径。他深知人性的根源在现世之外,但想发动文明、政教的力量影响人性,又必须为之找到一个着力点。怀胎之时是最有可能提供空白的人性画布,是最接近实现"天生"的空间。但他或许没想到,本用以替代"父母生"与家庭的人本院,实际上仍不得不隐隐借助"父母生"的机制,继而深刻传递着人性。这让一系列尝试影响人性的努力,都显得无力甚至天真。

所以归根结底,这是"天生"与"父母生"在人性问题上的

---

❶ 康有为:《大同书》,163—164 页。

张力。"人为天生"理论的出发点,是对人作为道德存在的隐喻和期许。人为"父母生",既是人存在的经验现实,又是现实世界德性不齐的重要原因。只要人是父母所生,或者说,只要是现实中的人,就必然活在特殊的风土、聚落、历史传统中,形貌性情就有必然分别;自然欲求,以及追求乐利乃至作恶的能力,便也随之而来。但"天生主义"的大同世界,要求每个人都成为高尚得完美无瑕的道德存在,这就须克制人为"父母生"的维度。但胎教设想的进退两难证明了,人性的自然根基无法被拔除或斩断。

三 生育:大同的头等困难

其实,伴随前述内容的展开,康有为越来越清楚地认识到,实现"天生"的困难不只在人性层面。人本院要想替代家庭,实现"代天生人"的职能,本身也极为艰难。最开始冲击他"天生主义"信念的,还是女性的怀胎之苦。上节曾谈到,清苦的胎教会使女性放弃生育。是时他已敏锐觉察到,即便排除胎教的规定,生育本身就是女性特有的苦难。他说:

> 既无将来有子尊养之望,而有怀胎生子之苦,又须节欲谢交,乃一极苦难之事。❶

在历叙胎教的所有细节之后,康有为依旧放心不下生育之苦的影响,紧接着下了第二条更长的按语。首先他说:

---

❶ 康有为:《大同书》,164 页。

> 怀胎之事既人所不便，生子之苦尤人所难堪，禁欲节交，固非人心之所愿；离乡入院，亦非人情之所乐。既生之后，乳养之时，必须节欲戒行之苦；保抱携持，则有失眠湿坐之苦，种种为累，男子所难。❶

大同世女性怀胎前后的两种生活，如果以男性为参照，就更显矛盾。一方面，康有为正是秉着男女同为"天生"的原则，让女性解放为独立、自由的个体，使其能和男性平等地做任何事。另一方面，大同取消家庭后，生育上升为文明事务，需要女性贡献她们的身体，男性却基本无与于是。简言之，"人为天生"面前不分男女，但在生育的责任与苦痛面前，男女仍不"平等"。"去苦求乐"是大同的总旨。在个人的苦乐天平上，一端是自由地享受与男性平等的快乐，另一端是与男性结合却不能收获更多的幸福，反而要独自承受生育之苦，并付出自由、时间和机会等代价。女性又何以有生育的动力？

事实上，现代世界已上演了这一幕，由之很容易推想未来的大同。康有为说：

> 今欧美自由之风渐昌，平等之义渐出，女权日达，女学日明，美国且有为官吏学士者。……又女之能学问、能为官者，足以自立于世，不待其子之养，不待其子之荣，而保抱携持之苦，实于为学有大损，故为学之女尤不愿有子，以自累其身体、自损其学问。……故闻法国妇女多事堕胎……则以妇女多智，皆乐自由，不愿生子故也。……夫以方今法女之知识，自

---

❶ 康有为：《大同书》，168页。

由之风俗,其与千数百年大同之世不及岂止千万计。然而今之法女已不愿生子矣,何况大同之世,男女平权,男女齐等,同事学问,同充师长,同得名誉,同任事权。彼男子则逍遥自由,纵欲极乐,无所累,无所苦矣,彼女子之学识、名业、仕宦皆同,岂肯甘受怀胎之累、生子之苦、节欲禁行之艰、保抱携持之难哉?❶

传统的婚姻关系,以缔结一种分工合作、相互成全的共同生活为宗旨。男女拥有不同但天然联结的人类品性与能力,则是这一宗旨的认知基础。而生育是"男女有别"最根深蒂固的标志,由之延伸开来的一系列家庭事务,都需要发挥女性独有的德性与能力,因此也将她们限制在了家庭空间中。

现代世界的人性基础是无分男女的"人"。以个体为单位构造起的现代生活,其商业体系、社会分工、公共制度,特别是辅以科技、生产力、物质文明的飞速发展,编织起了一张能承托起个体生活与命运的大网,为人的独立生活提供了基础和空间。无论男女,过一种只作为"人"的独立生活,已能自得其乐。所以在现代世界,共同生活的意义被极大地压缩了。

与此同时,在独立个体凸显的时代,个体自身的苦乐感受,成为价值天平的唯一砝码。现代世界自不必说。《大同书》开篇言"去苦求乐",旨在将"人"本身从种种伦理、秩序与命运中解脱出来,使个体的自然欲乐得到充分的释放和满足。所以,当女性意识到,和男性结合无法获得更多幸福,反而会因生育独自承受苦痛与代价时,她们的选择是显而易见的。

---

❶ 康有为:《大同书》,168—169页。

若向更深一步挖掘，生育的复杂性在于，男女之间的夫妇关系不是它唯一的驱动力，更深层的动力来自父（母）子关系。在古典的伦理结构中，夫妇关系与父子关系紧密嵌合在一起。"夫妇正则父子亲"的箴言表明，贞定夫妇（男女）之别，是为了固结父子之亲。所以，当大同世的生育问题，在表面上呈现为夫妇关系与男女平等的问题时，便意味着父子之伦的根基业已缺失。康有为也看到了，现代世界以至大同世，父子之恩亲的淡漠乃至消解，是人们不愿生育的另一重要原因。他说：

> 以自由之故，女嫁既不事舅姑，而子娶必各树门户。子既不得事父母，不养父母，欧美人又无坟墓之扫除、庙祠之祭祀，则所以望于子者甚薄而无所待。计自十岁出就外傅之后，多远游学于都会，至冠乃还，则又娶妇别居矣，则所以抚于子者甚疏而无所亲。子之于母既薄且疏，徒以国律所定，父母有养子之责任，故勉强抚养之；然苟无国律，则弃之者必众矣。……夫凡人之茹苦冒难者，必计其利息而后为之。夫以无待无亲之物而有大累大损之事，而重以怀胎生子之苦，节育禁行之难，保抱携持之艰，谁愿为之？❶

儒家用"恩"这一非常贴切的说法，来形容联结父子关系的纽带。父母给予子女生命与自幼及长的养育教导，是施恩的过程；子女一生孝顺、赡养父母，是报恩的过程。恩的"施"与"报"，二者应紧密地嵌合与呼应，才能笃父子之亲，固结起一个家的共同体。儒家特意提倡孝，又是洞见到孝作为"报恩"的过

---

❶ 康有为：《大同书》，169页。

程，需要更多一分的道德努力。

但现代世界凸显了个体的"人"，也就剥落了人的伦理角色，淡化了父子之恩亲的意义。当父母与子都作为独立自由的个体存在，就施恩而言，则父母"所以望于子者甚薄而无所待""所以抚于子者甚疏而无所亲"；就报恩而言，则"子娶必各树门户，子不得事父母，不养父母"。这两重环节都缺失、落空了。再加上生育的苦痛，不愿生子是现代世界家的纽带变得脆弱松散之后的必然。

回到上文所说，在大同世，生育之事全系于女性，而男性不与于是。实际上，这不仅是因为男性不能怀胎，更因为男性本身也没有生育的意愿。相较于传统社会，生育与否不是男性或女性单方面的事情，是家庭意志的表达。生育是在维系父子之伦的目的之下，由父精母血相合而成。大同世生育动力的匮乏，虽集中表现在女性身上，其背后是"天生"视野下无男女之别的问题，但真正的根源在于家庭、父子关系、"父母生"的消解。

吊诡的是，以"天生"替代"父母生"，不正是人本院的初衷？这一大同世公共制度的基石，是实现"去家"任务的第一步，却已踏入了自身设下的困境中。康有为也曾设计出两种补救措施，但效用几何依旧成疑。一是禁止堕胎，前文提到的第一条按语，已暗暗浮现这一困难。至第二条按语处，康有为更深刻地看到，当时法国女性多事堕胎已为前兆，至大同世将成为更普遍的现象。他说：

> 夫以方今法女之智识，自由之风俗，其与千数百年大同之世不及岂止千万计。然而今之法女已不愿生子矣，何况大同之世……故女权平等、自由大行之后，妇女惟争事堕胎而已，于欢欲无损，于苦累不受，有超脱自由之乐而无生产保抱之艰，

必不肯为十月之劳、任胎妊之重矣。❶

为此,他规定:

> 为全地人种之故而思保全之,则禁堕胎乃第一要义,当以为无上第一大禁,视之与杀生长之人尤加重焉。……今大同之世,人皆性善,刑措不用,当废杀刑,然堕胎之禁,应以为刑律第一重律。❷

《大同书》稿本卷七,也即后来"去乱界治太平"的部分,全面勾勒了大同的社会治理体系。其末尾也谈到"太平之世不立刑律",唯"立法四章而已","禁隳胎"居其一❸,正与此相呼应。

中西的传统律法不乏惩治堕人胎的条目,却少有明禁女子自隳其胎的条目。因为在古代社会,生育是人最自然的生存选择。父子相续而成的家庭,是生活与命运最自然的保障。女性出于自愿的堕胎,作为一种普遍的社会现象,无疑是一个现代事件。这一事件由诸多因素共同促成:"人"从家庭中脱离出来,成为掌控自我身体的个人;女性获得了与男性平等的地位;现代社会分担了生、老、病、死这类原本由家庭承担的事务。

这些因素无一不在大同世发展得更为极致。堕胎的严峻性由此从个体的行为,上升为近乎必然的文明现象,将引发社会危机。因此,在一个没有犯罪、无须刑罚的大同世,禁止堕胎却赫然写在刑法的首页。这景象在令人哑然的同时,亦是福祸难辨。除与

---

❶ 康有为:《大同书》,169—170 页。
❷ 康有为:《大同书》,171—172 页。
❸ 康有为:《大同书》,313—316 页。

现代世界一样，将胎儿视作"人"本身来对待以外，其背后的立法理由主要是，对人本院的意义乃至整个大同文明的存续而言，堕胎是釜底抽薪的威胁。

康有为想过用严禁堕胎来防止之，他说："悬为重禁，庶几怀胎生子之苦小，而监禁不齿之苦大，两相比较，虽无将来之望而深怀刑耻之恐，则隳胎之患庶几可息，而人种之传庶望不绝矣。"❶ 就算这一制度补丁有用，但我们不应忘了，这一困境本是大同秉着"人道乐生""天下为公"的宗旨，一步步去男女之别、去家而自陷其中的。如以一种更大的苦痛做筹码，要求女性接受生育之苦，无疑又背离了大同的文明初衷。况且，法禁已然之后，这一弥缝办法只能堵住漏洞，更大的困难在于如何让人们愿意去怀胎。

二是享尊荣。康有为期待，人本院的尊荣和为文明献身的精神，能成为女性生育的动力。他说：

> 孕妇代天生人，为公产人，盖众人之母也。……公众宜为天尊之，为公敬之。故当立崇贵孕妇之礼，凡孕妇皆作为公职之员，故得禄养，贵于齐民。凡入院之孕妇，皆当号为众母，赠以宝星，所在礼貌，皆尊异于众焉。盖大同之世无他尊，惟为师、为长与为母耳，而师长无苦而母有苦，故尤宜尊崇其位，在大师大长之下而在寻常众师众长之上。……既有隳胎之严禁，又有产子之荣章，两者相辅，庶几人乐有子而人类得繁乎？❷

---

❶ 康有为：《大同书》，172 页。
❷ 康有为：《大同书》，164 页。

没有尊卑等差的大同，只用荣誉来奖赏人的德性与文明贡献，获得"宝星"者都被称作"仁人"❶。孕妇的文明贡献就是"代天生人"，这里的"天"实际上就是整个大同文明，她们愿意将身体交付给文明，成为实现"天生"的介质。她们的品德是如此高尚，愿意放弃自由和享乐，忍受怀胎之苦。由此，康有为似乎为大同世找到了新的生育动力：为大同文明的存续而生育。这动力源于那种为了文明使命与德性荣誉而克制自身的高尚品质。

在有家的小康世，生育是男女之情的结晶，是父子相续的必要，这些都是人的自然。反观大同，当生育变成珍贵的文明贡献，需要如此高尚的品德时，就意味着它是那么的不自然。即使出于朴素的生活经验，我们也知道，自然的情性更常见，而高尚的品德更珍稀。若放在文明的立法中看，顺遂人性的自然根基，文明可以保持自我生长；而脱离人性的自然根基，文明就可能陷入危机。

是故，虽然上面引文称"庶几人乐有子而人类得繁乎"，透露出些许乐观的希冀，但实际上，康有为也并无十足的把握：在高尚无私与生育之苦的权衡间，有多少女性愿意贡献出自己的身体？否则，他也不会忧心忡忡地说出：

> 故太平之世，男女平权后，怀胎产子，实为人种存亡继绝之第一大事，不可不极思良法以保卫之、禁制之也。❷

生育这一小康世无须操心的事情，在大同世却变成了整个文

---

❶ 康有为：《大同书》，305 页。
❷ 康有为：《大同书》，171 页。

明的头等大事。这是因为从人本院的初步构想,到发觉问题的严峻性,进而打上"禁堕胎""享尊荣"两个制度补丁,康有为一直没有找到替代家庭的生育功能的稳妥办法。所以,在脱离"家"的自然根基之后,生育问题是大同的头等困难。

由此,康有为预见到,低生育率必将导致人口衰减,直接危及大同文明的存亡。甚至就在三世进化的途中,"低生育率陷阱"必然先于大同的到来。康氏坦诚地描绘出了那时的景象:

> 若果如此,则未至大同之世,人种已绝,普地球又复为大草大木、鸟兽狂猿之世,繁盛之都邑,壮丽之宫室,精妙之什器,皆废圮芜没、毁坏断烂,虽欲望野蛮之世亦不可得矣。……即使人种不绝,而生人日少,则执业任事者不足,为学穷理者更寡。势必政事隳坏,学术断绝,机器缺乏,宫室败而不修,图书焚而不续。夫政事隳,学术断,书器坏,则人类复归于愚。一物不修,则众物牵连而不可行,如机器然,总机坏则群机不行,群机不行,久则生锈而不可用矣。至是则道路不通,不可越山海,则复分为部落之小国以相争战。人类无学,不能通古术,则复化为野蛮之风俗以受苦毒。❶

人的存在是文明延续的前提。历史上,由疾病、战乱、灾难等外在因素导致人口衰减,继而文明灭绝的现象层出不穷。与之相比,大同的人口衰减却是自行招致的危险。并且,越多作为"人"本身而存在的卓越个体,投身于文明事业中,越能推动文明的进步。但反过来说,文明程度越高,知识、生产与社会的分工

---

❶ 康有为:《大同书》,170—171页。

体系越精密,就会越发依赖德性卓越之"人"的持续贡献,因而不能承受生育匮乏、人口滑坡的危险。

现代社会实现"进化"的机制,正是不断将"人"从自然性的生活中剥离出来。它表面上允诺了独立自由的个体生活,而最终的最大受益者是文明本身。大同所谓"人人直隶于天",实质上就是人人直面文明本身。它批判家为"私"时所要求的"天下为公",是人人博爱无私地将身心倾注给大同,因此势必消解家庭这一横亘在人与文明之间的自然。

大同剔除"父母生"的自然根基后,生育动力的匮乏成为其致命缺陷。如康有为所比喻的,大同是庞大而精密的文明机器,充沛的人口是支撑机器运转的枢纽。但大同自身又无法提供这种坚实的支撑,所以无论这台机器是如何的精巧绝伦,它都必然分崩离析。三世进化之路由此陷入了一种悖谬的困境:人类文明耗费数千年的漫长努力,历据乱、升平而来;越接近大同,却越容易瞬间退化回野蛮。三世进化的目标固然是追求最完美的文明形态,但若终点处的文明不能存续、必然崩坏,进化又有何意义?

我们还记得,《大同书》稿本卷三开篇的基调,是肯定父子之道对人类繁孳的根本意义。其论述还推展至"不爱不私则人类绝,极爱极私则人类昌"的预言。❶ 大同的脆弱性在此应验了这一预言,也让康有为重新回忆起据乱小康世的好处,认识到家庭与父子、夫妇之伦不可分离。他说:

> 故乱古俗抑女而不平等,固出于强凌弱之余风;重子而待其尊养,固出于亲所生之顺势。然各国据乱之制皆因之,义虽

---

❶ 康有为:《大同书》,139 页。

不公不乐，然实人类所由繁孳，以胜于禽兽而立于大地之故；亦文明所由兴起，以胜于野蛮而成为大国之故，乃进化必经之道而不可已者也。❶

尽管还带着大同式的视角和语气，但康有为不得不坦诚表示：无论是建立之初还是进化之后，夫妇、父子之伦都是人的自然，家庭也是文明的必要基础。由此看来，古今文明"未有能离乎父子之道"的真正原因，不是以往所谓据乱小康法的"历史局限""野蛮遗存"，而是人性的自然而然。

那么，"天生主义"的大同和追求至极的历史进化，是否还可欲？康有为产生了全书唯一的一次犹疑与退缩。他说：

> 乃知人道全在得中，凡义不能至极……道无一致，体无一面。故立法者难矣哉！扶东则西倒，法立则弊生。……凡圣者立制，皆顺势以因之，因病而补之而已。夫以同为天生之人，形体聪明之用皆同，而乃尊男抑女，至为不公，至为不平。而岂知尊男抑女之事效，人类赖以孳繁，国土赖以文明；男女平权之事效，人种因以灭绝，地球因以芜没哉！❷

这里经历左支右绌后的低沉慨叹，与《大同书》开篇的志气昂扬，形成了鲜明的对比。在彼处，他批评大地诸教受历史的局限而治术未精，不能根除文明之苦。但此处，在"父母生"则人类孳繁，"天生"则人类灭绝的两难面前，他同样感受到了"凡圣

---

❶ 康有为：《大同书》，170 页。
❷ 康有为：《大同书》，170—171 页。

人立制,皆顺势以因之,因病而补之""法立则弊生"的不得已。

一直以来,三世说和《大同书》都执着地追随着"天生"的脚步向上进化。但在人本院这一最具"天生"色彩的制度下,康有为重新肯认了"父母生"的不可替代,承认了"凡义不能极""道无一致,体无一面"。这意味着,没有绝对完美的文明,也不存在朝向单一价值维度的线性进化,大同世只能是遥不可及的理想。

这种时候,我们不得不感佩康有为的敏锐和坦诚。他自己揭示出大同世的这一内在困境,恐怕是《大同书》秘不示人的重要原因。不过,这一转折也不构成对三世说和《大同书》的全盘否定。它更像是思想上升至极点后,自我返回与自我调适的开端。是故,人本院注定失败的困局,未尝不是重审康氏过往思想历程的契机。所以我们看到,在《大同书》完成后,他对三世说的态度和理解,有很大的转变。这一系列转变的思想理路,都可上溯到人本院困境所暴露的文明与自然的张力。因此,我们有必要抓住这一点,再对三世说做深入的反思。

小结　从"天生主义"之梦返回

我们先简要回顾一下,康有为至《大同书》完成时的思想历程。在近代文明变局的压力下,怀着追寻最完美文明的初衷,康有为发现:"人为天生"是儒家传统理解文明生活的独特维度,提供了许多珍贵、美好的文明价值。在认准"天生"的方向之外,他的思想风格追求极致的透彻见底,具备"主义化"的特征。所谓"主义化",类似于理想类型式的方法,是以某种价值为中心重构一整套文明形态。正是禀着"天生主义"的利剑，逐次破除各种人性自然的差异，及其相应的价值与德性，大同世界才得以建构并丰满起来。

由此，大同与现实世界、历史传统构成了全面的对照。这一方面很容易让人相信，大同是未来的文明阶段；另一方面，在大同的映照下，现实以及过往的文明，都被贬低为野蛮遗存与历史局限。故这一时期的表述中，太平大同与据乱小康就是文明与野蛮、价值与历史的落差。三世说表现为一种线性的历史进化理论，而且进化的必要性和紧迫感极强。在这样的氛围中，人性自然对文明立法的意义，就被忽视和遮蔽了。

人本院的两重任务，既是"天生主义"的极致发挥，又关系着大同的存续，但都受到了人性自然的"反抗"。第一，胎教构想着眼于人性。大同意欲塑造完美、同一的性情，就将消除人性的种种不齐。古典相信"物之不齐，物之情也"，人性的差异是父母祖宗之遗传、乡土风物之浸染、历史传统所递嬗。这些因素都可归结至人为"父母生"的维度。自人被父母生下来的那一刻起，便踏进了父母所处的历史世界，而历史世界的幕后推手是自然。从苛刻的选址到清苦的胎教，人本院无不在克制人性的自然差异。然而，依据"人性地理学"的迁地之法，已是魔幻和荒诞。清苦胎教的自我悖反又在于，一方面须借助孕妇的身体这一"父母生"的介质，另一方面却要克制"父母生"带来的自然差异。这就使得克制的力量无法彻底，否则女性将不愿充当"天生"的介质。

第二，生育关系着人的现实存在。人本院的初衷就是取代家庭的职能，将"人为天生"变成现实。大同取消家庭，既是为了使人人仁爱无私，更是为了使人人直隶于文明本身。但经过胎教之苦的启示，康有为越来越深刻地认识到，"天生"消弭了夫妇、父子之伦后,缺失了生育动力的文明将脆弱不堪,因此"天生"代替"父母生"的努力必然失败。

总而言之,人本院的困局已显示出:尽数斩断人性自然根基的大同世界,虽然极尽完美、高尚,但只能是一座空中楼阁。归根结底,这是"人为天生"维度一味"主义化"扩张所造成的。回顾古典"三合而生"的理论起点,"天生"与"父母生"是两种相对但又必须相成的人类存在维度。"人为天生"的本意,是对人作为"人"本身和作为道德存在的期许,它固然提供了许多美好的价值、德性,但其限度应停留在有条件的道德要求之内,不应扩展为普遍的道德要求或文明宗旨,因为人还有"父母生"的一面。这一面代表着人的现实存在,指向现实生活中人种种自然的欲求、缺陷及差异。当"主义"式的风格突破了"天生"自身的限度,文明的力量一再压缩自然的空间,那么结局终将是无功而返,或自食苦果。

朝向大同的上升之路,好比是一场追寻理想文明的幻梦。梦境中当然能汪洋恣肆地幻想,但在人本院这样一个理想与现实的接口,幻梦的泡沫就被刺破了。由此,前述的一系列思想努力都面临重新调整,方法就是从"天生主义"的大同之梦返回、下降,重新肯定自然的意义。我们着意关注的这两条按语便是其标志。在《大同书》完成之时及之后的著作与政论中,康有为一改追求进化的乐观情绪,提出了许多新的说法和理论框架。这些都是三世说理论调整的进一步展开,从中我们可以很明显地发现前后的内在关联。

在前述按语中,他重新肯定了自然的不可脱离、不可消除。这意味着,"父母生"与"天生"之间的关系,不再是野蛮(历史)与文明的落差,而是各占优长的不同价值。"天生"代表的价值与德性，固然更为珍贵美好；但"父母生"代表的自然，同样是必要的价值与厚重的德性。基于后者展开的小康法与大同法，首先须各适其所。日后康有为提出"夏裘冬葛"、病与药等比喻，强调小康大同错行代明、并行不悖，都是由此延伸开来的。

另外，按语所云"乃知人道全在得中，凡义不能极"，标志着康有为从"主义化"所具有的紧张中松弛了下来。对"得中"之义的体认，表明他认识到，理想文明是"天生"与"父母生"的平衡与综合，是在自然的根基之上成全的更高的文明。日后，康有为提出"三世三重"之说，使三世说成为更灵活、复杂的政治哲学框架，意在缓释、消解原来的历史进化色彩。而且，面对当时共和、革命的乱局，他在政论中强调文明进化"道难躐等"，在理论上突出孔子法"时中"的特征，这些都是从前述按语开启的回响。

由此看来，康有为三世说的展开，以《大同书》为主轴，但并不以之为完结。因为从大同之梦返回的路途，同样不可或缺。有鉴于上升之路的各种困难，重新下降是思想家敏锐而严肃的自我反思、自我调适。沿途获得的思想果实，再度丰富了三世说的力量、弹性与深度。后面两章，我们会进一步突出三世说的困难，再讲述他如何展开理论调整。

第 2 章

道阻且长:通往大同之路

一 《大同书》的"实践"意图

作为近代中国第一个对未来世界的畅想,《大同书》常被人们称为乌托邦。但乌托邦的含义在滥用中变得空泛,《大同书》的性质并未通过这一定位得到更好的澄清。严格来说,乌托邦是个现代产物,这一类思想景观以托马斯·莫尔的作品为开端。它与古代理想城邦的不同,表现在许多方面。例如,旨在建立完美的新秩序,相信理性规划的力量,相信科学技术的积累进步,以及抱有对人类未来的希望。对于乌托邦的作用,人们存在分歧。一方将它限制在思想层面,作为批判现实、启迪政治想象的参照;另一方则将它视作社会变革的模板。[1] 不过,二者算不上质的区别,只是尺度的不同。因为乌托邦的心理基础是对一个不同于现世的未来世界的期许,这正内在潜藏着奔赴未来的激情。将乌托邦限制在思想之内,还是释放它实践的力量,取决于思想者心目中的未来世界离我们有多远。距离越近,路线图越须清晰;距离越远,路线图则会疏略一些,甚至留下空白。

---

[1] 鲁思·列维塔斯著,李广益、范轶伦译:《乌托邦之概念》,北京:中国政法大学出版社,2018 年,1—52 页。

由此来看，康有为的《大同书》不仅符合现代乌托邦的特质，甚至有着远较西方乌托邦作品更强烈的"实践"意图。西方的乌托邦作品基本是文学描绘，只有画面而无道路。作者通过构造梦境穿越、奇异旅行等偶然事件，将乌托邦和现世隔绝开来，实际上搁置了变革的路线方案问题。然而，《大同书》本身就是三世说这条变革之路的终点。它身上也凝练体现了三世进化的根本特质。

例如，《大同书》的起点就是小康世，卷一历叙小康诸苦是其表现。这决定了全书首先围绕着如何从小康世中建立起大同而展开，随后才是详细描绘大同的生活图景。它的实践方式，便是破去小康诸界。身（尊卑、贫富、人种、男女）、家、国诸界渐次破除的过程，就连成了一条通往大同之路。我们看到，《不忍》杂志刊出的甲部，在末尾特意提炼出"去九界"的说法，更能表现《大同书》作为一本进化路线图的性质。除了路线图的规划，时间标尺也反映出大同的可欲程度。《大同书》虽然没有明确的时间进度表，但论述间总会不经意透露出一些估算数字。这些时而清晰、时而模糊的数字，总体表达了康有为的乐观预期。综合看来，他在构建大同世界的过程中，也满怀着奔赴大同的热情。

不过，这条通往大同之路是否切实可行呢？康有为始终秘藏《大同书》的做法，提示我们还须观察他此后的态度、路线与预期。已有研究觉察到康氏态度的转变，但对他具体的理论、学说调整，分析还不深入。事实上，在《大同书》自身和之外，都有相当明显的理论变化。本章着意讨论两处，分别对应上述路线与时间标尺两个角度。

一是《大同书》卷次结构的变化。康有为在《不忍》连载时提出"去九界"的顺序，和稿本原来的结构相比，发生了很大的变化。如果说《大同书》是一幅进化路线图，那么稿本与《不忍》

先导的刊本在结构卷次上的变化，就是进化道路的调整，甚至游移。诸界之间的何种关系使他不得不重新规划路线？调整能否成功？这都是我们要详细探究的问题。

二是三世三重说的提出。在写作《大同书》同时和之后的一批经学著作中，这一说法集中出现，大旨认为三世中还可各细分出三世，重叠为九世、八十一世，以至无穷。这一使三世说更趋复杂的理论调整，与《大同书》的完成有怎样的关系？换言之，《大同书》在八十一世中的哪一世？通过这两类考察，我们将能体会到康有为的感受——通往大同的路途，道阻且长。

二　游移的路线图

1. 稿本与刊本：两条通往大同之路

我们先介绍一下《大同书》的创作、刊布过程。与今日的成书观念不同，以完成今所见《大同书》为目标，康有为的思考和写作有一个近二十年的过程（1884—1902年）。如果将刊布时的调整包括在内，至少还要向后推至《不忍》杂志连载时期（1913年）。1884年的起点是康有为自己反复标明的，可视作大同建构的思想开端。❶至万木草堂时期，他的大同思想已初步成形，并属

---

❶ "既以法越之役，粤城戒严，还乡居澹如楼。……秋冬独居一楼，万缘澄绝，俯读仰思，至十二月，所悟日深。……以勇礼义智仁五运论世宙，以三统论诸圣，以三世推将来，而务以仁为主，故奉天合地，以合国合种合教一统地球。又推一统之后人类言语文字饮食衣服宫室之变制，男女平等之法，人民通同公之法，务致诸生于极乐世界。及五百年后如何，千年后如何，世界如何，人魂人体迁变如何……"康有为：《康南海自编年谱》，12页。《大同书》的开场极具画面感，从宏大的时空视野，逐渐聚焦到大同思想的开端时刻。其谓："已而强国有法者吞据安南……康子避兵，归于其乡。延香老屋，吾祖是传，隔塘有七桧园，楼曰澹如，俯临三塘。（转下页）

草为《大同学》《大同学说》之类的作品。❶ 这些书是否就是《大同书》的部分草稿,实难确证;但我们不妨视其为康氏为《大同书》全本所做的一些准备。

对于《大同书》的成稿时间,前人有过争论。有一则材料值得重视,有助于我们解决争议。1901年12月,梁启超在《清议报》上刊载了《南海康先生传》,其中一节用很长的篇幅介绍康有为的大同建构,《大同书》的主体内容已有基本反映,尤其是大同世详尽的公共治理体系,若合符节。但他又表示:"先生现未有成书,而吾自十年前受其口说。……久不复记忆,故遗忘十而八九,此固不足以尽先生之理想。"❷ 这固然说明《大同书》当时还在构造过程中,但也表明了自万木草堂时期以来,大同思想的主体建构已相当丰满详实。

至于集中写作的时段,应该是在1901年至1902年旅居印度期间,康有为完成了《大同书》的手稿八卷。❸ 也许可以这样说,

(接上页)吾朝夕拥书于是,俯读仰思,澄神离形。"见康有为:《大同书》,2页,"桧园"原作"松园",据手稿改。至1919年长兴书局本,康有为在卷首题词也称:"吾年二十七岁,当光绪甲申,法兵震羊城,吾避兵居西樵山北银塘乡之七桧园澹如楼,感国难,哀民生,著《大同书》。"见康有为:《大同书》,桂林:广西师范大学出版社,2016年,28—29页。

❶ "余年十九,南海先生始讲学于广东省城长兴里之万木草堂。……先生时方著《公理通》《大同学》等书。"梁启超:《三十自述》,载《饮冰室文集之四》(《饮冰室合集》),991页。又:"先生乃著《春秋三世义》《大同学说》等书,以发明孔子之真意。"见梁启超:《康有为传》,《康南海自编年谱》,249页。"有为虽著此书,然秘不以示人,亦从不以此义教学者。……其弟子最初得读此书者,惟陈千秋、梁启超,读则大乐,锐意欲宣传其一部分。有为弗善也,而亦不能禁其所为,后此万木草堂学徒多言大同矣。"见梁启超:《清代学术概论》,82页。

❷ 梁启超:《康有为传》,《康南海自编年谱》,253—264页。

❸ 参汤志钧:《论〈大同书〉的成书年代》《〈大同书〉手稿及其成书年代》,载氏著《康有为与戊戌变法》,北京:中华书局,1984年,108—133页。汤志钧:《再论〈大同书〉的成书年代及其评价》,载氏著《经与史:康有为与章太炎》,北京:中华书局,2018年,413—425页。

稿本的完成标志着《大同书》的主要思想第一次落实为稳定的著作形态。但这些思想是自1884年以后持续丰满、充实起来的。

1913年初，康有为创办了《不忍》杂志，于其上连载了《大同书》的甲乙部。在甲部"入世界观众苦"的末尾，他第一次提出"九界"是诸苦的根源，而"救苦之道，即在破除九界而已"。❶由此形成了《大同书》的刊本结构，甲部"入世界观众苦"，加上破去"九界"各成一部，是为刊本十部。而且，在《不忍》上只连载甲部和乙部"去国界合大地"，是康有为审慎考虑过后的结果。是故，至1919年长兴书局首次结集刊印《大同书》，也只有甲乙两部内容。康有为在题词中说："此书有甲、乙、丙、丁、戊、己、庚、辛、壬、癸十部，今先印甲乙二部……余则尚有待也。"❷在写作时一往无前的康有为，在刊布《大同书》时却如此谨慎克制。甲乙两部的刊布与其余诸部的秘藏，其间差异值得深究。

及至康有为身后，弟子钱定安依十部之序，重排稿本内容，并添加了小标题，交由中华书局出版。这是十部的刊本形态首次面世，此后流传甚广。世人皆以十部本为《大同书》的唯一形态，而不知稿本的存在。稿本亦散落南北，幸近来分别在上海博物馆和天津图书馆发现，又能合成全帙，稿本八卷才重光于世。

总而言之，《大同书》存在着两种版本，一是稿本八卷，二是由《不忍》本导其先、钱氏成其实的刊本十部。康有为对刊印的格外克制提示我们，二者不只是草稿与成书的简单关系，还意味着两种形态——前者是思想创作，后者要面对现实。对照二者的

---

❶ 康有为：《〈不忍〉杂志汇编》，397—398页。
❷ 康有为：《大同书》，桂林：广西师范大学出版社，2016年，30—31页。

卷次结构,在通往大同之路的意义上,甚至可说这是两本《大同书》。

先须澄清,因稿本每卷并无大题,故下表在卷次后以括号标出刊本的对应标题,以便对照:

稿本八卷	刊本十部
卷一(入世界观众苦)	甲部 入世界观众苦
卷二(去级界平民族、去种界同人类、去类界爱众生、另起"大同书第二论女"即去形界保独立)	乙部 去国界合大地
卷三(去家界为天民)	丙部 去级界平民族
(卷四 替代家庭的公共制度)	丁部 去种界同人类
卷五(去国界合大地)	戊部 去形界保独立
卷六(去产界公生业)	己部 去家界为天民
卷七(去乱界治太平)	庚部 去产界公生业
卷八(去苦界至极乐)	辛部 去乱界治太平
	壬部 去类界爱众生
	癸部 去苦界至极乐

从稿本到刊本,有拆分有合并,有上升有下降,变动不可谓不大。首先,卷二拆分出四个部分,"去级界""去种界""去形界"的顺序不变,中间"去类界"的内容下降至倒数第二部。再者,卷三卷四一破一立,稿本虽未标明卷四,但不掩其实❶,至刊本则合并为己部"去家界为天民"。最后,也是最突出的变化,卷五"去国界"从"去家界"之后的位置,一跃上升至乙部;也即通往大同的第一个关口。

这一系列夹在写作与刊布之间的变化意味着什么?需要我们

---

❶ 根据康氏家族藏抄本和钱氏整理本的对勘,可以确定卷四的存在,见本书中部第二章第二节。

到诸部的内在关联中去探究。我们看到,变动的主体是稿本卷二至卷五、刊本乙部至己部,即"去级界""去种界""去形界""去家界""去国界"的关系问题。而"入世界观众苦"部分的一个小细节,能帮助我们进一步聚焦问题的核心。

甲部(卷一)是诉小康世诸苦,随后诸部是去界除苦以至大同,它们构成了紧密的呼应关系。前文我们讨论去界之前,总会先观察该界产生了何种忧患苦弊。不过,刊本甲部列出了诸苦的分类细目表(详见本书中部第一章)。这提示了,妇女、有国者、有家者这三种苦,在甲部没有足够的讨论空间,须别为一篇展开。他们分别对应"去形界""去家界""去国界"三部分,并且都在对应部分的开头诉其苦,占据了相当一部分的篇幅。

这三种不与诸苦并列而须单篇另叙的苦,反映出形界、家界、国界的重要意义。作为人类生活中更根深蒂固的存在领域,它们比级界、种界、产界等影响更大,是康有为大同建构着意突破的环节。回顾稿本与刊本的结构差异,变动的核心地带正是"去形界"析出,"去家界"合并三、四卷,"去国界"大幅跃升。"去级界""种界"的位置只是连带变动。也就是说,三者所处的位置及相互关系,决定了《大同书》的整体面貌,最根本的是决定了两种通往大同的路线图。

前文已述,"去形界"是"去家界"的准备。那么,我们就可以进一步聚焦于:在通往大同的方案中,"去家"与"去国"谁先?稿本代表了思想的最初勾勒,先"去家"后"去国";刊本表现了面对现实的审慎调整,先"去国"后"去家"。康氏何以有最初的方案及之后的调整,重新规划的路线又是否切实可行?回答这些问题,需要我们将"去家"与"去国"的张力,放回到两种脉络中去认识。为此,我们先梳理稿本的结构,以揭示康有为最初的思路及其特征。

2. 稿本脉络：先破后立

前章曾论及，稿本呈现出"下降—上升"的结构。"下降"指康有为秉持"天生主义"的利剑逐级下探，斩落越来越深厚的自然根基；"上升"指大同社会制度的逐步建立与丰富。二者转折的枢纽在卷三、四、五之间。我们还是将整个思想过程从头到尾描述一番。

第一，卷二由平等的关怀推动。稿本卷一历叙的诸苦顺序，是人生、天灾、人道、人所尊尚、人情、人治，其中压制、阶级之苦又居最末。康有为曾称"人道之所以极苦，人治之所以难成，皆阶级为之也"[1]，表明他认为前述人类生活的多数痛苦，根源都在于尊卑制度。在卷一"诉苦"的过程中，首先浮现出来的，是平等的关怀。由此，卷二开篇与卷一末尾紧密衔接："人类不平等者有三：一曰贱族，一曰奴隶，一曰妇女。"[2] 平等问题是整个卷二的主题。他先谈到"贱族""奴隶"关涉的"去级界平民族"问题，随后由"同种国既合一矣，既大同矣，而民族之混同为难"[3]一句，延伸到"去种界同人类"的讨论；再由"人类既平等之后，大仁益益矣"[4]一句，延伸到"去类界爱众生"的思考。从中我们可以看到，平等的力量从政治秩序逐步扩展到族群关系、人物关系的更大范围，渐次消弭人的德性能力、形质体貌，甚至人与禽兽万物间的区隔。

---

[1] 康有为：《大同书》，60页。
[2] 康有为：《大同书》，62页。
[3] 康有为：《大同书》，69页。
[4] 康有为：《大同书》，81页。

第二，康有为接下来另起了"大同书第二论女"一节。他对女性的关怀，隶属于卷二整体的平等意识，但男女平等的问题，又难以插入前述三者推扩的逻辑中去。原因在于，男女之别是一种更深刻的人性差异。"去级界""种界"都是站在同为"人"的立场上要求平等，而男性、女性与作为"人"的人性是怎样的关系，是更棘手的问题。因此，当康有为以"人为天生"替换掉"男女有别"的人性基础，其所呼唤的不只无尊卑的平等，还有无须共同生活的独立。后者是卷二前三部分所没有的诉求，故有必要另起一节，或独立为"去形界"一部。

第三，夫妇一伦的消解是父子一伦解纽的先导。与前述诸人类的生存领域，如政治、族群、婚姻等相比，家庭是人更根本的生存空间。而和那些人性差异如德性、形貌、性别等相比，父子关系是人性中最坚固的自然。因为一个无法动摇的事实是，人只有由父精母血结合才能得生。康有为深知，只有破除掉家庭，这一人类最小共同体的自然壁垒，将所有人抽离出来，直面文明本身，才有可能实现全面的平等、自由、仁爱、公正。所以，"去家界"是此前去诸界能真正成功的基础，也是通往大同之路的重要关口。

但是，家庭担负了人生、老、病、死的整个过程。要想消解家庭，就必须由文明本身承担起这些责任。由此，卷四公养、公教、公恤的制度体系应运而生。我们看到，卷二包括的四部分内容，只有一些指导去界的实践原则，没有对大同制度的正式建构。事实上，作为对小康法的克服，大同始终警惕制度可能产生的弊端。它更倾向于让人凭完美的德性，在大多数存在领域，自行组织美好的生活。不过，拆解工作下探至家庭的根基处，也就开启了勾勒大同世图景的"上升"之路。因为自然的家庭制度被取消后，文明必须提供相应的替代制度，保障人的生活。正如前章论"人本院"时讲到的，这一转换的枢纽是"自然"与"文明"间的博弈。

当然，卷五是"下降—上升"的另一个枢纽。但它并不是比家庭更深层的存在基础，而是和家庭深嵌在一起、同一层面的地基。卷五面对的是"国界"，但我们不应忘了，此前的"下降"之路是向下深挖人的自然的过程。所以，国家这一存在领域只是表面现象，甚至只是个现代事物。其前身是更早的邦国、部族、聚落、家族，归根结底是人类散居各地的自然。这一道理康有为在卷五开篇就点明了：

> 夫自有人民而成家族，积家族吞并而成部落，积部落吞并而成邦国，积邦国吞并而成一统大国。……人民由分散而合聚之序，大地由隔塞而开辟之理，天运人事之自然者也。❶

散落各地的处境是命运决定的，是人最难改变的自然，和家庭、父子关系一样不能选择。甚至应该说，散居的自然就是人出生在各自家庭中所造成的。人不能选择自己的父母，也就必然被带入父母所居的乡土与国家中。所以，家与国交织在一起，共同成为人的存在基础。

由此，卷五后半部分进行了"合同大地"的制度设计。其统一的时空架构和全球的公共秩序，实质上是以文明的力量，改造人散落在自然世界的处境，或者说是将人从自然世界和命运中抽

---

❶ 康有为：《大同书》，202 页。又："盖原人之始，才智有限，山川阻隔，即难相通，积渐而大，实势之无如何者也。"同前书，204 页。此后回顾"国家"造成的战乱历史，也是从太古时期的部落战争开始讲起。

离出来。因此，大规模的迁徙是大同世之人的普遍命运。并且，由于家与国相互嵌合，迁徙也因此帮助斩断了家的根基。而前章所论"人本院"的胎教计划，正须在大迁徙的背景下完成，从而克服"父母生"背后的一系列自然。

总之，卷四和卷五下半部分的大同制度，都是消解家与国之后，文明本身承负人的生活的置换方案。卷四的制度是时间性的，贯穿人一生的历程；卷五的制度是空间性的，将每个人的生活组织起来。这一经一纬编织起的大同文明之网，成了大同的经济运行、社会治理等制度构想的基础。这在后面三卷的内容中能得到充分证明。

稿本在卷三、四、五之间经历了"下降—上升"的转折，开启了构想大同图景的进程；这意味着卷六、七、八已不再进行"去界"的工作。尽管刊本标题为"去产界""去乱界""去苦界"，但"乱界""苦界"显然不是和等级、族群、婚姻、家庭、国家同等意义上的人类存在领域，只是文明的现象或结果。并且就实质内容而言，卷七、卷八自始至终都是对大同世的描摹，丝毫未提及有何界须破。

不过，卷六（去产界公生业）又有些特殊，需要进一步说明。卷六开篇批评了自然经济的农、工、商业。这种经济模式既效率低下，又分配不均，必致争乱。康有为认为，自然经济的根源在于私有制，也即"产界"。但事实上，私有制并不是独立的存在基础，仍是家界、国界的结果。对此，他有明晰的论述：

> 或亦能倡共产之法，而有家有国，自私方甚。有家则一身而妻子待养，有国则陈兵而租税日增，以此制度而欲行共产之

说,犹往南而北其辙也。❶

夫以有家之私及私产之业,则必独人自为营业,此实乱世之无如何者也。❷

在此意义上,去除私有制的方法,仍在于"去家界"和"国界"。由此,卷六的主要精力,还是构建大同的公有制经济体系。而这一公有制经济,又必须建立在"去家""去国"都取得成功,且卷四和卷五下半部分的制度先行实施的基础之上。我们只要举两件事,就能明晰表现这一点。第一,大同世的农、工、商业,从生产到分配的主导者,都是公政府和各级自治政府。第二,对大同世人积极参与生产而无侵盗贪私的信心,来自于那时之人已无家可私。康有为说:"太平世人人无私家,无私室,无私产,无私店,无家而禄厚,性美而教深。"❸

至卷七所谓"去乱界",实际是细致描摹大同社会的治理体系。此前的世界秩序、民生制度、公有经济三个层面,被叠加综合起来,得到了润色和丰满。至是,大同世的制度建构已完成,卷八已然是对大同生活的乌托邦式的文学描述。这个交通、合同、公共的大同世,实现了康有为自1884年以来的执念:"合国合种合教一统地球。又推一统之后人类语言文字饮食衣服宫室之变制,男女平等之法,人民通同公之法,务致诸生于极乐世界。"❹ 不过,

---

❶ 康有为:《大同书》,263页。
❷ 康有为:《大同书》,265页。又:"然有家之私未去,私产之义犹行,欲平此非常之大争而救之,殆无由也。"同前书,264页。
❸ 康有为:《大同书》,279页。又:"太平之人,无家界,无贫病,荣途悬在前而清议迫于后,风化既美,种教更良,孔子所谓'虽赏之不窃'也,而何虑焉。"同前书,280页。
❹ 康有为:《康南海自编年谱》,12页。

当我们反复回味这个大同文明时，将会发现其中的一切都是人为规划、设计、制作出来的，没有一点自然的痕迹。

以上，我们概述了稿本的逻辑演进。在整个"下降—上升"的脉络中，卷三、四、五是全书的枢纽和重心。去界之路的逐层下探，最终须突破的关口是"去家"和"去国"；而大同建构之路的渐次丰满，都须建立在替代家庭、国家职能的大同制度之上。不难看出，稿本呈现的是一种理论思考的模式，是思想层层剥析后叠累描摹的过程。由此，"家"与"国"这两个人类生活最自然的生存领域，必然成为全书的重心。❶

不透彻不罢休是思想的本性。我们要再做追问："家"与"国"这两个相互嵌合、几乎处于同一平面的地基，是否还能区分出轻重主次？"去家"与"去国"谁先谁后？康有为对此的态度，在卷六末尾有所透露：

> 凡兹农田、商货、工厂之业，全地至大，从何而能归之公？即欲举公债以承之，亦万不能行也。然欲急至大同，最难则在去国；若去民私业，此事甚易，即在去人之家始也。即欲急去国界者，亦自去家始。……全世界之人既无家，则去国而至于大同易易矣。❷

如前曾述，"产界"的基础既有"家界"，也有"国界"。要去除"产界"，先须去除"家界"和"国界"，而二者又必须再分出

---

❶ 一个侧面的观察就能够佐证：《大同书》开篇刺激康有为反思人世之苦的，首先就是家与国两种生活带来的忧患苦痛。他说："人患无家，有家之害如此哉！……人患无国，而有国之害如此哉！"康有为：《大同书》，2页。

❷ 康有为：《大同书》，280页。

先后。康氏认识到,直接"去国界"是困难的,因为人只要还有家的根基,就必将生出对乡土、族群、邦国的认同。所以他主张,"去家界"为先,"国界"自然随之而破。这背后依旧是"家"与"国"相嵌套的逻辑。就存在而言,人为"父母生",出生在"父母之邦"中;就情感的生发而言,人首先在家庭中成长为人,再从中衍生出对"父母之邦"的认同。在稿本的视野下,代表着人自然散居处境的"国",是家共同存在的土壤,但又不是一个现代国家式的实体。这就是为什么康有为主张"既无家则去国而至于大同易易矣",而没有认为"去国"是"去家"之后需要专门克服的另一个环节。

在此意义上,"家"更具根本性的意义,"去家"也是去界之路最难突破的关口。康有为紧接着提示,欲破家界、国界,应以破"形界"、夫妇之伦为先导。他说:

> 欲去家乎,但使大明天赋人权之义,男女皆平等独立,婚姻之事不复名为夫妇,只许订岁月交好之和约而已。行之六十年,则全世界之人类皆无家矣,无有夫妇父子之私矣,其有遗产无人可传,其金银什器皆听赠人。若其农田、工厂、商货皆归之公,即可至大同之世矣。❶

这里根据的又是夫妇、父子关系的嵌扣。其效果的首次演示,不正在卷四开端的"人本院"中?这样一来,以"家"为枢纽,"去形界""去家界""去国界"三者环环相扣、继踵接武。该篇末尾康有为发表了一番志意昂扬的宣言,印证了稿本结构的路线意义:

---

❶ 康有为:《大同书》,280 页。

故全世界人欲去家界之累乎，在明男女平等、各有独立之权始矣，此天予人之权也；全世界人欲去私产之害乎，在明男女平等、各自独立始矣，此天予人之权也；全世界人欲去国界之争乎，在明男女平等、各自独立始矣，此天予人之权也；全世界人欲去种界之争乎，在明男女平等、各自独立始矣，此天予人之权也；全世界人欲致大同之世、太平之境乎，在明男女平等、各自独立始矣，此天予人之权也。❶

这里从"去形界"到"去家界"再到"去国界"，三者的紧扣锁定了"大同书第二论女"到卷三、四再到卷五的顺序。再加上卷二开始的"去级界""去种界"❷，整个去界之路的走向是康有为周密筹划的。其背后是各种人类存在领域和人性自然差异间由轻及重、由浅及深的价值顺序。当然，大同建构之路的上升也遵循着这一价值次第。

3. 刊本调整：现实诸考虑

通过上节的梳理，我们能总结出稿本的基本特征。它是对各种生存领域和人性差异的理解、拆分和排序，带有一种思想实验的性质。故进化之路的每一处站点都显得历历有序。按理说，《大同书》的刊行面世，是这本进化手册指导现实变革、这套历史哲学投身历史之中的绝好契机。写作时信心满满的康有为，应该愿意将其公之于众。

但是，他先是迟迟不肯示人，后来刊行时，一是调换了《大同书》的卷次，改变了进化的施行方案，突出表现为"去国界"

---

❶ 康有为：《大同书》，281 页。
❷ "去类界"在刊本的置后是可以想见的。

的上升和"去类界"的下沉;二是仅仅透露给世人"去国界"这一个步骤,其余仍讳莫如深。显然,这些都是他走出思想营构的大同幻梦,站在现实世界的土地上所做出的改变。那么,现实世界的哪些因素、何种力量左右了他?这种调整对三世理论意味着什么?这些问题都需要我们到每一处变动中去考察,我们先从变动最剧烈的"去国界"部分入手。

我们了解《大同书》从写作到刊印的过程,最主要还是通过康有为、梁启超师弟二人的记述。事实上,他们两人的记述,都透露了"去国界"部分跃升并面世的原因。先看梁启超的说法:

> 先生演《礼运》大同之义,始终其条理,折衷群圣,立为教说,拯厥浊世。二十年前,略授口说于门弟子。……启超屡乞付印,先生以今方为国竞之世,未许也。❶

此处康有为不愿付印的,是还作为稿本的《大同书》。在万国竞争之世,何以稿本《大同书》不宜刊布?要说明这背后的考虑,还先须弄清"方今国竞之世"是何种处境。

第一,这是对世界局势的判断。以民族国家为单位的国际丛林,奉行弱肉强食的法则。国家间的竞逐、战争、吞并成为常态,反过来又使得现代国家作为一个实体,对人类生活的意义越来越突出。

第二,这也是对中国现代转型的方向判断。被抛入国际丛林的古老文明,必须建成一个强大的现代中国,才不至被万国竞逐之势裹挟、吞没。但对中国这个文明传统而言,建立一个以主权、

---

❶ 康有为:《延香老屋诗集·大同书成题词》,《全集》第十二集,136 页。

领土、暴力机器为要素的现代国家,是近乎无中生有的努力。在传统修、齐、治、平的序列中间,现代国家打入了一个异质的楔子。古典所谓"治国"是政治生活(礼乐政刑)的统称,并没有现代国家如此强的实体形式、主权概念。

总之,对世界和中国而言,民族国家既是时代的主题,又是时代的困局。作为现代必要的实体,民族国家带来了一场永不停歇的竞逐。而《大同书》和三世说,既是面向全球的世界历史哲学,又旨在为中国的现实变革指引方向,就必须回应民族国家的问题。康有为的自叙已反映出,从《大同书》的写作、秘藏到刊印甲乙部,民族国家问题都是某种触发条件。他说:

> 吾年二十七岁,当光绪甲申,法兵震羊城,吾避兵居西樵山北银塘乡之七桧园澹如楼,感国难,哀民生,著《大同书》,以为待之百年。不意卅五载而国际联盟成,身亲见大同之行也。此书有甲乙丙丁午己庚辛壬癸十部,今先印甲乙二部,盖已印《不忍》中取而印之,余则尚有待也。❶

康有为之所以执意将大同思想的起点定在1884年,是因为这一年的中法战争,使他切身感受到了现代世界的冲击和中国自身的危如累卵。这成为他思想形成的触发点。中国与外部世界的反差中,民族国家又肯定是最突出、棘手的难题。但是对中国和世界这两端,这一问题又须区别处理。对世界局势而言,大同思想作为对理想文明的追索,必须跨越导致战乱现状的民族国家格局,向上构建出永久和平的文明世界。但对中国的现实处境而言,却

---

❶ 康有为:《大同书》,桂林:广西师范大学出版社,2016年,28—31页。

必须先建立起一个现代国家的实体形式，以求自保。所以，在民族国家的问题上，面对晚清中国的现实，与面对世界的未来图景，是两种相悖的方案。

于是我们就能理解，康有为以"今方为国竞之世"为由，秘藏稿本《大同书》的用意。因为当时中国仍在为建立现代国家而努力。贸然抛出一个无国界的更高理想，会使建国的目标显得荒谬，进而遮蔽了建国对保全整个文明传统的巨大现实意义。而且当时的世界局势，正是各资本主义强国势力扩张、矛盾激化、战乱频仍的时期。总之，内外环境都使"去国界"的大同，只能是个"待之百年"的遥远理想。

不过，辛亥后中国内外形势的变化，又使"去国界合大地"这一小部分的理想，得以提前释放出来。《不忍》本刊出甲、乙部的1913年，中国刚刚建立起一个现代国家。20世纪初，几次万国同盟弭兵会的举行，在康有为看来，可以成为通往大同的契机。这点在稿本中已多次提及，下文会详述。上节所引康氏自述，有"不意卅五载而国际联盟成"一事，实指1919年的巴黎和会。这更是提前了他对文明进程的判断，即所谓"身亲见大同之行"。所以，同年他再将《不忍》中连载的甲乙二部，单刊成册。

汪晖的康有为研究，尤其重视乙部居"去九界"之首的意义。其谓："在《大同书》中，康有为不是以民族—国家，也不是以帝国为中心，讨论具体的政治架构问题，而是以地球为单位讨论'世界治理'问题，其实质是在否定民族—国家及其体系的基础上重新构思全球的政治构架。"❶他进而上升到重构儒学普遍主

---

❶ 汪晖：《现代中国思想的兴起》，746页。又："大同的构想实质上建立在对国家的否定之上。"同前书，747页。

义的高度,"如果儒学普遍主义的最终目的不是简单地复制其富强逻辑,而是批判这一进程,它就必须超越这一进程的理论和构想。在这个意义上,重构儒学普遍主义的努力势必构成对于以民族—国家、殖民体系和资本主义关系的反省和批判"。❶

这类把握是切中肯綮的。但我们也应看到,这一论断建立在刊本《大同书》的基础上,忽略了稿本有着截然不同的脉络。稿本中"去国界合大地"虽不在开端处,却也居于一个枢纽性的重要位置。强调稿本脉络的独立价值,不妨碍我们同样承认:康有为创作《大同书》时,反思民族国家格局是他重要的思想任务。但稿本呈现出思想渐进的特征,无论是对民族国家的反思,还是对古代城邦、族群、聚落的反思,最终追溯到的根源都是人散居的处境。在此意义上,国和家一样是人类生活中最难破除的自然。但在现实层面上,民族国家又是最迫切的困难。在中国初具国家形式和世界局势稍显转机后,现实反而敞开了某种契机。稿本卷五因而从深层的、对人类存在处境的反思,上浮为对民族国家格局的直接批判。

总之,"去国界"的跃升面世,意味着康有为出于现实的实践考虑,改变了原本纯粹由思想规划出的大同路线。其实,上述还只是讨论了"去国界"的位置变化。如果将其纳入整个脉络的意义中,即"去国界"与去诸界的先后关系,我们还能挖掘出康氏更深邃的考虑。在乙部面世的同时,其余诸界仍秘而不宣,所谓"余则尚有待也"。这又与刊本脉络的调整有怎样的关系?

前文曾述,稿本环环相扣的去界方案,其理论意义在于,只有破除前一种人类存在的自然差异,后一项去界工作才可能彻

---

❶ 汪晖:《现代中国思想的兴起》,747页。

底。但对现实的变革来说,依此顺序将招致巨大的灾难。晚清民初的现实任务是建立一个强大的现代国家,此时贸然去级界、形界、家界,只能自毁中华之家国。事实上稿本完成后,20世纪中国的政治、社会、家庭伦理、文化心理的革命浪潮翻涌激荡,在康有为看来,这就如同推行"去级界""形界""家界"之法。当此之时,《大同书》脉络的调整和"犹抱琵琶半遮面"的刊印,都体现着他面对现实世界的审慎与克制。乙部可以面世,是因为当时的内外局势,允许释放出一个永久和平的世界理想;也是因为从国家这一最大的共同体开始进行融合,是更稳健的通往大同之路。反观其余诸部的留待将来,既直接表明中国的现实不宜施行诸法,在更深层的意义上,也表示"去级界""种界""家界""国界"等,必须在一个永久和平、无忧于战乱的世界中,才能施行。

所以刊本的显与隐,都是出于一种明确的现实考虑。它不只基于直接的政治现实,更是站在广义的现实世界中,重新考察如何平稳地推行大同之法。"去国界"部分的跃升,变动最大,牵连的现实因素也最多,故上文讨论中体现得较为明显。此外,还有一些细节,也透露出刊本的可行性考虑。

第一,"去类界"的下降。稿本中,"去类界"处于"去级界""种界"之后,且三者同居卷二,是平等的渐次推扩。但"类界"所代表的人与禽兽之别,显然是超出人类生活之外的差异。按理说,"去类界"的施行自应在人类文明全进于大同之后。只不过稿本的主要精力,全在于后文"下降—上升"之路的探索,故康氏未暇将其置后。

至刊本时,"去类界"下降至"去乱界"后、"去苦界"前。我们说过,"去乱界"是大同的社会治理体系,至是大同法的制度设计已完成,"去苦界"完全是大同之美好程度的文学描述。那么,刊本将"去类界"的设想置于其间,就不是出于思想与主题的连贯性考虑,而是基于实践角度的考量。实现去人禽之别、泛爱众生这一目标的前提是,人类文明已无须役使、食用和畜养禽兽万物。是时,人已不再"贵于万物",文明的道德基础也不再是"人为天生",而是万物皆为天地所生。不难看出,"去国界"之法的跃升、面世,因其是切近可行的目标;"去类界"之法的下降、秘藏,则因其施行须俟诸遥远的未来。这一头一尾共同标识出刊本的"实践"意图。

第二,"去种界"之法的某些调整也反映出了这一点。不过,这些调整主要不是康有为自己做的,因为"去种界"的位置并无变动。而是其弟子钱定安在刊出全本时,校订了多处"去种界"部分的内容。这表明他充分贯彻了康氏刊本结构的意图。当然,问题还是康氏先意识到的,稿本中对这一点已有所表现。稿本卷二沿着平等自身的扩张诉求,从"去级界"紧接着讲到"去种界"。但就实施的角度来说,"去种界"是否就是"去级界"之后的下一步骤?稿本里透露了另一种可能。

首先,"去种界"有明显的二次论述的特征。第一番论述较简短,末尾已经推进到对大同人种同一的畅想。不过,随后康有为以这样一段话,重新开启了第二次更丰富的论述。他说:

> 人之恒言曰"天下国家"。凡有小界者,皆最妨害大界者也。小界之立愈多,则进于大界之害愈大。故有家界以保人,有国界以保民,而于大同太平之发达愈难。……故人道以大同为至乐,而人道之始则以多分异为自保,皆无如何之势也。今各家界去矣,国界去矣,而尚有一非常大界以妨害大同太平之

道者，则种族之界其最难者也。❶

康有为认识到，种界是比家界、国界范围更大也更深刻的人类自然差异。去种界的任务应排在去家界、国界之后。"今各家界去矣，国界去矣"一句中，"今"在古汉语里有表示假设的语气，《大同书》中类似用法还有几处。❷

再者，可以与此处相呼应的，是卷六去产界末尾的那则激昂宣言。上文讨论中，我们没有强调的一个细节是，那里呈现出的路线图是：去形界—去家界（产界）—去国界—去种界—致太平。事实上，去种界置于去国界之后并不难理解。"种界"所指的体貌肤色、形质气禀的差异，是由人散居各地的处境造成的。"去种界"所须的迁地之法，也是"去国界合大地"之下，人类普遍迁徙命运的一种写照。二者内在的一致性，在前章所述人本院的选址问题上，已表现得极为明显。至于刊本结构中，"去种界"仍居"去级界"之后，而未继续下沉的原因，我们只能做出推测：一是"去国界"跃升在前，已成为"去种界"的铺垫；二是历览过大同的脆弱，康氏决定将"去家界"推得更远，一定程度上将该困难"俟诸后圣"。

从钱定安的整理来看，他领会了康氏的第一重意图。例如，他将上引康氏二次论述的开篇，提前至整个"丁部 去种界同人类"的开篇，使这段话成为乙部和丁部之间非常自然的衔接。"国

---

❶ 康有为：《大同书》，72页。
❷ 例如在卷二"去形界"最末云："今世至太平，男女平等，各自独立，生人既养自公家，不为一姓之私人，而为世界之天民矣。"卷三"去家界"的"人本院"部分有："今大同之世，人皆性善，刑措不用，当废杀刑；然堕胎之禁，应以为刑律第一重律。"卷七有："今已尽去人之家、族、乡、国，以绝人自私之根。"康有为：《大同书》，129、171、286页。

界去矣"一句，不再是某种假设，而是真正在刊本脉络的意义上成了"去种界"的实践前提。并且，他还有一处有趣的误改。"去种界"稿本的开篇语是：

> 同种国既合一矣，既大同矣，而民族之混同为难。❶

这是上承"去级界"的过渡语。"同种国既合一矣"，表示国家内部已实现平等，平等诉求还应扩展至人种间。钱氏则删去"同种"二字：

> 国既合一矣，既大同矣，而民族之混同为难。❷

这样一来，意思就变成国界已去，大地已合，人类的融合还应扩展至人种间。原本上接"去级界"的一句过渡，因钱氏贯彻先"去国界"后"去种界"的思路，便越过了丙部，同时也跳出了平等逻辑的一贯性，直接于乙部。

  总而言之，通过分析"去国界""去类界""去种界"三部分的调整，我们可以看到刊本脉络调整的目的，是使《大同书》的去界工作更具现实的可行性，让通往大同的路更稳定平坦。刊本对稿本的最大扭转，无疑仍是"去国界"的跃升、面世，以及"去家界"的下降、秘藏。稿本基于对二者嵌合关系的把握，从而以先"去家"后"去国"的次序展开。刊本放弃了这一思路，代之以更稳健的实施方式。

---

❶ 康有为：《大同书》，69页。
❷ 康有为：《大同书》，桂林：广西师范大学出版社，2016年，223页。

除近代中国内外环境的复杂限制外，这种调整还有更深层的原因：在《大同书》的创作过程中，康有为越来越认识到，形式上让思想世界超脱于现实世界，内容上让文明建构与自然基础剥离开来，将造成何等的困难。卷四人本院无法克服的困难，一直横亘在《大同书》当中。更何况现实的革命浪潮，不断朝着他不愿见到的方向发展。可以说，刊本脉络的重构，是他从"天生主义"的大同幻梦返回，重新调适通往大同之路的努力。

但我们还须追问，这条重新调整过的路线图能否成功？问题仍集中在先"去国"后"去家"的可能性上。先行"去国界合大地"，以之为后续去界的实践基础，是否可能？对此，我们还是不得不承认，稿本所展现的家与国的嵌合关系，仍是人性绕不开的关口。人对国的依恋，很大程度因其是父母之邦。所以不难想象，在一个有家的时代，想要重构全球的时空尺度、实现大规模的迁徙等设想，必因受到人性自然的抵抗，而不能贯彻至极。事实上，康有为只刊出"去国界"而隐去诸部的做法，暗示着他本人对"合大地"的理想何时能完成，从而进入下一阶段的问题，也并无十足的把握。

另一值得注意的问题是，假如康氏生前续刊其余诸部，他会如何处理稿本卷六末尾明确揭示"形界"—"家界"—"国界"相嵌关系的那段宣言？钱定安的整理本保留未删，使之成为与整个刊本脉络相左的一种声音。这段宣言是稿本脉络的凝练表达，它异质性地保留在刊本中，隐隐表明了：尽管刊本从现实世界出发校正稿本，但稿本提出的问题和表达的洞见，仍是刊本绕不开的关卡。

我们现在可以回过头来，一并审视这两条道路。稿本曾试图在思想世界中，经由一条理论之路"到达"过大同，但这套方法一旦进入现实，就将导致毁灭性的灾难。刊本提供了一种最不坏的实践方案，这一方案严格来说只有阶段性的一部分，即先"去国界合大地"，但这一工作也不可能彻底实现。更何况，其余诸部被推到了虚空的未来，以表示大同遥遥无期的方式，暗示着此路不通。简言之，稿本的道路足够理想，却毫不可行；刊本的道路略稳健，却又不能彻底至极。在很大程度上，康有为最终也没有找到一条通往大同的可行道路。此外康有为对大同与当下距离的预期，也反映出了三世进化的实践困难。

三　大同离我们有多远？

1.《大同书》中的时间标尺

一些西方的乌托邦作品中，不乏对未来何时到来的时间估算。与其说它们掌握了客观的时间表，不如说它们反映了进化的乐观心态。而且估算的时间越近，进化的信心越强。恰巧在《大同书》中，我们也发现了七八处时间标尺，就全书二十五万余字的体量而言，这个数目并不算多，不过也便于我们一一分析：在康氏心中，大同在多远的未来？此外，我们也要留意，他是在何种语境下做出了展望。

《大同书》第一次时间估算，出现在卷二"去级界平民族"的结尾。他说：

> 各国奴风既扫，尽为平民，惟世爵未除，大僧尚尊，皇族尚在，未至太平。**数百年后**，民权日盛，各国之为民主日多，必从美国之例，世爵亦除而禁之，视为叛逆矣。天演之哲学日

明,耶、佛、回教日少日弱,新教日出,大僧日少而日衰,久必化为平等矣。各国既尽改为民主统领,亦无帝王,亦无君主,自无皇族,不待平而已平,男女之权又已独立。至于是时也,全世界人类尽为平等,则太平之效渐著乎。❶

"数百年后"的时间尺度当然有些模糊,但作为该书首例还是具有标志性的意义。并且,这段论述很充分地展现出历史哲学的色彩。历史哲学对未来世界的信心,建立在对历史趋势的洞察和当下处境的判断上。经过"孔子改制"理论的转换,并以早期世界史和二千年中国史验证,康有为笃信,平等是文明进化的基本趋势。在平等问题上,当时世界整体的文明进程处于升平世:奴隶制已基本扫除,世袭政治、教权尊盛还普遍存在,而美国又实现了民主政治,更为富强文明。这些都使他相信,平等的浪潮已鼓荡起来,日后在贵族制、宗教、政体、性别等各个方面,都将加速平等的进程。所以,这段话透露出他乐观的预期。不管数百年后是否已经进入大同,相较于之前整个漫长的文明史,数百年的单位并不算长。

此外,世界历史另一层面的趋势,给了他更大的信心,那就是文明融合、统一的进度。在卷五上半部分,康有为花费了很长篇幅,回顾了世界的统一史。他发现兼并、融合是世界文明史的基本趋势,并且进程在逐步加快。尤其平等化、民主化进程,更成为现代世界以来国家融合兼并的助推器。❷ 由此,他称:"故今

---

❶ 康有为:《大同书》,69页。
❷ 他说:"世界进化,自分而合,乃势之自然。……盖分并之势,乃淘汰之自然,其强大之并吞,弱小之灭亡,亦适以为大同之先驱耳。"又:"民权进化,自下而上,亦理之自然。……夫国有君权,自各私而难合,若但为民权,则联合亦易。(转下页)

百年之中，诸弱小国必尽夷灭，诸君主专制体必尽扫除，共和立宪必将尽行，民党平权必将大炽，文明之国民皆智，劣下之民种渐微。自尔之后，大势所趋，人心所向，其必赴于全地大同、天下太平者，如水之赴壑，莫可遏抑者矣。"❶一百年以内的进程，显然又比前述第一次估算提前了不少。

并且，当时弭兵之说日盛，和平会议的屡次举行，是支撑康氏乐观信心的另一重要原因。尽管他也深知，弭兵同盟会实质是大国间势力分割的场所，并非出于融合的目的。但从世界历史的纵深来看，可以肯定其结果有历史意义。如谓："近数十年来，弭兵之说日倡，虽霸国义，风潮盛涌，然天运人心所趋，其实不过为弱小将并于众大之地，以便合一为大同之先驱耳。"❷

康有为的分析，体现了历史哲学的独特"辩证法"，即"历史局限"与"历史意义"的辩证关系。前者将思想或价值限制在历史背景中，后者又将事件的意义扩大到其自身的目的之外。比如1899年秋的海牙和平会议，就被他视为"大地各大国联交之始"❸的标志性事件。尽管就事件本身而言，康氏也承认"进化有序，会合之始基未固，不能无变"❹，这可以理解为当下的"历史局限"，而其"历史意义"则被扩展为：

（接上页）盖民但自求利益，则仁人倡大同之乐利，自能合乎心，大势既倡，人皆越之，如流水之就下。故民权之起，宪法之兴，合群均产之说，皆为大同之先声也。"钱氏整理本分别给这两段话加上了小标题"国界自分而合乃大同之先驱"和"民权自下而上为大同之先驱"。康有为：《大同书》，220—221页。

❶ 康有为：《大同书》，226页。
❷ 康有为：《大同书》，227页。
❸ 康有为：《大同书》，226页。
❹ 康有为：《大同书》，228页。

> 然始基既立，条理渐密，大利日见，基址日坚，则**数百年**中必可见大同之实效矣。❶

有意味的是，经过海牙会议的二次召开（1907）和中国初步成为现代国家（1911），这段话刊载在《不忍》上变成了：

> 然始基既立，条理渐密，大利日见，基址日坚，则**二三百年**中必可见大同之实效矣。近者飞船日出，国界日破，大同之运，不过百年。❷

这一系列标志性事件，也使得在康氏心中，永久和平的大同世界与我们的距离，从模糊的"数百年"提前到"二三百年"，甚至还将因技术的进步而再度缩短。我们应还记得，1919年巴黎和会的召开，同样是康氏合刊出甲乙两部的触发原因。并且，钱氏整理时又给这段话加上了小标题"俄弭兵会即开大同之基"❸，这个细节也直白地揭示出康氏的上述态度。

除了"去级界""去国界"，《大同书》集中出现时间估算的，在"去种界"部分。康有为在构想人种进化的操作方法时，有三四条都延伸到了观测大同距离我们有多远。这些时间标尺的意味，较前述更复杂一些。一方面，按理说，人种作为形质体貌的深刻差异，不易改变，在"去国界合大地"之后才能彻底实现；另一方面，就现实形势而言，当时不同种族间的文明差距极大，种族歧视、隔离、压迫的言论与事件甚嚣尘上。这些都看不到乐

---

❶ 康有为：《大同书》，228页。
❷ 康有为：《〈不忍〉杂志汇编》，853页。
❸ 康有为：《大同书》，桂林：广西师范大学出版社，2016年，158页。

观的转机。但康有为在观察了移民的形貌变化,也许还接受了一些人种、优生学的知识之后,自信自己掌握了变易种色的经验方法。

例如,棕色人种进于黄色人种的方法,他说:

> 移地之法,凡热带棕人皆移居冷带近海沿江之地,改其服食,易腥食者为熟食,去其虫草之不宜于人胃者,改其宫室之去湿而不通风透日者。则**二三百年**,代为改良,可进化为黄色不难也。通种之法,则高悬赏令,凡有黄、白之女与棕人之男合婚者,则优赏而厚礼之,赠以仁人宝星,名曰"改良人种",若是则进为黄种人尤易易也,经**大同后三数百年**可矣。❶

迁居之法是"去国界合大地"的配套方案。其所须"二三百年"的进程,可以与"去国界"的进程同时,抑或必须在其后开展。至于通婚之法,按康氏的意思,须初步迈进大同的门槛,再待"三数百年"就能全同于黄种人。这几个三百年前后的单位长度,累加起来不算切近,但也不算漫长。

那么,按照类似的方法和机制,彻底的人种同一就取决于,文明程度最原始的黑人族群何时进于大同。康氏估算了一个阶梯式的进度表:

> 由非洲奇黑之人数百年可进为印度之黑人,由印度之黑人数百年可进为棕人,不二三百年可进为黄人,不百数十年可变为白人。由是推之,速则七百年,迟则千年,黑人亦可尽为白

---

❶ 康有为:《大同书》,70—71页。

人矣。……故经大同后，行化千年，全地人种，颜色同一，状貌同一，长短同一，灵明同一，是为人种大同。合同而化，**其在千年乎！其在千年乎！**❶

"千年"是《大同书》中最长的时间标尺。❷ 对于人类生活的很多变化而言，千年后的未来都是不可想象的，可能有更翻天覆地的变化，特别是生产、技术层面。比如，蒸汽机的发明（1769）至康氏当时仅130余年，至今才250余年。但对于"种色同一"的艰巨任务而言，如果仅靠人性自身的力量来完成，那么"千年"仍是种乐观的预期。

此外，还有两则估算分别出现在卷四、卷七，也就是建构大同图景的上升之路中。它们的共同点在于，都出自对科学技术革新的信心，时间尺度也均在"数百年"到"千年"之间。❸ 相信科学技术的积累将推动文明进步，是现代世界的基本信念。在这一点上，康有为是个现代人。这为他追求大同的幻梦提供了十足的动力。

总而言之，依据《大同书》七八处的时间估算，大同与我们的距离是不定的，或是百年、二三百年，或是数百年、千年。这些距离的差异，固然取决于不同"去界"任务的难度，但总体上

---

❶ 康有为：《大同书》，72页。
❷ 在"去种界"的第二次论述中，他也说："大同之世，在千数百年后。"康有为：《大同书》，76页。
❸ "今美之铁道每小时行七十英里，一日可一千六百八十英里，如此过数百年，当大同之世，人智大增，其进化之率，岂今日所能思议，不知十数倍、抑百千倍耶。"康有为：《大同书》，285页。按，钱氏整理本改"数百年"为"百年"。又："以千年之后行大同之法，世愈文明，生理之阻力愈少，生人愈多，盖千年后人数不可纪极。"同前书，190—191页。

表达了他较为乐观的展望。不过，我们在观察这些时间标尺所从属的"去界"语境时，还会发现一些特殊的关联。如果排除两则由科技延伸出的大同想象，其余主要的时间标尺集中在"去级界""去种界""去国界"三部分。而这三部分也正是刊本结构的前三个站点。

并且，整本《大同书》出现过两个表格。第一次是卷二"去级界""去种界"之后的"人类平等进化表"，第二次是卷五"去国界"处的"大同合国三世表"。而卷五在刊本中的跃升，让这两个表挨得更近了。进化表是通往大同之路清晰化的表现，而路径越清晰有序，大同看起来就离我们越近。这也是此三部分居于刊本脉络前列的原因之一。归根结底，康有为对三者的清晰规划和乐观预期，都出自他对历史与现实的形势判断；越有利好的标志性事件出现，其预期越乐观。"去国界"部分从位置到内容的种种调整便是明证。

然而，我们不只要看康氏尽情想象的地方，也要看他在何处保持沉默。在同为下降去界之路的"去形界"和"去家界"，康有为从未给出过任何时间标尺。在中部我们已说过，二者是全书内在张力最强、变奏性最明显的内容，基本没有流露出乐观的气息。无论是原理上夫妇、父子之伦的根深蒂固，还是现实中婚姻、家庭的意义和境况，"去形界""去家界"都显得遥不可及。是故，康氏会承认"从上所论，专为将来进化计"云云[1]，这意味着至少这两个层面的大同，没有一个明确的抵达日期。

并且，如果考虑到诸界的嵌合关系，"去形界""家界"不能实现，则"去国界""种界"也不可能彻底。这就构成了一个死

---

[1] 康有为：《大同书》，131 页。

结,所有信心满满的期许都将落空;又或者即使千年以后"国界""级界""种界"都有了极大的融合,但一个彻底无界的"天生主义"的大同仍遥遥无期。由此,我们更能理解康有为秘藏《大同书》的心态。

2. "三世三重"说的提出

在稿本《大同书》写作大约同时或之后不久完成的一系列经学作品——《中庸注》(1901.3)、《春秋笔削大义微言考》(1901.8)、《孟子微》(1901)、《论语注》(1902)——中,康有为提出了"三世三重"的新说法。这一使三世说更加精密复杂的理论框架,与《大同书》中时间标尺流露出的乐观倾向,形成了显著的对照。

康氏最早提出这一学说是在《中庸注》里,"三重"的说法正取自《中庸》。在他看来,《中庸》是子思揭示孔子制法之原理的文本,是通达孔子法的密钥。这也是他先写作《中庸注》的主要原因。❶《中庸》有云"王天下有三重焉,其寡过矣乎",这句话的阐释空间很大,历代注家联系不同的语境、背景,会有不同的解释。康有为首先做的是,将这句话的对象聚焦为孔子法。他说:

> 王者,往也,天下所归往之谓王,如孔子也。孔子世为天下所归往者,有三重之道焉。重,复也,如《易》卦之重也。❷

---

❶ 康有为对《中庸注》的理解,参马永康《康有为的〈中庸注〉与孔教》,《中山大学学报》2014年第4期,108—115页。宫志翀:《康有为"孔教为人道教"说探微——基于〈中庸注〉的研究》,《哲学门》2016年第1期,27—30页。

❷ 康有为:《中庸注》,222页。

上部首章曾述，以历史性的"天下归往"来解释孔子的"素王"身份，是康有为"教主"理论的重要特征，这反映出他最在意的是孔子法与文明史的关系。所以"孔子世为天下所归往者"一句，是他给本句经文的重新定调。那么，三统和三世这两种在他手中变得丰富灵活的理论，就成了"有三重焉"所指的实质内涵。

事实上，以重复、重叠之义释"三重"，也是康氏的独出心裁。传统解释基本都取"重要"之义。如郑玄结合上文"吾说夏礼，杞不足征也；吾学殷礼，有宋存焉；吾学周礼，今用之，吾从周"，注云"三重，三王之礼"，孔疏申之云"言为君王有天下者，有三种之重焉，谓夏、殷、周三王之礼，其事尊重，若能行之，寡少于过矣"❶。依此，"三重"指三王之礼是后王取法的典范，"重"表示重要的、值得尊重的。又如朱子集注采用吕氏说，结合更靠前的"非天子不议礼、不制度、不考文"一句，云："三重，谓议礼、制度、考文。惟天子得以行之，则国不异政，家不殊俗，而人得寡过矣。"❷朱子认为，"三重"指三种重要的权柄。

康有为取循环、叠累之义，则来自三统说和董仲舒的启发。他在注释中就称："《繁露·三代改制》曰'故王者有不易者，有再而复者，有三而复者，有四而复者，有五而复者，有九而复者。此通天地、阴阳、四时、日月、星辰、山川、人伦'，皆有三重之制。"我们在上部首章曾述，三统、文质、四复、九复诸法，经"孔子改制"理论的转换，已变成了孔子法运转无穷、范围万世的工具。

---

❶ 郑玄注，孔颖达疏：《礼记正义》，2040—2041 页。
❷ 朱熹：《四书章句集注》，36—37 页。

经过一系列的铺垫,他开始正式阐述,孔子法是如何"三重"的:

> 三重者,三世之统也;有拨乱世,有升平世,有太平世。拨乱世,内其国而外诸夏;升平世,内诸夏而外夷狄;太平时,内外远近大小若一。
>
> 每世之中,又有三世焉,则据乱亦有据乱之升平、太平焉;太平之始亦有其据乱、升平之别。每小三世中,又有三世焉;于大三世中,又有三世焉。故三世而三重之,为九世;九世而三重之,为八十一世。展转三重,可至无量数,以待世运之变,而为进化之法。此孔子制作所以大也。❶

"三世之统"将三世和三统综合起来,但二者地位又有不同。三世是主线❷,不同的世各有三统❸。二者的另一差别是,三统之"重"是循环,三世之"重"是重叠、嵌套,从而有了"大三世"与"小三世"的层层嵌套。我们重点关注作为主线的三世如何"三重"。

以九世的模型为例。据乱中亦有其升平、太平,太平中亦有其据乱、升平,意味着存在作为大框架的据乱、升平、太平,而三者中又各有作为小框架的据乱、升平、太平。与过往直截了当的三世说相比,这一说法的显著特征在于,据乱、升平、太平三

---

❶ 康有为:《中庸注》,222—223 页。段落为笔者所分。
❷ 康氏此处注"三世",只用公羊学最基本的说法做概括,而未进行丰富的学术发挥,是遵守注经的家法。并且,他注此句的意图,本不在三世的内容,而在其形式。
❸ "此三统之变,不过一世之制,其范围如此。若推三重之道于三世、九世、八十一世,至无量不可算数,不可思议之世,则无所不有,如天之大矣。"康有为:《中庸注》,224 页。

者的意义变得可大可小，整个三世的理论框架变得更细密复杂。但通往大同之路也显得更加漫长了。

那么，在原本基础上创造"三重"之三世的用意何在？细味康氏对"王天下有三重焉"的后半句"其寡过矣乎"的解释，我们能找到一些线索。他说：

> 盖世运既变，则旧法皆弊而生过矣，故必进化而后寡过也。孔子之法，务在因时。当草昧乱世，教化未至，而行太平之制，必生大害；当升平世，而仍守据乱，亦生大害也。……孔子思患而预防之，故制三重之道，待后世之变通，以去其弊，此孔子立法之至仁也。❶

我们熟悉的简洁版本，是三世说初创时期的阶段成果。康有为当时的思想，将主要精力集中于"进化"，致力于追寻最完美的大同理想。是时，康氏常强调时世已变，法度也须变革，这种表述在上面的引文中也再次出现。可以说，简洁版本的建立以《大同书》的完成为标志，奠定了三世说"进化"的主调，同时带有乐观的色彩。

然而，康氏提出"三世三重"说之时，又在进化的向度之外，特意突出"孔子之法，务在因时"的向度。"时"更多地考虑法度与时势的适应，例如乱世不可行太平法，升平世不可继用据乱法。简洁版本的三世说具有一往无前的理论风格。如果说这一风格由理论思考的彻底性、系统性而来，那么围绕"时"的审慎考虑，就构成了对过往激进性与乐观主义的一种矫正。"时"的审慎考虑

---

❶ 康有为：《中庸注》，223 页。

具体指什么？又如何体现为大三世、小三世的嵌套？对于这些问题的考虑，《中庸注》只给出了形式，具体案例载于《孟子微》之中。

《孟子》"君子之于物也，爱之而弗仁；于民也，仁之而弗亲。亲亲而仁民，仁民而爱物"一语，一直是儒家关于伦理关系的经典教诲。康有为则将其纳入三世说，发挥为世运之进化。他首先说：

> 孔子立三世之法：拨乱世仁不能远，故但亲亲；升平世仁及同类，故能仁民；太平世众生如一，故兼爱物。仁既有等差，亦因世为进退大小。❶

我们可将这一段视作简洁版本的三世说。如果用《大同书》的"去界"理论来审视，拨乱到升平是"去家界"而进至"仁运"，升平世至太平是"去类界"而泛爱众生。

接下来，"时"的主题便再度浮现。康有为分别就亲人与他人、人与禽兽万物两方面，反复叮嘱"法"必因其"时"而施。他说：

> 大同之世，人人不独亲其亲、子其子。禹稷当平世，视人溺犹己溺，人饥犹己饥，人人平等，爱人若己，故平世之仁广远，不独亲亲矣。颜子当乱世，乡邻有斗亦闭户，惟被发而救同室，故知乱世但亲亲。其时不同，故其理亦不同也。
>
> 方当乱世升平，经营人道之未至，民未能仁，何暇及物？

---

❶ 康有为：《孟子微》，《全集》第五集，415 页。

故仅能少加节制,以减杀机。……至于太平世,众生如一,必戒杀生。当时物理化学日精,必能制物代肉,则虎豹豺狼之兽久已绝种,所余皆仁兽美鸟,众生熙熙,同登春台矣。佛之戒杀,在孔子太平世必行之道,但佛倡之太早,故未可行。必待太平世,乃普天同乐,众生同安,人怀慈惠,家止争杀,然后人人同之也。❶

这些不厌其烦的说明传递出了如下的直观感受:三世进化不是一往无前的,去界—进化的道路充满了阻碍。突出"时"就是突出"法"有必要的前提条件。像这里仁民、爱物之法的普遍施行,需要复杂甚至特殊的文明条件作为支撑。

事实上,我们已通过稿本《大同书》的脉络知道,"去家界"之前先须"去级界""形界",而从"去家界"到"去类界"还隔着许多关口。是故接下来,康有为就将"亲亲""仁民""爱物"的大框架,进行了一次"三重"的嵌套。中间补充了新的去界任务,与稿本脉络形成了一定的呼应。他说:

> 凡世有进化,仁有轨道,世之仁有大小,即轨道大小,未至其时,不可强为。孔子非不欲在拨乱之世遽行平等、大同、戒杀之义,而实不能强也。可行者乃谓之道,故立此三等以待世之进化焉。一世之中又有三世,据乱之中有太平,太平之中有据乱。如仅识族制亲亲,据乱之据乱也;内其国,则据乱之太平矣;中国夷狄如一,太平之据乱也;众生若一,太平之太平也。一世之中有三世,故可推为九世,又可推为八十一世,

---

❶ 康有为:《孟子微》,《全集》第五集,415 页。

以至于无穷。❶

康氏认为，从亲亲的起点到爱物的终点，不只有"家界""类界"要破，还须经历"内其国"到"中国夷狄如一"的进程，而这是"去国界"和"去种界"的任务。这个认识促成了康有为三世说的转变——三世必须重叠为九世。何以如此？乍看起来，"亲亲"到"仁民"是一层简单的推爱。但我们若思考其如何实现，其间就必须再细分爱他人的范围，以期一步步抵达：先期许普遍地爱同一地域、邦国的人，再期许普遍地爱同一形貌肤色的人，最终才期许普遍地爱一切人。要完成这些步骤，须配合"去国界""去种界"的额外努力。可见，是去界本身的复杂性，或者说是人类生活本身的复杂性，使康有为认识到三世的简单框架的不足，必须扩展为九世、八十一世。

在"去家界"之外，还须牵连出"去国界""去种界"，才能抵达爱"人"本身的"仁运"之大同。这一从实践出发的考虑，恰恰反过来表明，家界、国界、种界是层层嵌合的存在链条，最后一环才是"人"本身的观念，守着人与禽兽万物间的"类界"。事实上，每个人都在家庭中存在，在政治秩序与社会阶层中存在，也在国家、族群、历史传统中存在，最终在"人"的共同体中存在。级界与产界、形界与家界、国界与种界，一并存在于每个人身上。文明生活正是由他们共同建立起来的。那么，每种单独的去界工作，都必然牵连出其余诸界，实际上也就是牵连出文明生活的整个结构。

康氏这里只标示出了"去国界""种界"。我们还记得，"去家

---

❶ 康有为：《孟子微》，《全集》第五集，415—416页。

界"还须"去级界""形界"的铺垫,"去类界"也基于太多的先决条件。不难想见,再将这些因素考虑进去,亲亲、仁民、爱物的三世还将需要更多次的"三重",以至八十一世、无量世了。总之,文明生活本身是诸存在领域相互纽结、嵌扣的整体,去界的每一步都势必十分艰难。认识到这一点的康有为,便将三世重叠为九世、八十一世,以容纳所有牵涉到的现实因素,并表明进化之路的漫长。我们也可以想象,那个尽破诸界的《大同书》,盖应居于八十一世以至无量世的最后一站。

所以,"三世三重"之说是对简洁版本的一种修正,展现了一种新的意义上的通往大同之路,从而构成对《大同书》层层去界之路的修正。稿本脉络的主要特征是层层剥析、逐级下探。只要将小康文明的各个存在领域,由浅至深逐一破去,就将实现大同。稿本由此勾勒出一幅清晰直截的进化路线图。路线越清晰,描绘的大同越完整真切;大同离我们越近,进化之路越短。所以,简洁版本的三世说必然呈现前述的乐观倾向与激进色彩。

然而,这一系列说法纯粹是思想构造的产物。只要深入反思这些说法的性质,我们就会意识到这一点。思想在认识问题时,是分层讨论、逐个剥析的。就像《大同书》的去界之路,其实是对文明生活各因素的一条由浅及深的认识之路。但思想在剥析的时候,往往会忽略各存在领域之间的接榫关系。

我们或可以这样比喻康氏的"去界"之思。可将小康世的文明秩序比作一栋房屋,康氏认为只有将其彻底拆除,才能成就大同文明,那么《大同书》的去界顺序,就如同设计图纸上标示的拆除顺序。但是,真正动手施工时,工人却发现难以下手,因为门窗、管道、墙壁、梁栋、地基相互嵌扣在一起。不拆除墙壁,管道就没法彻底拆除;拆除墙壁,梁栋又岌岌可危。诸"界"之间牵一发而动全身,按照图纸所示的方法贸然去界,很可能中途就轰然倒塌,得不偿失。这是来自现实世界的警示。

"三世三重"之说的提出与应用,默认了文明生活是一个整体。现实中的去界—进化之路必须小心翼翼,不能像思想世界中那般大步流星。康有为用"三重"的戏法,无限细分整个进化之路,将其无限拉长。我们可以想象,这条路上没有"二三百年""数百年"的时间标尺,只有细密的任务表。这张任务表后面的大半部分,甚至很可能都是空白,有待后圣周密规划。

以上所述,是康有为思维形式的调整。此外,对于三世说作为历史哲学的面貌及其激进效应而言,"三重"之法也是一种解药。我们说过,三世说的历史哲学面貌,有多重促成因素。其中之一,便是康有为用此理论框架来定位世界各国的文明形态。这一做法将不同国家排列在进化之路上的不同历史阶段。不只中西,各国、各文明之间都构成一种古今关系。康氏这样做的初衷,是帮助中国认清形势,走上变革之路。但最初他可能没有想到,简洁的三段论一旦投入历史会造成怎样的激进后果。

通过中部讨论我们看到,三世内部的张力是巨大的。这一方面意味着,太平大同法对据乱小康法施加了巨大的文明压力。在很多描述中,康有为将大同与小康化约为文明与野蛮的对立。另一方面这也意味着,太平大同法的诱惑是巨大的。无论是鲜活动人的大同图景,还是清晰有序的进化路线,康氏的每一次着意描绘都拉近了小康与大同的"心理距离",仿佛离大同只有一步之遥。他最初用此框架做出的判断是:中国尚处于据乱,欧美已登升平,渐进于太平。对中国来说,欧美既是文明理想的化身,也是可触及的未来。这为本就渴求变革的中国,增添了进化的乐观情绪。康门群体接触三世与大同学说后,可谓欣喜若狂。三世说内在的激进色彩，于此可见一斑。

然而，戊戌后国内局势激变，弟子纷纷转向革命与自己决裂，这极大震动了康有为。于是，从具体内容到整体框架，他全面调整了自己的历史判断。《中庸注》的"三重"之法是其重要表现。在《中庸》"万物并育而不相害，道并行而不相悖"一句的启示下，康有为有一段很长的申述：

> 盖尝论之，以古今之世言之，有据乱、升平、太平之殊，不可少易；而以大地之世言之，则亦有拨乱、升平、太平之殊，而不可去一也。
>
> 即以今世推之，中国之苗猺狪獞，南洋之巫来由吉宁人，非洲之黑人，美洲之烟剪人，今据乱世之据乱矣；印度、土耳其、波斯颇有礼教政治，可谓据乱之升平矣；若美国之人人自主，可谓据乱之升平矣。今治苗猺黎狪、非洲黑人之法，必设酋长，别其男女，教之读书，粗定法律，严其争杀，导之礼让，斯可矣。若遽行美国之法，则躐等而争杀必多，待进化至于印度、波斯，乃可进变于美国也。太平与据乱相近而实远，据乱与升平相反而实近。而美国风俗之弊坏，宜改良进化者，其道固多……
>
> 故今者，大地之中，三世之道并行，法则悖矣，而治世之意各得其宜，则未尝小悖也。中国之苗猺狪獞，番黎狆狄，与我神明之胄并育一也，各用其据乱升平之道而不相害。美国之土人与白人并育一也，各用其据乱升平之道而不相害。非洲黑人与白人并育一也，各用据乱升平之道而不相害。若夫一世之中，条理万千，乃成治法，如百川之纷流焉……惟其道能错行

代明，并育不害，并行不悖，此孔子所以与天地同大也。❶

上文已述，"三重"之法的作用，一是将三世框架不断细化，二是将整体的进化之路拉长。这构成了对历史哲学面貌的全面调整。在宏观尺度上，原本只和据乱世隔着一个升平世的《大同书》，在重叠为九世乃至八十一世后，被推向了无穷远的未来。这就刺破了太平大同仿佛触手可及的幻象，进而也使得欧美不再是理想文明形态的示例和化身。流亡之初，康有为先到加拿大、英国旅居过大半年，对西方社会有了更直接的了解。随后他才定居槟榔屿、大吉岭，集中写作了《大同书》《中庸注》《春秋笔削大义微言考》《孟子微》《论语注》等作品。引文中他已直言："美国风俗之弊坏，宜改良进化者，其道固多。"而在《大同书》中，他评价欧美只是近于升平，并明确指出其不足。❷ 后来，他再度深入游览西欧各国，更是坦承："今观孔子三世之道，至今未能尽其升平之世，况太平世、大同世乎？……吾昔者视欧美过高，以为可渐至大同，由今按之，则升平尚未至也。"❸ 总之，欧美不再是"大三世"层面上升平、太平的样板，而只是和中国同处据乱中的"小三世"之太平，不值得亦步亦趋地模仿。

大同理想被推远悬隔，欧美也被剥去了作为理想化身的幻象，都纾解了进化的压力与诱惑。"三重"之法最终将三世说的视线焦点，拉回到具体的时势处境。经过"三重"的复杂化，进化之路被切分成一个个具体的"法"，消解了三段论或两段论的对立紧张。在九世乃至八十一世的视野下，大同只是个遥远的理想参照，

---

❶ 康有为：《中庸注》，227—228 页。段落为笔者所分。
❷ 康有为：《大同书》，7、17、55、100、107、109、143 页。
❸ 康有为：《意大利游记》，《全集》第七集，374 页。

重要的是每一具体的"法"如何适配其"时"。

这意味着，每个具体的秩序类型，都有其"当时"的存在意义。正如黑人、印第安人用据乱之据乱法，印度、波斯用据乱之升平法，美国用据乱之太平法，都顺应了历史处境和实际需要，符合某种历史的正当性。改革的必要并不因此被否认。这只是意味着，在制定改革方案时，与价值的理想程度相比，更应优先考虑时势处境与改革的尺度。就像黑人、印第安人的社会应先建立礼义秩序，进于印度、波斯的境况，不可贪慕美国之法，躐等越级。❶ 由此康氏承认，各文明的程度不一是世界的基本图景，即使"将来太平之世，各种未齐，亦必有太平之据乱者存，此亦无可如何者也"。❷ 大同理想追求绝对同一而无差异，如果说世界的永恒命运是错行代明、并行不悖，那么二者又暗暗构成了一对张力。

当然，这也不是推翻了三世说的进化意味。"三重"的办法还是康氏自我校正的一种方式，用以重新把握进化意味的尺度。经过这一调校，"天生主义"的大同悬挂在几乎无法抵达的未来，作为文明的理想类型照临着当世，通往大同之路也没有了固定明晰的路线图。三世说的意义也随之改变——既系连着理想价值，又审慎地判断时势处境，给出稳健可行的改革方案。在某种程度上，

---

❶ "此三世者同时并见，则如苗猺番黎、非洲之黑人为据乱之乱世，土耳其、波斯、印度为据乱之升平，而美国已至据乱之太平。故一世中有三世焉。将来人种既合，地球既一，终有未尽进化之人种，故至太平世，亦有太平世之据乱，太平世之太平焉。故三世可重为九世。《中庸》曰'王天下有三重焉，其寡过矣乎'，必有三重之法，而后变通而无弊也。由九世可变通至八十一世，由八十一世可推至无量数不可思议之世。"康有为：《春秋笔削大义微言考》，《全集》第六集，17 页。"然世有三重：有乱世中之升平、太平，有太平中之升平、据乱。故美国之进化，有红皮土番，中国之文明，亦有苗猺獞黎。一世之中可分三世，三世可推为九世，九世可推为八十一世，八十一世可推为千万世，为无量世。"康有为：《论语注》，28 页。

❷ 康有为：《中庸注》，228 页。

这是政治哲学的任务和功能。

若就康有为思想和著作的整个历程来看，1901—1902年集中完成《大同书》与几部经典的注释，是一次标志性的转折。由《中庸注》发端，渗入《春秋笔削大义微言考》《孟子微》《论语注》等的"三世三重"说，是标志之一。它标志着三世说从此前乐观激进的历史进化主义，复归于政治哲学的地基上，采取审慎稳健的态度面对理想、面对现实。在很大程度上，我们仍将此归功于经典世界的启示，正如他思想的最初成形也受惠于经典。

小结　褪去历史哲学的色彩

三世说和《大同书》的实践意图、路线性质与乐观预期，都是其历史哲学色彩的体现。所幸，康有为自己率先从大同幻梦中醒来，刺激他反思的原因有内外两部分。稿本创作过程中暴露出的大同的脆弱，已然提出了某种现实性的警示。这使他开始意识到，作为历史进程的去界之法不可施行。而中国现实的处境，尤其是革命浪潮的翻涌，以及对世界局势的重新认识，也使他反省过往的乐观预期，并十分警惕历史进化色彩的激进影响。无论是来自现实世界，还是某种"现实性"的反馈，都表明一种层次分明的去界—进化之路，是思想一厢情愿的天真。

康有为认识到，人类生活本身是关联在一起的复杂整体。思想可以清晰把握每一存在领域的单独意义，由是确定各领域之间的重要性序列。但它往往遗落了，或者说很难把握各存在领域之间的联系的意义。并且，追求透底至极是康有为一贯的思想风格，所以无论是勾勒大同与进化之路时的务致清晰，还是三世或小康—大同框架的简洁特征,都是他思想力量的表现。

但是,这种思想认识的顺序一旦转化为历史进化的顺序,就会变得十分危险。一方面,每一种去界工作都不可能彻底施行,且必然釜底抽薪地威胁整个文明体系。另一方面,明晰的路线和鲜活的未来,都会转化为"文明革命"的诱惑。历史对提前预知的未来,毫无等待的耐心。所以我们看到,"三世三重"说转变为渐进的、审慎调校的风格,不再带有阶段式的、彻底性的追求。而《大同书》刊本脉络的调整,标志着他放弃了思想曾给出的脉络次序。乙部"去国界合大地"的上升、面世,是直接针对民族国家格局的批判。其余的去界之法就交给虚空的未来。

他还认识到,历史世界自有其复杂性和独立性。历史哲学的基本信念是,历史世界会追随思想与理论的脚步前进。晚清民国云谲波诡的内外环境下,康氏一直秘藏稿本。至"建国"任务初步实现,世界局势稍显转机,才使得"去国界合大地"之法跃升、面世。这典型表现了历史世界有独立性,并反过来影响到了思想的展开。在"三世三重"说中,这一方面更被提炼成"时"的观念。强调"法"必适其"时",也就是承认了历史处境决定该施用何种"法",以矫正线性进化思路。

最后,我们不妨借助康氏的一则逸事,来总结他前后的思想转折。1905 年游历巴黎时,康有为曾乘坐热气球游览,让他恍然有飞入诸天之感❶,是一次让他极难忘的经历,他后来专门作《巴黎登气球歌》,纪念这次极难忘的经历。最末一句颇具象征意味:

---

❶ "诸天世界多乐土,一星一界何殷繁。……其俗大同无争斗,其世太平人圣贤。"康有为:《巴黎登气球歌》,《全集》第十二集,249 页。

> 我幸得时一升天，天上旧梦犹迷濛。❶

　　大同和诸天一样，都在"天"上。"天生主义"就是康有为从经学资源中挖掘、构造出的"热气球"。康有为乘着"天生主义"一路上升，穷极了对文明所有最美好的想象。从高空望去，地上的一切都变得渺小、局促和简陋。从高悬在上的大同视角看去，康有为重新审视世界的文明图景，也为中国的文明转型标明了方向，由此给出了他对近代文明变局最彻底的回答。历史哲学的色彩，就这么随着"天生主义"的层层去界之路，而层层涂满了大同的幻梦。可以想见，康有为漫游大同世界时的心情，和悬浮在半空中观想诸天时是一样的——兴奋、新奇，甚至有些迷眩、发烧。

　　乘着热气球升天，一如在思想上游历大同世界乃至诸天。在很大程度上，我们还是应该承认，能够"升天"是康有为有幸"得时"。热气球不就是现代科学技术改变人类命运的一种巧妙隐喻？那正是他相信文明会进化的重要支撑。而思想上的"热气球"，除了"天生主义"，还有孔子"改制教主"说。近代中国的文明变局和经学传统的思想资源，在康氏这里相互碰撞。"天生主义"与孔子"改制教主"说正从中激发出来。世运起伏转迁所敞开的历史契机，只有敏锐的"先时之人物"才能抓住；而乘此风扶摇直上，也成了思想家的使命。在此意义上，三世说呈现出的历史哲学色彩，也是思想建构的某种必然。非如此彻底，不足以为世界的文明图景，重新奠定一个由经学展开的基础。

　　不过，"升天"之旅只是短暂的幻梦，它必然重新下降，返回

---

❶ 康有为：《巴黎登气球歌》，《全集》第十二集，249页。

地面。这是因为,"天"上即使有诸般美好,人也不可能长久地活在"天"上。并且"升天"之旅本身就极危险,康有为之后的下一批旅客就发生了意外:"继我登者球坠地,诸客骨折心忡忡。吾女同璧后来游,球不复用天难通。"❶ 这同样不失为一种微妙隐喻:斩断了诸多自然根基而实现"天生主义"的大同,只可能是空中楼阁。大同固然完美,但其脆弱性恰恰在于不能持久长存。层层去界的进化之路也会面临重重阻隔或陷阱,中道崩坼几乎是必然的。当他返回坚实的地面之上,清醒的现实感驱散了历史进化的迷眩,康有为重新认识到人性自然有着不可替代的意义,便做出了上述的理论调整。

---

❶ 康有为:《巴黎登气球歌》,《全集》第十二集,249 页。

第3章
难以把握的进化尺度

一 从"温故知新"说起

本书当中我们反复谈到，笃信孔子的文明意义、笃信经典塑造文明的力量，是康有为一步步构造出三世说的精神动力。但也正是这一动力突破了经学传统的限度，抵达到古人所不敢想望的一种信念：经典世界一步步引导历史世界前进，历史世界是实现经典法度的过程。这一信念的突破，虽然带来了极强的感召力，这是康有为所期望的，但也带来了他预想不到的后遗症。康有为和古典的差异，我们通过《论语》"温故知新"一句的解释就能窥见。

首先，这句话在《论语》中出现，本身就很有意味。作为中国历史上第一位老师，孔子给了"师"一个定义："温故而知新，可以为师矣。"这句看似平淡的描述，要结合孔门传习的内容，才能理解其深意。孔门传习自以六经为首要，那么对六经的传习而言，何以为"师"者必须温故知新？表面看来，六经是孔子正定的经典文本，后学通过传抄、阅读就能够学习，但事实上并不如此。早期的传经都是师弟间的口耳相传，把握经典的意蕴须通过老师讲解。其中很多是文字表面之外的内容，非有沉潜多年的智慧，不足以透达地阐发。

那么，师说自然就包括"温故"和"知新"两方面。"温故"是温寻师说、不使忘失；"知新"是于先师大义外再蕴新得，以丰富经义，继续传承下去。❶ 也就是说，只有通过师弟间一代代传承与丰富，六经才成其为"学"，经学才能成为一门有生命力的学问。所以，早期经学不重文本，而重师法、家法。

并且，"师"不仅是传习学问的枢纽，还隐含着一重政治的身份。在三代"官师合一"的传统中，师是掌握着某种技艺的人。在孔门的努力下，六经作为塑造美好生活的知识与技艺，替代了礼、乐、射、御、书、数，而蒙"六艺"之名。孔门开创出的这一类新"技艺"，使世人顺理成章地相信，掌握六艺的经师有资格参与政治生活。这就是为何《学记》称："能为师然后能为长，能为长然后能为君，故师也者，所以学为君也。"这也是董仲舒、公孙弘等建立五经博士所实现的成就。所以，踏入政治生活的经师，作为这门学问的承担者，本身就是经典世界与历史世界交汇的枢纽。他们必备的智慧同样应概括为"温故知新"。启发我们的是汉成帝选拔博士的诏令，其中有言：

> 儒林之官，四海渊源，宜皆明于古今，温故知新，通达国体，故谓之博士。❷

"明于古今，温故知新，通达国体"三语意义通贯。何以经师的"温故知新"，既要"明于古今"，也要"通达国体"？这还

---

❶ 参皇侃：《论语义疏》，33 页。朱熹：《四书章句集注》，57 页。
❷ 班固：《汉书》，313 页。

要从经典世界和历史世界的疏离来看。从表面上看,经典世界表现为古典圣王时代的追忆,历史世界是层出不穷的新处境与新问题。就道理上言,经典是"讲道理"的价值世界,而历史世界往往"不讲道理",是由诸多偶然性碰撞出的复杂处境。作为沟通这两个截然异质的世界的桥梁,经师在温寻经义的同时,需要敏锐洞察当下的处境,继而在"明于古今""通达国体"的基础上阐发新义,使历史世界仍受经典的浸润。所以说,经典世界不是直接同历史世界"照面"。经典中的义理、制度、仪节都不可能照搬进现实,而应该通过经师"温故知新"的智慧,使经典以一种温和又高明的方式浸润现实。❶这才能使经学保持长久的生命力。

然而,当经典世界与历史世界交织为一条文明史的道路,成为一种不断朝向理想进化的运动,"温故知新"的"师"在康有为这里又扮演着什么角色?我们看看他的解释:

> 凡立教为师者,学当无穷。温,寻绎也。故,古也。王充曰:"知古不知今,谓之陆沉;知今不知古,谓之盲瞽。"故凡大地数千万年前之陈迹必尽寻求之,然后可应;世间数千万年后之新理必日知之,然后可启来者。且细加寻绎,故中即有新机。闻知既多,新即可证故物。新故互证,其教乃当而不谬,

---

❶ "'明于古今,温故知新,通达国体',是博士的基本特征,这种特征所强调的,是'古'与'今'的勾连、'故'与'新'的结合。也就是说,博士决不止是经由师法、家法的经义传承者,不止是掌握经文的'知识',而且更应该在学古中知今,在温故中知新,要通达国体,理解现实,才能懂得如何运用经义。……这是因为,经义作为人世间生活的基本价值,寄寓着'百王不易之道',但是,他们面对的是转瞬即逝的具体问题。要运用经书中永恒不变的真理,来面对现实中转瞬即逝的问题,需要的便不止是对经义的精深理解,而且是对现实的深刻洞察,也就是需要高超的政治技艺,才能避免照本宣科,才能制定好相关的制度与政策,使国家政教既能针对现实问题,又能使人民日迁于善而不自知。"陈壁生:《孝经学史》,99 页。

变而益通。

孔子盖恐传教之人，能守道者，则守旧太拘，而不知时变新理，以尽前民；知变通者，又好新太过，而勇于扫故义，而不知保全旧粹。若是者，以为治，不能为长；若传教，不能为师。❶

在前述理解中，"温故"与"知新"总归存在区别，只有好的经师才能贯通它们。但在康有为这里，"故"与"新"是文明史这一层面的两个向度。"故"指古老的、过往的文明史，"新"指当下或未来的更好文明。

这是因为，通过孔子"改制立教"理论的扭转，康有为把"文明"规定为经学的主题，将经典世界与历史世界交汇为同一条文明史的脉络。这样一来，原本须由经师来贯通的"温故"与"知新"，变成了同一条道路的前后两个方向。由此，"师"的形象从经师变成了"传教"者。我们对"传教"不能做流俗的理解。他们的工作可区分出学问和实践两个层面。

在过往的文明史中寻绎可通往未来的价值，在新的文明经验下验证过往得出的文明规律，正是"孔子改制"理论实际发挥的效用。我们在上部和中部反复见到康有为运用这一理论得出三世进化之法。古典的"温故知新"是义理不断传承与丰富的过程，但在康有为这里，"温故知新"是在已知的文明经验中，发掘文明发展的规律，构想出更好的文明类型。

就实践层面看，考虑到现实处境的特殊与多变，经师出于"温故知新"的智慧，治法无一定之方；而节次明确的三世进化之

---

❶ 康有为：《论语注》，22页。

法，则会直接进入现实。因此，传教者"温故知新"的实践智慧，是在进化的道路上掌握"新"与"旧"、保守与变革的尺度。然而，三世说本身的"进化"趋向，使得这一尺度的把握格外困难。

表面上看，"新"与"旧"、稳健与革新是同一轴线上相对的两个方向，但它们内在的力量并不对等。因为，"进化"实质就是新的文明替代古的文明的过程。当文明史朝着实现大同的目标运动，革新总是比稳健更具正当性。是故，康有为在注解"温故知新"时，最终还是归结到"孔子美其温故之已能，而戒其知新之不足，其瞻言远矣"❶这一宗旨上。对停滞委顿很久的中国文明而言，变革是唯一的出路。

然而，当这种迫切意图以历史必然进化的法则呈现出来时，"新"就压倒了"旧"，变革就压倒稳健。这预示了20世纪思想舞台上，激进与稳健的反复交战，而总体趋势是激进步步为营，稳健节节败退。所以，三世说在指导变革时，必然面临一种尺度的困难：如何在稳健与变革的张力间，把握适中的"进化"尺度？更明确地说，鉴于三世说自身的"进化"趋向，何以应该激进、何时应该保守和稳健，才是必须解释又最难解释的环节。

这一困难随着中国当时局势的变化而暴露了出来。庚子后，康门不少弟子转向革命群体。至1903年，邹容《革命军》和章太炎《驳康有为论革命书》出，革命团体和刊物日兴，同盟会、光复会、华兴会和《江苏》、《浙江潮》、《新广东》等鼓荡起了极大的风潮。这一年，以共和、民权、自由、平等为蓝图的现代革命进程，开始成为历史的主角，开始演绎起那延续了大半个世纪的跌宕剧目。在世运的突进之下，康有为原本对中国处境的判断，

---

❶ 康有为：《论语注》，22页。

反而从超前转向了保守。

此后,他在一篇政论《中华救国论》(1912)中,再次提到了"温故知新"。其中的态度就和《论语注》不一样了。他说:

> 旧者有坚固之益,新者顺时变之宜,二者不可偏废也。**故孔子曰:温故而知新。双轮并驰,则车行至稳也。英国之为治也,常新旧并行。其温故者操守极坚,其知新者进行不失,二者相牵相制,且前且却,各一步而一骤,而得其调和焉,故常守旧而能保俗,而又更新以争时。**……法国之为俗也,知进而不知退,知得而不知丧,知更新而不知守旧,故轻佻浮动,一跃千里,而一败几于不可复振。……夫变通者,趋时者也,岂可以已,况于今乎?但行之有序,不可太骤然太甚,**温故知新,保其已有之善,增其未备之美,则进取不失时,而稳固不失步矣。**❶

康有为认为,英国革命是中国现代转型应效仿的典范。但第一次共和革命所效仿的,却是法国大革命的进程和美国式的政制。仅十年间,中国的文明进程就从走得太慢一跃成走得太快。此时康有为再用"温故知新"之说,就更注重保守力量对革新力量的牵制、平衡和稳定作用。可见,"温故知新"的解说不算是康有为的某种理论。他的理论框架仍是三世说。"温故知新"只是他判断进化尺度的一种修辞,如同天平上的游标砝码。但考察"温故知新"解释的意义在于,它的调整更直观地标示出了三世说的尺度困难。

---

❶ 康有为:《中华救国论》,《全集》第九集,315—316页。

因为这其实是一种很特殊的批评。他并非认为共和不美好，所以不应欲求。相反，他承认民主共和（太平大同法）是比君主立宪（升平法）更好的政制。但他又认为，中国仍处于君主制（据乱世）中，所以君主立宪比民主共和更切近、更适合中国的现实。所以，这不是方向、目标的问题，而是尺度的问题。康有为选择了更切近的目标、更稳健的转型。但问题在于，如果文明的道路是朝着最美好的终点运动，那么更美好的政制为何反而更不适合？

总之，综览康有为的一生，一直都在新、旧之间纠葛着。戊戌之前他"太新"，庚子之后他又"太旧"。❶事实上，他一直站在原地，对中国现实的判断不曾动摇过。只不过在庚子以前，他领先于世运，预见了世人对未来的喜悦心情和改革的迫切愿望。他将之转化为历史必然进化的"命令"，以及大同建构中的乐观情绪，其中蕴藏着不少的激进成分。对于这些激进成分尽管他早已有警觉且高度克制，但在他的弟子中却难以抑制地展示了出来。

至庚子后，《大同书》的完成已暴露出三世说的诸多困难，而世运的突进更成了他必须回应的首要难题。值得注意的是，他的回应不只有一系列针对现实的政论文字，同时期的经学著作，也体现着他的理论调整。而贯穿这二者背后的是三世说的调整。也就是说，康有为回应世运突进的理论基础，是原本就带有激进性并在很大程度上启发了20世纪进程的三世说。所以，他后半生和时代的相左，也是对自己的反思。庚子后的世乱，促使他对三世

---

❶ 1918年胡适说："二十年前的中国，骂康有为太新；但二十年后的中国却骂康有为太旧。"胡适：《归国杂感》，《胡适文存》一集，合肥：黄山书社，1996年，454页。1925年时，康有为自己也曾说过："自戊戌以来，旧则攻吾太新，新则攻吾太旧。"康有为：《告国人书》，《全集》第十一集，405页。

说做出了某些关键的调整,以化解其中的激进色彩,从而作为他回应现实的理论支撑。

了解这前前后后整个过程,将有助于我们重新思考三世说的性质和意义。为此,本章将先从头说明,三世说何以存在尺度的困难,其激进性的表现和影响是什么,再详述民初"共和乱局"下三世说的调整,并在这些调整的基础上,提出对三世说性质与意义的另一种解释。

二 三世进化的尺度困难

所谓尺度的困难,实质就是如何避免激烈的社会变革。这是一柄始终抵在乌托邦思想和历史进化论背后的锐剑,让哲人无论如何小心翼翼都躲避不及。在康有为这里,进化的尺度困难从《实理公法全书》时期就表现了出来,这正是我们展开分析的合适入手处。

如中部导论曾述,《实理公法全书》有着突出的"反历史"特征,具体表现在三个方面。第一,实理公法的世界在历史上不曾存在过,甚至超越于人的经验理解之外,如"人各分天地原质以为人""天地生人,本来平等"之类。反而是"比例"中的许多法度,长久地存在于各个文明中,如夫妇、父子之伦,君主制等。第二,该书展示了文明进化的乐观信念。❶实理公法和比例诸法的阶梯式排布,最直观地展现了这种历史目的论和进化的过程。历

---

❶ "自有此书,古圣之得失纤毫毕见,生民之智学日益不穷。学者但能解此书一过,则其知识所及,较之古圣已过之远甚。"康有为:《实理公法全书》,《全集》第一集,143页。

史进化论要求历史世界追随思想构造出的理想类型而前行。康有为这样排比，暗示着比例诸法应拾级而上，最终实现实理公法的世界。第三，历史进化论实质上是一套文明史理论，是思想对文明史之意义、图景和走向的全面掌控。过于强势的文明理论，将吞噬历史世界的独立意义，很容易忽视历史世界的特殊性。对于历史世界的"不讲道理"与不遂人愿，古人往往用"时""势"二字来表示。

不过，康有为也不是完全遗忘了这一点。历史世界的特殊性，通过另一种角度表现了出来。这是他建构三世进化的思想过程中，始终潜藏着的另一条暗线。向我们提示这一点的，是他计划着与《实理公法全书》搭配使用的另一本书——《公法会通》。他称："此书乃《实理公法全书》之向导官也。"❶ 如果说《实理公法全书》梳理出了文明进化的路线，《公法会通》则是它的"实践手册"。前者主要是理论规划，后者则直面进化过程中的操作困难。所以，与《实理公法全书》站在文明的高点审视历史不同，在《公法会通》中，康有为不得不考虑历史与现实的特殊性。

我们来看几则典型的例子。首先他说：

> 凡讲求万身公法之人，身在某国，则行事即不得违犯某国之律例。❷

"讲求"指研习实理公法。康有为要求，一个人在接触到实理公法世界的美好的同时，仍须遵守所在历史处境的比例之法。实

---

❶ 康有为：《万身公法书籍目录提要》，《全集》第一集，143页。
❷ 康有为：《公法会通》，《全集》第一集，161页。

理公法占据着他的心思，历史处境管束着他的言行❶，二者的紧张拉扯着这个人。这一奇特规定，有些类似于表现思想世界与历史处境之间张力的西方著名意象——"洞穴比喻"。他的衷告是，既然身处历史的"洞穴"中，就不要宣扬"洞穴"之外有多好，也不要想在其中过着"洞穴"之外的生活。不过，既然《公法会通》是《实理公法全书》的配套作品，他将此规定置于历史进化的背景下，又是种很难理解的矛盾。当人获得了绝对美好的文明图景，并深信历史必然抵达这一终点时，人们凭什么还愿意活在旧有的、不够完美的历史处境中？

除了个体之中的紧张，理想与现实的紧张放大到文明的进化过程，就表现为尺度的困难。康有为说：

> 公法最有益于人道，固不待言，然行事亦当有次序也。假如某国执政之人深知公法之美，甚欲变法，然其国现时所用之法，仅在比例之末，则转变之始，当变为彼例之首者，俟再变，乃至直用公法，庶无骤变而多伤之患也。❷

康有为的根本信念，是相信理想世界与历史世界终将合一。但他又指出，这必须是个过程，并且是一个漫长的、不可超越的、须把握尺度的过程。原本在《实理公法全书》中，实理公法与比例诸法所排列成的阶梯，是从"上"向"下"看的，在完美文明的映照下，各显其不完美。但在《公法会通》里，这架阶梯是由"下"向"上"看的。不过，历史为什么必须一步步地走，尤其

---

❶ 这不禁让我们想起了孔子的"身行乎据乱，而心写乎太平"。
❷ 康有为：《公法会通》，《全集》第一集，161页。

在未来充满诱惑力的时候?当历史进化论充分表现出对公理世界、大同世界的向往,撩拨起人们进化的热情,反而很难解释:理想和现实何以不是一拍即合,而是渐次重叠的?

此时,康有为确实没有正面的回答,只零星透露出些许让他变得审慎的原因。首先他认识到,整个人类文明进程的经验证明,文明进化需要漫长的过程。他说"地球自始生以来,历六万年然后有人类,自有人类以至今日,则不过四千余年耳。今诸地球仅大通之始,知学特萌芽之初,然则培童树者,亦未能施厚料也","自开辟以来,智学未开,恶人得用其术以愚民,民之遭其陷溺久矣。故疗久疾者,不可骤投以峻补之药"。❶康有为很清楚,文明不只是观念的建构和图景的描绘,更是一个建立在现实(历史)土壤之上的实体。就像实体的运动有其惯性,文明也带着它的历史惯性,骤然跃升或弯道加速都有极大的风险。

再者他还认识到,文明关涉着每一个人的福祉。这是他反复强调"实理公法"是"万身公法"的旨意。因此,文明的路径选择与进退尺度都须格外谨慎。至于如何判断已经到了该进化的时刻,他这样解释:"惟公法之意,须令人讲求极熟,使其心深此理,自然乐行,直至反强其不行而不可,乃其行之,斯合'公法'二字之宏旨也,且如是方不愧为公法也。"❷相反,时机未到就提出超升躐等的方案,则是对共同体的伤害。他接着说:"故有骤举公法以强人,至其事决裂而多伤者,则公论当转议其过。"❸

我们看到,上述两方面都是文明的现实因素。它们不像平等、自由、博爱等价值观念那样令人遐想。甚至说,这些现实因素难

---

❶ 康有为:《万身公法书籍目录提要》,《全集》第一集,143页。
❷ 康有为:《公法会通》,《全集》第一集,161页。
❸ 康有为:《公法会通》,《全集》第一集,161页。

以用观念来把握，用理论来申述，从而很容易被一种乌托邦思想所忽略。但当康氏开始考虑进化的实践方案时，这些"坚硬"的现实就重新摆在他的面前。不过，上述两方面的考虑，实质意义仍很有限。比如，对于被撩拨起进化热情的人而言，举证称人类曾走过漫长的文明道路，或文明体带有历史惯性，这些都不足为论。因为知识和科技进步，已经担保了现代文明的前进动力"较之古圣已过之远甚"，故而可以跑步前进。再者，康有为上面想以所有人都达成共识，作为判断进化尺度的限定。这不也透露出，想要把握好进化尺度何其困难？

总之，通过对《实理公法全书》和《公法会通》的考察，我们看到，激进性自始就是康有为历史进化哲学的症结。所谓尺度的把握只能略微缓释，无法彻底根治病因。这方面的担忧一直是潜藏着的思想线索。之后在民初"共和乱局"的刺激下，他开启了新一轮的集中反思，那时的诸多论述，明显继承自他的早期思考。

在进入他庚子后的理论调整之前，我们还须对1888—1900年这段时期稍作浏览。1888年上书失败后，康有为重新回到经学的世界，赓续他此前的思考。文明、进化的关怀渗透进他的整个经学体系，也就有了由"改制教主"理论发端而展开的三世说。《实理公法全书》的基因遗传给了三世说，公理世界变身为大同世界，那一架进化的阶梯便转化成了孔子的三世之法。其整体效果甚至是更加激进的。原因在于，世界历史进程简化成了三段话：据乱世（现在）如何，升平世（下一步）如何，太平世（未来最终）如何。三句话就可以说清楚的事情，人们何不乐观、激昂和亢进？

这种乐观预期和实践动力，在康有为身上仍不时展露出来。

例如，前文讨论过他对大同离我们有多远的估算，又如他反复称中国本可"先大地而太平"的幻想。❶ 不过平和地说，我们要考虑到，这段时间是他建构大同理想与三世理论的旺盛时期。相比这些思想本身的力量和丰富性，康有为所表露出的，已然经过一层相当克制的过滤。《公法会通》的规定，首先成了他的自我约束。他严格地将思想带来的狂热，限制在思想世界内部。就像他写作时畅想大同不过在千余年外，但这本《大同书》却一直"秘不以示人，亦从不以此义教学者"❷。我们可以看到，作为思想的创造者，康氏对其力量最清楚，也最为担忧。他一直竭力把握着自己言行的尺度，避免这个过于美好的理想，与中国当下过于紧迫的现实相遇。

但是，康有为自身的克制，并不能约束他的学生和追随者。在略窥见大同世界的美好和文明进化的法则后，他们中的一些人迅速走上了激进变革的道路。这些最先接触大同幻梦者的症候，更能表现出三世进化的激进倾向，也能表现把握进化尺度的困难。事实上，一个略显尴尬的对照是，虽然康氏一直以各种方式提示尺度问题，但也只有他一个人能够把握住所谓的尺度。即使是最亲密的弟子，也理解不了他的洞见和苦心。

根据梁启超的记述，大同理想一经展露，就非康氏所能控制，在康门内部迅速传播。他说："其弟子最初得读此书者，惟陈千秋、梁启超，读则大乐，锐意欲宣传其一部分。有为弗善也，而亦不能禁其所为，后此万木草堂学徒多言大同矣。"❸ 据今所存

---

❶ 康有为：《春秋笔削大义微言考》，《全集》第六集，4页。
❷ 梁启超：《清代学术概论》，82页。
❸ 梁启超：《清代学术概论》，82页。"居一年，乃闻所谓'大同义'者，喜欲狂，锐意谋宣传。有为谓非其时，然不能禁也。"同前书，83—84页。

《康南海先生讲学记》和《万木草堂口说》推测，康有为日常讲授的仅是他思想中的一些纲要和知识，作为他思想果实的三世说与大同理想，其实极少涉及。一个有趣的对比是，茅海建细致考察了戊戌时期康门弟子在《时务报》《知新报》上的政论文章，指出当时康门弟子已相当熟识这套学说，并运用它来议政论事。我们不排除康氏实际上有所教授，或有弟子颖悟自得的可能。但考虑到万木草堂是学长制教学，以及上面梁启超的记述，弟子间相互传诵应该是更主要的学习方式。可见，这套学说实质上在康门弟子间迅速传开了。后来在时务学堂，谭嗣同也迅速被迷住了，梁氏还回忆说："嗣同方治王夫之之学，喜谈名理，谈经济，及交启超，亦盛言大同，运动尤烈。"❶

这套学说的极强吸引力源于两种特质。一是未来的理想色彩，二是理论的简洁特质。并且，它的受众都是血气方刚的青年。当理想遭遇血气，再得知通往大同的路只须几步，一种巨大的世界历史的狂热使命感，就被鼓动起来了。梁启超的"喜欲狂"、谭嗣同的"运动尤烈"是其表现。它进入实践，就会主张全面、激进的变革。我们一直强调，三世说是一套文明史理论。习得这套理论所获得的是一种文明史视野。由此所主张的，便是文明进化意义上的变革。简言之就是主张一场"文明革命"。这典型体现在梁启超对何谓"革命"（Revolution）的理解上。

历来研究只从戊戌失败后，维新派对清廷失去信心这种现实原因，来理解梁启超、欧榘甲、韩文举等康门弟子与革命党的接触，而忽略了他们"转向革命"有更深的思想动力。事实上，正是那段时间，梁启超写过两篇申发"革命"理解的文章——《释

---

❶ 梁启超：《清代学术概论》，84页。

"革"》(1902)和《中国历史上革命之研究》(1904)。两篇文章都旨在表示，想要真正改变中国的面貌，一场易姓鼎革（"狭义的革命"）是不够的，而必须要有一场全面的、剧烈的 Revolution（"广义的革命"）。他说：

> 夫我既受数千年积痼，一切事物，无大无小无上无下，而无不与时势相反，于此而欲易其不适者以底于适，非从根柢处掀而翻之，廓清而辞辟之，乌乎可哉！乌乎可哉！此所以 Revolution 之事业即日人所谓革命，今我所谓变革，为今日救中国独一无二之法门。不由此道而欲以图存，欲以图强，是磨砖作镜、炊沙为饭之类也。❶

梁启超所着眼的，是数千年积累下来的文明形态，不单是作为王朝史一环的清廷。他紧接着说明，"革命"也不应限于政治，而应在宗教、道德、学术、文学、风俗、产业等领域发动全面的"革命"。这更坐实了他期许的是一场"文明的革命"。推翻清廷是在"文明革命"的总范畴下，作为政治革命的一种方案而被允许，这才使梁启超与革命党产生了交集。这种立足于文明的宏大视野，是康有为所授予他的。但自"从根柢处掀而翻之，廓清而辞辟之"的态度可知，他显然已将老师的教诲抛诸脑后了。

不止于视野的一贯，"人为天生"这一大同建构的核心动力，在康门弟子和追随者身上的痕迹同样明显。例如，谭嗣同对人伦纲常的批判："且即以据乱之世而论，言伦常而不临之以天，已为偏而不全，其积重之弊，将不可计矣；况又妄益之以三纲，明

---

❶ 梁启超：《释"革"》，《饮冰室文集之九》（《饮冰室合集》），791—792 页。

创不平等之法,轩轾凿枘,以苦父天母地之人。"❶ 人有"父天母地"、当"临之以天"的存在维度,据乱世但言伦常与三纲辖制人性等,这些说法我们都再熟悉不过了。由"人为天生"说搭建起理想的大同世界,由此反过来批判现实的伦理生活,成了构成三世说的核心机制。当这套理论再度蒙上历史进化的必然色彩,就很容易鼓舞起青年"冲决网罗"的决心。

由是,"人为天生"说也就成了他们的理论旗帜。欧榘甲《中国历代革命说略》,这一同样论"革命"的文章就极为典型。文章继承了多种康氏学说,并将它们混合成了一种煽动性极强的叙述。其中认为,"革命"是文明进化的动力,黄帝之征伐是家族制文明下的"革命",汤武之征伐是进入国家制文明下的"革命",以此暗示"庶民革命"的必然性。当古典的"圣王革命"和现代的"民主革命"被编织进同一种"革命"叙述时,这首先反映出"圣王"形象的陷落。当然这是康有为率先勇敢地以"托古"说所抛弃的。再者,古今两种"革命"的唯一交集,便是易姓鼎革意义上的"革命"。这种"革命"必然经历暴动、流血的过程。是故,欧榘甲说:

> 夫革命者,莫不藉铁血之威,掷千百头颅,流千百膏血以易之,则彼至仁大圣者,何取于是,而目之为应天顺人哉?**盖天之生人也,人人赋之以自由之权、独立之性,人人尽其自由之权、独立之性而不相侵,斯谓之能守其职,人人捐其自由之权、独立之性而不相吝,斯谓之能成公益,如是则均平、则安荣、无偏无颇、众民欣和。若夫纵一己之自由而压众

---

❶ 生活·读书·新知三联书店编:《谭嗣同全集》,54—55 页。

人之自由，伸一己之独立而缩众人之独立，是视己如天，视人如畜……夫以犬马奴隶待人，实悖天道，实害人理……**如是则不均不平、不安不乐**……如是，不革命则为黑暗之世、地狱之世，生不如死，有不如无，乾坤毁而天地灭矣。故必有大英雄大豪杰崛起，而涤荡黑暗地狱之世界，而为文明天堂之世界，乃足以相天而生人，则革命者是平天人之憾最良品也。……古今万国之通例，不可规避之事……其理之所必然，而势之无可如何者乎！……《易》曰"龙战于野，其血玄黄"，阴阳之战以血，文明野蛮之交易亦以血，革命者，去野蛮而进文明必经之路也。❶

如若遮住开头和结尾关于"革命"的话，将中间的主体论证插入《大同书》稿本卷二，我们读来不会有任何异质感。前文曾反复说到，"人为天生"说的核心是对"人"本身的珍视与成就。康氏沿此方向推究至极，塑造出这一人人尽其自由、独立，人人能成公益的大同世界。建构大同的力量每多一分，批判据乱小康的力量相应就多一分，由是拉开了大同、小康间的紧绷对立。在大同的映照下，没有哪种文明不存在权力关系和等级秩序。当它们被归因为野蛮的、历史的遗存，就是在默示它们都不应存在。这是思想追求彻底性的结果，促成了线性进化的历史哲学面貌，带来了实践的激进主义。由此，方法只有一个，那就是打破等级秩序的"革命"，并且是一次又一次的不断革命。康有为一定不会有此设想，他更倾向于凭借文明本身的力量，将进化视为人的德

---

❶ 欧榘甲：《中国历代革命说略》，《清议报全编》，收入沈云龙主编：《近代中国史料丛刊》三编第十五辑，台北：文海出版社，1986年，73—78页。粗体为笔者所加。

性与秩序形式的齐头并进。但他也拦不住自身思想的激进因素。这些因素被不断触发和放大,最终背离了"人为天生"的初衷。

所以我们会看到,梁启超对康氏持守"尺度"的不解。这可以代表转向革命的弟子们的一般看法。他说:

> 谓今方为"据乱"之世,只能言小康,不能言大同,言则陷天下于洪水猛兽。……而有为始终谓当以小康义救今世,对于政治问题,对于社会道德问题,皆以维持旧状为职志。自发明一种新理想,自认为至善至美,然不愿其实现,且竭全力以抗之遏之;人类秉性之奇诡,度无以过是者。❶

师弟间的分歧,暴露出三世说在"进化"与"尺度"间的悖反。梁、欧等人激进贯彻了"进化"的逻辑。他们对康有为的不解,也可以看作站在进化立场的康有为,对站在历史世界中的康有为的质难。尽管康有为如此谨慎地遮掩大同的真面目,并反复宣告尺度的必要,但连亲炙弟子都迅速走上"文明革命"的道路。这说明与历史进化的巨大诱惑相比,"尺度"不是真正有说服力的约束。"尺度"最终要依据康有为对中国文明处境的整体判断,这既难以详尽说明,甚至也是不可教的,它需要一种成熟的政治智慧。这也是最终只有他一人守着尺度的原因。

三 民初"共和乱局"下三世说的调整

庚子之后的康有为是孤独的,门下弟子和整个时代都跃马扬

---

❶ 梁启超:《清代学术概论》,82页。

鞭地离他而去。然而正是他先培育出大同理想和进化激情,弟子们才积极投身于文明革命。考虑到这一点,那么世运的突进和自身的孤独处境,即使不完全由他直接造成,他也必须负起一定的责任。对此,康有为颇有些自觉。不过他也不曾直接坦露。这反映为他政论文字背后的一种微妙心态。

一个不起眼但值得深味的细节是,他经常强调自己是首倡公理、大同的人。这些话是我们把握他意图、心境的入手处。他说:

> 仆在中国实首创言公理,首创言民权者……凡此皆天下之公理,万国之大效,而仆生平之素论定志,舍身为之,与天下志士有同心者也。❶

> 中国之人,创言民权者仆也,创言公理者仆也,创言大同者仆也,创言平等者仆也,然皆仆讲学著书之时,预立至仁之理,以待后世之行耳。❷

> 吾三十年前著《大同书》,先发民主共和之义,为中国人最先。……今之极新极异之说,吾廿年前皆已穷思之。❸

标榜自己"先知先觉"的形象,康有为有两重意图。表面是,他最先看清了未来的大同世界。需要注意的是,戊戌时期他无须

---

❶ 康有为:《答南北美洲诸华商论中国只可行立宪不能行革命书》,《全集》第六集,314页。
❷ 康有为:《答南北美洲诸华商论中国只可行立宪不能行革命书》,《全集》第六集,321页。
❸ 康有为:《共和平议》,《全集》第十一集,50、65页。

做此标榜,因那时只有他领先于时代。只是在世运突进之下,他才反而变成了"落后"于时代的保守者。重新标明自己的思想贡献,就是要向革命者表明,在根本的价值理想上自己与他们并无二致。这不算屈从的示好,而是不得不的论说策略,毕竟只有拉近立场才具备说服的可能。

这般铺垫是为了进一步点出:他最先认识到大同的种种危险,及其与当下的遥远距离,故率先从大同幻梦中觉醒。所以,康氏每次标榜后总会话锋一转,表明自己虽开创出大同理想,但不愿前往。如谓:"吾少著《大同书》于世界将来之事,盖无不思及焉,而于一切革命、共和、社会之说,未敢妄出也。"❶ 刺破大同幻梦的原因有内外双重。内在原因是1902年《大同书》完稿,暴露出了大同的脆弱和进化之路阻隔重重,如前两章所论。外部原因则是,大同的诱惑、进化的激情引发了现实的乱局。我们可以感受到,此时康氏再言及大同时的心态,不再是欢欣的预告,而是竭力挽回的忧虑。

而他挽回的方式,却是坚持用三世说来回应现实。考虑到其实这并非理所当然、唯一有效的办法,我们才能体会他的心情和用意。就洞悉现实乱局的深刻而言,康有为的政论已足够直击要害、鞭辟入里。但其中总有几段文字,或是阐发三世说,或重申中国的文明处境。其实,这些才是全篇的说理基础,支撑起他在每个具体问题上的洞察。康有为认清了,文明革命的激进趋向是一切现实乱象的根本症结。只有解除人们的进化狂热,才能根治这一病症。为此,他对三世之"进化"的意义做出了重要调整。政论文字中出现的三世说,还使用了很多独特的说理、全新的

---

❶ 康有为:《中国颠危误在全法欧美而尽弃国粹说》,《全集》第十集,142页。

比喻。

此外，我们还必须提到他的一系列经学著作：《中庸注》(1901)、《春秋笔削大义微言考》(1901)、《孟子微》(1902)、《论语注》(1902)、《礼运注》(1901—1902年前后)。这些作品的背景一方面是《大同书》的完稿；另一方面，正是梁启超、欧榘甲等表露激进面向，鼓荡起文明革命浪潮的开端时刻。这些因素共同迫使康有为调整理论。他的方式便是回到经典世界中，重新获得启发和汲取资源。因为经典传统中从未有过历史进化的幻想。

所以我们会看到，这些作品也都贯穿着三世说的线索，但其呈现的样貌已不同于戊戌时的作品和《大同书》，而和同时期的政论遥相呼应。正如政论必须以三世说的重新阐释为真正基础，康有为在世运开始突进的时刻，以重新深入经典的方式自我反思。他深知，问题的根源在于消解历史进化的思路。经典对"时""命"的讨论，又或者说古人关于"时势"的洞见，是他理论调整的支点。

总而言之，自《实理公法全书》时期就存在的隐忧，在庚子后变成了现实。也正是洪水猛兽般的现实，让康有为下定决心，并用了很大力气，重新对治三世说的激进危险。这一次康有为又更彻底地站在现实的土地上，与过往的自己角力。我们的分析将分两部分。首先是他对民初"共和之乱"的评论。通过对现实的反思，康有为更充分地重视起文明的现实性因素，使现实的特殊性、历史世界的独立性得以展现。随后我们再进入理论的根本调整。

1. 洞悉民初"共和之乱"

政论在康有为的著作中占有很大比重。既包括专题著作类的《官制议》(1901)、《物质救国论》(1904)、《金主币救国议》(1908)、

《理财救国论》（1912）等，还有大量直接的政治评论：《答南北美洲诸华商论中国只可行立宪不能行革命书》（1902）、《与同学诸子梁启超等论印度亡国由于各省自立书》（1902）、《救亡论》（1911）、《共和政体论》（1911）、《中华救国论》（1912）、《共和平议》（1917）等。此外，如再将他有政治比较、文明比较意味的游记作品纳进来，这一范围还将扩大。❶ 如此丰富的讨论，不是短短一节的体量所能容纳的。我们将主要提炼康有为对危乱时局有哪些发人深省的洞察，又何以构成对三世说的反思。

首先他指出，中国当下陷入了文明革命的狂热，主要症结在于盲目歆慕欧美而不审中国之时势。这场热病是从喜新冒进的青年们中先传染开的。他说：

> 至戊戌之后，读东书者日盛，忽得欧美之政俗学说，多中国之所无者，震而惊之，则求之太深，以为欧美致强之本，在其哲学精深，在其革命自由，乃不审中国病本之何如，乃尽弃数千年之教学而从之。于是辛丑以来，自由、革命之潮，弥漫卷拍，几及于负床之孙、三尺之童，以为口头禅矣。❷

> ……后生新学，骤睹欧美学说之富且瑰琦也，浸淫灌注之，不暇思其流弊也，又未深思细考其宜于中国否也。又深愤政府之无道，而思有以救之也，于是大裨贩欧美之新货，运为

---

❶ 游记作为比较政治学的文本，康氏自己即言："吾两年居美、墨、加，七游法，五居瑞士，一游葡，八游英，频游意、比、丹、那，久居瑞典。十六年外，无所事事，考政治乃吾专业也。于世所谓共和，于中国宜否，思之烂熟。"康有为：《共和平议》，《全集》第十一集，2页。2011年清华大学张翔的博士论文《质询革命与跨区域知识——康有为海外游记研究》，是首次对康有为游记所做的研究。

❷ 康有为：《物质救国论》，《全集》第八集，63页。

舶来品之异珍。举国之后生新学，愤政府有同情也，忽见舶来品之新奇也，皆以为神方圣药，服之可起死还生焉。于是举欧美人之自由、自治、平等、革命、共和、民主之说，日昌洋而光大之，展转贩售，弥漫全国。遂以有今日之大乱也，遂以全法欧美而尽弃国粹也。❶

不过，我们也不能将世运迁变都归因于某一群体的浮薄，还是应探讨其背后无法避免的核心问题——古今中西的纠葛。从传统形态转型为现代，是中国面对现代世界来临的题中之义。这一进程的理想展开，本来是从自身的文明传统中生长出一个现代中国。中国自有其古今，正如西方自有其古今一样。但现实是，中国的转型自始就在现代西方的压力下进行。理想状态当然是认识到，中国应自有其现代的未来，当下的西方只是现代文明的某种方案。但对大部分人来说，认识到这一点并不容易。因为摆在中国面前的现代之典型，只有一个西方，只有具体的西方提供了对何谓"现代"的理解。这是眼下最直观的事实。自鸦片战争后，中国变革进程的缓慢、阻滞，和内忧外患下的持续衰颓，都消磨着人们对中国凭自身力量重焕生机的信心。戊戌变法可以说是最后一次机会，它的失败耗尽了国人的信心和耐心，文明革命的浪

---

❶ 康有为：《中国颠危误在全法欧美而尽弃国粹说》，《全集》第十集，142页。又："一二文学好异求速之人，日读法、美之书，而不审中国之势，妄为此说，此以四万万之人命为戏场也。余人不深查本末，但乐闻其民主自立之说，改革新政之言，而嫉于西后、荣禄之割地暴民，遂发愤而从之，徒弃身命、沉宗族，而自鬻其宗邦，即幸于万一必无二仅有之事。"康有为：《共和平议》，《全集》第十一集，64页。又："吾国民之妄想共和也，如饮狂泉，若服迷药。语之以必无共和之望，而彼仍望也；语之以中国与共和隔绝，如渡水无梁，渡海无舟，乘飞机登天而终不可致，非徒不可致，且将遇飙风而坠，折骨而死，而迷共和者仍恐不悟也。"同前书，17页。

潮迅速翻涌了起来。

三世说在这一问题上,也许初衷并不如是,结果却起到了推波助澜的作用。在秩序类型的意义上,康有为从经学中抽绎出不同的价值,建构起不同的文明类型。进而,在运用此框架解释世界历史,和为中国变革指明方向的过程中,三世说才成为一套历史哲学。如此一来,中国和西方就被分别安放在古与今的位置上。在中国处于据乱小康世,西方已进入升平世的说法里,西方就是中国提前遇见的未来的自己。

只有区分开三世说的政治哲学内质,并用其来分析世界文明图景的面貌,我们才能廓清这当中的误解。康有为的初衷是构造"升平法""太平法"来表现平等、通同、仁爱等价值的文明意义。西方只是"升平法"的效验、示范,既不是"法"本身,也不会是实现"法"的唯一方案。但梁启超、欧榘甲等人的表现已经说明,这样清明的辨析难以达致,反而是投身于历史进化的热情更容易被点燃。

进而,文明进化的狂热表现为,着迷于欧美的政治体制和政治理论。这促成了一种相当肤浅的信念——只有采用欧美政体,才能晋升文明。由此造成的结果,表面是自由、平等、权利、共和诸观念登上了时代舞台的中心;更深远的影响则是,形成了文明变革的泛政治化这一可怕的惯性。似乎只有政治革命与政治运动,才是文明更新的唯一手段。

事实上,从全球史视野来看,这是后发国家普遍陷入的灾难。南美洲和印度民主革命后的崩乱,给康有为带来了极强的警示。他说:

> 今民国之元夫巨子,学非而博、言伪而辨,以学说鼓荡后

生、沉溺中国者，其成效如此。嗟夫！高谈自由、共和、民族数字，遂可以富强中国，可以治安中国，则墨西哥、秘鲁、乌拉圭、阿拉圭、掘地马来、个郎、位亚基之富强治安久矣。其成效，乱亡而已矣。嗟夫！❶

然而，平等共和、独立自由正是康有为首倡的。以政体进化言文明进化，是三世说的常态。所以在这一问题上康有为同样脱不开干系。不过，三世说特别着意于政制、伦理和人的生活形态，其成因值得我们同情的分析。

整体说来，文明生活旨在让"人"生活得更好。考察人在其中的生活形态，能最简练地把握一个文明的特质。此处必须提示，这是思想把握现实世界的方便法门。它也就成为构想何谓美好生活的思维方法，简言之，就是"理想类型"化。通过"改制"理论，康氏拣选出各种文明价值；而要表现这些价值的意义与力量，最形象的方式就是以之为中心，构想出一个文明类型。经过一次次的类型化建构，不同的"法"就组成了三世进化的框架。

三世说被康有为运用于世界历史的解释，指引中国变革的方向，使之越发像一套历史进化论。从政制、伦理的角度认识文明问题，是使三世说极具吸引力的简洁特质。这些特质一旦成为实践纲领，就变得相当危险。以政治革命的方式实现文明进化，成为几乎唯一的方案。这就是为何欧榘甲如此自然地拥抱了流血暴动的革命。

其实，无论是据乱世君主制—升平世君主立宪制—太平世民主制的三阶段论，还是更直接的小康—大同框架，我们只须稍稍

---

❶ 康有为：《共和平议》，《全集》第十一集，37页。

反思就能看出,这只是理论构造出的"世界"。由于具有过于明确的阶段性,这些理论构造出的"世界"绝不宜成为政治实践的纲领。然而内忧外患的处境恰恰使中国渴求一套简洁的答案。最早填补了这一愿望的三世说,也就释放出了泛政治化革命运动的浪潮。

刺破泛政治化的迷狂,根本在于破除历史进化的思路。这一点我们留待下节再论。此外,康有为还准备了另外几种缓释、遏止的"药剂"。第一,他越来越认识到文明生活的整全与复杂,越来越发觉不应只追求理论的简明直截。如谓:

> 美国之富强也,非其民国得之,而物质为之也。……此与民主无与也。……盖科学之讲明,农工商之进步,文明之发达,皆视其时势之承平为比例。时愈平,民愈富,物质乃大发,文明乃愈进。……勃拉斯不云乎:共和之国,非关其政治之善,而在道德与物质之良。❶
>
> 夫共和之运至难,其本体在道德、政治、物质三者之备,而后能行之,非曰吾标共和之名,即可收至治之效也。❷

物质、道德、政治三者皆备,是他此后反复申明的立场。这意味着,文明生活是立体的,而非图景式的。政治只是人类生活的形式原则,以往的三世说抓住的只是文明的一个侧面。道德教化和物质生产同样是文明生活的组成部分,甚至是政治得以运转的基础。

---

❶ 康有为:《共和平议》,《全集》第十一集,33 页。
❷ 康有为:《忧问一》,《全集》第十集,22 页。

事实上，这两方面构成了他反思民初"共和乱局"的主要径路。就物质生产层面，康有为写过几部专门著作：《物质救国论》（1904）、《金主币救国议》（1908）、《理财救国论》（1912）。这些集中于生产、技术、经济、金融等事务的详细讨论，之所以共同担负着"救国"的使命，一则因它们是富强国家的切实办法，二则康氏欲借此给以为高谈民主、共和就能富强治安的狂热，泼一盆冷水。他说：

> 昔吾著三书，曰《官制考》，曰《物质救国论》，曰《理财救国论》，以为能举三者，中国既富既强矣，然后开国会焉，故一切自由、自治、平等之说，未敢发也。吾少著《大同书》，于世界将来之事，盖无不思及焉；于一切革命、共和、社会之说，未敢妄出也。……今日少言自由、平等，俟吾国既富强后乃言之，则中华国千秋万年，可与欧美自由、平等，而吾国民真有民权、民意焉。若今日事自由、平等，日言民意、民权，则吾国散乱将亡，则中国千秋万年永失自由、平等，吾国民永无民意、民权焉！敢问吾国民何择也？❶

一套政治制度必须有相应的物质基础。譬如康有为指出，民主共和的图景想来容易，但只有在一个和平统一、信息通畅的国度才可能实行。由此，交通建设的重要性就大大先于对民主共和的幻想式讨论。他说："凡共和之国，必须道路交通，而后民情可达；又必道路交通，而后无恃险阻兵以酿战事。……故共和有待于物质，而不尽在政治也。盖共和者，太平之极治，而与争乱最

---

❶ 康有为：《中国颠危误在全法欧美而尽弃国粹说》，《全集》第十集，142—143页。

相反者也。"❶可以想见，类似的现实因素还有很多。

总之，这些著作反复申述着"欧洲中国之强弱不在道德、哲学""欧人之强在物质而中国最乏""中国救急之方在兴物质"等。物质基础与生产力的发展，上升为文明进化的首要动力。中国改革的当务之急，不再是政制、伦理的进化，而是经济、生产、技术的发展。这既切实有效，又不会触发剧烈的秩序变动，不像三世说中政制、伦理的进化总是带来革命性的断裂。这些作品是他对三世说的外部纠正。

第二，康有为刺破了民初乱局营造的幻象。革命者认为，民权、自由、平等这三者的觉醒，推动了中国现代转型。而事实上，在社会动荡时期，这些价值往往沦为恶行的幌子。例如，康有为就指出，政治宣传的背后夹带着复杂的居心：

> 且倡革命者，必以民权自由为说，公举民主官吏为言，近引法美、切乎时势、合乎人心，当水深火热之余，菲不信之望之。……然则革命者之言民权自立，不过因人心之所乐而因以饵之，以鼓动大众，树立徒党耳。假令革事果成，则其魁长且自为君主，而改为压制之术矣。❷

我们只要稍稍了解民初赤裸严酷的权力斗争，和随后衍生的军阀统治，就不能不感佩康有为的远见。在衰朽混乱、怨声载道的晚清社会，不乏一些投机者。他们标举煽诱平等、共和、民权等观念，直接目的是冲击清廷统治，趁机逐利。康有为不合时宜

---

❶ 康有为：《共和平议》，《全集》第十一集，13页。
❷ 康有为：《共和平议》，《全集》第十一集，63页。

地挑明：

> 夫吾国人之能革命，非人民为之，实袁世凯挟八镇之兵力，藉民主之美名，行其篡帝之初级而已。❶

越来越多的研究表明，辛亥革命由各种偶然因素碰撞点燃，又在各方的博弈与妥协下完成。不止康有为，在很多当事人眼里，这一事件更近似于历代鼎革之乱。世运衰颓、民生困苦而兴乱，地方武力坐大，趁势瓦解了中央政权。事实上，民国持久的"武人政治"、军阀割据的局面，也反映出其自始就为各怀利欲的分裂意图所推动。

民初十余年的真实景象，与其说是"共和"，毋宁说是"共乱"❷。康有为对"革命者"的心态有相当辛辣的描摹：

> 且有民国伟人，以革命立功，以革命得名，若谓共和不成，则舍其家具，安有舍而从我之理。此则有中国可亡，而民主不可改之心矣。虽然，此负气之心耳，彼又不信中国真因民主共和而亡耳。❸

集体陷入对某种价值的狂热时，掌握解释权的人也借此揽得大把的利欲声名。这是人类历史上宗教、社会、商业、政治各种

---

❶ 康有为：《共和平议》，《全集》第十一集，11页。
❷ "今吾国以共和为名，而纲纪荡尽，教化夷灭，上无道揆，下无法守。一切悖理伤道、可骇可笑之事，万百亿千，难以条举。今已夷然为无政府之国，贼民并兴，共争共乱而名曰共和也。"康有为：《忧问一》，《全集》第十集，22页。
❸ 康有为：《共和平议》，《全集》第十一集，17页。

团体不断上演的悲剧。然而,中国这一共同体,不只是通常的国家,更是传统悠久的古老文明。小团体的癫狂覆灭是咎由自取而不足惜,中国若因盲行"共和"而亡,代价未免太过沉重。保全中国的文明传统,是康有为一贯的坚持。文明本身沉甸甸的重量,使他的政治见解愈发成熟。

这些新价值不只沦为政客的把戏,还成为奸宄之人作乱的借口。他说:

> 今民国群众所尚,报纸所哗,则新世界之所谓共和、平等、自由、权利思想诸名词也。夫自由者,纵级吾欲云尔;权利思想者,日争拓其私云尔。所谓平等者,非欲令人人有士君子之行,不过锄除富家贵族,而听无量数之暴民横行云尔。所谓共和者,倒帝者之尊制,自余则两党相争、陈兵相杀,日为犯上作乱云尔。风俗所尚,孕育所成,则只有洪水猛兽、布满全国而已。❶

价值理想被歪曲、滥用,是每个激变时代都不可避免的症候,"自由""平等"也很难幸免。在中国这一重视伦理、尊卑的文明传统下,想象一种自由而平等的状态,就容易通向一种无伦理、无尊卑的生活。❷ 康有为的大同建构也是这一思路,只不过他考虑

---

❶ 康有为:《共和平议》,《全集》第十一集,45 页。"若吾国人终日师欧媚美者,只师其男女无别,革命自由,民主共和,奢侈纵欲而已。……拾欧美已过之唾余,不中时之陈言,曰自由,曰共和联邦也,争民族也,去教也。"同前书,37 页。

❷ "英文非里泵 Freedom 者,仅为释放之义,尚含有法律之意。若日本所译为'自由'二字,则放手放脚,掉臂游行,无拘无管,任情肆意,不怕天不怕地之谓,则人道岂有此义理乎?此等名词,不特意偏而不举,亦且理穷而难行,而可公然标为名理,从之者举国若狂,不辨皂白。"康有为:《物质救国论》,《全集》第八集,68 页。(转下页)

到了这种生活形态的德性基础,从而设定了严格的前提。康有为观察到:

> 民权弥张,民意弥达,于是平等、自由之风起矣。既曰平等也,故长吏与属官,无上下也,踞坐可也,谩骂可也,枪胁可也……夫官僚有体制,治道有纪纲,为国者必不能免也。今日平等,扫除体制,灭弃纪纲,则为政必至于大乱,治兵必至于叛溃。天下岂有治兵而可曰平等者哉?呜呼唏矣!然凡此平等之致弊,以危其国者,即自民权、民意之发生也。夫举中国人既实不得民权,实不得达民意,而以其空名所托,余波所荡,败坏纪纲,以危其国而已。❶

> 顷闻有子以自由为说,而背其父者矣,谓欧美之俗,我二十而自立,父不能约束我也。于是有执刀胁父而取金钱者矣。于是有执事在外,父自数千里外来见之,而摈不见者矣,谓我办国事,父乃家人,吾不能以家而弃国也,其父饮泣而去,于是父子之道穷矣。又闻妇女以自由为说,而背其夫者矣,一言不合而反目闺闼,外遇有情而别抱琵琶,其夫饮泣衔恨,然熟视而无可如何也。或勒取钱财,或扬之报纸,身名既辱,家产为空。试观近者离异之案,日增月盛,情节支离,百出不穷,于是夫妇之道凶矣。……夫天下之至亲爱而至相关系者,岂有过于父子、夫妇者哉?抚育顾复之艰难,宜室宜家之

(接上页)按:问题不完全出在日本的转译上,而根本上在于,"自由"在中国传统语境下就有放恣、不遵礼法的意味。参陈静:《自由的含义:中文背景下的古今差别》,《哲学研究》2012年第11期,50页。

❶ 康有为:《中国颠危误在全法欧美而尽弃国粹说》,《全集》第十集,134—135页。

好合,一旦逆子见背,爱妇生离,则饮恨寻仇,发狂为厉……夫吾国之道义,以孝行为先,吾国之家人,以偕老为乐。今而后乎,吾国四万万之后生,伤心方始耳,殆无能免矣,吾无术以救之矣。谓之何哉?妄慕自由者乎,其祸乃至此矣。❶

并且,民国尽采西人新法,奸宄之人更因"有法可依"而气焰嚣张:

> 若夫民国之始,尽扫中国五千年之典章礼律而弃之,真无法律,同于野蛮之国矣。然国不可无法也,则听各法官,各就游学之国,借用数万里以外、风俗历史绝异之律,以施行中国,其为宜否,岂待问哉?遂有非本夫不得告奸之律。于是有家姑坐视其子妇引奸夫入室,控之而败者,遂气极而死,致其叔妹剸刃死者一家焉。遂有一夫一妻之律。中国富贵人家率有妾也,于是有十余年之妾,子女多人,通奸另嫁,索夫多金,而夫畏犯律、畏污名,俯首听命,致怒而死,子女随死者焉。其他导奸淫、教不孝之新法,不胜缕数矣。故夫梼杌穷奇,奸回贪乱,无良无耻。国人以为宜放殛诛流者,则显庸之;其节义廉耻,正直高介,忠孝贞洁之良,国人以为宜表扬尊崇者,则重罚殄弃之。此民国新律,激清扬浊,颠倒是非之大典也欤!大概新律所以导民者,子弟悖其父兄,妻妾叛其夫,弟背其师,民犯其长;而长上欺制其民而卖之,以相与乱中国,则其成效也。呜呼!❷

---

❶ 康有为:《中国颠危误在全法欧美而尽弃国粹说》,《全集》第十集,137页。
❷ 康有为:《共和评议》,《全集》第十一集,32页。

中国传统政教素来以德礼为上，以期民德淳美；以刑政为下，唯恐启民争端，故法网疏阔。传统法律亦尤重人伦秩序，起到了敦风睦俗的成效。但一些"革命者"不审法律之优劣，成效之若何，尽弃旧法而空降新法，启人争乱无耻之心，造成大量的人伦悲剧。另外，剧烈的制度、法律、礼俗颠覆，本身就会造成社会动乱，火上浇油。正如康有为所举的第二个例子，在道理上他自然赞同一夫一妻制，但现实是纳妾制度在中国行之已久。改革固然应当进行，但骤立新法，反而陷大量家庭于非法，不啻为主动激化社会矛盾。总之，晚清民国政教风俗的崩坏乱离，再度印证了法国大革命"自由自由，多少罪恶假汝之名以行"的惨痛教训。面对各种美好价值被滥用的情况，康有为更明确地强调，道德教化是自由、平等生活的必要前提。前文已述，道德教化是建设共和的三元素之一。

其实我们对上面引文中康氏"所谓平等者，非欲令人人有士君子之行"一语，应该非常熟悉。"人人有士君子之行"，是他从《春秋》学传统和"人为天生"维度挖掘出，并特意给大同世界设立的道德规定——大同应是一君子世界。这也就意味着，康有为所设想的平等、自由，是因人人有士君子之行而能人人平等、自由。这是他大同建构本身的逻辑，也是他自始就坚持的规定。中部已讨论了这一点。

而对照当时的乱局，"人人有士君子之行"就如同一座极高的垣墙，将当下与大同区隔开来。这表明当下的德性境况绝不宜行平等、自由之法。他说：

> 建德之国，所谓无君于上，无臣于下，其食徐徐、其行于于，人人为士君子而自治，何事多一政府哉？……吾民之未能

自治也，吾民之非人人有士君子之行也，于是不得已而有政府。夫至于有政府，则必有法律而不能自由矣，则必有纪纲而不能尽平等矣，则必政府之权非民能尽有权矣。此其程度之宜否，不能曰民权、平等、自由之可行与否也，但还问之吾国民，人人有士君子之行否耳？

吾敢略为三世之义以定之。国民人人有士君子之行者，纯乎民权、平等、自由，虽为无政府之国可也。国民人人由暴民而化为士君子，则民权、平等、自由各得其半，为共和国可也。若其国民由士君子而化为暴民，则所谓民权者，徒资暴民之横暴恣睢、躗突桀颉而已；所谓平等者，纪纲扫尽、礼法荡弃而已；所谓自由者，纵欲败道，荡廉扫耻，灭尽天理，以穷人欲而已。以若是之俗而为共和，则是附虎以翼，添火以油，共争共乱，岂复可言哉？❶

德性与秩序的辩证关系，作为三世说的重要逻辑，在这里坦露出来。德性完美均齐则为平等自由之大同，德性卑恶不齐则为尊卑系属之小康。❷ 显然，严格意义的"人人有士君子之行"是遥不可及的理想。这也就意味着，绝对的平等自由不可能实现，伦

---

❶ 康有为：《问吾四万万国民得民权平等自由乎》，《全集》第十集，144—145 页。
❷ 这一以德性为标杆的立法机制，实质上传递着如下洞见：平等自由只是种存在的状态或形式，既可以有好的、大同式的平等自由，也会有恶的平等自由——德性卑恶不均而又破坏礼法、放纵恣睢，这样的平等自由是野蛮的、禽兽式的，与文明生活全然背离（"必若致之，则惟野禽兽能然。夫野禽兽者，无法律之限制，无教义之拘检，纵情恣欲，浪游任食，真能得自由之完全义者也。夫禽兽之所以能自由也，以其无群道故也。"康有为：《物质救国论》，《全集》第八集，69 页）。由此可见，文明的高低并不取决于秩序的形态，而取决于人普遍的德性水平，秩序的形态是其结果而非原因。故中国更切实的进化路径，是更好地保全、遵习自身教化、风俗、道德的传统，以期德业之日进。

常纲纪反而更为人道所不能离。康有为甚至说："若'自由'二字完全义，则虽万千年大同世后，亦无能致也。"❶总之，在他思想历程的后期，康有为越发深切地体会到小康法的不可脱离。

我们还记得，梁启超曾十分困惑于康有为的"言行不一"："自发明一种新理想，自认为至善至美，然不愿其实现，且竭全力以抗之遏之。"❷实际上，康有为自己也曾坦承这一面："仆生平言世界大同，而今日列强交争，仆必自爱其国，此《春秋》据乱世所以内其国而外诸夏也。仆生平言天下为公，不可有家界，而今日人各自私，仆必自亲其亲，自私其子……仆生平言男女平等，婚姻自由，政事同权，而今日女学未至，女教未成，仆亦不遽言以女子为官吏也。"❸这里的"今"不只是暂时的当下，更是一种人性的长久处境。这意味着，在"人人有士君子之行"前，小康法仍有现实意义。或者说，鉴于"人人有士君子之行"的理想十分遥远，小康法永远是文明生活不能脱离的根基。这是他此后"始终谓当以小康义救今世，对于政治问题，社会道德问题，皆以维持旧状为职志"❹的原因。

2."道难躐等"与"君子时中"

上节我们看到康有为对民国乱局的辛辣批判。他转而特别重视物质生产与经济建设，呼吁道德教化，有意矫正三世说过于关注政制形式、过于理想化的弊病。不过，这些纠正都还是外部和

---

❶ 康有为：《物质救国论》，《全集》第八集，69页。
❷ 梁启超：《清代学术概论》，82页。
❸ 康有为：《答南北美洲诸华商论中国只可行立宪不能行革命书》，《全集》第六集，321页。
❹ 梁启超：《清代学术概论》，82页。

侧面的,我们还须深入他对三世说本身的调整。

前文多次强调,三世说的激进危险,症结在其历史进化哲学的面貌。解除这一危险的方式之一,便是将历史世界从思想预设的路线图中解绑出来。其实,上节所述的转向,都是现实世界独立性的间接体现。而在康有为对三世说的调整中,这些汇聚为"时"观念的凸显。

"时"这个观念具有丰富的含义。它首先表示作为一段过程的时间,进而抽象为特殊的现实处境。这两个层面都为康有为所利用。第一,时间作为一段过程,是必须逐一经历的,我们不可能跳过某些时段。康氏将这一特征纳入"尺度"的考量中,他常常强调"道难躐等"❶、不得飞跃:

> 盖今日由小康而大同,由君主而至民主,正当过渡之时,孔子所谓升平之世也,万无一跃超飞之理。凡君主专制、立宪、民主三法,必当一一循序行之;若紊其序,则必大乱,法国其已然者矣。既当过渡之时,只得行过渡之事。❷

"过渡"意味着必须经历过程,安心于眼前的任务,不贪慕遥远的未来。康有为常用的两个有关"时间"的比喻,使他的说理更为形象。一种是季节的比喻:

> 然自春徂夏者,必经秋凉而后至焉;自东渡西者,必假舟楫而后行焉。今方当秋分之候,而从乎中流之时也;去乎夏

---

❶ 康有为:《礼运注》,236 页。
❷ 康有为:《答南北美洲诸华商论中国只可行立宪不能行革命书》,《全集》第六集,314 页。

矣，而未至乎冬；离此陆矣，而未登于彼岸也。乃当上下无常，进退无恒之际，敬遽飞雪夕零，乱次以满，则隳指裂肤，溺波旋洎，有不可言者矣。故欧洲诸国皆去专制之风，而行立宪之法。然未遽行民主之制，不为革命之举者，所以被凉风而不超距渡海也。故与民权而定立宪者，今顺时之凉风、过渡之舟航也。兹革命之举，则季夏而飞雪陨霜，渡海而后步超距，其害多矣。须有所待，乃可为也。❶

另一种是人的成长的比喻，使用得更多些：

> 今民主之法，大同之道，乃公理之至义，亦将来必行者也，而今中国实未能行民主也，世界实未能大同也。譬人方婴孩，将来必至壮老，然方当婴孩之时，当有父母抱育之，师长教督之，实未能待以壮老之礼也。今中国新论甫萌芽，乃当童年就傅之时，尚非七十老傅之时。❷

> 孔子岂不欲即至平世哉？而时有未可，治难躐级也。如父母之待婴儿，方当保抱携持，不能遽待以成人之礼；如师长之训童蒙，方用夏楚收威，不能遽待以成学之规。故独立自由之风，平等自主之义，立宪民主之法，孔子怀之，待之平世，而未能遽为乱世发也。❸

---

❶ 康有为：《告同胞印事书后》，《全集》第六集，368页。
❷ 康有为：《答南北美洲诸华商论中国只可行立宪不能行革命书》，《全集》第六集，319页。
❸ 康有为：《孟子微》，21页。

不管是季节,还是人生成长,都是必须经历过程的例证。我们不得不等到冬天再看雪,也必须对孩子的成长保持耐心。同理,文明的进化与转型也必须经历耐心建设的过程。原因在于,无论是季节变迁、人的成长,还是文明的"成长",都是在历史世界中进行的。自然世界有其节律,一如季节的更替,这是不难理解的,因为人显然无法违抗自然。但历史世界的"自然"就往往易被人忽略。

　　因为思想世界没有时间范畴。这在形而上学领域问题不大,但思想若涉及为人世间的立法,就很容易丧失现实感和历史感。这在现代历史哲学中最为突出。理论越抽象凝练,越具有理想的色彩,就越忽视时间尺度,进而远离历史世界。同时也正是现实感与历史感的遗落,才更加释放了历史哲学改造世界的热情和决心。历史哲学因而不耐于现实处境、历史传统与"自然"的束缚,想快马加鞭地前进。上述弊病,三世说皆有所表现。

　　幸而,康有为还是认识到了,中国文明转型的过程如婴儿一般柔弱,既须谨慎呵护,也要保持耐心。而民国空降新法、不断革命的狂热,显然是自取灭亡。他说:"夫吾国今之变法变政,如婴儿之初离襁褓,扶壁学行耳。今非徒种族革命,又非徒政治革命,乃至礼俗革命,一切社会尽革之。后顾无依,前趋无宿,陟危峰,临断崖,而风雨晦冥也。若婴儿之甫行,而遽学跳涧缘橦,舞马行绳,而跨飞船也。"❶

　　借助这些意象,康有为强调成长过程的不可躐等,也就是尊重文明本身的历史惯性,和现实世界的"自然"属性。这也间接承认了,历史世界本身的特殊性同样影响着文明进化的脚步。当

---

❶ 康有为:《中华救国论》,《全集》第九集,317页。

然,"时"作为过程的含义,只能说补充了先前"尺度"考量的内涵。它只是一种限制,还不能消解进化色彩本身。无论是季节比喻,还是成长比喻,仍预设着一个终点。在这类表述中,康有为还是会说大同"将来必行者也"。在此意义上,他对历史世界独立性的论述,仍展开得不够充分。

第二,"时"的抽象含义是时势,也即特殊的历史条件、现实处境等,时势也构成了他继续反思的空间。在很多政论文字中,为驳斥全盘西化的论调,康有为始终强调中国在各个方面的特殊性,从地缘局势到国力国运,从文化传统到民德民智。历史处境本身的意义于此凸显了出来,他开始强调:

> 礼时为大,势为大,时势之所在,即理之所在,公理常与时势相济而后可行。❶

参照《实理公法全书》以来的态度,"公理常与时势相济而后行"是一个明显的转折。这意味着,文明的进化不是线性的,不是对公理世界的路线规划的亦步亦趋;很大程度是两个世界的复杂互动,乃至博弈。每个具体的历史处境,即"时"与"势",将决定何种道理能适用。历史世界对公理世界的制约力量,化解了进化的基调。文明秩序的要义首先在于合于时宜。他说:

> 盖因水陆而行舟车,视病情而施医药;地各有宜,物各有适;有宜于彼而不宜于此者,有适于前而不适于后者。今革

---

❶ 康有为:《答南北美洲诸华商论中国只可行立宪不能行革命书》,《全集》第六集,314页。

命民主之方，适与中国时地未宜……时地相反，妄易之则生大害。❶

在此，我们可以回想到引言最开始的讨论。经学传统对历史世界与经典世界的疏离，有着深刻的体会，这表现在古人对"时""势""宜""中"的讨论中。在康有为后期的著作中，这些观念也频频出现，成为他着意突出的主题。这尤其应归功于《中庸》《孟子》《论语》《礼运》等经典的启示。严格来说，这些篇目不能算"经"，只有六艺成其为"经"。它们应被称为"传""记"，《孟子》则可算进子部儒家类。它们的宝贵之处在于，这是最早的一批经师思考六经如何面对历史世界的经验和智慧。康有为正是通过重注此诸篇，才获得了抉原发微的思想力量。

经典中有不少地方，似乎形成了某种矛盾。一方面，树立起价值原则的不同层次；另一方面，又表示价值原则也有适用条件的限制。我们举《孟子·离娄下》的一个著名例子：

> 禹、稷当平世，三过其门而不入。孔子贤之。颜子当乱世，居于陋巷，一箪食，一瓢饮，人不堪其忧，颜子不改其乐。孔子贤之。孟子曰："禹、稷、颜回同道。禹思天下有溺者，由己溺之也；稷思天下有饥者，由己饥之也：是以如是其急也。禹、稷、颜子易地则皆然。今有同室之人斗者，救之，虽被发缨冠而救之，可也。乡邻有斗者，被发缨冠而往救之，则惑也，虽闭户可也。"❷

---

❶ 康有为：《答南北美洲诸华商论中国只可行立宪不能行革命书》，《全集》第六集，321页。

❷ 朱熹：《四书章句集注》，299页。

乍看起来，禹、稷和颜回截然相反。禹、稷汲汲于兼济天下，践行着仁的理想；颜回则独善其身。在价值层次上，与独善其身、笃保其亲相比，兼济天下无疑更加高尚、珍贵。那么，何以孔子同贤之，孟子亦许二者为同道？"易地皆然"一语是解开矛盾的枢纽。

这一"地"所代表的，既包括孟子所指示出的平世、乱世之分，也包括没有明说的上位、下位之别。前者是大的世运，后者是小的处境。禹、稷居平世、处上位，故可行仁，亦须行仁；颜回居乱世、处下位，可以明哲保身。若禹、稷唯保其身亲，则以天下为私家，是不仁；若颜回率尔救世，则恐先遭丧乱，是不智。可见，在理想程度上，兼济博爱比独善亲亲更高尚可贵，可是当价值原则进入历史世界时，反而是具体的处境决定了何种价值与品德更为适用。由此可说，虽然六经所载皆常道，但经典中的价值原则投射进历史世界时，并无一定之规。没有什么道理普遍适用，相反，任何道理都有其适用背景。这是经师须"明于古今，温故知新，通达国体"的意义所在。

上述古典的洞见深深启发了康有为。特别是平世与乱世、兼济博爱与独善亲亲的区分，与他太平世—据乱世、"仁运"—"礼运"的划分若合符节。其实，三世说的激进色彩，恰恰肇自他对价值理想的热情追随。受此启发，三世说的表述有了重大扭转：

> 孟子传《春秋》公羊学，故有平世乱世之义，又能知平世乱世之道各异。**然圣贤处之各因其时，各有其宜，实无可如何**。盖乱世各亲其亲，各私其国，只同闭关自守；平世四海兄弟，万物同体，故宜溺饥为怀。大概乱世主于别，平世主于同；乱世近于私，平世近于公；乱世近于塞，平世近于通，此

其大别也……

  凡此,道皆相反,而尧舜大同、禹汤文武小康,亦易地皆然也。《中庸》所谓"道并行而不悖"也。通此,乃知孔道之大。如不揣时地而妄议圣人,则是生于冬者而议夏时不用重裘,长于赤道者讥冰海人之衣不葛,岂非井蛙不可以语海,夏虫不可以语冰,曲士不足以语道哉?**此为孔子第一大义,六经皆当以此通之,否则虽圣人之制作,亦有不可用矣,岂知孔子为圣之时者哉?** ❶

  此时,他不只注目于小康与大同的价值高下,更认识到小康与大同各有其适用的时势处境。由此,三世说的线性进化模式和激进色彩,被极大地化解了。在时势处境的限制下,大同、小康不再是历史阶段的"世",而是回归到了"法"的层面。三世之法变成了各因其时、各应其宜、并行不悖的治法体系。真正掌握三世说的人,须审慎判断当下的历史处境,采取适宜的治法。这与先代经师"温故知新"的智慧遥相呼应。这里还须附及的是,康有为正是在注解《中庸》"道并行而不悖"一段时,最早发挥出"三世三重"说,凸显出"时"的观念。上章末已叙,兹不再赘。后文我们还将回到《中庸》对他的启发。

  儒家通变时宜的智慧,不只思、孟等贤哲的启示,更应归源于孔子。我们所了解的孔子形象,主要来自《论语》。但《论语》其实是一本很特殊的书,其中既没有孔子一生行迹的描述,如为鲁司寇的事迹,也没有描述孔子最伟大的功业——删述五经的过程,其呈现的反而多是圣人的平凡生活。可见,七十子编纂《论

---

❶ 康有为:《孟子微》,21—22 页。粗体为笔者所加。

语》的初衷,不是写一篇圣人的"行状",而是示范圣人如何与世界相处。❶

其实,只有理解这一性质,才能进而理解《论语》中的一类特殊现象。《论语》里有大量同一主题,但孔子的回应却截然不同。如答弟子"问孝""问仁"之异,答"闻斯行诸"之别,等等。如果作为道德教条来理解,这类现象是不可理喻的。只有看清这是圣人面对不同处境给出的"时宜"答案,这些语录才不是矛盾的,而是各有其存在的位置。

康有为注《论语》时,受此类现象的启发良多,随处阐释之。下面这段话可作为总括:

> **道固甚多,东西之相反而相通,南极北极相反而相成。**故问孝则人人异,告进、退则由、求反异。既曰"天下有道则见,无道则隐",而又曰"天下有道,丘不与易"。既曰"身体发肤不敢毁伤",而又曰"杀身成仁"。既曰"大夫无遂事",而又曰"大夫出竟,有可以安社稷、利国家者,专之可也"。**天有阴阳,故教有经权、常变、开合、公私、仁义、文质,皆有二者。故三统不同,三世互异,大同与小康相反,太平与乱世相反。**……故六经终于《易》,以变为义……❷

受《论语》这种特质的启示,康有为将其拓展为,理解六经中诸多价值的紧张关系。不同价值原则之间有冲突又能兼存,并不会使经典变成诡辞,也不会使价值原则自身的意义落空。价值

---

❶ 陈壁生:《〈论语〉的性质——论一种阅读〈论语〉的方式》,《人文杂志》2018年第1期,2—8页。

❷ 康有为:《论语注》,142页。标点和粗体为笔者所加。

世界的普遍性，不可能像物理世界的普遍性那样规整。承认价值原则的普遍性建立在许多具体特殊的条件之上，才是忠实于价值与本身的意义和功能。一种无视条件、处境而只标榜普遍性的价值，要么是夸夸其谈的虚论，要么进入现实就会带来纷争。不幸的是，这是现代"主义"式政治的主要特征。康有为自始也为这种"主义"化的激情驱动。"自然状态"和"人为天生"分别是西方和中国的现代政治哲学的理论起点。无论我们如何区分两种学说，有一点它们是共通的，即从人性的某一维度出发，构造新的秩序类型。这就是"主义"化精神气质的来源。"人为天生"学说提供了价值理想，"孔子改制"学说提供了"进化"的机制与动力，二者在康氏笔下汇合成三世进化的路线。

回到经典世界，正可以去除"主义"化的弊病。例如，观孔子答子路、冉有"闻斯行诸"之别，康有为从中领悟到：

> 有父兄在，服从之义也；闻斯行之，自由之义也。**孔子两义并存，各视其人而药之，亦各视其时而施之。**非其时非其人而妄行自由不可，非其时非其人而妄行服从亦不可。**故教者如大医，务在因人相时，审病发药而已。**若有一定之义，则为单方之庸医，必致误杀人矣。《论语》万德并陈，义多相反，所谓道并行而不悖，权实并施，或有为言之。读者以此推之，以意逆志，得圣人之意志可也。如泥单辞片义，则由、求当日已不可解，况数千年后乎？❶

如上文所言，三世说的建立，正是执"人为天生"的"一定

---

❶ 康有为：《论语注》，169页。

之义"和"单辞片义",一面追求独立自由的大同理想,一面批判人伦纲常的小康。但在孔子因人施教的启示下,康有为认识到,独立自由与人伦纲常是各适其人、各因其时的,从而并行不悖。

康有为通过重拾"时"的意义,运用古典的政治智慧平息了三世说的"主义"狂热。如果说此前康氏给孔子法确定的主题是"文明进化",此后,"时"则上升为他定位孔子法的关键性质。经典中许多关于"时"的表达,为他所重视。就连《乡党》篇末章"山梁雌雉,时哉时哉"一句,都被他解读为:

> 孔子叹雌雉之或举或集,皆能见几审时,故称曰"时哉时哉"。孔子为时中之圣,溥博渊泉而时出之,随时处中,无可不可。故《易》曰"随时之义大矣哉",又曰"先天而天弗违,后天而奉天时",以见义理无定,当时为宜。孔子生当乱世之时,则行拨乱小康之义;若生平世之时,则行太平大同之义,易地皆然。礼时为大,记者以《论语》兼陈万法,恐后世惑于所从,故于终篇标举时义,以明孔子之道在时,学者审时而行可也。此为孔门微言,讬雌雉以明之。上《论》始以时,终以时,下《论》终以命,以言人有时命,虽圣人不能违也。❶

《论语》不至于如此寄托深义,这显然是康氏借题发挥。值得我们重视的是,此处勾连起了《周易》《中庸》《孟子》《礼器》等关于"时"的论述。这些论述在他处也常常一并出现,构成了围绕"时"展开的一个思想机体。❷ 他对每句话的具体解释差异不

---

❶ 康有为:《论语注》,157—158页。
❷ 参康有为:《共和建设讨论会发刊词》,《全集》第九集,288页。康有为:《中华救国论》,《全集》第九集,326页。康有为:《共和平议》,《全集》第十一集,2、56页。

是故，在康有为注经及面向大众的政论中，我们会反复见到几种比喻，如水陆与舟车、冬夏与裘葛的搭配关系等。而其中最常用也最形象的，便是"病"与"药"的比喻，值得我们着重分析。

早先之时，为撑起孔子法无所不备的普遍主义形象，康有为将孔子比喻为"大医王"。我们最初见到这一说法，是在《春秋董氏学》论"改制三统"条下。他说："孔子创义，皆有三数，以待变通。医者制方，犹能预制数方，以待病之变。圣人是大医王，而不能乎？三统三世，皆孔子绝大之义。"❶这一比喻的初衷，是借医生对病症的周全掌握，表现孔子对未来的掌握范围无外。只是这一用法在戊戌前的著作里仅此一见，还不是他描述孔子法的主要角度。

不过在这一比喻里，医生、药、病这三者之间，存在着微妙的关系。第一，药与病是一一对应的关系。第二，医生洞悉各种不同的病症，也掌握各种相应的药方。第三，药之间的价值自有高低，人参、茯苓、甘草、大黄自然不同。然而，一则对于治病来说，只有对症的药才有价值，其余不仅无用，甚至有害；二则对于医生而言，人参、茯苓、甘草、大黄都只是治病的一味药，各适其症而得以并存。这为康有为反思三世说打开了空间。在康氏庚子后的论述中，孔子为"大医王"的比喻频频出现：

> 大医王药笼中何药不具？其开方也，但求病瘳，非其全体也。病变则方又变矣，无其病又不能授以药也。岂有独步单方，而可为圣医乎？❷

---

❶ 康有为:《春秋董氏学》，120 页。
❷ 康有为:《孟子微》，3 页。

> 教者如大医,务在因人相时,审病发药而已。若有一定之义,则为守单方之庸医,必致误杀人矣。❶

> 圣人之治,如大医然,但因病而发药耳。病无穷而方亦无穷,大同、小康,不过神人之一二方哉。❷

这一说法的关键,还在于"药"与"病"的对应,能够形象表现出"法"与"时"的对应。故他常常直接把政治比作治病:

> 夫政治犹药方也。药无美恶,为愈病之是求;政无美恶,惟治安之是尚。❸

> 夫天下无万应之药,无论参术、苓草之贵,牛溲、马渤之贱,但能救病,便为良方。天下无无弊之法,无论立宪、共和、专制、民权、国会一切名词,但能救国宜民,是为良法。执独步单方者,必非良医;执一政体治体者,必非良法。故学莫大乎观其会通,识莫尚乎审其时势。《礼运》曰:"时为大,顺次之,体次之。"协于时,宜于人,顺于地,庶几良法矣。不协于时,不宜于人,不顺于地,徒拾人之遗法,而珍重为千金之方,其无效不待言也。❹

把政治视作治病,也很切合中国当时的症状。当时的中国本

---

❶ 康有为:《论语注》,169 页。另参 21、81 页。
❷ 康有为:《礼运注》,237 页。
❸ 康有为:《共和平议》,《全集》第十一集,2 页。
❹ 康有为:《中国以何方救危论》,《全集》第十集,35—36 页。

已气血衰颓，却患上了癫狂热病。这都是因为盲目地慕羡欧美，却未曾想到于他处为金丹良方，于中国则为虎狼毒药。前述引文中，康有为常以"独步单方"一词作为广具万法、因病施治的反面。他所意指的正是当时对于共和、革命的痴迷效法。为刺破这类幻想，康有为转从生活中的例子讲起：

> 吾粤有药名万应茶，又曰万应丹，不必问其效之为何，药之如何，而可笑已甚矣。人体之万有不同，病情之万变无定，天下安有以一药而能万应者乎？今革命、民主之说，其为万金之药，而起沉疴锢病者，固多矣。而医者乃悬壶大号于市曰：此万应之良药也，欧美皆服之，而却病延年矣。然则施之亚洲国，则如体热者万不能受人参、鹿茸之滋补，体羸者万不能受大黄、巴豆之泄泻焉，所谓病各有宜也。如印度者，既因服革命自立之方，大泻而神脱体亡矣。吾中国为灌灌老夫，奄奄弱质，风雪四侵，盖亦有然，固与欧美之肚俊健夫迥异矣。此宜理中导气，以渐除病耳。兹遽因欧人壮夫，服大黄大泄大泻而致瘳，西医者乃因验方而遽用之，其必神脱而体亡矣。❶

包治百病的谎言，之所以屡试不爽，正是因其利用了人性的一种弱点：总期待有一劳永逸的解决办法。进入现代世界后的政治哲学、历史哲学，都抱有毕其功于一役、终结人类事务的幻想。我们必须再次提到，三世说试图以最简练的框架解释和规定现实世界，将中西变作古今，也提供了这种诱惑。康有为通过凸显"时"的观念，修正了三世说的理论模型。其最深层的改变是打消

---

❶ 康有为：《告同胞印事书后》，《全集》第六集，368页。

这层幻想，回归古典对待政治的态度。它在很多方面和医术相似，一为调理人身体的技艺，一为调理整个共同体的技艺。更重要的是，就像医学治病强身的任务永无完结的一日，政教作为人类最崇高也最沉重的事业，也永无停歇地背负着整个共同体前行。

小结　永恒的"升平世"——一种理解的可能

那么我们还应问，通变时宜、并行不悖的三世说，是否全面否定了三世说的"进化"属性？并不是。我们更应该将二者视作三世说不同层面的属性："进化"是价值维度的理论建构，"时中"是面对现实的实践原则。我们不妨还借着"药"与"病"的比喻，说明二者的关系。

让我们设想走进一个中药房，面对着一墙琳琅满目的药材，先不考虑任何病症，单纯总览这些药本身。试问，就药性与对人体的作用而言，是否存在一个价值的序列，即使只是模糊的？从大黄、甘草到茯苓、黄芪，再到鹿茸、人参……总体上还是存在一个对人体的价值的上升序列。这是因为中医药学总归以使人气血强健、生生不息为宗旨。故在纯粹理论上，补益正气、扶正祛邪的药物，肯定比寒凉利下的药物更具价值。我们必须再次提示，这是一种理论的维度。

但与此同时，药还有一种面对病症的现实维度。每种病症的用药都有唯一性。人参、牛黄并非能包治百病。一个人的救命金方，换给另一个人就是夺命毒药。所以，现实情况中，药与病的匹配才是最佳方案。由此我们看到，药在理论上是"进化"的，在施用时是"时中"的。

这两种维度并不冲突。进一步来说，后者必然建立在前者之上。因病施药，并不意味着忽略和否定药材的本来价值；反而只有在理论的基础上，我们才能准确判断患者的症状、病理及适用何药。所以，一个不通医术药理的人，无从谈起因病施药。但是，也不能因为总体目标是血气强健，就在每份药方上都加入参茸。每个人气禀体质不同，未必都受得起这样的补益，也不可能真正达到理论预想的元气完足的状态。医术药理的根本取向，不应直接教条式地投入现实。医生的意义由此展现出来，他是连接药理与病症、平衡"进化"与"时中"的枢纽。

现在让我们返回来看三世说。三世说的建立，发端自康有为的"孔子改制"和"人为天生"学说。三世说以"文明改制"的利刃游走于六经中，将经学剖分出不同的"法"的类型；在"人为天生"说的充实下，进一步拉开了各种价值、法度的张力，形成了"法"的进化阶梯。所以我们可以承认，三世说的内核是一套政治哲学的框架，它能够帮助我们理解经典中的礼制、义理，揭示人类生活本身的张力，探索秩序的原理和可能。在理论维度上说它是"进化"的，并无不妥。我们回想一下，《春秋》原本的三世进化学说，同样首先要在政治哲学框架的意义上成立。康有为真正继承的，也是这一精神层面。

当然，五经中体现出这种理论结构性的学说，只有《春秋》公羊学中这一处。它被包裹在悬空的"《春秋》世界"当中，且以"素王"论和圣王传统为背景。但是，康有为所处的现代世界，消解了圣王传统及其文明史观。他的"孔子改制"学说自始就适应了从野蛮到文明的历史叙事。故三世进化的政治哲学框架，很容易衍生为历史进化图式，释放出文明革命的激进后果。康有为为此要负很大责任，但我们又不应全部苛责于他。"时中"观念的提出,正是为了消解历史进化的面貌,示范该如何正确运用三世说。在他这里,理论与现实之间仍然需要一个经师,来把握何谓"时中"。这个经师仍是康有为自己。

总之,他强调的"时中""时宜",仍奠立在"进化"的政治哲学框架之上。无论如何,他对中国文明转型的期许,乃至对人类文明理想的期许,都朝向着更平等的政治、更完善的公共保障、更独立的人格、更纯良的民风。无论他将大同推得多么遥远,作为汇聚各类价值而成的秩序类型,大同并没有改变。在此背景下,"时中""时宜"的直接意义,是使政治改革在朝向理想的道路上,每一步都走得谨小慎微、思虑周详。

此外,在更深远的意义上,"进化"和"时中"两个维度,表征着思想世界与历史实际的复杂关系。每个人的气禀都是特殊的,但医理仍是我们通过总结大量经验,把握到的人体运化之规律。相比于思想世界,历史世界总是"不讲道理";但缺少了思想世界的立法,历史世界只可能茫然无措、持续崩坏。所以,"进化"意在凸显思想世界之于历史世界的"立法"地位。但"时中"为此设置了限度,因为历史世界与思想世界在根本上是疏离的。因此,三世说始终处在一种微妙的紧张里,道理上应该范围万世、渐进于化,现实中又无法彻底实现。

我们还须提到一个层面。"孔子改制"学说与"人为天生"学说,实为表里。是故,从三世说的内涵——大同—小康代表的文明价值及其张力关系——来思考,也体现着这一命运。"人为天生"与"人为父母生"是康有为充实三世说内涵的重要框架。小康与大同是他构造起来的两种理想类型,以展示围绕"父母生"与"天生"为中心运转的文明生活分别是何种模样。所以严格来说,大同、小康首先都是一种政治哲学类型,不可能于历史中完全实现。我们无须言及大同,试问人类历史上有哪种文明的建立能只以"父母生"为起点呢?

不过,康有为归大同于将来、视小康为历史的做法也有道理。这是因为,小康法所表现的各类人性特征,在历史中绵延良久,确为人类生活中更常见的现象,如亲亲差等之爱、权力支配关系、德性不均、风俗不齐等。而大同法表现的"天生"诸特质,都是人类生活中须付出大量努力才能实现的,从而也是更稀见和珍贵的部分,如仁爱无私、公正平等、一制度、同风俗等。将它们标举为共同体要追求的价值,会帮助我们成就更好的文明。只不过它们的充分实现,只能作为一种俟诸未来的美好期待。归根结底,这是"人为天生"与"人为父母生"之间"文明"与"自然"的区别。

康有为重新发掘出"人为天生"维度,于我们更熟悉的小康法外建起一个大同,其初衷同于创造与运用"人为天生"说的先师。一方面,人性的诸自然因素并不足以成就最好的生活,只有在"天生"之德性、价值的引导下,才能成就这一点。另一方面,是康有为后期思想调整所表明的,尽管"人为天生"如此完美珍贵,但仅如此亦不可。脱离了人性的自然根基,文明生活同样无法持存。

所以,当康有为说大同、小康皆孔子之药方,二者相资为用时,其实还带有这样一种含义:每一种"时中"的具体法度,都须平衡其中分属大同、小康的成分。譬如,体质虚寒者应补以温热的药,患湿热之症者应服用清凉利下的药。中医学理论上总会预设一个元气完足的人体,作为治病强身的最终目标;推进到理论本身的层面,大同就是文明理论最遥远的那个坐标。而现实中人的气质体性又必然是不完美、不均齐的,就像小康法是文明展开必须接受的自然基础。

作为一套思考文明的建立、升华与成全的理论，三世说的意义在于呈现了文明事业的本质命运。人类须永远站在"自然"的土地上，朝更"文明"的目标前进。实践原则便是在每个现实处境中，平衡人性中的"自然"与"文明"的关系，平衡小康法与大同法的分量。所以，文明的事业永无完结之日。

由此，据乱、升平、太平三段式框架里的"升平世"，就有了一种特殊地位。太平与大同相配应无疑义。小康与据乱、升平在不同语境中都曾搭配过，但如果考虑理论本身的建构，则据乱与小康地位相同。并且，从《春秋》学本身到康有为的通常表述，"升平世"都首先表示一种过渡的阶段。例如，他总是强调中国目前处于升平世，"盖今日由小康而大同，由君主而至民主，正当过渡之时，孔子所谓升平之世也"。❶

不过，"升平世"又不是一个简单的、自身并无独立意义的过渡。在三世进化之路上，它才是最具现实意义的环节。"升平世"的特殊之处在于，它已从小康出发，朝向大同前行；作为小康与大同的综合，它始终在路上。这是对三世说的初衷和人类文明事业的命运之最形象直观的体现。在此意义上，中国不只是当时处于，而是永远处在"升平世"中。

---

❶ 康有为：《答南北美洲诸华商论中国只可行立宪不能行革命书》，《全集》第六集，314页。

结　语

从康有为重新认识经学及其现代处境

将康有为和三世说,置于经学传统的思想背景和近代中国的文明变局之下考察,还有其他丰富的话题、层次、角度有待展示,本研究只做了初步的尝试,远未到作结的地步。故这里只就书中触及的几处核心问题,再延伸些思考。

如本书自始就强调的,康有为与三世说的意义,不应作为现成的答案,而应被视为桥梁和某种经验。一方面,三世说作为从经学发展、突破、衍生出来的理论,是重新认识、回归经学传统的桥梁和阶梯;另一方面,三世说作为让经学回应文明变局的一种方案,展示了破局的某种可能、方式与经验,能更清楚地揭示现代世界的挑战。我们的延伸思考,也从这两方面展开。

我们先来谈谈康有为对理解经学传统的意义。三世说建立在"改制教主"和"人为天生"两个理论之上,它们都是经学史上湮没已久的古老学说,又因着康有为对经学的执守而被重新发掘,并推进为更激烈、彻底的形态。

传统"孔子改制"说的根本意图,是表明以《春秋》为枢纽的五经对后世有永恒的典范意义。这一理论是在经学产生,又还未进入历史之前提出的。自汉武帝立五经博士后,经学开始发挥塑造文明的力量,或者说经学进入了文明史,在某种程度上,"孔子改制"理论已完成其使命,故其渐渐退出了思想舞台。然至近代，在康有为等一众经师看来，文明变局的真正危机，在于经学与文明史的分离，经学不再能影响此后的中国文明。为此，康有为才重新操起"孔子改制"理论，来捍卫经学的文明意义。

在此意义上，他将"文明"规定为六经的根本宗旨，是切中肯綮的。"文明"这一观念，一方面的确足以概括经学对二千年中国历史的深刻意义，另一方面也是各文明共存、竞争的现代世界的核心议题。只有解答经学曾经如何塑造了文明史，未来将带我们走往怎样更美好的文明，经学才能克服与文明史分离的危险，并且保持中国文明传统的连续性。这是康有为构造三世说背后的深思远虑，我们至今仍值得反复寻味。

至于思考"经学—文明"问题的方法，康有为表现出了两种特质。首先，他对"何谓经学"有着本质性和体系性的追求，因为只有如此，经学才能最具活力，有不断解释和规范世界的力量。"孔子改制"说自始就关联着六经述作的问题，其通过明确"孔子作《春秋》"，给六经确立了中心和枢纽。康有为重新利用"孔子改制"说时，更激烈推进了其立场，注入"托古"说，使六经全归于孔子一人，更成其为一个整体。并且，因将"文明"规定为经学的主题，或者说为了充分激发经学的文明意义，文明的核心是文明价值，由此，他进一步将经典的历史面向剥除，成其为一套思想的、价值的体系，也就是作为政治哲学框架的三世说。如果仅从效果来看，康有为的确极大程度释放出了经典世界的思想力量。

再者，在经学面对和解释历史世界时，康有为一直秉持着文明史的深远视野。又或者说，为表明经学对未来的意义，康有为须论证经学曾如何塑造以往的中国文明，这是一种从经学出发的文明史视野。当然，从史实的角度，他的许多理解都过于武断和粗率。但他的思路体现着一种相当深刻的见解：文明很大程度上基于思想如何把握、解释与形塑它，我们对自身文明的认识，也就是我们如何在无数的史事之上，构造一套有价值的文明史叙述。当然，三世说的困难也提示我们，必须掌握这两种思考路径的尺度在哪里。过于体系化，并且与文明史结合得过于紧密，都意味着会与整个经史传统的理解相割裂。这一方面，会使之被轻易归为"非常异义可怪之论"，失去了被认真对待的可能。另一方面，理论自身也会产生不小的困难和危险，突出问题便是历史进化的色彩。

再从"人为天生"说的角度看。发掘出"人为天生"说，并充分展现其思想力量，是康有为的重要贡献。这一独特的古老学说，是儒家寄托许多珍贵品德和价值理想的空间，影响也极为深远。从"人为天生"和"人为父母生"的不同维度出发，能够揭示人类生活的许多基本张力，对于理解经学中诸多制度设计也是很好的分析框架。如果要归纳这两种维度的本质，"人为天生"蕴含的价值更珍贵，"父母生"的价值更自然。康有为因着对"文明"的追问，充分展示了二者间的张力，我们也借此称其为"文明"与"自然"的张力。

当然，康有为以"主义化"的方式，构造出如镜面般对称的小康与大同，极大突破了传统。但这也反过来映射出，经学传统并不以追求一者、否弃另一者，而是使二者保持紧张为目的，试图在"文明"与"自然"间审慎调适。康有为后来又回归于这种古典的理解。总之，在"人为天生"的问题上，从正反各方面，康有为都是我们回望传统的一扇窗口。

我们再简要谈谈经学的现代处境问题。被抛入现代世界，是中国不得不接受的命运。只有迅速调整心态，认清现代处境的诸特质,才有可能让儒家和经学开始回应它们。相比许多保守派,康有为足够清醒,也足够有洞察力,他对现代世界几个根本特性的把握,为后人所不能回避。

首先他认识到,现代是对神圣历史、黄金时代祛魅的世界。由此,六经中保存的,原本作为文明典范的圣王历史陷落了。儒学再眷恋于皇皇五帝之德、郁郁三代之礼,都是不合时宜的怀古。而从尧舜禹皆为土司,到六经皆托古,康有为的表达可谓惊心动魄,至今仍不易让人接受,但这是他坦然直面现代处境的表现。事实上,他那些和"托古"一样令人惊异的学说,其问题的根源都是现代世界本身,而非康有为个人的品性。

进而,现代人相信文明是从野蛮、蒙昧的历史中进化而来的。接受该信念是不得不然的,但其中隐含着危险:如径直接受西人构建的文明史叙述,则整个中国文明传统就变成了它的验证,或世界历史的一块拼图而已,文明传统将就此断裂。那么,如何在此框架上,给出中国自身的叙述版本?这根本上需要从中国的角度对"文明"进行解释,而这一解释又必须到曾塑造华夏文明的经学中去寻找答案。在圣王历史陷落后,六经的最后一位作者——孔子,是撬动起这一文明重任的唯一支点。将孔子改制标志为文明的开端,才能守住中国的文明身份,敞开从经学出发的文明史论述。所以在很大程度上,这甚至无关乎对孔子有着怎样的个人感情,而是时代困局下保全中国文明传统的不得不然。

再者,现代是多文明共存的世界,其中居主导地位的西方国家,有着和中国全然不同的生活方式、政教秩序,但它们又更富强,这对中国传统的文明标准是极大的挑战。而且,中国本身面临着从古老帝国、传统社会向现代国家与社会的转型,同样亟须何谓更好的文明的指引。所以,经学的现代使命,就是能针对其他文明的存在方式、中国在世界中的位置、中国自身的未来道路等问题，给出一个完整的解释和评价，即对世界历史的普遍解释。

所以总体而言，现代世界的挑战始终围绕着"文明"与"历史"的关系展开，由此构造出的文明史叙述，是回答挑战最直接的方式。当然，它不是最稳妥无弊病的，康有为追求极致、彻底的态度，使之变成了历史进化论，而这又容易被人性中期待一劳永逸的贪惰和狂热所利用。幸而，他及时从"天生主义"的幻梦醒来，又在返回的过程使三世说更富深度。

本书考察三世说的建立、困难与调整，这前前后后整个过程，我们都更愿意视之为康有为和经学传统之间不断试探、推进又退缩的对话，其中包含了各种分支的讨论，甚至还有某些抵达悖论后的沉默和不了了之。这使得康有为的思想里，有许多相互关联又彼此竞争的部分。他留给我们的遗产，就是于每个具体论述中，充分展示他认识文明传统与现代处境的方式，展示他提出问题、展示疑惑并尝试作答的经验。由于至今我们仍处于同样的现代世界中，接续文明传统的任务还未完成，所以，我们须不断挑战康有为的每组对话和论证，他的意义还没有完结。

参考文献

一 古籍

何休解诂，徐彦疏：《春秋公羊传注疏》，上海：上海古籍出版社，2014年。
范宁集解，杨士勋疏：《春秋穀梁传注疏》，北京：北京大学出版社，1999年。
杜预注，孔颖达疏：《春秋左传正义》，北京：北京大学出版社，1999年。
郑玄注，孔颖达疏：《礼记正义》，上海：上海古籍出版社，2008年。
郑玄注，贾公彦疏：《周礼注疏》，北京：北京大学出版社，1999年。
郑玄注，贾公彦疏：《仪礼注疏》，上海：上海古籍出版社，2008年。
王弼注，孔颖达疏：《周易正义》，北京：北京大学出版社，1999年。
李隆基注，邢昺疏：《孝经正义》，北京：北京大学出版社，1999年。
皇侃：《论语义疏》，北京：中华书局，2013年。
张涌泉主编：《敦煌经部文献合辑》，北京：中华书局，2008年。
王素编著：《唐写本论语郑氏注及其研究》，北京：文物出版社，1991年。
赵在翰辑：《七纬》，北京：中华书局，2012年。
程颢、程颐：《二程集》，北京：中华书局，2004年。
朱熹：《四书章句集注》，北京：中华书局，1983年。
朱熹：《朱子全书》，上海古籍出版社、安徽教育出版社，2010年。
黎靖德编：《朱子语类》，北京：中华书局，1986年。
永瑢等撰：《四库全书总目提要》，北京：中华书局，1965年。
刘熙撰，毕沅疏证，王先谦补：《释名疏证补》，北京：中华书局，2008年。
黄以周：《礼书通故》，北京：中华书局，2007年。
孔广森：《大戴礼记补注》，北京：中华书局，2013年。
陈寿祺：《五经异义疏证》，上海：上海古籍出版社，2012年。

陈寿祺、皮锡瑞：《五经异义疏证 驳五经异义疏证》，北京：中华书局，2014 年。
焦循：《孟子正义》，北京：中华书局，2004 年。
陈立：《公羊义疏》，北京：中华书局，2017 年。
陈立：《白虎通疏证》，北京：中华书局，1994 年。
顾栋高：《春秋大事表》，北京：中华书局，1993 年。
皮锡瑞：《经学通论》，北京：中华书局，1954 年。
皮锡瑞：《尚书大传疏证》，北京：中华书局，2015 年。
皮锡瑞：《皮锡瑞全集》，北京：中华书局，2015 年。
苏舆：《春秋繁露义证》，北京：中华书局，2007 年。
曹元弼：《古文尚书郑氏注笺释》，收入《续修四库全书》54 册，上海：上海古籍出版社，2002 年。
曹元弼：《孝经郑氏注笺释》，北京：中国社会科学出版社，2020 年。
向宗鲁：《说苑校证》，北京：中华书局，1987 年。
徐元诰：《国语集解》，北京：中华书局，2002 年。
吴承仕：《经典释文序录疏证》，北京：中华书局，2008 年。
程大璋：《王制通论·王制义按》，北京：中国社会科学出版社，2022 年。
司马迁：《史记》，北京：中华书局，1959 年。
班固：《汉书》，北京：中华书局，1962 年。
范晔：《后汉书》，北京：中华书局，1965 年。
荀悦、袁宏：《两汉纪》，北京：中华书局，2002 年。
陈寿：《三国志》，北京：中华书局，1982 年。
房玄龄等：《晋书》，北京：中华书局，1974 年。
姚思廉：《梁书》，北京：中华书局，1973 年。
刘昫等：《旧唐书》，北京：中华书局，1975 年。
杜佑：《通典》，北京：中华书局，1988 年。
刘文典：《淮南鸿烈集解》，北京：中华书局，1989 年。
黄晖：《论衡校释》，北京：中华书局，1990 年。
马宗霍：《论衡校读笺识》，北京：中华书局，2010 年。
孙诒让：《墨子间诂》，北京：中华书局，2001 年。
贾谊撰，阎振益、钟夏校注：《新书校注》，北京：中华书局，2000 年。
应劭撰，王利器校注：《风俗通义校注》，北京：中华书局，1981 年。
黎翔凤：《管子校注》，北京：中华书局，2004 年。
董诰等编：《全唐文》，北京：中华书局，1983 年。
严可均编：《全上古三代秦汉三国六朝文》，北京：中华书局，1958 年。

阮籍：《阮籍集校注》，北京：中华书局，1987年。
俞绍初辑校：《建安七子集》，北京：中华书局，2005年。
韩愈撰，刘真伦、岳珍校注：《韩愈文集汇校笺注》，北京：中华书局，2010年。
张之洞：《劝学篇》，桂林：广西师范大学出版社，2008年。
苏舆著，胡如虹编：《苏舆集》，长沙：湖南人民出版社，2008年。
廖平撰，舒大刚、杨世文主编：《廖平全集》，上海：上海古籍出版社，2015年。
生活·读书·新知三联书店编：《谭嗣同全集》，北京：生活·读书·新知三联书店，1954年。
《清议报全编》，收入沈云龙主编：《近代中国史料丛刊》三编第十五辑，台北：文海出版社，1986年。
《时务报》，收入《中国近代期刊汇刊》，北京：中华书局，1991年。

二　康有为著作及相关文献

康有为撰，姜义华、张荣华编校：《康有为全集》（全十二集），北京：中国人民大学出版社，2007年。
康有为：《孔子改制考》，北京：中国人民大学出版社，2010年。
康有为：《新学伪经考》，北京：中华书局，2012年。
康有为：《春秋董氏学》，北京：中华书局，1990年。
康有为：《孟子微》，北京：中华书局，1987年。
康有为：《中庸注》，北京：中华书局，1987年。
康有为：《礼运注》，北京：中华书局，1987年。
康有为：《论语注》，北京：中华书局，2012年。
康有为：《大同书》，北京：中国人民大学出版社，2010年。
康有为：《大同书》，北京：中华书局，2012年。
康有为：《大同书》，桂林：广西师范大学出版社，2016年。
康有为：《诸天讲》，北京：中华书局，1990年。
康有为：《康有为大同书手稿》，南京：江苏古籍出版社，1985年。
康有为：《康南海自编年谱》，北京：中华书局，1992年。
康有为：《春秋笔削大义微言考》，桂林：广西师范大学出版社，2016年。
康有为：《万木草堂口说》，北京：中国人民大学出版社，2010年。

康有为:《万木草堂口说》,北京:中华书局,1988年。
康有为:《〈不忍〉杂志汇编》,桂林:广西师范大学出版社,2016年。
康有为撰,汤志钧编:《康有为政论集》,北京:中华书局,1981年。
康有为:《康有为手稿》,北京:大象出版社,2014年。
梁启超:《饮冰室合集》,北京:中华书局,2015年。
陈焕章:《陈焕章文录》,长沙:岳麓书社,2015年。
陈焕章:《孔教经世法》,上海:上海书店出版社,2016年。
陈焕章著,韩华译:《孔门理财学》,北京:商务印书馆,2015年。
康同璧:《回忆康南海史实》,载夏晓虹编:《追忆康有为》,北京:生活·读书·新知三联书店,2009年。
张启祯、张启礽编:《康有为在海外·美洲辑——补南海康先生年谱(1898—1913)》,北京:商务印书馆,2018年。
黄明同等编著:《康有为早期遗稿述评》,广州:中山大学出版社,1988年。
吴天任:《康有为先生年谱》,台北:艺文印书馆,1994年。
夏晓虹编:《追忆康有为》,北京:生活·读书·新知三联书店,2009年。

三 著作

1 康有为研究

梁启超:《清代学术概论》,上海:上海古籍出版社,1998年。
毛泽东:《毛泽东选集》,北京:人民出版社,1977年。
胡绳:《从鸦片战争到五四运动(简本)》,北京:红旗出版社,1982年。
萧公权著,汪荣祖译:《康有为思想研究》,北京:中国人民大学出版社,2014年。
任继愈:《中国哲学史》,北京:人民出版社,1979年。
南海县政协文史资料研究委员会编:《南海文史资料 第12辑 纪念康有为诞辰一百三十周年戊戌维新运动九十周年专辑》,佛山:南海县政协文史资料研究委员会,1988年。
陈团初等编:《康有为著作与研究资料索引》,广州:广东高等教育出版社,1989年。
李泽厚:《中国近代思想史论》,北京:生活·读书·新知三联书店,2016年。
李泽厚:《杂著集》,北京:生活·读书·新知三联书店,2008年。
邝柏林:《康有为的哲学思想》,北京:中国社会科学出版社,1980年。

吴廷嘉:《戊戌思潮纵横论》,北京:中国人民大学出版社,1988年。

林克光:《革新派巨人康有为》,北京:中国人民大学出版社,1990年。

董士伟:《康有为评传》,南昌:百花洲文艺出版社,1994年。

陈慧道:《康有为〈大同书〉研究》,广州:广东人民出版社,1994年。

臧世俊:《康有为大同思想研究》,广州:广东高等教育出版社,1997年。

马洪林:《康有为评传》,南京:南京大学出版社,1998年。

茅海建:《戊戌时期康有为、梁启超的思想》,北京:生活·读书·新知三联书店,2021年。

茅海建:《从甲午到戊戌:康有为〈我史〉鉴注》,北京:生活·读书·新知三联书店,2009年。

汤志钧:《戊戌变法史论》,上海:群联出版社,1955年。

汤志钧:《戊戌变法史论丛》,武汉:湖北人民出版社,1957年。

汤志钧:《康有为与戊戌变法》,北京:中华书局,1984年。

汤志钧:《康有为的大同思想与〈大同书〉》,上海:上海人民出版社,2016年。

汤志钧:《经与史:康有为与章太炎》,北京:中华书局,2018年。

黄彰健:《戊戌变法史研究》,上海:上海书店出版社,2007年。

汪荣祖:《康章合论》,北京:中华书局,2008年。

汪荣祖:《康有为论》,北京:中华书局,2006年。

干春松:《制度化儒家及其解体》,北京:中国人民大学出版社,2012年。

干春松:《制度儒学》,上海:上海人民出版社,2006年。

干春松:《康有为与儒学的"新世"》,上海:华东师范大学出版社,2015年。

干春松:《保教立国——康有为的现代方略》,北京:生活·读书·新知三联书店,2015年。

上海市儒学研究会编:《现代儒学第三辑:多元视角下的康有为问题》,北京:生活·读书·新知三联书店,2018年。

汪晖:《现代中国思想的兴起》,北京:生活·读书·新知三联书店,2004年。

王中江:《进化主义在中国的兴起——一个新的全能式世界观》,北京:中国人民大学出版社,2010年。

曾亦:《共和与君主:康有为晚期政治思想研究》,上海:上海人民出版社,2010年。

曾亦、郭晓东:《春秋公羊学史》,上海:华东师范大学出版社,2017年。

唐文明:《敷教在宽——康有为孔教思想申论》,北京:中国人民大学出版社,2012年。

张汝伦:《现代中国思想研究》,上海:上海人民出版社,2001年。

张翔:《大同立教:康有为政教思想研究》,北京:社会科学文献出版社,2023年。

2　其他研究

卢梭著，李平沤译：《社会契约论》，载《卢梭全集》第四卷，北京：商务印书馆，2012年。
约翰·穆勒著，严复译：《群己权界论》，北京：商务印书馆，1981年。
约翰·密尔著，许宝骙译：《论自由》，北京：商务印书馆，2007年。
梁启超：《新民说》，沈阳：辽宁人民出版社，1994年。
杨度：《杨度集》，长沙：湖南人民出版社，1986年。
严复：《严复集》，北京：中华书局，1986年。
胡适：《胡适文存》，合肥：黄山书社，1996年。
费孝通：《乡土中国 生育制度》，北京：北京大学出版社，1998年。
蒙文通：《经学抉原》，上海：上海人民出版社，2006年。
徐复观：《中国人性论史·先秦篇》，收入李维武主编：《徐复观文集》，武汉：湖北人民出版社，2002年。
杨向奎：《大一统与儒家思想》，北京：北京出版社，2011年。
童书业：《春秋左传研究》，北京：中华书局，2006年。
阎步克：《察举制度变迁史稿》，沈阳：辽宁大学出版社，1991年。
陈少明：《汉宋学术与现代思想》，广州：广东人民出版社，1995年
陈壁生：《经学、制度与生活——〈论语〉"父子相隐"章疏证》，上海：华东师范大学出版社，2010年。
陈壁生：《经学的瓦解》，上海：华东师范大学出版社，2014年。
陈壁生：《孝经学史》，上海：华东师范大学出版社，2015年。
高瑞泉：《平等观念史论略》，上海：上海人民出版社，2011年。
唐文明：《彝伦攸斁——中西古今张力中的儒家思想》，北京：中国社会科学出版社，2019年。
唐文明：《极高明与道中庸——补正沃格林对中国文明的秩序哲学分析》，北京：生活·读书·新知三联书店，2023年。
沟口雄三：《中国的冲击》，北京：生活·读书·新知三联书店，2011年。
沟口雄三：《中国的公与私·公私》，北京：生活·读书·新知三联书店，2011年。
沟口雄三：《作为方法的中国》，北京：生活·读书·新知三联书店，2011年。
卡尔·洛维特著，李秋零、田薇译：《世界历史与救赎历史》，上海：上海人民出版社，2002年。
埃里克·沃格林著，叶颖译：《天下时代》，南京：译林出版社，2018年。

埃里克·沃格林著，段保良译：《新政治科学》，北京：商务印书馆，2021年。
黄克武：《自由的所以然：严复对约翰弥尔自由主义思想的认识与批判》，上海：上海书店出版社，2000年。
陈乔见：《公私辨：历史衍化与现代诠释》，北京：生活·读书·新知三联书店，2013年。
鲁思·列维塔斯著，李广益、范轶伦译：《乌托邦之概念》，北京：中国政法大学出版社，2018年。
李猛：《自然社会：自然法与现代道德世界的形成》，北京：生活·读书·新知三联书店，2015年。
王国维：《殷周制度论》，《观堂集林》，北京：中华书局，2004年。

四 论文

1 康有为研究

陈慧道：《论康有为设想的"大同"世界——兼与汤志钧同志商榷》，《华南师范大学学报》1982年第3期。
李耀仙：《廖季平的〈古学考〉和康有为的〈新学伪经考〉》，《社会科学研究》1983年第5期。
朱仲岳：《〈大同书〉手稿南北合璧及著书年代》，《复旦学报》1985年第2期。
袁伟时：《万身公法书籍与康有为前期思想》，《中山大学学报》1989年第4期。
杨念群：《佛教神秘主义：〈大同书〉的逻辑起点》，《广东社会科学》1989年第3期。
房德邻：《儒家色彩的乌托邦和孔教的启示录——〈大同书〉新论》，《孔子研究》1992年第4期。
房德邻：《〈大同书〉起稿时间考——兼论康有为早期大同思想》，《历史研究》1995年第3期。
郑祖铤：《〈大同书〉中国空想社会主义诞生的标志》，《求索》1994年第5期。
何金彝：《傅立叶〈新世界〉与康有为〈大同书〉之比较》，《上海师范大学学报》1996年第1期。
马洪林：《康有为谭嗣同的新仁学》，《上海师范大学学报》1995年第1期。
马洪林：《关于康有为著〈大同书〉"倒填年月"的商榷》，《韶关学院学报》2004年第10期。

马忠文：《康有为自编年谱的成书时间及相关问题》，《近代史研究》2005 年第 4 期。
干春松：《近代中国人的认同危机及其重建——以康有为与孔教会为例》，《浙江学刊》2005 年第 1 期。
干春松：《康有为、陈焕章与孔教会》，《兰州大学学报》2008 年第 2 期。
干春松：《从康有为到李泽厚》，《读书》2012 年第 2 期。
李泽厚、干春松：《未来中国政治之走向——关于"中国式自由主义"发展路径的对话》，《南国学术》2014 年第 1 期。
干春松：《中国思想典范转移过程中的观念变迁：以康有为论"仁"看儒家观念的转变》，《学术研究》2015 年第 3 期。
干春松：《康有为与现代儒学思潮的关系辨析》，《中国人民大学学报》2015 年第 5 期。
干春松：《康有为政治哲学的人性论基础——以〈孟子微〉为中心》，《人文杂志》2017 年第 4 期。
干春松：《康有为的三世说与〈大同书〉》，干春松、陈壁生编：《经学研究第四辑：曹元弼的生平与学术》，北京：中国人民大学出版社，2018 年。
干春松：《康有为〈大同书〉对国家价值的反思和世界秩序的设想》，复旦大学上海儒学院编：《现代儒学第三辑：多元视角下的康有为问题》，北京：生活·读书·新知三联书店，2018 年。
干春松：《理财观念与现代国家的建构——中国近代思想家的"理财救国"论》，《江海学刊》2019 年第 3 期。
干春松：《多重维度中的儒家仁爱思想》，《中国社会科学》2019 年第 5 期。
干春松：《从天道普遍性来建构大一统秩序的政治原则——董仲舒"天"观念疏解》，《哲学动态》2021 年第 1 期。
陈壁生：《晚清的经学革命——以康有为〈春秋〉学为例》，《哲学动态》2017 年第 12 期。
甘阳、唐文明、张翔、白彤东、姚中秋、姚育松、陈明、曾亦、干春松、陈壁生、陈少明、刘小枫：《康有为与制度化儒学》，《开放时代》2014 年第 5 期。
刘小枫：《儒家公羊派与历史哲学——对现代公羊学问题的一个简扼回顾》，《甘肃社会科学》2015 年第 6 期。
曾亦：《论康有为〈大同书〉中的婚姻、家庭问题》，《社会科学》2015 年第 6 期。
曾亦：《据乱时代的儒家与康有为对孔子之道的不同理解》，《云南大学学报》2022 年第 6 期。
郭晓东：《维新与守旧之争：论〈春秋董氏学〉与〈春秋繁露义证〉对董仲舒的不同诠释》，复旦大学上海儒学院编：《现代儒学第三辑：多元视角下的康有为问题》，北京：生活·读书·新知三联书店，2018年。

吴飞：《论康有为对人伦的否定》，《中国哲学史》2019年第1期。

吴飞：《大同抑或人伦？——现代中国文明理想的探索》，《读书》2018年第2期。

范广欣：《康有为〈大同书〉论家与孝：对"毁灭家族"说的重估》，《中国哲学史》2019年第1期。

范广欣：《〈大同书〉反思夫妇之伦的理论依据》，《现代哲学》2022年第6期。

马永康：《〈论语〉注解中的"公羊学"取向——刘逢禄〈论语述何篇〉和康有为〈论语注〉比较》，《孔子研究》2008年第3期。

马永康：《康有为与"公理"》，《中山大学学报》2009年第3期。

马永康：《从"三统"、"三世"到"三世三重"——论康有为的思想》，《华东师范大学学报》2010年第3期。

马永康：《戊戌前康有为的名、号、字问题》，《船山学刊》2013年第3期。

马永康：《康有为的纪年构想》，《石河子大学学报》2013年第4期。

马永康：《康有为的〈中庸注〉与孔教》，《中山大学学报》2014年第4期。

马永康：《康有为论〈大学〉》，《现代哲学》2016年第2期。

张翔：《列国竞争、乡邑自治与中央集权——康有为海外游记中的"封建—郡县"问题》，《开放时代》2011年第11期。

张翔：《康有为经学思想调整刍议——以〈春秋董氏学〉与〈春秋笔削大义微言考〉的比较为例》，《中国哲学史》2014年第2期。

张翔：《大同立教的双重困局与不同应对——康有为政教观初论》，《开放时代》2015年第3期。

张翔：《从立公理之学到以大同立教——康有为奉孔子为"大地教主"的过程与方法》，《哲学动态》2015年第3期。

吴仰湘：《朱一新、康有为辩论〈新学伪经考〉若干史实考——基于被人遗忘的康氏两札所作的研究》，《文史哲》2010年第1期。

吴仰湘：《重论廖平、康有为"学术公案"》，《中国社会科学》2020年第4期。

渠敬东：《返回历史视野，重塑社会学的想象力——中国近世变迁及经史研究的新传统》，《社会》2015年第1期。

朱雷：《康有为庄子学述论》，《原道》2016年第2期。

皮迷迷：《从经学视角看康有为的人性理论》，《中国哲学史》2018年第3期。

皮迷迷：《以"今古之辨"解"汉宋之争"：一个考察〈新学伪经考〉的视角》，《人文杂志》2020年第5期。

皮迷迷：《从"大同"到"存伦"——陈焕章对康有为的反思》，《中国哲学史》2020年第3期。

陈涛:《中国近代思想中的"公天下":以康有为著述为中心》,《广东社会科学》2021 年第 2 期。

宫志翀:《康有为"孔教为人道教"说探微——基于〈中庸注〉的研究》,《哲学门》2016 年第 1 期。

常达:《论〈礼运〉"大同"章政治主体的诠释演变》,《中国哲学史》2020 年第 5 期。

郜喆:《"进化之理,文明之要,以礼为本"——廖平的"礼三本"文明进化论兼及对康有为"人为天生"说的商榷》,《孔子研究》2021 年第 4 期。

郜喆:《〈王制〉的天下格局与内外秩序——以儒家"风俗"论为线索》,《中国哲学史》2020 年第 2 期。

王水涣:《从大同到社会主义:康有为〈大同书〉源流、实践与影响研究》,北京大学博士论文,2016 年。

皮迷迷:《重建经学的普遍主义:康有为的经学革新》,北京大学博士论文,2017 年。

吕明烜:《晚清民初的〈王制〉学研究》,北京大学博士论文,2017 年。

郜喆:《廖平经学思想中的"天下秩序"》,北京大学博士论文,2021 年。

常达:《儒家"大同"思想研究——以〈礼运〉解释史为中心》,北京大学博士论文,2021 年。

2 相关研究

陈少明:《亲人、熟人与生人——社会变迁图景中的儒家伦理》,《开放时代》2016 年第 5 期。

陈壁生:《朱熹的〈四书〉与"五经"》,《中山大学学报》2014 年第 2 期。

陈壁生:《〈论语〉的性质——论一种阅读〈论语〉的方式》,《人文杂志》2018 年第 1 期。

翟学伟:《再论差序格局的贡献、局限与理论遗产》,《中国社会科学》2009 年第 3 期。

廉如鉴、张岭泉:《"自我主义"抑或"互以对方为重"——"差序格局"和"伦理本位"的一个尖锐分歧》,《开放时代》2009 年第 11 期。

吴飞:《从丧服制度看"差序格局"——一个经典概念的再反思》,《开放时代》2011 年第 1 期。

周飞舟:《差序格局和伦理本位——从丧服制度看中国社会结构的基本原则》,《社会》2015 年第 1 期。

朱苏力:《较真"差序格局"——费孝通为何放弃了这一概念》,《北京大学学报》2017 年第 1 期。

陈静:《自由的含义:中文背景下的古今差别》,《哲学研究》2012年第11期。
赵汀阳:《身与身外:儒家的一个未决问题》,《中国人民大学学报》2007年第1期。
赵汀阳:《儒家政治的伦理学转向》,《中国社会科学》(内刊版)2007年第4期。
徐兴无:《汉代人性论中的"魂"、"魄"观念》,《南京大学学报》2010年第2期。
皮迷迷:《"公"与"私"的道德化——对先秦时期"公""私"内涵转变的考察》,《现代哲学》2017年第3期。

出版后记

当前，在海内外华人学者当中，一个呼声正在兴起——它在诉说中华文明的光辉历程，它在争辩中国学术文化的独立地位，它在呼喊中国优秀知识传统的复兴与鼎盛，它在日益清晰而明确地向人类表明：我们不但要自立于世界民族之林，把中国建设成为经济大国和科技大国，我们还要群策群力，力争使中国在21世纪变成真正的文明大国、思想大国和学术大国。

在这种令人鼓舞的气氛中，三联书店荣幸地得到海内外关心中国学术文化的朋友的帮助，编辑出版这套"三联·哈佛燕京学术丛书"，以为华人学者上述强劲吁求的一种记录、一个回应。

北京大学和中国社会科学院的一些著名专家、教授应本店之邀，组成学术委员会。学术委员会完全独立地运作，负责审定书稿，并指导本店编辑部进行必要的工作。每一本专著书尾，均刊印推荐此书的专家评语。此种学术质量责任制度，将尽可能保证本丛书的学术品格。对于以季羡林教授为首的本丛书学术委员会的辛勤工作和高度责任心，我们深为钦佩并表谢意。

推动中国学术进步，促进国内学术自由，鼓励学界进取探索，是为三联书店之一贯宗旨。希望在中国日益开放、进步、繁盛的氛围中，在海内外学术机构、热心人士、学界先进的支持帮助下，更多地出版学术和文化精品！

生活·读书·新知三联书店
一九九七年五月

三联·哈佛燕京学术丛书
[一至十九辑书目]

第一辑
中国小说源流论 / 石昌渝著
工业组织与经济增长的
理论研究 / 杨宏儒著
罗素与中国 / 冯崇义著
——西方思想在中国的一次经历
《因明正理门论》研究 / 巫寿康著
论可能生活 / 赵汀阳著
法律的文化解释 / 梁治平编
台湾的忧郁 / 黎湘萍著
再登巴比伦塔 / 董小英著
——巴赫金与对话理论

第二辑
现象学及其效应 / 倪梁康著
——胡塞尔与当代德国哲学
海德格尔哲学概论 / 陈嘉映著
清末新知识界的社团与活动 / 桑兵著
天朝的崩溃 / 茅海建著
——鸦片战争再研究
境生象外 / 韩林德著
——华夏审美与艺术特征考察
代价论 / 郑也夫著
——一个社会学的新视角
走出男权传统的樊篱 / 刘慧英著
——文学中男权意识的批判
金元全真道内丹心性学 / 张广保著

第三辑
古代宗教与伦理 / 陈来著
——儒家思想的根源
世袭社会及其解体 / 何怀宏著
——中国历史上的春秋时代
语言与哲学 / 徐友渔 周国平 陈嘉映 尚杰 著
——当代英美与德法传统比较研究
爱默生和中国 / 钱满素著
——对个人主义的反思
门阀士族与永明文学 / 刘跃进著
明清徽商与淮扬社会变迁 / 王振忠著
海德格尔思想与中国天道 / 张祥龙著
——终极视域的开启与交融

第四辑
人文困惑与反思 / 盛宁著
——西方后现代主义思潮批判
社会人类学与中国研究 / 王铭铭著
儒学地域化的近代形态 / 杨念群著
——三大知识群体互动的比较研究

中国史前考古学史研究 / 陈星灿著
(1895—1949)

心学之思 / 杨国荣著
——王阳明哲学的阐释

绵延之维 / 丁 宁著
——走向艺术史哲学

历史哲学的重建 / 张西平著
——卢卡奇与当代西方社会思潮

第五辑

京剧·跷和中国的性别关系 / 黄育馥著
(1902—1937)

奎因哲学研究 / 陈 波著
——从逻辑和语言的观点看

选举社会及其终结 / 何怀宏著
——秦汉至晚清历史的一种社会学阐释

稷下学研究 / 白 奚著
——中国古代的思想自由与百家争鸣

传统与变迁 / 周晓虹著
——江浙农民的社会心理及其近代以来的嬗变

神秘主义诗学 / 毛 峰著

第六辑

人类的四分之一：马尔萨斯的神话与中国的现实 / 李中清 王 丰著
(1700—2000)

古道西风 / 林梅村著
——考古新发现所见中西文化交流

汉帝国的建立与刘邦集团 / 李开元著
——军功受益阶层研究

走进分析哲学 / 王 路著

选择·接受与疏离 / 王攸欣著
——王国维接受叔本华 朱光潜接受克罗齐 美学比较研究

为了忘却的集体记忆 / 许子东著
——解读50篇"文革"小说

中国文论与西方诗学 / 余 虹著

第七辑

正义的两面 / 慈继伟著

无调式的辩证想象 / 张一兵著
——阿多诺《否定的辩证法》的文本学解读

20世纪上半期中国文学的现代意识 / 张新颖著

中古中国与外来文明 / 荣新江著

中国清真女寺史 / 水镜君 玛利亚·雅绍克著

法国戏剧百年 / 宫宝荣著
(1880—1980)

大河移民上访的故事 / 应 星著

第八辑

多视角看江南经济史 / 李伯重著
(1250—1850)

推敲"自我"：小说在18世纪的英国 / 黄梅著

小说香港 / 赵稀方著

政治儒学 / 蒋 庆著
——当代儒学的转向、特质与发展

在上帝与恺撒之间 / 丛日云著
——基督教二元政治观与近代自由主义

从自由主义到后自由主义 / 应 奇著

第九辑

君子儒与诗教 / 俞志慧著
——先秦儒家文学思想考论

良知学的展开 / 彭国翔著
——王龙溪与中晚明的阳明学

国家与学术的地方互动 / 王东杰著
——四川大学国立化进程（1925—1939）

都市里的村庄 / 蓝宇蕴著
——一个"新村社共同体"的实地研究

"诺斯"与拯救 / 张新樟著
——古代诺斯替主义的神话、哲学与精神修炼

第十辑

祖宗之法 / 邓小南著
——北宋前期政治述略

草原与田园 / 韩茂莉著
——辽金时期西辽河流域农牧业与环境

社会变革与婚姻家庭变动 / 王跃生著
——20世纪30—90年代的冀南农村

禅史钩沉 / 龚隽著
——以问题为中心的思想史论述

"国民作家"的立场 / 董炳月著
——中日现代文学关系研究

中产阶级的孩子们 / 程巍著
——60年代与文化领导权

心智、知识与道德 / 马永翔著
——哈耶克的道德哲学及其基础研究

第十一辑

批判与实践 / 童世骏著
——论哈贝马斯的批判理论

语言·身体·他者 / 杨大春著
——当代法国哲学的三大主题

日本后现代与知识左翼 / 赵京华著

中庸的思想 / 陈赟著

绝域与绝学 / 郭丽萍著
——清代中叶西北史地学研究

第十二辑

现代政治的正当性基础 / 周濂著

罗念庵的生命历程与思想世界 / 张卫红著

郊庙之外 / 雷闻著
——隋唐国家祭祀与宗教

德礼之间 / 郑开著
——前诸子时期的思想史

从"人文主义"到"保守主义" / 张源著
——《学衡》中的白璧德

传统社会末期华北的生态与社会 / 王建革著

第十三辑

自由人的平等政治 / 周保松著

救赎与自救 / 杨天宏著
——中华基督教会边疆服务研究

中国晚明与欧洲文学 / 李奭学著
——明末耶稣会古典型证道故事考诠

茶叶与鸦片：19世纪经济全球化中的中国 / 仲伟民著

现代国家与民族建构 / 昝涛著
——20世纪前期土耳其民族主义研究

SDX & HARVARD-YENCHING ACADEMIC LIBRARY

第十四辑

自由与教育 / 渠敬东 王 楠著
——洛克与卢梭的教育哲学

列维纳斯与"书"的问题 / 刘文瑾著
——他人的面容与"歌中之歌"

治政与事君 / 解 扬著
——吕坤《实政录》及其经世思想研究

清代世家与文学传承 / 徐雁平著

隐秘的颠覆 / 唐文明著
——牟宗三、康德与原始儒家

第十五辑

中国"诗史"传统 / 张 晖著

民国北京城：历史与怀旧 / 董 玥著

柏拉图的本原学说 / 先 刚著
——基于未成文学说和对话录的研究

心理学与社会学之间的
诠释学进路 / 徐 冰著

公私辨：历史衍化与
现代诠释 / 陈乔见著

秦汉国家祭祀史稿 / 田 天著

第十六辑

辩护的政治 / 陈肖生著
——罗尔斯的公共辩护思想研究

慎独与诚意 / 高海波著
——刘蕺山哲学思想研究

汉藏之间的康定土司 / 郑少雄著
——清末民初末代明正土司人生史

中国近代外交官群体的
形成（1861—1911）/ 李文杰著

中国国家治理的制度逻辑 / 周雪光著
——一个组织学研究

第十七辑

新儒学义理要诠 / 方旭东著

南望：辽前期政治史 / 林 鹄著

追寻新共和 / 高 波著
——张东荪早期思想与活动研究
（1886—1932）

迈克尔·赫茨菲尔德：学术
传记 / 刘 珩著

第十八辑

"山中"的六朝史 / 魏 斌著

长安未远：唐代京畿的
乡村社会 / 徐 畅著

从灵魂到心理：关于经典精神分析的
社会学研究 / 孙飞宇著

此疆尔界："门罗主义"与
近代空间政治 / 章永乐著

第十九辑

何处是"中州"？/ 江 湄著
——十到十三世纪的历史与观念变局

波斯与东方：阿契美尼德帝国时期的
中亚 / 吴 欣著

观物：邵雍哲学研究 / 李 震著

魔化与除魔：皮柯的魔法思想与现代
世界的诞生 / 吴功青著

通向现代财政国家的路径：英国、日本
与中国 / 和文凯著

汉字革命：中国语文现代性的起源
（1916—1958）/ 钟雨柔著